Kreation und Leitung Hans Höfer

APA
GUIDES

IndianerReservate U.s.a.

Herausgegeben von John Gattuso
Fotografiert von John Running, Monty Roessel u. a.

Deutsche Redaktion Dieter Vogel

RV Reise- und Verkehrsverlag

APA GUIDES

Titel in deutscher Sprache

LÄNDER & REGIONEN

Ägypten
Argentinien
Australien
Bali
Bretagne
Burma
China
Elsaß
Florida
Frankreich
Griechenland
Griechische Inseln
Großbritannien
Hawaii
Hong Kong
Indien
Indonesien
Irland
Israel
Italien
Jamaika
Jemen
Kalifornien
Kanada
Kanalinseln
Kenia
Korea
Kreta
Malaysia
Marokko
Mexiko
Nepal
Neuseeland
New York
Philippinen
Portugal
Schottland
Singapur
Spanien
Sri Lanka
Taiwan
Teneriffa
Thailand
Toskana
Türkei
Ungarn
USA Südwest
USA

STÄDTE–CITYGUIDES

Bangkok
Berlin
Florenz
Istanbul
Jerusalem
Lissabon
London
München
Paris
Peking
Prag
Rio
Rom
San Francisco
Sydney
Venedig
Wien

APA-SPECIALS

Ostafrika Safari
Ostasien
Rhein, Der
Südasien
Wasserwege in Westeuropa

Titel in englischer Sprache

COUNTRIES & REGIONS

Alaska
Alsace
American Southwest
Argentina
Australia
Bahamas
Bali
Barbados
Brazil
Brittany
Burma
California
California, Northern
California, Southern
Canada
Caribbean
  (The Lesser Antilles)
Channel Islands
China
Egypt
Florida
France
The Gambia/Senegal
Germany
Gran Canaria
Great Britain
Greece
Greek Islands
Hawaii
Hong Kong
Hungary
India
Indonesia
Ireland
Israel
Italy
Jamaica
Kenya
Korea, Republic of
Malaysia
Mallorca & Ibiza
  (incl. Menorca & Formentera)
Mexico
Morocco
Nepal
New England
New York State
New Zealand
Pacific Northwest, The
Pakistan
Philippines
Portugal
Provence
Puerto Rico
Rajasthan
Rockies, The
Scotland
Spain
Sri Lanka
Sweden
Taiwan
Tenerife
Texas
Thailand
Trinidad and Tobago
Turkey
Tuscany
Wales

CITYGUIDES

Bangkok
Beijing
Berlin
Buenos Aires
Calcutta
Dublin
Edinburgh
Florence
Istanbul
Jerusalem
Lisbon
London
Melbourne
Munich
Paris
Prague
Rio de Janeiro
Rome
San Francisco
Singapore
Sydney
Venice
Vienna

INSIGHT SPECIALS

Continental Europe
Crossing America
East African Wildlife
East Asia
Indian Wildlife
Rhine, The
South America
South Asia
Waterways of Europe

IndianerReservate U.S.a.

© APA PUBLICATIONS (HK) LIMITED, 1992
Alle Rechte vorbehalten
© Apa Guides, 1992
RV Reise - und Verkehrsverlag GmbH
Berlin/Gütersloh/Leipzig/München/Potsdam/Stuttgart
Vertrieb: GeoCenter Verlagsvertrieb GmbH, München
Indianer Reservate USA ISBN: 3-575-21425-5
Printed in Singapore by Höfer Press Pte Ltd

143 Sonnentanz
147 Das Land der Crow
157 Die Schwitzhütte
161 Die Northern-Cheyenne
167 Die Blackfeet
   —Roger Clawson

174 Der Nordwesten
   —John Gattuso

177 Die Stämme vom Puget Sund
182 Totempfähle
   —Edith Wolff

187 Colville und Yakima
   —Gloria Bird

189 Häuptling Joseph und die Nez Perces
   —John Gattuso

195 Warm Springs
   —Elizabeth Woody

203 Das Flathead Reservat
   —Roger Clawson

209 Mit Peyote unterwegs
   —John Gattuso

213 Die Shoshone-Bannock von Idaho
   —Mark Trahant

220 Der Südwesten
   —John Gattuso

223 Die Navajo-Nation
235 Die Sandbilder der Navajo
   —George Hardeen

239 Das Land der Hopi
   —Abbott Sekaquaptewa

245 Die Kachina-Schnitzfiguren
   —George Hardeen

INHALT

249 Die Pueblos in New Mexico
259 Maria Martinez
  —John Gattuso

263 Das Volk am blaugrünen Wasser
  —George Hardeen

271 Die Apachen in Arizona
279 Die Sonnenaufgangszeremonie der Apachen
  —Joan Baeza

281 Die Apachen in New Mexico
283 Geronimo
  —John Gattuso

287 Die Völker der Wüste
  —Ofelia Zepeda

297 Die vier Winde
299 Die Waldländer des Nordostens
309 Der Südosten
319 Oklahoma
325 Quanah Parker und die Komantschen
  —John Gattuso

329 Kalifornien
  —Dolan Eargle

Karten

114 Stammesgebiete
116 Indianerreservate
118 Die großen Ebenen
122 Land der Sioux
148 Land der Crow
174 Der Nordwesten
220 Der Südwesten
224 Land der Navajo
294 Die vier Winde
320 Indianergebiet von 1876

ZU DIESEM BUCH

Der Apa Guide über die *Indianerreservate* lädt Sie ein zu einer Reise durch die USA, auf der Sie Geschichte, Kultur und das heutige Leben der nordamerikanischen Indianervölker kennenlernen. **John Gattuso**, der schon an vielen Apa Guides mitgewirkt hat, stellte ein Team von Autoren und Fotografen aus allen Teilen der USA zusammen – Journalisten, Dichter, Wissenschaftler, Anwälte und Stammesälteste, darunter viele Nachkommen von Ureinwohnern, die dem Leser ein intimes Bild vom Leben ihrer Völker vermitteln.

Das Team der Autoren

Gattuso konnte **Roger Clawson** gewinnen, den früheren Redakteur von *Billings Gazette*, der bei den Crow- und Cheyenne-Indianern in Montana aufwuchs und nun mit einem Stipendium der Alicia Patterson Foundation den Alkoholeinfluß unter den Indianern erforscht. Sein Wissen fand Eingang in die Abschnitte über die Stämme in den Northern Plains, die Blackfeet, Northern Cheyenne und Crow.

Auch **Mark Trahant**, der über sein Volk, die Shoshone-Bannock, sowie über aktuelle Fragen von Leben und Politik der Indianer schrieb, ist Journalist. Trahant gibt *Navajo Nation Today* heraus und verfaßt eine Kolumne über Indianerfragen.

Der Publizist **George Hardeen**, der die Navajos und Havasupais vorstellt, lebt im Navajo-Reservat und schreibt für *New York Times*, *Los Angeles Times* sowie National Public Radio.

Die Autorin des Kapitels „Wind River", **Marjane Ambler**, ist auf Indianerfragen und den Umweltschutz spezialisiert. Ihr letztes Buch über den Einfluß der Indianer auf die Energiepolitik erschien 1990.

Betty Reid vom Stamm der Navajo legt mit „Zwischen zwei Welten" einen bewegenden Bericht über ein Leben zwischen den Kulturen vor. Für den *Gallup Independent* schreibt sie über Indianerfragen und gewann 1990 eine Auszeichnung der Native American Press Association.

Über Fragen der Religion informiert **Sam Gill**, Professor an der University of Colorado in Boulder, der mehrere Veröffentlichungen über die Kultur der Indianer vorzuweisen hat.

Die Autorin des Abschnitts „Die Stämme vom Puget Sound", **Edith Wolff,** hat viele Jahre als Lehrerin, Redakteurin und Anwältin unter Indianern gearbeitet und lebt in Seattle. Sie ist auf Indianerrecht spezialisiert.

„Warm Springs" stammt von **Elizabeth Woody** vom gleichnamigen Stamm. Die Autorin hat eine Interessenvertretung der indianischen Schriftsteller im Nordwesten mitgegründet und die preisgekrönte Gedichtsammlung *Hand Into Stone* veröffentlicht. Auch **Gloria Bird** vom Stamm der Colville, deren Gedichte weit verbreitet sind, ist Mitglied dieses Verbandes.

Über die Apachen in Arizona schrieb **Joan Baeza**, die für viele Publikationen im Südwesten arbeitet und früher zur Redaktion des *Fort Apache Scout* gehörte.

„Das Land der Hopi" stellt **Abbot Sekaquaptewa** vor, der früher dem Stamm der Hopi vorstand und *Quatoqti*, eine Zeitung der Indianer, herausgegeben hat. Jetzt ist er Vorsitzender von *Futures for Children*, einer Selbsthilfeorganisation, die im amerikanischen Südwesten und in Lateinamerika Initiativen gestartet hat.

Ofelia Zepeda schrieb „Die Völker der Wüste". Sie unterrichtet Linguistik an der

Gattuso

Clawson

Trahant

Sekaquaptewa

University of Arizona in Tucson, wo die Angehörige des Volkes der Tohono O'odham auch die Abteilung American Indian Studies leitet.

Das Kapitel „Das große Powwow" wurde von **George Horse Capture** geschrieben, der das Plains Indian Museum im Buffalo Bill Historical Center verwaltete. Der Autor ist Gros Ventre-Indianer und lebt heute in der Fort Belknap Reservation.

In der indianischen Kunst kennt sich **Nancy Shanaman**, die mehrere Filme über Indianerkultur gedreht hat, gut aus, und mit den Grabungsfunden befaßte sich **Linda Gregonis**, Redakteurin der Archäologie-Zeitschrift *Kiva* und Mitautorin eines Buches über die Hohokam-Indianer im Tucson-Becken. **Dolan Eargle,** der die Eingeborenenvölker von Kalifornien vorstellt, hat darüber auch schon ein Buch geschrieben. Der Autor ist beratendes Mitglied des Stammesrates der Esselen. Die Reisetips stellte **Thomas Jardim** zusammen, der bald sein Jura-Studium abschließen wird.

Das Bild der Indianer

Die meisten der faszinierenden Fotos in diesem Buch stellten John Running und Monty Roessel. **John Running** hat die ganze Welt bereist und sich mit seinen Bildern über die Indianer einen Namen gemacht. Er hat auch zwei originelle Bücher über die Tänze der Indianer geschrieben. Running lebt und arbeitet in Flagstaff in Arizona.

Monty Roessel arbeitet nicht nur für amerikanische Zeitschriften. Seine Bilder sind auch in den Büchern *Baseball in America* und *Beyond the Mythic West* erschienen. Er ist Navajo und leitender Redakteur von *Navajo Nation Today*.

Den Bilderreigen voll machten folgende Fotografen: **Alan Manley** und **Steve Bruno,** die beide für *Arizona Highways* fotografieren, sowie **Larry Mayer** von der Redaktion der *Billings Gazette*. **Richard Baldes** ist Biologe in Diensten des US Fish and Wildlife Service, während **Lee Brumbaugh** an der University of California in Berkeley seine Promotion in Anthropologie anstrebt und sich im California Indian Project engagiert. **Kenny Blackbird**, Assiniboine/Sioux-Indianer, studiert Fotojournalismus an der University of Montana, während **Sandra Tatum**, ehemals Fotografin der *Los Angeles Times*, jetzt in Corales, New Mexico, eine eigene Agentur besitzt. **Jan Wigen** arbeitet in der Verwaltung des Museum of Native American Cultures in Spokane, Washington, und **Stewart Nicholas**, **Bennet Cosay** sowie **Vennie White** fotografieren für *Fort Apache Scout*. **Tom Root** schließlich besitzt in Plymouth, Ohio, ein Fotoatelier.

Unser Dank gilt in erster Linie **Edward Jardim**, der alle Texte noch einmal durchlas, bevor sie gesetzt und von **Dorothy Stannard** Korrektur gelesen wurden. Für ihre Unterstützung danken wir auch **Bruder C.M. Simon,** SJ, vom Heritage Center in Pine Ridge, South Dakota; dem **Eight Northern Indian Pueblos Council** sowie dem **Indian Pueblo Cultural Center**.

Für den deutschen Text zeichnet **Horst Kuhley** verantwortlich, der mit **Petra Pyka** auch den größten Teil der Übersetzung aus dem Englischen besorgte.

Unser herzlicher Dank geht natürlich an die vielen Menschen in den Indianerreservaten, die die Autoren und Fotografen an ihrem Leben und ihrer Kultur teilhaben ließen. Wenn sie nicht so aufgeschlossen und geduldig gewesen wären, hätten wir dieses Buch jetzt nicht vorlegen können.

Horse Capture   *Shanaman*   *Running*   *Roessel*

KURZFÜHRER

338 *Anreise*

340 *Reiseinformationen*

341 *Kleine Landeskunde*

342 *Nachrichtenwesen*

344 *Für den Notfall*

345 *Unterkunft*

347 *Erkundungen*

372 *Nützliche Adressen*

385 *Literaturhinweise*

**Ausführlicher Überblick
siehe Seite 337**

WO IST DAS INDIANERLAND?

Die Reise in das Indianerland ist eher eine kulturelle Begegnung als eine geographische Erkundung. Dieses Land muß man am eigenen Leib erleben, um es wirklich zu finden.

Eigentlich ist schon das Wort „Indianerland" Ergebnis eines gigantischen Mißverständnisses eines Christoph Kolumbus, der sich 1492 in Indien wähnte, während er doch nur das kleine Inselchen San Salvador „entdeckt" hatte. Doch vor ihm waren andere da. Asiatische Völker hatten 15 000 Jahre lang über die Landbrücke der heutigen Bering-Straße nach und nach den ganzen amerikanischen Kontinent besiedelt. Sie teilten sich und nahmen die Berge und Wälder, die Prärien und Wüsten in Besitz. Dabei mußten sie sich an völlig unterschiedliche Umweltbedingungen anpassen, entwickelten Hunderte von verschiedenen Sprachen und ebenso viele Lebensformen. Sie jagten Wild, sammelten Wildkräuter und bauten Mais auf fruchtbaren Böden und in dürren Steppen an. Sie schufen mächtige Konföderationen und großartige Zivilisationsformen. Sie bildeten eine starke, bis heute wirkende Tradition künstlerischer und religiöser Weltsicht aus.

Kein Wunder, daß die Indianer sich heute als *Native Americans* (Ureinwohner Amerikas) betrachten. Sie fühlen sich spirituell mit dem Land verbunden, das sich nach einem europäischen Kartographen – Amerigo Vespucci – nennt. Immer noch zeigen Indianer auf einen Fluß, einen Berg, einen Canyon und sagen: „Hier kamen unsere Leute her". Sie zeigen auf die Ruinen der Dörfer und sagen: „Das sind die Spuren unserer Vorfahren".

Bei einem der Vertragsabschlüsse in Washington bezeichnete Häuptling Sealth von den Duwamish das Indianerland als heiligen Boden, geweiht mit den Seelen der Verstorbenen: „Für mein Volk gilt jeder Teil dieses Landes als geweiht. Jeder Berg, jedes Tal, jede Ebene und jeder Hain kündet von einer traurigen oder glücklichen Begebenheit längst vergangener Tage. Sogar der Staub zu unseren Füßen gilt meinem Volk mehr als Euch, denn er ist gedüngt mit dem Blut unserer Ahnen..."

„Auch die Kinder meines Stammes, denen hier nur wenige Jahreszeiten vergönnt waren, lieben die dunklen Stunden der Einsamkeit und grüßen die Abendgeister, wenn sie mit den Schatten herbeikommen. Und wenn der letzte Rote Mann dereinst verschwunden sein wird, und die Erinnerung an meinen Stamm nur noch als Mythos unter den Weißen weiterlebt, dann werden immer noch die un-

sichtbaren Toten unseres Volkes diese Ufer bevölkern. Und wenn Eure Kinder sich auf den Feldern und in den Scheunen, in den Läden und auf den Straßen allein fühlen sollten, dann sind sie es nicht. Sogar in der stillen Einsamkeit der Wälder werden sie nicht allein sein. Und in der Nacht, wenn die Straßen Eurer Städte zur Ruhe gekommen sind und leer erscheinen, dann werden sie in Wirklichkeit widerhallen von den Geistern der ehemaligen Besitzer, die ehedem dieses Land bewohnten und es immer noch lieben. Der Weiße Mann wird hier nie allein sein."

Viele Jahre später beschrieb Häuptling Joseph von den Nez Perce diesen philoso-

Vorherige Seiten: Powwow-Schmuck. Tänzer beim *Rocky Boys* Powwow, Montana. Tipis. *Fancy Dancer* beim *Blackfeet* Powwow. Navajo-Cowgirl. Feuerwehrmann in Ak Chin. **Links:** Powwow-Imbiß. **Oben:** Navajo-Frau mit Schmuck aus Silber und Türkisen.

Einführung 23

schen Zusammenhang so: „Die Erde und ich stammen vom selben Geist ab. Die Grenzen dieses Landes und die Grenzen unserer Körper sind gleich".

Für die Ureinwohner ist also das „Indianerland" gleichbedeutend mit Amerika. Um heute das Native America, das Land der Indianer Nordamerikas mit ihrem wiedererwachten indianischen Selbstbewußtsein, zu entdecken, reicht es nicht aus, in ein Indianerreservat in den USA zu reisen.

Wer das Indianerland entdecken will, darf sich nicht damit begnügen, die imposanten Landschaften zu besichtigen, in denen Indianer lebten oder leben. Um das Indianerland wirklich zu finden, muß man sich auch

spirituell auf die Suche nach der Welt der „ersten Amerikaner" begeben. Man muß sich mit ihren Geschichten, ihren Überlieferungen, ihrer Philosophie und ihrer Glaubenswelt vertraut machen, damit man ihre Wirklichkeit und ihre Visionen verstehen kann. Nur wer sich ein wenig dem ununterbrochenen Dröhnen der Trommeln eines Powwow-Camps überlassen kann, wer den Gebetsrhythmus eines Kachina-Tanzes erahnen kann, wer die Schönheit der Pueblo-Töpferei oder der Perlenstickerei der Shoshonen versteht, wer die subtile Weisheit einer Kojotengeschichte der Navajo erfaßt, wer das ewige Dasein der Felsendörfer, *temple mounds*, Schlachtfelder und der Schauplätze großer Massaker begreift, wer die Steppen, Canyons, Wüsten und Wälder des Indianerlandes zu Fuß durchstreift, nur der wird ein Volk verstehen können, das die Erde als seine Mutter und den Himmel als seinen Vater verehrt.

Über dieses Buch: Der *APA Guide Indianerreservate* ist ein Führer zu den Siedlungsgebieten, den Kulturformen und eine Einführung in die Geschichte der Indianerstämme auf dem Gebiet der heutigen USA. Er soll ein Fenster öffnen, durch das man einen Blick auf eine andere Lebensweise werfen kann. Er ist eine Einladung an Reisende, nicht immer nur neue Ziele zu suchen, sondern auch die alten, bekannten Orte neu und anders zu betrachten.

Dieses Buch bringt Sie in das Indianerland – zu den Orten, den Zeremonien, den Powwows, den Schauplätzen der Geschichte, den Handelsniederlassungen, den Kunstgewerbeproduzenten, den Ausgrabungsstätten und zu den herausragenden Ereignissen der indianischen Gemeinschaften. Hier sind Informationen über mehr als 200 Indianerstämme und Reservate zusammengetragen.

Der erste Teil des APA Guide Indianerreservate zeigt historische und kulturelle Perspektiven auf: Woher kamen die ersten Amerikaner? Wie kamen sie in ihre heutigen Siedlungsräume? Wie stehen die Indianer zu ihren Traditionen und zur dominanten, abendländischen Kultur? Welche religiösen Bräuche praktizieren die Indianer? Welche Besonderheiten bestimmen ihr Leben?

Natürlich kann keines der Themen hier erschöpfend behandelt werden. Deshalb haben sich die Autoren entschlossen, wenige Zusammenhänge möglichst anschaulich zu schildern, und es dem Leser zu überlassen, diese Schilderungen auf andere Bereiche zu übertragen.

Danach werden Besonderheiten der indianischen Kultur dargestellt: Kunsthandwerk, Powwows und Ausgrabungsstätten.

Der eigentliche Reiseführer zu den „Orten" des Indianerlands bringt uns in sieben Kulturkreise: in die Great Plains, in den Nordwesten, in den Südwesten, in die nordöstlichen Waldländer, in den Großen Südosten, nach Oklahoma (früher Indian Territory) und nach Kalifornien.

Weil so viel auf so engem Raum gesagt werden muß, haben die Autoren ihre Themen auch geographisch genau abgegrenzt. Obwohl die Reisebeschreibungen manchmal über politische Grenzen hinweggehen, bleibt das Hauptaugenmerk doch auf das Gebiet der USA gerichtet, was den ursprünglichen indianischen Lebensformen nicht entspricht. Natürlich haben die kolonialen Grenzziehungen auch die Lebensweise der Indianer beeinflußt. Und für Touristen sind politische Grenzen ein praktischer Planungsfaktor, so daß diese Beschränkung sinnvoll erscheint.

Darüber hinaus werden die kleinen und schwer zu findenden Reservate und Stämme, auf die im Hauptteil des Buchs nicht eingegangen werden konnte, in den „Reisetips" am Ende vorgestellt. Diese Tips behandeln auch wichtige technische Details: Adressen von Museen, Galerien und Selbstverwaltungsorganen der Stämme, Einkaufshilfen und andere praktische Hinweise.

Gutes Benehmen: Bevor man aufbricht, sollte man sich klar machen, daß man nicht einfach irgendeinen Ort in den USA besucht. Man muß mit Unzulänglichkeiten in der touristischen Infrastruktur und „bürokratischen" Hemmnissen bei der Erteilung von Passierscheinen in Stammesgebiete rechnen.

Noch wichtiger ist aber eine innere Achtsamkeit der Reisenden darauf, daß die Geschichte der letzten 500 Jahre den Umgang zwischen Weißen und Indianern kompliziert gemacht hat.

Obwohl viele Stämme sich bemühen, Reisende herbeizulocken und ihnen die gewohnten Annehmlichkeiten zu bieten, gibt es doch eine große Zahl von Indianern, denen die Anwesenheit von Fremden ein Dorn im Auge ist. Die einen argumentieren, daß mit den Touristen eine zuverlässige Einnahmequelle erschlossen werden kann, die außerdem den Erhalt der Lebensumwelt und der Sitten und Gebräuche fördert. Die anderen halten dagegen, daß die Sitten und Gebräuche dadurch zu bloßer Folklore herabgewürdigt werden.

Angesichts solcher Vorbehalte ist es für Reisende angeraten, sich in der indianischen

Umgebung vorsichtig, sachkundig und sensibel zu verhalten. Die entsprechenden Teile dieses Buches geben Ratschläge, wie man Ärger vermeidet und sich in den unterschiedlichen Gegenden gegenüber den Gewohnheiten der Bewohner angemessen verhält.

Aber es gibt einige allgemeine Benimmregeln, die man immer beachten sollte:

1) Sei respektvoll! Das ist die Regel Nummer eins im Indianerland. Sie mag einfach erscheinen, wird aber leider allzuoft vernachlässigt. Das kommt auch daher, daß „Respekt" sich in der westlichen Kultur nicht so zeigt, wie es der indianische Lebenszusammenhang fordert. Manchmal kann ein von Europäern

Links: Tänzer beim Festtag im Pueblo von Santa Clara. **Oben:** Fischer vom Stamm der Quileute.

Einführung 25

respektvoll gemeintes Benehmen für Indianer beleidigend wirken. Im Zweifelsfall hilft eine Frage, solche Situationen zu vermeiden. Die meisten Indianer sprechen Englisch. Viele sprechen außer ihrer Stammessprache noch Spanisch oder Französisch.

2) Die Menschen im Indianerland sind keine Ausstellungsstücke. Leider wird von manchen Führern durch den Hinweis „living museum" (besonders für die Pueblos von New Mexico und Arizona) der Eindruck erweckt, es handele sich hier um bloße Schaustücke. Alle Indianer können Geschichten von unsensiblen Weißen erzählen, die einfach an ihrer Tür klopften, um eine Führung durch eine typische Indianerwohnung zu verlangen.

gestört fühlen sich Indianer vom Fotografieren und Filmen bei ihren Zeremonien.

Wer vorhat, Indianer bei Feierlichkeiten zu fotografieren, zu filmen oder Zeichnungen von ihnen anzufertigen, sollte die Erlaubnis der Stammesverwaltungen einholen. In einigen Reservaten muß gegen Zahlung einer Gebühr eine Erlaubnis eingeholt werden. Ein Geldgeschenk an die Fotografierten in Höhe von $2 oder $3 wird manchmal als Zeichen der Wertschätzung erwartet.

4) Bevor Sie an einer Zeremonie als Zuschauer teilnehmen, müssen Sie nachfragen, ob Besucher willkommen sind. Drängen Sie sich bitte nicht in den Vordergrund. Seien Sie geduldig, rücksichtsvoll und nicht neugierig!

Ganz wichtig ist, daß man keine Orte betritt, die abgesperrt (off limits) sind, z.B. religiöse Gebäude (Kirchen oder *kivas*), Tanzplätze und heilige Stätten oder Naturdenkmäler. Wer gegen solche Verbote verstößt, muß mit Strafen und Hinauswurf rechnen.

3) Ebenso gilt, daß sämtliche Zeremonien, Powwows, Tänze und andere rituelle Veranstaltungen von Indianern für Indianer abgehalten werden. Sie sind keine Unterhaltungsshows, so wie die Auftritte in Museen, Kulturzentren oder Parks. Oft haben diese Festlichkeiten einen religiösen Zweck, und man sollte ihnen genausoviel Ehrfurcht entgegenbringen wie christlichen Gottesdiensten. Besonders

Religiöse Angelegenheiten dürfen nach indianischer Sitte nicht öffentlich erörtert werden, und Fragen nach dem Sinn religiöser Handlungen gelten als unschicklich. Es verbietet sich jede Form von Applaus. Sogar eine Bemerkung zwischen Weißen ist störend.

5) Gastfreundschaft und Großzügigkeit sind indianische Tugenden. Das heißt aber nicht, daß Indianer einer Freundschaft mit Gästen hinterherlaufen. Indianisches Verhalten wirkt auf Europäer eher konservativ: Blickkontakt, exaltiertes Benehmen oder die Mitteilung von Vertraulichkeiten gelten als Einbruch in die Privatsphäre. Jemandem zur Begrüßung nicht die Hand zu schütteln, ist für

Indianer ein Zeichen von Höflichkeit. Sie geben nicht viel auf „selbstsicheres" Auftreten.

6) Und zuletzt: Beachten Sie Stammesregeln und Gesetze in den Reservaten! Es ist sinnvoll, vor der Reise mit dem Stammesrat des betreffenden Gebiets Kontakt aufzunehmen und sich nach Ge- und Verboten zu erkundigen. Diese Gesetze betreffen oft das Fotografieren und Durchfahren, das Jagen, das Fischen, das Wandern und das Mitführen oder Konsumieren von Alkohol. An bestimmten Tagen sind ganze Reservate für Besucher geschlossen. Mindestens eins, Santa Ana Pueblo in New Mexico, wird überhaupt nur an einem Tag im Jahr geöffnet. Werden Sie gebeten, das Land der Indianer zu verlassen, dann tun Sie dies sofort, ohne Widerspruch und ohne Aufsehen zu erregen.

Brücken bauen: Eine Reise in das Indianerland ist auch eine Chance, neue Brücken zu einem Kulturkreis zu bauen, der nach Jahrhunderten von Leiden und Entbehrungen gerade dem sich „zivilisiert" dünkenden Weltteil einige Fingerzeige geben kann, die dort dringend gebraucht werden. Darüber hinaus kann eine solche Reise auf beiden Seiten Respekt vor dem jeweiligen Anderssein und gleichzeitig die Erfahrung von Gemeinsamkeit fördern.

<u>Links:</u> Vorbereitungen für *Crow Fair Powwow*.
<u>Oben:</u> Junge Navajo in einer Pendleton-Decke.

Nun sei noch einmal Häuptling Joseph von den Nez Perce das Wort gegeben. Selbst nach Jahren der Verbannung konnte er immer noch von Frieden reden: „Wenn der Weiße Mann mit den Indianern in Frieden leben will, dann kann er in Frieden leben...Behandelt alle Menschen gleich! Gebt ihnen das gleiche Gesetz! Gebt allen eine gleiche Chance zu leben und zu wachsen! Alle Menschen wurden vom gleichen Häuptling Großer Geist erschaffen. Sie sind alle Brüder. Die Erde ist die Mutter aller Menschen, und alle Menschen sollten auf ihr gleiche Rechte haben... Wir sollen alle gleich sein – vom selben Vater und von der selben Mutter, der einen Mutter, dem einen Himmel über uns und dem einen Land um uns und der einen Regierung für alle. Dann wird sich der Häuptling Großer Geist, der im Himmel regiert, über uns freuen und einen Regen senden, der die blutigen Flecken wegwaschen wird, die von den Geschwistern auf dem Antlitz der Erde verursacht wurden. Auf diesen Tag wartet die indianische Rasse und betet dafür, daß er bald kommen möge. Ich hoffe, daß nie wieder das Stöhnen und Klagen verwundeter Männer und Frauen zu den Ohren des Häuptlings Großer Geist über uns dringen möge, und daß alle Völker zu einem Volk werden.

In-mut-too-yah-lat-lat (Häuptling Joseph) hat für sein ganzes Volk gesprochen."

Einführung 27

DAS LANGE MORGENROT

Gegen Ende der Eiszeit, also vor mehr als 20 000 Jahren, folgten die versprengten asiatischen Jägervölker ihrer Beute durch die Sibirische Tundra nach Osten. Dabei merkten sie nicht, daß sie ganz nebenbei einen neuen Kontinent für die Menschheit entdeckten.

Die Landverbindung zwischen Sibirien und Alaska, die heutige Bering-Straße, kam gegen Ende des Pleistozäns (der Eiszeit) zum Vorschein. Ein Großteil der Wassermassen war in Form von Gletschern auf den Kontinenten gebunden, die dann langsam schmolzen und die Landbrücke überfluteten. So war den Jägern der Weg zurück abgeschnitten. Da wichen die Gletscher, für die Exil-Sibirier öffneten sich neue Wege nach Süden und Osten, und sie erschlossen sich ganz Nordamerika.

Diese „Paläo-Indianer" streiften als Jäger und Sammler durch das Land, jagten Wild mit ihren Holzspeeren, kleideten sich in Tierhäute und wohnten in Höhlen und primitiven Unterständen. Sie fanden ein wasserreiches Land, das ihnen reichlich Beute bot: Höhlenbären, Riesenfaultiere, Urelche und Pferde. Später entwickelten die Jäger einfache, grobe Steinspitzen (vom Typ *Sandia*). Dann, ab 8000 vor Christi Geburt, benutzten sie bearbeitete (vom Typ *Clovis* und *Folsom*), mit Auskehlungen auf beiden Seiten und scharfen Kanten.

Trotz primitiver Waffen waren sie Jäger, die es selbst mit den wildesten Bestien aufnahmen. Mammuts wurden in Sümpfe gejagt und – unbeweglich wie sie dort waren – geschlachtet. Bisonherden wurden in Abgründe oder natürliche Pferche getrieben, wo sie leichte Beute für die Speerwerfer waren. Einige Archäologen machen die Jäger und Sammler sogar für die Ausrottung der eiszeitlichen Riesensäugetiere mitverantwortlich.

Landwirtschaftliche Revolution: Um 10 000 vor Christi Geburt war die Eiszeit vorbei, und ein radikaler, klimatischer Wandel vollzog sich in Nordamerika. Die Großwildjagd der Paläoindianer wurde von der etwas vielseitigeren Nahrungsbeschaffung der „archaischen Indianer" abgelöst.

Vorherige Seiten: *Krieger der Pawnee* von Charles Bird King. **Links:** Anasazi-Ruinen im Chaco Canyon, New Mexico. **Oben:** Felszeichnungen bei Galisteo, auch in New Mexico.

In der archaischen Periode spezialisierten sich die Indianervölker auf Wirtschaftsweisen, die den Besonderheiten ihrer jeweiligen Umwelt entsprachen: Werkzeuge und Waffen wurden verbessert, Riten und Kulturformen unterschieden sich mehr und mehr. Die „*Cochise*-Kultur" (7000-1000 v. Chr.) auf der Hochebene im Südwesten konnte sogar mit dem Jagen von Wild und dem Sammeln von Samen und Nüssen in der Wüste überleben.

Entlang der kalten Flüsse des Nordwestens wurde das Jagen und Sammeln zunehmend

durch die Fischerei ergänzt. In den Wäldern rund um die Großen Seen entwickelten Indianer bereits früh (zwischen 4000 und 1500 v. Chr.) die Fähigkeit, Kupfer herzustellen und es für Waffen und für kultische Zwecke weiterzubearbeiten. An der Felsenküste von Neu England und Kanada ließ das „*Red paint*-Volk" (3000 - 500 v. Chr.) sorgfältig ausgeführte Begräbnisstätten als Zeichen eines ausgebildeten Sinns für Riten zurück.

Größte Errungenschaft der archaischen Periode war die Entdeckung der Pflanzenzucht. Bereits 2500 vor Christi Geburt wurden in der Tiefebene von Mexiko frühe Formen des Mais angebaut. Er diente als „Zubrot" zu einer

Wirtschaftsweise, die durch die Jagd und das Sammeln charakterisiert war. Die Ausdehnung der Landwirtschaft ermöglichte eine neue Gesellschaftsform. Um 1200 schufen die Olmecs Mittelamerikas eine erste große Kultur. Auf dieser Zivilisation mit eigenständigen Formen von Kunst, Religion und Landwirtschaft basierten die späteren Hochkulturen der Mayas, Tolteken und Azteken.

Nördlich von Mexiko zeitigte die Erfindung der Landwirtschaft ihren größten Einfluß im Südwesten, wo Völker von Wüstenbauern, wie die Hohokam und die Mogollon (500 - 1000 n. Chr.) die nördliche Speerspitze mittelamerikanischer Kultur bildeten. Weiter Richtung Norden hin entwickelten die Anasazi das *Pueblo* als typische Behausung der Felsenbewohner im Südwesten.

Die Hauptorte der Anasazi, Mogollon und Hohokam wurden im 14. Jahrhundert aufgegeben, als Trockenheit, Überbevölkerung und die ständigen Scharmützel mit den athabaskanischen Eindringlingen (Navajos und Apachen) aus dem arktischen Norden die großen Kulturen zum Zerbröckeln brachten. Die übrigbleibenden Anasazi und Mogollon ließen sich in den Pueblos von New Mexico und Arizona nieder, während die Reste der Hohokam sich auf die kleinen Wüstendörfer der O'odham im südlichen Arizona verteilten.

In der Nachfolge der frühen Hügelbauer der *Hopewell-* und *Adena*-Kulturen machte die *Temple-Mound*-Zivilisation im Tal des Mississippi (700 - 1000 n. Chr.) das Land um ihre Tempelhügel urbar. Sie breitete sich (hauptsächlich zwischen 1000 und 1500 n. Chr.) von der Golfküste im Süden bis zu den Großen Seen im Norden, von den Allegheny-Bergen im Osten bis zu den *Great Plains* im Westen aus. Gegen Ende des 16. Jahrhunderts brach diese Kultur plötzlich zusammen, vielleicht als Ergebnis einer Welle europäischer Infektionskrankheiten.

Die Gesamtzahl der in Nordamerika zur Zeit der Ankunft der Europäer lebenden Indianer kann nur geschätzt werden: Von etwa 15 Millionen Indianern lebte die große Mehrheit in Mittelamerika. Nördlich von Mexiko gab es nur eine äußerst dünne Besiedlung. Die dort lebenden 1,5 bis 2 Millionen Indianer verteilten sich auf 250 Stämme und insgesamt 300 Sprachgruppen.

Rechts: Felszeichnungen von Bighorns, gut erhalten im Death Valley in Kalifornien.

DIE EUROPÄER KOMMEN

Zuerst kamen die Spanier. Im Jahre 1492 landete Christoph Kolumbus auf der Insel San Salvador und taufte die Bewohner *Indios*, im festen Glauben, er habe nun den Seeweg von Osten nach Indien entdeckt. „Sie sind die besten und friedfertigsten Leute der Welt", notierte er in seinem Logbuch über die Eingeborenen, eine Abteilung der Arawaks. „Ich glaube nicht, daß es irgendwo auf der Welt bessere Menschen gibt...Sie sind in solchem Maße arglos und ohne Hinterlist, so großzügig mit dem, was sie besitzen, daß man es kaum glauben kann, wenn man es nicht mit eigenen Augen gesehen hat."

In Spanien stellte man sich andere Fragen über diese Indios: Gut, mochten sie „friedfertig" und „großzügig" sein, aber hatten sie Seelen? Waren sie vernunftbegabte Wesen? Waren sie wirklich Menschen? Erst 1512 entschied Papst Julius II. diese Fragen, als er die Indios zu Abkömmlingen Adams und Evas erklärte. Allerdings verordnete er ihnen eine gehörige Portion Katholizismus. Die versprachen die Spanier gratis zu liefern - und vergrößerten dabei ihr Reich um neue Besitzungen westlich des Atlantiks.

Bis die Indianer auf San Salvador erfahren sollten, daß sie zu Menschen erklärt worden waren, war allerdings kaum einer von ihnen übriggeblieben. Zehn Jahre Krankheiten, Sklaverei, Folter und Krieg hatten die Eingeborenen so gut wie ausgerottet. Die Spanier hatten Tausende getötet, und die meisten Ureinwohner der Karibischen Inseln sollten das gleiche Schicksal erleiden. Nach 20 000 Jahren Isolation war das lange Morgenrot der Uramerikaner vorbei.

Die Auswirkungen des Kontakts mit den Europäern sind in ihrer Tragweite für die Ureinwohner kaum wirklich zu erfassen. Allein die Epidemien löschten 25 bis 30 Prozent der Bevölkerung aus. In Kriegen kamen weitere 10 Prozent zu Tode. In der Karibik und in Zentralamerika überlebte nur einer von zehn Indianern. In den heutigen USA lebten vor Ankunft der Weißen schätzungsweise 1,5 Millionen Indianer. Ihre Zahl sank zwischen 1890 und 1910 auf weniger als 250 000.

Noch schwieriger einzuschätzen ist das Ausmaß an kultureller Verwüstung. Einige Stämme, wie die Pequot in Neu England und die Yana und Maidu in Kalifornien, wurden buchstäblich ausgerottet. Andere, wie die Mandan und Pawnee der Northern Plains, wurden von europäischen Infektionskrankheiten dezimiert.

Auf der anderen Seite machten die Europäer mit der Kolonisierung der „Neuen Welt" ein

äußerst lukratives Geschäft. In der Mitte des 18. Jahrhunderts hatten sich nicht weniger als sechs europäische Großmächte (Spanien, Frankreich, England, Holland, Schweden und Rußland) in einigen Teilen Nordamerikas Einflußzonen gesichert. Außerdem waren die Europäer – manche mehr, manche weniger – von dem Glauben beseelt, ihre armen heidnischen Brüder christianisieren zu müssen. Und in der verdrehten Logik der Eroberer bedeutete die „Errettung" der Indianer in Wirklichkeit fast immer deren Unterjochung.

Konquistadoren, Reisende, Pflanzer: Als die Spanier fast die gesamte Karibikbevölkerung ausgerottet hatten, stießen sie nach Mexiko

Links: Wampanoag-Häuptling Metacom, die Engländer nannten ihn King Philip. **Oben:** Pocahontas bittet ihren Vater, König Powhatan, John Smith zu verschonen.

Geschichte: 1492-1840 35

vor. Dort verwüstete Hernando Cortés mit seinen Konquistadoren das Aztekenreich und tötete außer dessen Herrscher Montezuma mehrere Tausend Indianer.

Noch während sie die Goldklumpen des Aztekenreiches nach Hause schafften, eroberten ihre Landsleute im Norden die Canyons des amerikanischen Südwestens. Großzügig nahmen sie von der Arbeitskraft und dem Land der Pueblo-Indianer was sie brauchten. Auch in Florida richteten sie sich ein, und gegen Ende des 18. Jahrhunderts erstreckte sich eine Kette spanischer Missionen entlang der kalifornischen Küste.

Während die Spanier von Mexiko aus nach Norden vordrangen, tasteten sich die Franzosen in die Waldländer um die Großen Seen hinein. Anders als die Spanier, deren ökonomische Tätigkeit sich auf *Ranchos* und Minen beschränkte, hatten die Franzosen sich auf den Pelzhandel spezialisiert. Statt Konquistadoren zu schicken, beauftragten sie *voyageurs*, private Händler, die mit ihren Kanus auf den Seen und Flüssen herumpaddelten. Sie lernten die Sprachen der Indianer und suchten sich ihre Frauen bei den Indianerstämmen.

Zwischen 1550 und 1650 beschränkte sich der Handel auf die Stämme in den Gebieten um den St.-Lorenz-Strom und die Großen Seen. Huronen, Nipissings, Ottawas und Micmacs waren die Partner der Franzosen. Zu Beginn des 18. Jahrhunderts paddelten die Handlungsreisenden den Mississippi hinunter in das Territorium der Caddo. Auf dem Missouri, dem Red River und dem Platte River gelangten sie in die Gebiete der Wichitas, Quapaws und Komantschen. Im Jahre 1718 gründeten die Franzosen New Orleans, und zehn Jahre später vernichteten sie die Natchez, die letzten Überlebenden der einst mächtigen *Temple-Mound*-Zivilisation.

Auch die Engländer hatten ihre Finger im Pelzgeschäft. Den größten Teil der Pfründe hatten sie den Holländern abgenommen. Sie pflegten deren gute Handelsbeziehungen zu den Irokesenstämmen am Oberlauf des Hudson Rivers.

Oft jedoch beschränkten sich die englischen Kolonisten auf die Landwirtschaft. Während die Franzosen sich auf das indianische Handelsnetz stützten und die Spanier die indianischen Arbeitskräfte ausbeuteten, hatten die Engländer für die Indianer wenig Verwendung. Die Kolonisten wollten Land, und es war ihnen egal, ob sie es durch Kauf, Betrug, oder Raub erwarben.

Zuerst waren die Beziehungen zueinander freundlich, wenn auch nicht gerade herzlich gewesen. Während der ersten, harten Jahre in den beiden Siedlungen von Plymouth und Jamestown lebten die Weißen in friedlicher Nachbarschaft zu den ansässigen Stämmen.

Berühmte *indian helpers* wie Sqanto, Massasoit Samoset und Pocahontas erwiesen sich als „hilfreiche Mittelsmänner und -frauen".

Aber als die Kolonisten immer mehr Land an sich rissen, waren die Konflikte vorprogrammiert. Zwistigkeiten wurden zu Scharmützeln und darauf folgten Kriege. Ob nun Indianer oder Weiße zuerst angriffen: Die Gründe für die Gewalttätigkeiten waren immer die gleichen.

In Jamestown hielt der wackelige Frieden zwischen den Engländern und der Powhatan-Konföderation immerhin 15 Jahre – aber nur dank des mäßigenden Einflusses von Häuptling Wahunsonacook, von den Engländern *King Powhatan* genannt. Als Pfand für den

Ähnlich verlief die Geschichte in Neu England. Nur 16 Jahre nach der Landung der „Pilgerväter" in Plymouth entschlossen sich die Puritaner im Jahre 1636, mit dem mächtigsten Stamm der Region, den Pequots, kurzen Prozeß zu machen. „Es war ein furchtbarer Anblick, sie im Feuer rösten zu sehen", schrieb einer der christlichen Anführer, nachdem er ein Pequot-Dorf hatte niederbrennen lassen. Die indianischen Überlebenden wurden gejagt und zur Strecke gebracht, einige wurden als Sklaven verkauft. Die Pequots erholten sich nie von diesem Opfergang.

Fünfzig Jahre später brach erneut Krieg aus, als Häuptling Metacom vom Stamm der Wampanoag – von den Engländern wurde er

Frieden wurde Wahunsonacooks Tochter *Pocahontas* mit dem Kolonisten John Rolfe verheiratet. Aber auch diese Vernunftehe konnte nicht verhindern, daß sich die Powhatans nach dem Tode von Wahunsonacook gegen die Siedler erhoben. Die Engländer hatten keine Mühe, auf diese zu spät und zu zögerlich vorgetragenen Angriffe zu antworten. Sie zerschlugen die Konföderation, und die Powhatans wurden bis auf die Bewohner einiger abgelegener Dörfer getötet.

Links: Felszeichnungen im Canyon de Chelly zeigen die Ankunft der Spanier. **Oben**: George Catlins Impressionen eines Bisontanzes des Mandan.

King Philip genannt – eine Allianz mit den Narragansets und den Nipmucs schmiedete. Eine Generation zuvor hatte Metacoms Vater, Häuptling Massasoit, den Pilgervätern mit Lebensmitteln über die erste Zeit hinweggeholfen. Aber als er 42 Jahre später starb, besaß sein Stamm nichts mehr. Metacoms Angriffe verwüsteten Dorf um Dorf in ganz Neu England. Und wieder kam die Rache schnell und gnadenlos. Die Puritaner rotteten die Wampanoags und ihre Verbündeten völlig aus. Hunderte von Indianern wurden massakriert, Hunderte wurden als Sklaven verkauft. Metacoms aufgespießten Kopf konnte man zwanzig Jahre lang in Plymouth besichtigen.

Geschichte: 1492-1840

Ende des 17. Jahrhunderts kämpften die Weißen nicht nur gegen die Indianer, sondern auch gegeneinander. Besonders die Engländer und Franzosen setzten ihre lange Tradition von Auseinandersetzungen auch auf amerikanischem Boden fort. In den nun folgenden achtzig Jahren, die als „Indianer- und Franzosenkriege" in die Kolonialgeschichte (und die Weltliteratur: J. F. Coopers *Lederstrumpf*) eingingen, benutzten die Kolonialverwaltungen die Indianer als Hilfstruppen.

Besonders die Liga der Irokesen wurde als Bündnispartner heiß umworben, weil sie das strategisch wichtige Grenzgebiet zwischen dem heutigen Staat von New York und der kanadischen Provinz Ontario beherrschte. Die

den Konflikt der Weißen untereinander hineinziehen. Diesmal aber wählten die meisten von ihnen – so die Shawnees, die Delawares und die Wyandots – den letztendlichen Verlierer als Verbündeten. Besonders hart traf es abermals die Liga der Irokesen, die sich an der Bündnisfrage spaltete: Die Mowhawks, Cayugas und Onondagas fochten mit den Briten, die Oneidas und Tuscaroras mit den Amerikanern. Am Ende des Unabhängigkeitskrieges war von den stolzen „Sechs Nationen" nur noch ein erbärmliches Häuflein Heimatloser übriggeblieben, die nach Kanada oder in Reservate im Staat New York flohen.

Der Pfad der Tränen: Nach der Unabhängigkeit wurde von den Weißen die Indianer-

Irokesen schlugen sich auf die Seite der Engländer, während die Abnakis, Shawnees, Chippewas und Ottawas mit den Franzosen gemeinsame Sache machten. Doch auch ihre Siege brachten den Indianern letztlich nur weitere Verluste: Drei Generationen lang verwüsteten sie und die weißen Soldaten die Dörfer, töteten die jungen Krieger, verbrannten die Felder. Und als am Ende die Irokesen zusammen mit den Engländern als Sieger dastanden, wurden sie in ihrem Elend von ihren weißen Verbündeten im Stich gelassen.

Im Befreiungskrieg der Kolonisten nach der amerikanischen Unabhängigkeitserklärung von 1776 ließen sich die Indianer abermals in

grenze *(the frontier)* immer weiter nach Westen verschoben. Schließlich schlossen sich die dort seßhaften Stämme und die versprengten Reste ihrer östlichen Nachbarn zusammen und versuchten noch einmal, die Flut weißer Siedler aufzuhalten. Schon im Jahr 1760 hatte der charismatische Häuptling Pontiac vom Stamm der Ottawa eine Armee nach weißem Vorbild aufgestellt und mit ihr neun Forts der Engländer erobert und tausend Siedler getötet. Aber Pontiac konnte den Druck gegen die Weißen nicht lange genug aufrechterhalten.

Oben: *Großer Pawnee-Häuptling Keokuk* von **George Catlin.**

TECUMSEH

Tecumseh gilt vielen als der größte indianische Anführer aller Zeiten. Seine Vision von der einen indianischen Nation, deren Gebiet sich von den Großen Seen bis zum Golf von Mexiko erstrecken sollte, „modernisierte" das indianische Denken. Er vertrat die Ansicht, daß das Indianerland allen Indianern gemeinsam gehöre, und daß kein Stück dieses Landes von Einzelpersonen oder einzelnen Stämmen veräussert werden könne.

Seinen weißen Gegnern galt er als „einer jener ungewöhnlichen Genies, die manchmal von der Geschichte hervorgebracht werden und Revolutionen anführen, von denen die althergebrachte Ordnung aus den Angeln gehoben wird". Von seinem eigenen Volk wurde er *Tekamti* (der Komet) genannt.

Tecumseh wuchs in den Indianerkriegen auf. Während seiner Kindheit und Jugend, zwischen 1780 und 1800, waren die Stämme an den Großen Seen unter wachsenden Druck durch weiße Siedler geraten. Tecumsehs Vater und sein Bruder waren im Kampf gegen weiße „Landräuber" gefallen. Er selbst war fast noch ein Kind, als er sich schon an indianischen Attacken auf die „Langmesser" beteiligte.

Bereits im Jahr 1805 verschafften ihm sein Mut und seine Vision einer Einheit aller Indianer über Stammesgrenzen hinweg einen gewissen Einfluß im Stammesrat.

Er sah, wie die Position der Indianer durch immer neue Einzelverträge mit Weißen schwächer und schwächer wurde. „Es gibt nur eine Möglichkeit, dieses Übel aufzuhalten", sagte er damals, „wir Roten Männer müssen uns vereinen, um unseren gemeinsamen Anspruch auf das Land anzumelden. So war es schon immer und so sollte es auch heute sein. Denn niemals war das Land aufgeteilt. Es gehört allen! Kein Stamm hat ein Recht, Land zu verkaufen - nicht einmal an einen anderen Stamm, wieviel weniger an Fremde... Ein Land verkaufen! Warum dann nicht gleich auch die Luft, das Meer, die Erde? Hat nicht der Große Geist all dies erschaffen, damit alle seine Kinder davon Nutzen haben?"

TECUMTHA.

Tecumseh glaubte, daß die einzige Hoffnung für die Indianer darin bestand, sich in einer Stammeskonföderation zusammenzuschließen. Als Symbol dafür gründeten er und sein Bruder Tenskwatawa („der Prophet") die Stadt *Tippecanoe*, in der Indianer aus allen Stämmen die der alten Lebensformen und Bräuche pflegen konnten, ohne durch weiße Einwirkung beeinträchtigt zu werden. In der Zwischenzeit reiste Tecumseh von Stamm zu Stamm, um den Gedanken der Einheit zu verbreiten und um Krieger zu rekrutieren.

„Wo sind heute die Pequot?" fragte er bei einer Rede. „Wo sind die Narraganset, die Mohikaner, die Pocanet und andere mächtige Stämme unseres Volkes? Sie sind der Unterdrückung und dem Neid des Weißen Mannes zum Opfer gefallen, so wie Schnee in der Sonne schmilzt... Wollen wir warten, bis auch wir zerstört werden, ohne uns zu bemühen, die Würde unserer Rasse zu bewahren? Sollen wir ohne Kampf unsere Häuser und unsere Heimat aufgeben, die uns der Große Geist anvertraut hat? ...Ich weiß, Ihr werdet mit mir sagen: Niemals! Niemals!"

Aber bevor Tecumsehs Plan in die Tat umgesetzt werden konnte, trat ein Ereignis ein, das ihn in seinen Vorbereitungen zurückwarf. Während er bei den Stämmen im Süden Krieger zusammentrommelte, marschierte Territorialgouverneur William Henry Harrison mit eintausend Männern auf Tippacanoe. Tecumsehs Bruder versprach den indianischen Kriegern Unverwundbarkeit durch seine Medizin und befahl den Angriff. Diese schlugen jedoch die Indianer zurück, marschierten nach Tippacanoe und brannten es nieder.

Tecumsehs Konföderation zerbrach, aber er wollte seinen Traum nicht aufgeben. Zu Beginn des Krieges von 1812 stellte Tecumseh sich und seine Krieger in den Dienst der Briten. Man ernannte ihn zum Brigadegeneral, und er erwies sich in mehreren Gefechten seines Ranges würdig. Seine Verbündeten mußten aber bald vor den stärkeren Amerikanern fliehen. Tecumseh wurde getötet, als er und seine Krieger den Rückzug der Briten nach Kanada absichern wollten.

Tecumsehs Volk, die Shawnees, wurden später in das Indianerterritorium (Oklahoma) verschleppt, wo viele von ihnen heute noch leben.

Geschichte: 1492-1840

Seine Krieger wurden zurückgedrängt und in alle Winde zerstreut.

Little Turtle von den Miamis schuf fünfundzwanzig Jahre später erneut ein Bündnis zwischen Shawnees, Chippewas, Delawares und Potawatomis. Nachdem die amerikanischen Truppen von ihnen einige Male geschlagen worden waren, mußte Little Turtle sich dann doch den Weißen ergeben und ein Abkommen unterzeichnen, das den Weg in das begehrte Tal des Ohio frei machte.

Im Jahr 1811 führte der sagenumwobene Häuptling Tecumseh von den Shawnee eine weitere Stammesallianz gegen die Amerikaner an. Wieder verbündeten sich die Indianer mit den Briten und verloren mit ihnen den

Krieg. Tecumseh und seine Leute mußten den britischen Rückzug decken und wurden dabei von den Amerikanern überrannt. Er selbst wurde bei diesem Gefecht getötet.

Der Kampf um den Nordwesten Amerikas wurde zu Beginn der dreißiger Jahre des 19. Jahrhunderts entschieden, als 300 Sauk-Indianer unter ihrem Häuptling *Black Hawk* beim Rückzug abgeschlachtet wurden.

Ungefähr zur gleichen Zeit wurde die alte Indianergrenze auch im Südosten von den Weißen überschritten. Die „Fünf Zivilisierten Stämme" (das sind Cherokees, Choctaws, Chickasaws, Creeks und Seminoles) mußten sich nun mit einem hinterwäldlerischen „Indianerfresser" auseinandersetzen, der bei ihnen den Namen *Sharp Knife* trug und unter den Weißen als Andrew Jackson bekannt war.

Der Mann machte seinem Kriegsnamen alle Ehre, als er sein „scharfes Messer" im Krieg gegen die Creek (1813) und gegen die Seminoles in Florida (1818) zückte. Beide Male mußten die Indianer erhebliche Ländereien abtreten.

1828 wurde dieser Held von den Weißen zum Präsidenten der Vereinigten Staaten gewählt. Kaum im Amt, begann er mit der Verwirklichung seines alten Traumes vom „indianerfreien" Süden. Im Jahr 1830 unterzeichnete er den sogenannten *Indian Removal Act* (Indianer-Vertreibungsgesetz) und zwang die Indianer in ein *Indian Territory* (Indianerterritorium, heute: Oklahoma), das für die Indianer reserviert sein sollte, „solange das Gras wächst und die Wasser fließen".

Zuerst mußten die Choctaws weichen. Ein Viertel des Stammes starb auf dem langen, kalten Weg in das neue Territorium.

Einige Zeit später wurden die Creeks aus Alabama verjagt, nachdem man das Gerücht verbreitet hatte, daß sie einen Aufstand planten. In Ketten wurden sie über die Staatsgrenze deportiert. Fast 3500 von ihnen kamen dabei ums Leben. Im Jahr 1837 wurden die Chickasaws aus Tennesee verjagt.

In den Sümpfen Floridas leisteten die Seminoles noch bis 1848 Widerstand. Als die Regierung den Plan aufgab, sie zu deportieren, waren nur ein paar Hundert übriggeblieben.

Die Cherokees wandten sich mit ihrer Beschwerde über die Verletzung ihrer Rechte an den Obersten Gerichtshof der Vereinigten Staaten, worauf *Chief Justice* John Marshall ihnen die Unantastbarkeit ihres Stammesgebietes bescheinigte. Aber „Scharfes Messer" Jackson ließ sich nicht beirren. „John Marshall hat entschieden", ließ er verlauten, „dann soll er seine Entscheidung 'mal durchsetzen".

Im Jahr 1938 wurden die Cherokees aus ihren Stammesgründen in Georgia vertrieben. Von den 18 000 Cherokees, die den 800 Meilen (ca. 1300 Kilometer) langen „Pfad der Tränen" gehen mußten, starben viertausend. Einige entkamen in die Berge von North Carolina, wo ihre Nachkommen heute noch im Qualla-Reservat leben.

Links: John Ross, Anführer der Cherokees während des *Trail of Tears*. **Rechts:** Hopi-Krieger auf der *kiva*-Leiter, ca. 1897.

KRIEG UM DEN WILDEN WESTEN

In den fünfzig Jahren, die dem „Pfad der Tränen" folgten, beschleunigte sich der Expansionsdrang der Weißen in Amerika. Es waren die Jahre der sogenannten „Großen Indianerkriege", aus denen die Geschichten über Planwagentrecks, Goldschätze, Cowboys und Kavallerie stammen, die den Mythos „Wilder Westen" ausmachen. Auf der Suche nach kostenlosem Land und einer neuen Chance machten sich Tausende Amerikaner (und Einwanderer aus allen Teilen der Welt) auf den Weg über die *Plains*. Oft genug waren sie berauscht von Geschichten über riesige Goldfunde – und hofften auf ein kleines, irdisches Stück vom Paradies dort draußen. Obwohl die Indianer seit 250 Jahren gelernt hatten, mit Spaniern im Südwesten, Franzosen am Mississippi und Russen im hohen Norden fertig zu werden, waren die Stämme Nordamerikas einem solchen Ansturm landhungriger Weißer auf Dauer nicht gewachsen.

Für die US-Amerikaner indes stellte sich die Angelegenheit so dar, daß die Vorsehung sie dazu bestimmt hatte, den ganzen Kontinent zu „zivilisieren". Diese Landnahme geschah seit den Tagen der „Pilgerväter" in der Selbstgewißheit, daß die Stärke der Weißen eben Gottes Wille sei: so habe Gott damals eine Epidemie unter die Indianer gesandt, um den Weg zur Gründung von Plymouth frei zu machen. Aber auch heute, mehr als 200 Jahre später, ist dieses „Sendungsbewußtsein" immer noch selbstverständliches Gedankengut für viele weiße Amerikaner.

Als die Cherokees sich im „Indianerterritorium" neu angesiedelt hatten, standen die Stämme des Westens kurz vor dem Ausbruch offener Feindseligkeiten mit den Weißen. Schon im Jahr 1835 hatten Komantschen und Kiowas Weiße auf den *Staked Plains* von Texas angegriffen. Im Jahre 1847 tötete dann eine rebellierende Gruppe von Kriegern aus dem Pueblo von Taos den Gouverneur des Territoriums von New Mexico sowie 20 amerikanische Siedler. In Kalifornien wurden daraufhin öffentliche Gelder für die Bezahlung von „freischaffenden" Indianerjägern eingesetzt. Und auch im Nordwesten, wo sich seit der Expedition von Lewis und Clark im Jahr 1804 eine relativ friedliche Koexistenz von Weißen und Indianern eingespielt hatte, löste der Cayuse-Krieg im Jahr 1847 eine Reihe von Auseinandersetzungen aus: Angehörige der Yakima, Coeur d'Alene, Palouse, Northern Paiute, Spokane, Walla Walla und der Umatilla bekämpften zehn Jahre lang die Weißen.

Vor der Gewalttätigkeit gab es in der Regel jahrelange Streitigkeiten. Die Weißen kamen in die Stammesgebiete; zuerst als Jäger, dann

als Schnapsverkäufer. Sie belästigten und entführten Indianerfrauen und Kinder. Im Gegenzug überfielen die Indianer Blockhütten und Ranches, stahlen Vieh und griffen weiße Reisende an. Wenn dann die Armee eingriff, konnte nichts mehr ein Blutvergießen verhindern. Immer fand sich ein ehrgeiziger Offizier, ein heißblütiger Krieger oder ein skrupelloser Geschäftemacher, der den ersten Schuß abgab. Unschuldige hatten unter der aufgehetzten Soldateska und den wildgewordenen Kriegern immer am meisten zu leiden.

Apachen-Guerilla: Die Apachen fühlten den Druck der Weißen auf den Westen als einer der ersten Stämme. Besonders die Chiricahua-

Links: Juan, ein junger Apache, ca. 1904. **Rechts:** Manuelito, Häuptling der Navajo während des „Long Walk".

Geschichte: 1840-90 43

Apachen, die sich um den gleichnamigen Berg im Südosten Arizonas scharten, wurden in ihrer gewohnten Bewegungsfreiheit zunehmend eingeschränkt. Vierhundert Jahre lang hatten sie ihre jagend-sammelnde Lebensweise gegen ihre Nachbarn, die Pueblo-Indianer, erfolgreich verteidigt. Auch die Spanier konnten sie 200 Jahre lang nicht vertreiben.

Die Beziehungen zwischen Apachen und Weißen waren nie glänzend gewesen. Die alte spanische Praxis, Apachenkinder zu entführen und sie zu versklaven, wurde von den Amerikanern weitergeführt. Die Rache der Apachen ließ selten auf sich warten. Trotz des Austauschs von Freundlichkeiten zwischen Amerikanern und Apachen traute keine Seite jeden Apachen zu töten, dessen sie habhaft werden konnten. In einigen Gebieten Arizonas brachte ein „frischer" Apachenskalp eine Belohnung von bis zu 250 Dollar.

Der Killerwahn erreichte seinen Höhepunkt im Jahr 1871, als 85 unbeteiligte Apachen von einem Freiwilligentrupp aus Tucson abgeknallt wurden. Der Lynchmob tötete die Apachen vom Stamm der Aravapais unter den Augen der Besatzung des Forts, in dessen Schutz sie sich geflüchtet hatten. „Warum warten wir Apachen einfach auf den Tod", sinnierte Cochise danach, alt und müde geworden. Er handelte sicheres Geleit und ein Reservat in den Chiricahua-Bergen aus, in dem er 1874 starb.

der anderen über den Weg. Im Jahr 1861 brachen dann die ersten Feindseligkeiten aus, als ein amerikanischer Offizier den Häuptling Cochise von den Chiricahua-Apachen fälschlicherweise beschuldigte, den Sohn eines Ranchers entführt zu haben. Der Versuch, den Häuptling gefangenzunehmen, endete mit Blutvergießen auf beiden Seiten und führte zu einem Teufelskreis von Gewalt, der zehn Jahre lang dauern sollte.

In dieser Zeit überzogen Cochise und sein Verbündeter, der Mimbreño-Häuptling Mangas Colorado, die Grenzlande mit Überfällen in Guerilla-Manier. Im Gegenzug wurden Soldaten und Zivilisten dazu aufgefordert,

Aber schon zwei Jahre später wurden die Chiricahuas erneut gezwungen, ihre Heimat zu verlassen. Die Regierung wollte sie in das San Carlos Reservat bringen, in das bereits andere Apachenstämme gedrängt worden waren. Einige Chiricahuas gingen um des lieben Friedens willen. Andere, unter ihnen Victorio, Nana und Geronimo, flohen in die Berge und lieferten den Weißen einen zehn Jahre anhaltenden Widerstandskampf. Einer nach dem anderen wurden sie schließlich zur Aufgabe gezwungen oder getötet.

Geronimo war der letzte. Als er 1886 aufgab, war er im ganzen Land bekannt und gehaßt. Die meisten Weißen waren sich mit ihrem Präsidenten darin einig, daß Geronimo gehängt werden müsse. Statt dessen wurden er und seine Chiricahuas auf ein Schiff nach Florida verfrachtet, wo sie als Kriegsgefangene interniert wurden. Im Jahr 1894 wurde den letzten Chiricahuas, die in den Sümpfen Floridas nicht zugrunde gegangen waren, erlaubt, sich im *Fort Sill Indian Territory* (heute in Oklahoma) niederzulassen, wo Geronimo im Jahre 1909 starb – formell immer noch Kriegsgefangener der US-Regierung.

Der Schatz der Navajos: Während Cochise die Grenzsiedlungen in Atem hielt, wurde auch ein anderer Stamm des Südwestens durch das amerikanische Militär verfolgt: die Navajos.

Die Navajos stammen, ebenso wie die Apachen, vom Volk der Athabasken ab, das etwa 600 Jahre früher aus dem westlichen Kanada in den Südwesten der heutigen USA eingefallen war. Aber die beiden Abkömmlinge hatten kulturell einen ganz verschiedenen Weg beschritten. Die Navajos, die sich selber *Dine* (das Volk) nannten, lernten von anderen Stämmen und auch von den spanischen Eroberern. Sie züchteten Schafe, verstanden sich auf die Weberei und übernahmen Teile der Pueblo-Religion, ohne ihre eigene Form von Spiritualität aufzugeben.

Wie ihre Verwandten, die Apachen, hatten die Navajos den Ruf, starke und grausame Krieger zu sein. Sie waren wie „Wölfe, die durch die Berge streifen", sagte ein amerikanischer General. Da sich in den Bergen der Navajos jedoch ein gewaltiger Reichtum an Bodenschätzen verbarg, war es ausgemachte Sache, daß die menschlichen „Wölfe" vertrieben werden mußten.

Der richtige Mann für diesen Job war Christopher „Kit" Carson. Die US-Armee betraute ihn im Jahr 1863 mit der Aufgabe, die Navajos einzukesseln und sie im Lager von Bosque Redondo an der mexikanischen Grenze gefangenzuhalten. Als alter Pfadfinder, ehemaliger reisender Händler und Indianerkämpfer wußte Carson, daß ein offener Kampf gegen die Navajos aussichtslos war. So verlegte er sich darauf, ihre Schafe und Pferde zu fangen oder zu töten, ihre Getreidefelder niederzubrennen und ihre *Hogans* (die Blockhütten) zu zerstören. Sogar vor der einmaligen Pfirsichplantage im Canyon de Chelly machte er nicht halt. Die Navajos gaben halbverhungert auf.

8000 von ihnen wurden bis zum Jahr 1865 auf den „Langen Marsch" nach Bosque Redondo gezwungen. 400 Navajos starben auf diesem Weg. Im Lager erwartete sie eine Fortsetzung der Leiden: Kaum Lebensmittel, ungenießbares Wasser, unfruchtbarer Boden, Krankheiten und Mißernten. Die Verhältnisse waren so himmelschreiend, daß man die Navajos aufgrund von öffentlichen Protesten im Jahre 1868 wieder nach Hause gehen lassen mußte.

Präriefeuer: Die „rote Blume des Krieges" blühte auch auf den *Great Plains,* den Großen Prärien des Mittelwestens. Goldfunde in Kali-

fornien, Colorado, Montana und den Black Hills von Süd Dakota brachten die Weißen in Massen auf den Weg über die Ebenen, wo sie auf Stämme stießen, die das Kriegführen nie verlernt hatten. „Wenn der Weiße Mann in mein Land kommt, läßt er eine Blutspur hinter sich", beschwerte sich Häuptling Red Cloud bei einer Zusammenkunft mit Offizieren. Für das Schicksal der großen Stämme der Prärien – der Sioux, Cheyenne, Crows, Blackfeet, Arapahos, Komantschen und Kiowas – traf dieses Wort sicher zu.

Die Prärieindianer sind ein Hauptbestandteil des Mythos „Wilder Westen". Der berittene indianische Krieger, mit Federschmuck im

Links: Geronimo (untere Reihe, vierter von links) mit gefangenen Chiricahuas, 1886. **Rechts:** Cheyenne-Häuptlinge Little Wolf (stehend) und Dull Knife.

Geschichte: 1840-90 45

Haar und Pfeil und Bogen in der Hand, stellt immer noch das Klischeebild des Indianers in allen Medien dar.

Ironischerweise entwickelte sich diese Lebensform der berittenen, jagenden Indianer erst nach der Ankunft der Europäer. Seit der Eiszeit waren Pferde nämlich auf dem amerikanischen Kontinent ausgestorben. Erst die Spanier brachten wieder Pferde in die „Neue Welt", von denen einige verwilderten und so nach und nach die Lebensweise der Indianerstämme auf den Prärien veränderten. In nur 80 oder 90 Jahren entwickelten die Prärieindianer eine immense Geschicklichkeit im Gebrauch der Pferde zur „Büffel"-Jagd (eigentlich waren es Bisons) und im Kampf.

Ende der fünfziger Jahre des 19. Jahrhunderts hatte es schon eine Reihe blutiger Zwischenfälle in der Prärie gegeben. Einige Stämme – zum Beispiel die Santee Sioux von Minnesota – hatten der US-Regierung enorme Landflächen abgetreten. Die Santee, der östlichste Stamm des großen Volkes der Sioux, hatten bald das Gefühl, daß sie beim Landabtretungsvertrag betrogen worden waren. Denn nach zehn Jahren Leben im Reservat blieb ihnen nur Hunger und Hoffnungslosigkeit statt des versprochenen Wohlstands. Ihr Haß auf die Weißen fand blutigen Ausdruck, als sie im Jahre 1862 aus dem Reservat ausbrachen und 800 Siedler und Soldaten umbrachten. Nachdem es der Armee gelungen war, sie wieder zurückzutreiben, wurden fast 40 Santee gehängt und 250 von ihnen verurteilte man zu Gefängnisstrafen.

Zwei Jahre später bekamen die Stämme der Cheyennes und Arapahos Schwierigkeiten mit ihren weißen Nachbarn. Als man in den Rocky Mountains Gold entdeckte, strömten aus dem nahen Denver Tausende von Siedlern und Abenteurern in die Jagdgebiete der Indianer. Im Jahre 1864 begann man mit einer regelrechten Vertreibungskampagne gegen die „Rothäute": Dörfer wurden überfallen und niedergebrannt. Die Indianer antworteten mit Überfällen auf weiße Siedler. Aber selbst die US-Kavallerie konnte die Indianer zunächst nicht aus ihrem Gebiet vertreiben.

Colonel John Chivington aus Denver nahm sich daraufhin vor, dieses Problem auf seine Weise zu lösen. Er umringte mit seinen Männern im Morgengrauen das Lager von Häuptling Black Kettle am Sand Creek in der Nähe von Fort Lyons (im Süden Colorados). Häuptling Black Kettle war bekannt als friedlicher Mann und Freund der Weißen. Als er die Soldaten sah, hißte er auf seinem Zelt das Sternenbanner und eine weiße Flagge. Aber Chivington hatte bereits seinen Befehl gegeben: „Tötet und skalpiert alle, groß oder klein". Seine Soldaten hatten den Befehl erhalten, „keine Gefangenen" zu machen.

Unter den 270 toten Indianern, die nach dem Überfall gezählt wurden, waren 200 Frauen und Kinder. Auch wenn Kit Carson die Soldaten als „feige Hunde" beschimpfte, so konnten sie doch auf einen begeisterten Empfang rechnen, als sie mit ihren frischen Skalps in Denver einritten. Es nimmt wenig Wunder, daß Chivington das Benehmen aller seiner Männer „ehrenvoll" nannte.

Wie durch ein Wunder überlebte Black Kettle das Massaker von Sand Creek. In der Hoffnung auf Sicherheit brachte er die Überlebenden seines Stammes nach Oklahoma in das Indianerterritorium. Nur vier Jahre später ereilte sie dort das gleiche Schicksal noch einmal. Diesmal kam das Unheil in Gestalt eines jungen Heißsporns namens George Armstrong Custer, Lieutenant-Colonel der „Blauröcke" von der US-Army. Ihn scherte es wenig, daß der Häuptling und sein Volk den weißen Siedlern rundum nie ein Leid zugefügt hatten. Zu den Klängen von Custers Lieblingsmarsch „Garry Owen" galoppierten die Soldaten im Morgengrauen in das Camp. Die

Indianer wollten sich diesmal nicht wehrlos abschlachten lassen. Aber sie hatten gegen die übermächtigen Feinde keine Chance. Nach kurzem Kampf blieben 20 Soldaten und 100 Indianer tot zurück. Diesmal war Black Kettle nicht unter den wenigen Überlebenden.

Im Gegensatz zu den südlichen Abteilungen der Cheyennes konnten die nördlichen Stämme dieses Volkes zusammen mit den Sioux unter den Häuptlingen Dull Knife, Red Cloud und Sitting Bull die Soldaten zunächst schlagen und aus den indianischen Jagdgebieten am Powder River (Grenzgebiet zwischen Montana und Dakota) vertreiben. Zwei Jahre wogte der Kampf, dann gaben die Weißen nach und unterzeichneten bei Häuptling Red

Schwur. Als er starb, war er noch immer der einzige Häuptling, der je einen Krieg gegen die weißen Amerikaner gewonnen hatte.

Der Vertrag hielt immerhin achtzig Jahre. Dann lockten die Gerüchte über große Goldadern in den Black Hills Scharen von Prospektoren in die Berge. Daraufhin entschloß sich die Armee, die in der Vergangenheit erlittene Schmach zu sühnen und sich ihre Rache gleich auch noch vergolden zu lassen. Oberstleutnant Custer schien der richtige Mann für diese goldsuchende Strafexpedition zu sein. Es sollte sein letztes Kommando werden.

Der kaltschnäuzige Vertragsbruch der Armee war der Zündfunke für den erneuten Ausbruch des kriegerischen Präriefeuers. Die

Cloud im Jahre 1868 einen Vertrag: Dieser sicherte den Indianern das Gebiet, in dem auch die heiligen *Black Hills* lagen: „Keine weiße Person darf auf irgendeinem Teil des Landes ohne Zustimmung der Indianer siedeln… oder ohne dieselbe durch das Gebiet reisen", lautete der entscheidende Passus.

Im Gegenzug versprach Red Cloud, seine Hand niemals wieder gegen die Weißen zu erheben. Er zog sich in die Indianeragentur zurück, die seinen Namen trug und hielt diesen

Links: Abordnung der Sioux, 1875, mit Häuptling Red Cloud (rechts stehend). Oben: Wovoka, der Prophet der Paiute (sitzend) mit Arapahos.

Häuptlinge Sitting Bull, Gall und vor allem ein brillianter „Newcomer" namens Crazy Horse brachten der Armee erneut eine Niederlage nach der anderen bei. Als die Siebente Kavallerie unter Custer am 25. Juni 1876 ein großes Indianerlager am *Little Bighorn* entdeckte und direkt zum Angriff überging, überlebte keiner der Elitesoldaten diese leichtfertige Attacke.

Aber das sollte der letzte große Sieg der Prärieindianer bleiben. Im Winter des Jahres 1877 wurden die Indianer von den ständigen Angriffen der Armee, chronischem Hunger und bitterer Kälte zermürbt. Sogar der charismatische Crazy Horse und die Häuptlinge Dull Knife und Little Wolf von den Chey-

Geschichte: 1840-90 47

ennes gaben den Widerstand auf. Sitting Bull und seine Hunkpapa-Sioux entkamen über die Grenze nach Kanada.

Die letzten Tage des Wilden Westens: Auch anderswo im Westen waren die Tage des indianischen Widerstands gegen weiße Vorherrschaft gezählt. In Texas und Oklahoma mußten die Komantschen unter Quanah Parker und die Kiowas unter den Häuptlingen Setangya (oder Satank) und Satanta einsehen, daß sie die Bisonherden nicht vor den professionellen „Büffeljägern" schützen konnten. Häuptling Captain Jack und seine Modocs versuchten im Jahr 1872 verzweifelt, sich noch einmal in den zerklüfteten Lavafeldern des nördlichen Kalifornien festzukrallen. Im

daß der *Geistertanz* helfen könne, die Weißen zu vertreiben. Die US-amerikanischen Reservatsbehörden hatten Angst vor Unruhe und forderten die Gefangennahme aller noch frei umherstreifenden Abteilungen der *hostiles*, feindseliger Stämme.

Eine Gruppe zerlumpter Miniconjou-Sioux mit ihrem Häuptling Big Foot wurden bei dieser „Säuberung" von einer Einheit der US-Army aufgegriffen. Man brachte sie dazu, ihr Lager am *Wounded Knee Creek* im Reservat von Pine Ridge aufzuschlagen. Rund um das Indianerlager bauten die Soldaten ihr eigenes Lager auf und brachten Artillerie in Stellung.

Am folgenden Morgen begannen die Soldaten, die Zelte nach Waffen zu durchsuchen.

Nordwesten machten sich die Nez Perces unter ihrem Häuptling Chief Joseph auf den Weg durch Idaho und Montana nach Kanada zu Sitting Bull. Nach vier Monaten Flucht wurden sie jedoch kurz vor der Grenze von der Armee gestellt und gefangengenommen.

Der letzte Akt der Tragödie kam im Jahr 1890, als die übriggebliebenen Sioux in Reservate gezwungen wurden. Die berühmtesten Anführer der Sioux starben in Gefangenschaft: Crazy Horse und Sitting Bull wurden von ihren Wachen ermordet. Verzweifelt wandten sich die letzten freien Stämme einer religiösen Bewegung zu: Im Stamm der Paiute war ein Prophet aufgetaucht, der verkündete,

Was dabei genau geschah, wird wohl ungeklärt bleiben. Sicher scheint zu sein, daß auf die Bewacher der indianischen Krieger ein Schuß abgefeuert wurde. Damit begann das Morden. Die Artillerie schoß Salve um Salve auf die Tipis der Indianer. Soldaten jagten die wenigen Überlebenden, bis 300 Indianer und 25 Armeeangehörige tot auf dem Schlachtfeld lagen. Mit diesem Blutbad erlosch das Feuer des Krieges in der Prärie. Der Krieg um den Wilden Westen war vorüber.

Oben: Häuptling Big Foots steifgefrorener Leichnam nach dem Massaker von Wounded Knee. **Rechts**: Sitting Bull.

SITTING BULL

Tatanka Yotanka, weißen Amerikanern als Sitting Bull bekannt, hatte im Sommer des Jahres 1876 eine Vision. Es war am Rosebud Creek in Montana beim alljährlichen Sonnentanz der Sioux und Cheyennes. Der Häuptling hatte schon hundert Stücke seines Armfleisches geopfert und danach bis zur Bewußtlosigkeit getanzt. Als er erwachte, erzählte er, was er in Trance gesehen hatte: Weiße Soldaten sind vom Himmel in ein Indianerlager gefallen. „Ich gebe sie dir", sagt eine Stimme, „weil sie keine Ohren haben". Die Indianer deuteten das als Prophezeiung eines großen Sieges.

In den letzten Jahren des Krieges war Sitting Bull einer der Hauptstützen der indianischen Verteidiger. Er war gleichzeitig Feldherr, Medizinmann, Orakel und ein gewiefter Häuptling seiner Hunkpapa-Sioux und sah sich selbst und seinen Stamm als die letzten Beschützer der Bisonherden von Wyoming und als die einzigen wahren Indianer. Für Stämme, die sich in Reservate einsperren ließen, empfand er nur Verachtung.

Einige Monate vor Sitting Bulls Vision hatte Lt. Colonel Custer in den Black Hills Gold entdeckt. Als die amerikanische Regierung Druck auf die Indianer ausübte – sie wollte den Sioux das erzhaltige Landstück abkaufen –, antwortete der Häuptling, daß er lieber kämpfen werde, als heiligen Boden preiszugeben. Die Armee ließ daraufhin verlauten, daß sie die Indianer zum Abzug in Reservate zwinge werde.

Ein paar Tage nach dem Sonnentanz fingen die Indianer eine Abteilung Soldaten ab, die direkt auf das friedliche Lager zumarschierte. Nach eintägigem Kampf traten die Soldaten den Rückzug an. Dieser Sieg am Rosebud gab den Indianern Mut. Aber für Sitting Bull war das noch nicht der Erfolg, den die Prophezeiung ihm vorhergesagt hatte.

Der kam jedoch bald darauf: Am 25. Juni 1876 ging Custer mit seiner siebten Kavallerie am *Little Bighorn River* in die Falle der Indianer. 225 Soldaten und ihr Anführer fanden den Tod.

Nach dem Sieg über Custer ging Sitting Bull vorsichtshalber über die Grenze nach Kanada.

Eine US-Delegation wurde ihm nachgesandt, die ihn dazu überreden sollte, bei freiem Geleit in die USA zurückzukehren. Doch Sitting Bull dachte nicht daran, sich dort für Taten einsperren zu lassen, die er als pure Selbstverteidigung empfand. „Wir haben nichts getan", entgegnete er, „es sind die Leute auf der anderen Seite, die den Ärger begonnen haben... Seht mich an. Ich habe Ohren, ich habe Augen, mit denen ich sehen kann. Wenn ihr denkt, daß ich ein Narr bin, dann seid ihr die größeren Narren... Dies hier ist jetzt mein Land, und ich habe mir vorgenommen, es mit meinen Leuten zu bevölkern".

Aber die Kanadier gaben Sitting Bull kein Reservat. Nach all den schwierigen Jahren – die Büffel verschwanden, sein Volk war krank vor Heimweh – erkannte er, daß sein Stamm in Kanada keine Zukunft mehr hatte: „Meine Anhänger haben genug von der Kälte und dem Hunger. Sie wollen ihre Brüder und ihre alte Heimat wiedersehen. Deshalb beuge ich meinen Nacken." Nach zwei Jahren Haft in Fort Randall wurde ihm dann erlaubt, sich im Standing-Rock-Reservat niederzulassen.

Für alle Amerikaner war er inzwischen eine Persönlichkeit der Zeitgeschichte geworden, und er bekam Fanpost aus den entlegensten Winkeln der Vereinigten Staaten. Mit Buffalo Bill Codys Wildwest-Show bereiste er die Zentren der Weißen und wurde so noch populärer.

Trotzdem fürchtete die weiße Obrigkeit den Einfluß des Häuptlings auf die Sioux. Als die Geistertanzbewegung dann aufkam, wurde ausgerechnet Sitting Bull als „Unruhestifter" gesucht, obwohl er sich dagegen ausgesprochen hatte. Bei seiner Verhaftung am 15. Dezember 1890 starb er durch die Kugel eines indianischen Reservatspolizisten.

Sitting Bull blieb bis in unsere Zeit eine Symbolfigur des indianischen Selbstbehauptungswillens. Nie sah er einen Grund, sich für seine „wilde", indianische Lebensweise zu schämen: „Wenn der Große Geist gewollt hätte, daß ich ein Weißer werde, dann hätte er mich gleich zu einem Weißen gemacht", sagte er einmal in Kanada. „Hier sind wir zwar arm, aber frei. Kein weißer Mann bewacht uns auf Schritt und Tritt. Wenn wir sterben müssen, dann wollen wir im Kampf für unsere Rechte sterben."

DER KAMPF GEHT WEITER

Der Krieg um den Wilden Westen war gewonnen. Der Indianische Widerstand war gebrochen. Aber die Streitigkeiten zwischen Indianern und Weißen gingen weiter. Nur verlagerte sich ihr Schauplatz von den Prärien in die Gerichtssäle. Die Gesetze des US-Kongresses, die Intrigen weißer Kommunalpolitiker und die Machenschaften cleverer Makler nahmen den Indianern in ihren eng bemessenen Reservaten ihr Land und ihr gutes Recht. Zur Jahrhundertwende sahen alle Prognosen die Ureinwohner Amerikas als aussterbende Rasse. Viele weiße Politiker fühlten sich berufen, diesen Prozeß des Auslöschens der „Rothäute" voranzutreiben: Sie setzten die alten Regeln der Stammesgemeinschaften außer Kraft und unterdrückten die traditionelle Kultur der indianischen Völker.

Gerade als die Indianer sich mit ihren neuen Lebensumständen in den Reservaten anfreundeten, wurden sie erneut zum Opfer weißen Landhungers. Der Kongreß verabschiedete im Jahr 1887 den *General Allotment Act*, der die Stammesgebiete in Kleinparzellen aufteilte, die jeweils einzelnen Familien zugeteilt wurden. Die Indianer sollten seßhaft gemacht werden und die Vorzüge des Privateigentums kennenlernen. Bei dieser Verteilung blieben „zufälligerweise" viele Parzellen in den Reservaten ohne Besitzer, die dann einfach an weiße Siedler vergeben wurden.

So verkleinerte sich das Indianerland innerhalb weniger Jahre um die Hälfte seiner Fläche. Das in vielen Verträgen auf ewig zugesicherte Indianerterritorium wurde gleich durch mehrere Gesetze zerteilt. Es wurde der Verfügung der Stammesverwaltungen entzogen, damit die Indianer sich leichter „assimilierten". Ganz nebenbei entstand dadurch der neue US-Bundesstaat Oklahoma, natürlich unter weißer Verwaltung, der schließlich alle Reservate auf seinem Staatsgebiet auflöste, um die Indianer in die „moderne Gesellschaft" zu zwingen.

Eine Neuauflage erlebte diese Art von „Modernisierung" in den fünfziger Jahren des 20. Jahrhunderts, als die Politik der *termination* das endgültige Aus für die Stammesorganisationen der Indianer bringen sollte. Alles, auch das gemeinsame Eigentum der Stämme, wurde nun einzelnen Mitgliedern zugeordnet, was den Geschäftemachern Tür und Tor öffnete. Insgesamt 61 Indianerstämme wurden offiziell für „beendet" erklärt. Es ist einer der zweifelhaften Erfolge der *termination*, daß seitdem etwa ein Drittel aller Indianer wenigstens zeitweise in den großen amerikanischen Städten wohnt. Lediglich eine Handvoll

Stämme sind später wieder in ihre alten Rechte eingesetzt worden, und kaum einer hat sein altes Land wiedererlangen können.

In neuerer Zeit hat sich die Bundespolitik gegenüber den Indianern häufig gewandelt. In den letzten zwanzig Jahren erkannte die US-Bundesregierung offiziell das Prinzip der Selbstorganisation der Stämme an, das auch von den meisten indianischen Politikern unterstützt wird. Trotzdem wurden den Stämmen zwischenzeitlich die Sozialleistungen um 40 Prozent gekürzt. Die allerneueste Variante offizieller Indianerpolitik nennt sich „neuer Föderalismus" und nimmt für sich in Anspruch, die Stammesentscheidungen sogar

Vorherige Seiten: Indianerdorf an der Alert Bay, British Columbia, ca. 1888. **Links:** Navajos protestieren gegen die Navajo-Hopi-Umsiedlung. **Rechts:** Tipi der Cheyenne mit Flaggenschmuck.

dann respektieren zu wollen, wenn staatliche Interessen eine andere Regelung erfordern.

Nicht wenige Indianer sehen diesen *new federalism* als Schritt in die richtige Richtung. Andere meinen, daß dies nur ein raffinierter Versuch des Staates sei, sich aus den vertraglichen und gesetzlichen Verpflichtungen gegenüber den Indianern zu stehlen.

Neben dem ständigen Kleinkrieg mit weißen Politikern und dem *Bureau of Indian Affairs* mußten die Stämme lernen, mit dem beengten Leben in den Reservaten fertig zu werden. Es war geprägt von Hunger, Krankheiten, Alkoholismus, schlechten Schulen, Arbeitslosigkeit und von Hoffnungslosigkeit. Dennoch wuchs die indianische Bevölkerung sen der Stämme durchzusetzen. Bekanntestes Beispiel ist der *National Congress of American Indians* (1944 gegründet), der bis heute als Lobbyorganisation in Washington arbeitet.

Nach Jahren des Streits um ehemalige indianische Ländereien vor US-Gerichten wurden dann eine Reihe von Besitztiteln der Indianer anerkannt. Hunderte von Verfahren in den USA und Kanada sind jedoch noch nicht entschieden. Eine Signalwirkung wird die Entscheidung über den Anspruch der Sioux auf die *Black Hills* von Süd-Dakota haben. Der langjährige Konflikt zwischen den Stämmen der Hopi und der Navajo wurde kürzlich durch die Umsiedlung einiger Tausend Navajos beendet.

von mageren 250 000 Menschen zur Jahrhundertwende auf die heutige Zahl von 1,5 Millionen an. Entsprechend wuchsen auch die Probleme, mit denen viele Stämme angesichts miserabler Unterstützung heute nicht allein fertig werden können. Die Statistiken weisen aus, daß von allen ethnischen Minderheiten in den USA die Indianer die höchste Arbeitslosigkeit, das niedrigste Pro-Kopf-Einkommen und die kürzeste Lebenserwartung haben.

Widerstand: Von Anfang an haben die Indianer versucht, sich auch mit den Mitteln der Weißen zu wehren. Zu Beginn des 20. Jahrhunderts wurden eine Reihe von Organisationen gegründet, um die gemeinsamen Interes-

Auch die Indianer hatten ihre militante „Achtundsechziger-Generation". Das *American Indian Movement* (AIM), gegründet 1968 in Minneapolis, wurde durch seine spektakulären Aktionen rasch bekannt. Die Besetzung der ehemaligen Gefängnisinsel von Alcatraz, die „Entweihung" der Präsidentenköpfe von *Mount Rushmore* und andere medienwirksame Aktionen gegen das Büro für indianische Angelegenheiten mündeten schließlich in der radikalsten Aktion des AIM: Es besetzte gewaltsam den Ort des Massakers von Wounded Knee im Pine-Ridge. Dabei wurden zwei militante Aktivisten getötet und mehrere FBI-Agenten verletzt. Beim jüngsten Zwischenfall dieser Art kam es zu bewaffneten Auseinandersetzungen zwischen der kanadischen Polizei und der *Mohawk Warrior Society* von Ontario und New York. Die kanadische Regierung wollte Land bebauen lassen, das die Mohawks als ihr Eigentum betrachteten.

Auch anderswo kommt es immer wieder zu Streitereien über Rechte, die den Indianern garantiert wurden. In Montana, Washington (State) und Wisconsin gibt es Übergriffe von Weißen gegen Indianer, die ihre Fischerei- und Jagdrechte in der überlieferten Weise ausüben. Für die *Native American Church*, eine amtlich registrierte Religionsgemeinschaft, ist die Abhaltung von Gottesdiensten schwieriger geworden, seitdem das Oberste Bundesgericht den einzelnen Staaten anheimgestellt hat, ob sie den sakralen Gebrauch des *Peyote*-Kaktus erlauben oder nicht. Doch gibt es Fortschritte im Bemühen der Indianer, in Museen ausgestellte Fundstücke und Mumien ihrer Vorfahren zurückzubekommen.

Durchhaltewillen: Es sieht so aus, als ob die Indianer wieder einmal ihre Zähigkeit, ihre Anpassungsfähigkeit und ihren Willen zum Überleben als Völkergemeinschaft unter Beweis stellen werden.

Links: Navajo-Bäuerin. **Oben:** Ein Transparent erinnert an die Besetzung von Wounded Knee im Jahr 1973.

Im Südwesten Amerikas kursiert die Geschichte über einen weisen alten Mann vom Stamm der Hopi, der auf die Frage nach den Überlebenschancen seines Volkes sagte: „Zuerst kamen vor langer Zeit die Navajos und zerstörten die Dörfer der Hopis. Aber sie gingen wieder weg, und die Hopis gibt es immer noch. Dann kamen die Spanier mit Pferden, Gewehren und der Bibel. Die Spanier verschwanden, und die Hopis sind immer noch hier. Und jetzt kommen die Amerikaner mit Elektrizität, Autos und Fernsehen. Vielleicht werden auch sie eines Tages verschwinden. Und die Hopis werden immer noch hier sein."

Durch Angie Debo (in: *History of the Indians of the US*) sind von Creek-Häuptling Plea-

sant Porter prophetische Worte aus dem Jahr 1900 überliefert: „Die Vitalität unserer Rasse ist immer noch da... Wir haben einst diesen Kontinent entdeckt und ihn dem Reich der Tiere entrissen. Wir haben die Künste von Krieg und Frieden gepflegt und nach den Prinzipien der Tugend, der Wahrhaftigkeit und der Freiheit gelebt. Die europäischen Nationen fanden uns hier vor. Wir haben sie gelehrt, hier zu überleben. Wir haben den Europäern unsere Weisheiten geschenkt... Unser Anteil ist aus ihrer Geschichte nicht mehr wegzudenken... Eine Rasse, die anderen Nationen solch einen Dienst erwiesen hat, kann nicht völlig verschwinden."

ZWISCHEN ZWEI WELTEN

Die junge Mutter vom Stamm der Navajo steht jeden Morgen um 4.30 Uhr auf, geht zur Tür des Zimmers, in dem ihre Tochter schläft, und lauscht auf den Atem des schlafenden Kindes. Dann geht sie ins Wohnzimmer, in dem ein Säckchen mit Maiskörnern auf ihrem Tisch liegt. Früher trug ihre Großmutter diese Körner in einem Wildlederbeutel oder einem Täschchen, das aus den Resten eines alten Mehlsacks hergestellt worden war.

Die junge Mutter nimmt eine Handvoll Körner, geht zur Tür hinaus und atmet die klare, kalte Luft der stillen Finsternis ein. Sie schaut nach Osten, wo die Umrisse einer gezackten Sandsteinklippe sich langsam von einem hellen Schein abheben, der sich am Horizont bildet: Dämmerung.

Sie hebt ihre rechte Hand, läßt die Körner zwischen Daumen und Zeigefinger langsam zu Boden fallen und betet: „Für die Heiligen Menschen, die in der Dämmerung sprechen. Für Vater Sonne. Für Großmutter Dunkelheit. Für Mutter Erde. Vater Himmel gib mir Gesundheit, Kraft und Wohlstand am Anfang meines Tages." Sie betet in Navajo und bittet mit *hozjo* um Segnungen für sich, ihre Tochter und ihre Nächsten. Sie beendet ihr Gebet mit „*hozjonashadoo*", Schönheit überall.

Als Kind lebte sie mit ihren Verwandten im trockenen Westen des Bodaway-Reservats der Navajos. Mit ihren Schafherden zogen sie Tag für Tag über die Wüstenlandschaft zwischen den roten Tafelbergen. Das Morgenritual war immer Bestandteil dieser Lebensweise. Als Kind hätte sie gern gewußt, warum die Heiligen Leute nicht lebendig wurden und ihr sagten, ob sie nun richtig gebetet hatte. Oft hing sie an Mutters Rockzipfel und hatte Angst, weil sie meinte, das Gebet falsch gesprochen zu haben.

Auch heute denkt sie noch an die Götter der Navajos, dort oben im Himmel am Mount Taylor – einem der vier heiligen Berge in der Nähe von Gallup, New Mexico. Sie fragt sich, ob die sprechenden Götter ihre Gedanken überhaupt verstehen können, denn sie denkt in Englisch. Gibt es diese Götter überhaupt?

Vorherige Seiten: Häuptling Wildshoe von den Blackfeet mit Familie im Automobil. **Links** und **rechts**: Navajo-Mädchen damals und heute.

Sie schaut noch einmal nach ihrer siebenjährigen Tochter, die sich ganz tief in ihre Mickymaus-Schmusedecke eingekuschelt hat. Soll sie die Kleine wecken und mit ihr beten? „Die Heiligen Leute würden ihr Englisch gar nicht verstehen", beruhigt sie sich, „sie wächst eben in der modernen Welt auf."

Anders als ihre Mutter, die die meiste Zeit ihrer Kindheit in einem *hogan* verbrachte (einer althergebrachten Blockhütte der Navajos), wächst das Kind in einem ganz normalen Haus mit allen Annehmlichkeiten der moder-

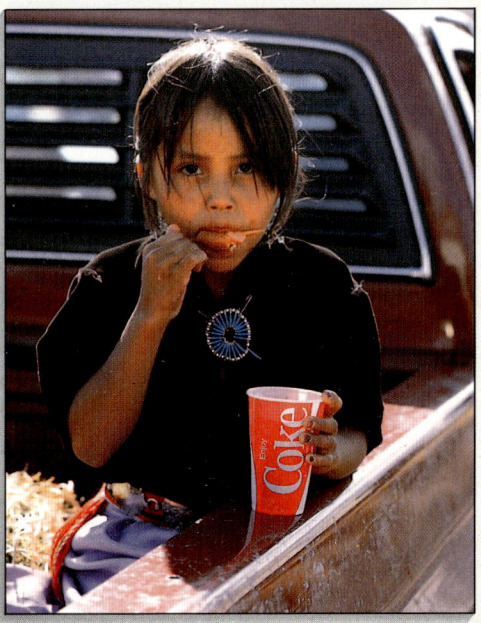

nen Zeit auf: fließendes Wasser, Elektrizität, Farbfernseher und Viedeorecorder. Mit den Stammestraditionen hat das Mädchen nur wenige Wochenenden im Jahr zu tun, wenn sie ihrer Großmutter an einem Ort namens „Wo-Sich-Die-Tafelberge-Treffen" beim Schafehüten hilft. Die Oma findet es bedenklich, daß ihre Enkeltochter nicht die Sprache der Navajos spricht und daß sie nicht in der Wüsteneinsamkeit aufwächst. Die junge Mutter sieht die Gefahr, daß ihre Generation die letzte ist, die Englisch und Navajo spricht. Wer wird die alten Rituale, Gebete und Lieder weitergeben? Was wird aus der traditionellen Lebensweise des Volkes?

Kulturelle Identität

Wenn das Kind fröhlich auf die Großmutter einplappert, dann faltet die Oma ihre Ohren mit den Fingern zusammen, zum Zeichen, daß sie nicht versteht. Die junge Frau muß dann zwischen den Generationen übersetzen; sie sieht sich als eine Brücke nicht nur zwischen Personen, sondern auch zwischen zwei Kulturen. Wie viele Indianer steckt sie in der Klemme. Sie fühlt sich hin und her gerissen zwischen den zwei Welten: dem Universum der Navajos und der schönen, neuen, angloamerikanischen Zivilisation.

Schwierige Lektionen: Sie zündet die Gasflamme des Herdes an, und der Teekessel pfeift ein munteres Liedchen. Aus einer alten, braunen Kaffeekanne nimmt sie ein Löffel-

züchten, die Alten respektieren und die Familie mit dem ernähren, was das Land hergibt. Ihre Enkel lehrte sie schon früh die Schafaufzucht, das Wasserschöpfen, das Holzhacken das Essenkochen und all die anderen harten Arbeiten, die ein solches Leben mit sich bringt. Sie legte Wert darauf, „den Pfad der Maiskörner zu gehen": nämlich die alltäglichen Traditionen des Volks der Navajos weiterzugeben und die Bindungen ihrer Kinder an Familie und Land zu stärken.

Eine Stunde nach dem Wecken steht das Kind in der Schule, Hand auf dem Herzen und bezeugt seine Loyalität zur amerikanischen Flagge. Dieser *Pledge of Allegiance* symbolisiert seine Verbindung mit dem Volk des

chen, und dabei erinnert sie sich daran, wie ihre Großmutter Long Reed eine ebensolche Kanne für das Besteck benutzte. Zum Feueranmachen in dem aufgeschnittenen Wasserfaß, das als Kochstelle diente, benutzte Long Reed immer die Arbeitsblätter, die ihre damalige Enkelin aus der Schule mitgebracht hatte. Den dahingekritzelten Zeichen auf dem Papier maß die alte Frau keinerlei Bedeutung zu. Long Reed wäre nicht damit einverstanden, daß ihre Urenkelin erst um 6.45 Uhr geweckt wird, um sich für den Schulweg fertig zu machen. Schulbildung galt der alten Frau nichts. Sie konnte sich für ihre Familie nur das Leben vorstellen, das sie selbst kannte: Schafe

Sternenbanners, der „einen, unteilbaren Nation, ihrer Freiheit und Gerechtigkeit für alle".

Noch in den sechziger Jahren hatte Long Reed versucht, den Enkelkindern das moderne Schulwesen auszureden: „Ihr seid Navajo. Warum wollt ihr unbedingt *bilagaana* (Weiße) werden?" fragte sie ihre Enkel, wenn sie in den Sommerferien ihre Lektionen büffelten. In ihren Augen waren Gesetze unrecht, wenn sie alle Kinder einer englischsprachigen Schulbildung unterwarfen. Damals mußten viele Indianerkinder in Internate gehen, meilenweit weg von ihren Verwandten. Diese staatlichen Schulen sollten die Kinder ihren Familien entfremden, damit sie sich besser in die moderne Gesellschaft eingliederten - sie sollten wirklich zu guten *bilagaana* werden.

Dann, am ersten Schultag, sah die Enkelin aus wie Long Reed. Sie trug einen Rock aus bedruckter Baumwolle, eine Bluse aus Baumwollsamt und ein paar gut eingefettete Arbeitsschuhe, die ihr Vater aus der Spendenkiste der Mission herausgesucht hatte. Ihr langes, schwarzes Haar war in traditioneller Weise mit weißem Garn gebunden. Mit dem hellblauen Koffer in der Hand, für den ihre Mutter einen schönen Türkisanhänger verpfändet hatte, und in freudiger Erwartung neuer Freundschaften, betrat sie das Wohnheim.

Eine Helferin zeigte ihr die Duschkabinen. Sie nahm die Sicherheitsnadel aus ihrem Rock

kordel aus Blitzen machen. Dein Geist ist im Haar. Sei achtsam damit."

Die festen, schwarzen Haare fielen frei herunter, als sie von der Haarkordel befreit waren. Der Geruch der Schafe, der Duft der Augustregen, das Aroma von Brotfladen und Hammelfleisch über dem Feuer, das Kräuterwasser des Medizinmanns am Morgen - alles wurde durch den Abfluß im Betonfußboden der Dusche weggespült.

Auch wenn die Schule versuchte, aus ihr eine Weiße zu machen, sie schaffte es nicht. Obwohl das Lernen hier ablief wie eine Rekrutenausbildung beim Militär, lebten die Kinder weiterhin in zwei Welten. Anstatt bei ihrer Familie mit frischem Kaffee geweckt zu

und zog die Bluse aus. Sie schlüpfte aus den Schuhen und öffnete den Haarknoten.

Ihre Großmutter hatte erst heute früh, bevor sie die Schafe zur Weide trieb, die Haare des Mädchens mit Yuccawurzel gewaschen und die Knoten mit getrocknetem Riesengras herausgebürstet. Dann hatte sie die Haare vorsichtig vier Mal gefaltet, den Knoten geformt und die Enkeltochter gewarnt: „Deine Gedanken kommen aus deinem Haar. Es sind die Fäden des schwarzen Regens. Meine Mutter sagte immer, daß die Heiligen Leute die Haar-

Links: Feuermachen auf alte Weise. **Oben**: Die Schulen lehren die Geschichte der Indianer.

werden, erwachte die Enkelin im Schlafsaal und mußte sich zusammen mit den anderen Kindern Lektionen über die moderne Welt eintrichtern lassen. Während ihre Familie gemütlich auf dem Lehmfußboden des *hogans* saß und frühstückte, lehrte sie die Regierung, an einem Tisch zu essen. Während ihre Eltern auf Schaffellen nächtigten, mußte sie in einem Bett schlafen.

Schon von Anfang an war der Gebrauch der Muttersprache Navajo verboten. Noch bevor sie wußten, was eine Flagge war, mußten die Kinder auf Geheiß ihrer nicht-indianischen Lehrer den *Pledge of Allegiance* auswendig lernen. Es kam den kleinen Mädchen etwas

Kulturelle Identität

albern vor, für ein rot-weiß-blaues Tuch aufzustehen und irgendwelche englischen Worte zu murmeln. „Englisch, Englisch, Englisch", sagten die Aufsichten im Schlafsaal zu den in Navajo tuschelnden kleinen Mädchen. Manch eines von ihnen mußte zur Strafe die Toilette schrubben oder wurde allein eingeschlossen, wenn es an der eigenen Sprache festhielt. Andere sagten einfach gar nichts, bis sie sich auf Englisch ausdrücken konnten.

Auch die Religion der Navajos war in der Schule verboten. Die Regierung steckte die Kinder in die verschiedensten christlichen Religionsgemeinschaften. Fragte das Mädchen, wer dieser neue Gott war, zu dem sie jetzt beten mußte, dann sagten die Aufsichten: „Denk ihn dir so wie einen Gott deiner Großmutter."

Wieder zu Hause im *camp*, versuchte sie dann ihrer Mutter etwas über den Gott in der schwarzen Bibel beizubringen. Doch die wollte nichts davon hören. „Die Alten sagen, daß der Erste Mann und die Erste Frau die Navajos geschaffen und ihnen ihre Religion gegeben haben", sagte die Mutter, „du bist *Dine* (eine vom Volk). Dieser Gott ist für die *anglos*." So betete das Kind wochentags mit den Presbyterianern und daheim am Wochenende zu den Heiligen Leuten.

Nach heftigen Protesten der Stammesoberen wurde die Politik der erzwungenen Assimilation aufgegeben. Neue Lehrpläne wurden entwickelt, die das indianische Bewußtsein der Kinder stärken sollten. Dies überforderte die Kinder, die bereits dem Assimilationsprogramm unterworfen worden waren.

Wettrennen mit dem Kojoten: Trotz der Amerikanisierungsversuche konnte sie am Ende der Internatsjahre immer noch besser Navajo als Englisch sprechen. In der High School und im College kämpfte sie darum, Shakespeare, Melville, Poe und die anderen Großen Geister der angelsächsischen Literatur zu verstehen. Als sie einmal mit ihrem Englischlehrer über das Problem der Zweisprachigkeit sprach, riet er ihr, eine Psychologin oder einen Sprachtherapeuten aufzusuchen. In Geschichte lernte sie etwas über die „Eroberer des Wilden Westens" und wie der weiße Mann die Wilden mit seinem Fortschritt beglückt hatte. Man belehrte sie über die amerikanischen „Helden" wie Andrew Jackson, George Armstrong Custer und sogar über Kit Carson, der die Navajos auf den tragischen „Langen Marsch" gezwungen hatte.

Wo sie heute auch lebt, beide Welten überlappen sich stets in ihrem Inneren. Meistens kann sie einen Kompromiß finden, aber in bestimmten Angelegenheiten – zum Beispiel den religiösen – gibt es keinen. Die Lehren ihres Volkes sind fest in ihr verankert.

Großmutter Long Reed und ihr Vater erzählten ihr einst über eine alte Weissagung: Der trickreiche Kojote machte sich während der Erschaffung der Welt selbst zum Überbringer von Botschaften. Er sagte: „Wenn ich deinen Weg kreuze, dann verlange ich ein paar Maiskörner und ein Gebet. Wenn du mir keinen Mais opferst, könnte ich dir eine gute oder eine schlechte Botschaft bringen".

An diese Geschichte mußte sie denken, als sie vor kurzem die Piste am Navajo Mountain entlangfuhr und ein grauer Kojote aus einem Salbeifeld sprang. Sie hatte sich ohnehin schon verspätet, und in der Hoffnung, ohne Gebet und Maisopfer vor dem Kojoten davonzukommen, trat sie das Gaspedal durch.

Der Wolf gewann das Rennen. Als die Staubwolke von ihrer Vollbremsung sich gelegt hatte, suchte sie schnell in der Tasche ihres Laptops nach ein paar Maiskörnern. Manch ein Navajo gibt heute nicht mehr viel auf alte Legenden. Solche Leute sagen, daß man genauso einer schwarzen Katze opfern könne, die einem in der Stadt über den Weg läuft. Aber für sie waren die alten Geschichten wichtiger Teil ihrer kindlichen Prägung.

Später hatte sie ihrer Tochter viele Geschichten von Kojotes Coups während der Erschaffung der Welt erzählt: „Am Anfang hatte jedes Wesen seinen Platz in der Welt. Dann kam Coyote und verhielt sich unverschämt und respektlos. Die Leute konnten nicht verstehen, warum er das tat."

Kojote brachte Chaos und Konfusion in die Welt. Er machte sie komplex. Die junge Mutter findet sich oft in der Welt von Kojote wieder: Zwischen den widersprüchlichen Kulturen, die sie in ihrer Person vereinen muß. Und wenn sie sich auch noch so anstrengte, um in sich *hozjo*, Ausgeglichenheit, zu erreichen, Kojote stand immer auf dem Sprung.

Und so sehen sich viele Indianer heute: Zwischen zwei Welten, die täglich zusammengebracht werden wollen. Ob sie Navajo, Hopi, Crow, Lakota, Cherokee, Mohawk, Chippewa, Miwok oder anders heißen, sie laufen immer im Wettkampf mit Kojote.

Rechts: Eine Navajo-Urgroßmutter.

MIT DEN GEISTERN TANZEN

Hoch oben auf den Tafelbergen, die sich aus der Wüste Arizonas erheben, liegen die Dörfer der Hopi. Von weitem sind die alten Steinhäuser kaum von dem rötlich-braunen Sandstein des Felsbodens zu unterscheiden, auf dem sie errichtet wurden. Sie wirken wie eine verwitterte Felsformation und erinnern an die Zeit, als die Erde noch jung war. Diese glückliche Epoche wird in den Mythen, Liedern und Sagen der Hopi beschworen. Es war das Zeitalter, in dem die Menschen des Kontinents noch mit den Geistern tanzten.

An vielen heißen Tagen im Frühling und Sommer treffen sich die Hopi auf dem Dorfplatz, um die *kachinas* tanzen zu sehen. Diese *plaza* ist ein Rechteck, das von Häuserquadern begrenzt wird. In den umliegenden Häusern sind die Frauen damit beschäftigt, Brot zu backen und die Suppe zu kochen, mit denen die Familie und deren Bekannte versorgt werden sollen. Der Duft des Essens mischt sich mit Wacholderrauch und erfüllt die warme Luft des Dorfplatzes.

Dann hört man die *kachinas* mit Geklingel und Geklapper kommen. Die Frauen strömen aus den Häusern, um die eindrucksvoll maskierten Tänzer zu sehen. Die Botschafter der Geister nähern sich durch einen schmalen Gang zwischen zwei Pueblos. Die Dorfjugend und ein paar Touristen klettern mit Holzleitern auf die Flachdächer der Häuser, um ein gutes Plätzchen für die Zeremonie zu ergattern.

Unter hunderten verschiedener Masken fallen die *angak'china* besonders auf. Viele Indianer sind mit den gleichen Exemplaren dieser „Langhaar-Maske" zu sehen. Man kann lediglich Unterschiede zwischen den geschmeidigen Körpern der jungen und den massiven, bauchigen Torsos der älteren Tänzer entdecken.

Lehmzeichnungen: Ihr Erscheinungsbild ist beeindruckend und auch furchterregend. Die türkise Gesichtsfarbe und die lange, schwarzhaarige Mähne, die vom Scheitel bis auf Brust und Rücken herunterhängt, verleihen den Tänzern ein außerirdisches Aussehen. Das Haarbüschel wird von einem Reigen gelblicher Flaumfedern gekrönt, aus dem eine

Links: *Buffalo dancer* im Pueblo von Santa Clara.
Rechts: Am Festtag von San Ildefonso.

leuchtende Papageienfeder ragt. Fingerzeichnungen aus Lehm schmücken den Oberkörper. Ein weißes Lendentuch wogt um die Hüften, aufgebauscht durch Schmuckzweige, die von einem Gürtel gehalten werden. Türkise Mokassins schützen die Füße. Eine Rassel aus Schildkrötenpanzer klappert am rechten Knöchel, ein Schellenband klingelt am linken. Türkise Armbänder, Halsketten und Köcher vervollständigen den Schmuck.

Die schillernden *angak'china* tanzen nun auf den Dorfplatz. Sie bringen Berge von

Maiskolben und Katzenschwänzen, Früchten und Brot, *kachina*-Puppen und Miniaturbogen und -pfeilen. Sie türmen die Gaben nun in der Mitte der *plaza* auf, bevor sie sich am anderen Ende aufstellen. Die Zuschauer werden plötzlich ganz still. Sogar die geschwätzigen jungen Beobachter warten schweigend auf den Fortgang der Feier.

Der Ober-*kachina* hebt seinen rechten Fuß. Seine Schildkrötenrassel wird lebendig und gibt nun den Rhythmus an: „Klapper, Klapper", und die anderen *angak'china* nehmen den Takt auf. Die sonore Melodie wird lauter und erfüllt nun den ganzen Platz. Dann setzen die Schellenbänder mit ein, so daß sich der typische Wechsel des *kachina*-Tanzes ergibt: „Klapper! Klingel! Klapper! Klingel!"

Die *kachinas* tanzen drei Runden, wobei jedesmal freigebig Geschenke an die Umstehenden verteilt werden. Dann kehren sie in den gleichen, tänzelnden Schritten zu ihrem geheimen Rastplatz unterhalb der Hochebene des Berges zurück. Wieder und wieder kommen sie im Laufe des Tages, um zu singen und um Geschenke zu verteilen: Sie bringen den Regen. Sie bringen Mais. Sie bringen Leben.

Lebendiger Glauben: Oft denken Außenstehende, daß die Religion der Indianer längst der Vergangenheit angehört. Man hält die Rituale für bloße Schaustücke, die für die Zwecke der Tourismusindustrie aufgeführt werden. India-

nische Zeremonien sind jedoch auch heute mehr als Überbleibsel aus alten Zeiten ohne Gegenwartsbezug. Die Spiritualität der Indianer erscheint manchen Weißen als Sammelsurium archaischer Weisheiten – unveränderlich, doch hoffnungslos anachronistisch. Obwohl die indianischen Glaubenssätze bis tief in vergangene Zeiten zurückweisen, wäre es doch falsch zu glauben, daß sie nur noch als „Konserve" existieren oder dem modernen Menschen nichts mehr zu sagen haben.

Wie alle lebendigen Kulturgüter ändert sich auch die indianische Religiosität mit den Zeiten. Seit der Ankunft der Europäer auf dem amerikanischen Kontinent gab es dramatische Veränderungen auch im religiösen Leben der Indianer. Nur wenn man selbst miterlebt, wie indianische Spiritualität sich heute ausdrückt, versteht man, daß sie voller Vitalität und Kraft zur Veränderung ist, ohne an Substanz verlieren zu müssen. Genau diese Fähigkeit zur Anpassung hat die indianische Kultur mit ihrer Religiosität überleben lassen.

Die Religionsformen der Indianer sind mehr als eine bloße Sammlung alter Gebete, Rituale und Zeremonien. Selbst den heutigen Indianern vermitteln die alten Formen ein Weltbild, das auch die weltlichen und „modernen" Bereiche des Lebens umfaßt.

Dem Außenstehenden erscheinen die Religionsformen der Indianerstämme einander ähnlicher zu sein, als dies tatsächlich der Fall ist. In abendländischem Verständnis bestehen alle uramerikanischen Religionen aus den gleichen Elementen: Medizinmännern, Friedenspfeifen, *peyote*-Drogen, Orakel, animistischen Beschwörungen und Tänzen. Aber dies ist bloß romantische Vereinfachung. In Wirklichkeit gibt es eine Vielzahl geistlicher Kulturformen allein in Nordamerika.

Während im Südwesten der Vereinigten Staaten die Religionen sehr an den Rhythmus des natürlichen Wachsens und Vergehens gebunden sind, gibt Religion dem Prärieindianer eine individuelle Stärkung im Kampf. Bestehen die Heilrituale der kalifornischen Schamanen aus kurzen, intensiven Beschwörungen in Trancezuständen, brauchen die Navajos für ähnliche Anlässe Hunderte von Liedern und stundenlange Gebete. Ein Sonnentanz mit den dramatischen Kasteiungen der Männer ist nicht vergleichbar mit der maskierten *False-Face*-Zeremonie der Irokesen. Und die Feste, *giveaways* (Verschenktreffen) oder Maskenaufführungen der Nordwestküste, haben wenig gemeinsam mit den Dorffesten und Reinigungsritualen vor dem „Grünmaistanz" im Südosten der USA.

Der Lebenslauf aller Indianer ist eine religiöse Reise, ein lebenslang spirituell begleiteter Übergang von einem Stadium des Seins in das nächste: Geburt, Namensgebung, Pubertät, Heirat und Tod. Alle neuen Phasen werden mit Hilfe der Religion eingeleitet. Jeder Stamm hat seine eigene, spezielle Form von Religiosität.

Krise und Veränderung: Natürlich stürzte die Ankunft der Europäer die Indianer in eine tiefe kulturelle Krise, von der auch die Religionen nicht verschont blieben. Die Flut der Ankommenden konfrontierte die Indianer mit gänzlich neuen Sichtweisen und einer anderen, nämlich der christlichen Deutung der sich verändernden Umwelt.

So entstanden neue indianische Religionen, die Elemente der christlichen Mythologie und Liturgie übernahmen, wie der *Dream Cult* („Träumerkult") Smohallas, der sich um 1850 unter den Stämmen des Nordwestens verbreitete. Andere Stämme, wie die Irokesen, hielten nun erst recht an den alten, nicht-christlichen Formen fest. Keine dieser Kultformen konnte das Elend der Indianer zum Besseren beeinflussen. Dennoch waren sie oft in ihrem Bemühen erfolgreich, den Indianern Trost und Halt zu geben.

leben gezwungen werden: ständig bedroht von Hunger, Kälte und Krankheiten.

In dieser neuen Krise kamen prophetische Bewegungen wie Wellen von Hoffnung zu den bedrohten Indianern. Im Jahr 1889 hatte ein Krieger namens Wovoka vom Stamm der Paiute eine Vision, die ihn beim Besuch in der Welt der Geister den Auftrag erkennen ließ, alle Indianer auf das bald kommende Ende der Welt vorzubereiten. Sie sollten sich durch Tänze in Trance setzen und dadurch auf ein Leben ohne Haß, Streit oder Alkohol vor dem nahen Untergang der Welten vorbereiten. Diese Vision paßte zur resignativen Stimmung der Indianer. Sie verbreitete sich rasch, und die Geistertänze wurden bald von allen

Eine der am weitesten verbreiteten Religionsbewegungen der Indianer war der Kult des *Ghost Dance*. Dieser Geistertanz breitete sich zu Zeiten der letzten Indianerkriege um das Jahr 1880 unter den Präriestämmen im Norden der USA aus.

Hundert Jahre nach der Entstehung der USA war es mit der Freiheit der Präriindianer fast vorbei. Alle ursprünglich nomadisierenden Stämme sollten nun zu einem Reservats-

Links: Blütenpollen weihen das Mädchen beim Pubertätsritus der Apachen während der *Sunrise Ceremony*. **Oben:** *Peyote*-Knollen, das Sakrament der *Native American Church*.

Stämmen der Prärien und des Nordwestens praktiziert. Auf dem Höhepunkt der Beschwörungen fielen die Geistertänzer in Trance. Nach dem Erwachen berichteten sie dann von ihren Visionen, in denen oftmals Besuche bei den Toten eine Rolle spielten.

Unter den Lakota (oder Sioux) diente der Geistertanz einem aggressiven, kriegerischen Zweck. Sie glaubten, mit ihm eine Sintflut herbeiführen zu können, die alle Weißen vom Antlitz der Erde verschwinden lassen würde. Dann würden Bison und Antilope wieder auf die Prärien zurückkehren, und die indianischen Ahnen würden zu neuem Leben erwachen. Überzeugte Geistertanz-Anhänger be-

Glaube 67

malten ihre langen *ghost-shirts* mit den Figuren ihrer Visionen. Mit diesen „Geisterhemden" ausgerüstet, glaubten sie, gegen die Kugeln der Soldaten gefeit zu sein.

Aber das letzte Fünkchen Hoffnung wurde mit dem Massaker von Wounded Knee in Süd-Dakota erstickt, bei dem US-Truppen Hunderte Männer, Frauen und Kinder der Lakota kaltblütig hinmetzelten. Heutzutage gibt es nur noch ein paar Stämme, die den Geistertanz praktizieren, ohne jedoch streng an das nahende Weltende zu glauben.

Peyote-Visionen: Im Gefolge des Geistertanzes blieben die Stammesgrenzen offen für andere religiöse Bewegungen. Eine der einflußreichsten Bewegungen war und ist die

Peyote-Religion in der *Native American Church*. Diese „Kirche der Indianer" und ihr Sakrament Peyote stehen dafür, daß nach der spirituellen Krise der Indianer nun eine Antwort auf den universellen Anspruch der christlichen Kirchen gefunden werden sollte.

Der Peyote-Kult verbreitete sich gegen Ende des 19. Jahrhunderts langsam von Mexiko aus nach Norden zu den Stämmen der Prärien, des Nordwestens, des Südwestens und später darüber hinaus. Die Verbreitung durch *road chiefs* sorgt auch heute noch für ein differenziertes Erscheinungsbild. Gleich von welchem dieser Wanderprediger die Zeremonie auch durchgeführt wird, gemeinsam ist

allen die Verwendung getrockneter Knollen des Peyote-Kaktus. Sein Genuß hat halluzinogene Wirkung. Eine Peyote-Zeremonie wird in einem Tipi abgehalten. Die Teilnehmer sitzen in einem Kreis um einen halbmondförmigen Lehmaltar, der oben eine Knolle trägt, die *father peyote* genannt wird. Meist beginnt die Zeremonie abends, und die Gläubigen verbringen dann die Zeit bis zur Morgendämmerung bei Gebet, Gesang und Meditation, in deren Zentrum der „Peyote-Vater" steht, der selbst aber nicht angebetet wird.

Von Anfang an waren die „Peyotisten" in Rechtsstreitigkeiten über den Gebrauch des Halluzinogens verwickelt. Mit der offiziellen Gründung der *Native American Church* im Jahre 1918 in Oklahoma hofften die Anhänger des Kults, nun allen juristischen Anfeindungen trotzen zu können. Aber der Hickhack scheint noch lange nicht beendet zu sein. Der Oberste Gerichtshof der Vereinigten Staaten erlaubte dem Staat Oregon (und damit implizit allen US-Staaten), der Droge den Status eines notwendigen Sakraments der „Kirche der Indianer" zu versagen. Dabei wäre es völlig verfehlt, den Gebrauch von Peyote mit wüsten Orgien in Verbindung zu bringen. Oft sind die Anhänger dieser Religion ganz besonders engagierte Gemeindemitglieder vom Typus der „Wertkonservativen", die sich durch den Gebrauch von Peyote Einsicht und Heilung von zivilisatorischer Verblendung versprechen.

Indianisches Christentum: Man kann nicht über indianische Religionen reden, ohne den durchdringenden Einfluß des Christentums auf die Indianer zu erwähnen. Überall in Nordamerika gehörten Missionare zu den ersten Weißen, die Indianerstämme zu Gesicht bekamen. Manchmal lebten die Patres jahrelang unter ihnen. Viele Stämme oder Dörfer wurden wenigstens dem Namen nach zu Christen.

Das Christentum entspricht zwar nicht der Vorstellung vom Indianerglauben, aber es ist und war für viele Indianer von Bedeutung. Anders als die weißen Christen, sehen die Indianer das Christentum jedoch nicht als den allein seligmachenden Glauben. So praktizieren viele christliche Religiosität neben althergebrachten und neuen Kultformen.

Besonders anschaulich wird dieses Nebeneinander beim Stamm der Yaqui, der heute in Arizona und im Norden Mexikos lebt. Mittelpunkt des wichtigsten religiösen Festes ist ein Passionsspiel, wobei die Kreuzigung auf spezifisch indianische Weise dargestellt wird.

Die dramatische Wirkung der Leidensgeschichte Christi wird dabei mit Masken und schwarzgekleideten Tanzgruppen (als Symbole der Kräfte des Bösen) unterstrichen. Am Karsamstag versuchen diese vermummten Bösewichte, die Guten Geister zu besiegen und den Leichnam Christi zu stehlen, den sie trotz Kreuzigung verloren haben. Frauen und Kinder treiben das Böse zurück, indem sie die Blätter von Blüten, symbolische Blutstropfen Christi, auf die schwarzgekleideten Übeltäter streuen. Wenn das Böse besiegt ist, explodiert das ganze Yaqui-Dorf in ein rauschendes Fest. Die *fiesta* wird mit altüberlieferten Hirschtänzen, *pascola*-Maskentänzern und einer *matachine*-Tanzgruppe verschönert.

den Umweltschutzgedanken und bekämpft den westlichen Materialismus. Viele Nicht-Indianer fühlen sich von ihr angezogen, und viele Protagonisten der *New-Age*-Philosophie und der sogenannten „Pop-Spiritualität" holen sich hier Anregung und Anleitung.

„Indianische Spiritualität" entstand in den Prärien des Nordens. Bücher wie *Black Elk Speaks* und *The Sacred Pipe* haben Ideen und Mythen beigesteuert, die um die Person des Lakota-Medizinmannes entstanden.

Ihre Kritik an der westlichen Zivilisation macht die Hauptattraktivität dieser Religion heute aus. Sie gibt sich als Alternative zur abendländischen Tradition, indem sie auf alte indianische Lehren zurückgreift. Wie in vie-

Indianische Spiritualität: Ihren sichtbarsten Ausdruck findet Religiosität heute in einer lose organisierten Bewegung, die sich *Native American Spirituality* nennt. Diese Religion versucht die verschiedenen religiösen Überlieferungen aufzugreifen, um eine gemeinsame, über alle Stämme hinwegreichende geistige und geistliche Identität der Menschen mit indianischer Religion zu stiften. Diese Bewegung sucht nach einer Lebensform, die in Harmonie zur Natur steht. Sie unterstützt

<u>Links:</u> **Die Missionskirche vom Pueblo in Laguna.**
<u>Oben:</u> **Die *hunkalowanpi*-Zeremonie der Lakota, aufgenommen ca. 1907.**

len Fällen ist die Offenheit dieser Religion ein Faktor, der ihre weite Verbreitung sichert.

Manche Indianer leben auch heute noch ausschließlich nach alten Riten und Bräuchen, aber sie sind die Ausnahme. Einige haben die indianischen Traditionen ganz aufgegeben und durch christliche oder pan-indianische Religiosität ersetzt. Oft werden alle diese Glaubensrichtungen in ein und demselben Dorf, oft in ein und derselben Familie und manchmal auch von einzelnen friedlich nebeneinander ausgeübt.

Trotzdem ist Religion heute mehr denn je zu einem Eckpfeiler der eigenständigen, indianischen Identität geworden.

WO WIR HEUTE STEHEN

Der Angeklagte sitzt in einem winzigen Gerichtssaal im südlichen Arizona. Er wird beschuldigt, seine Frau geschlagen zu haben. Ned Norris, der Stammesrichter der O'odham von Tonoho, hat diesen Mann schon im letzten Jahr einige Male zu Gesicht bekommen. Er mußte sich mit dem Verdächtigen wegen verschiedener Alkoholdelikte beschäftigen. Aber im juristischen Niemandsland des Stammesrechts kann gegen den Mann nicht vorgegangen werden. Der Beschuldigte ist noch nicht einmal in strafrechtlich gültiger Weise angeklagt worden. Er wird das Gericht als freier Mann verlassen, ohne befürchten zu müssen, bei erneuten Delikten als Wiederholungstäter härter bestraft zu werden.

Die juristischen „Verwerfungen", die zu einem solchen rechtsfreien Raum geführt haben, sind vom Obersten Gerichtshof der Vereinigten Staaten zu verantworten, der ausschließlich Stammesangehörige unter die Stammesgerichtsbarkeit stellte. Auch wenn der Beschuldigte seine Vergehen auf dem Boden des Tohono-O'odham-Reservats verübte und auch wenn seine Frau dem Stamm angehört, kann er hier nicht rechtskräftig angeklagt oder verurteilt werden.

Wegen der juristischen Komplikationen sind selbst „einfache" Delikte nicht einfach zu ahnden, wenn sie in einem der mehr als 300 Reservate begangen wurden. Wie fast alle Schwierigkeiten in der Koexistenz von Indianern und Weißen ist auch die Kriminalität ein Problem geworden, für das jeder Lösungsansatz im Gewirr von Gesetzen und Gerichtsentscheidungen hängen bleiben muß.

Der Grund für die heutige Verwirrung ist ein schon lange bestehendes, juristisch-politisches Durcheinander in der Frage, welchen juristischen Status die Indianerstämme gegenüber der US-Regierung haben.

Die Bundespolitik reflektiert dieses Durcheinander: Jeder Bürokrat macht, was er will. Senator Daniel K. Inouye, Vorsitzender des Senatsausschusses für indianische Angelegenheiten, bemerkte dazu: „Wenn Sie mit zehn Leuten reden, bekommen Sie zehn verschiedene Antworten."

Vorherige Seiten: *Easy Rider* im Reservat. **Links:** Eine Töpferin zeigt ihr Werk im Zuni Pueblo.

Zwei Jahrhunderte der Konfusion: In den letzten zweihundert Jahren schwankte die Regierungspolitik ständig zwischen der Förderung von Assimilation oder Separation. Keiner konnte sich endgültig dafür entscheiden, den Indianern völlige Selbstregierung als eigenständige Körperschaften auf dem Gebiet der Vereinigten Staaten zuzugestehen. Ebensowenig gelang die Integration der Indianer in die amerikanische Gesellschaft. Die Indianer wollten sich nicht im *melting pot* mit anderen ethnischen Gruppen einfach zu Amerikanern umschmelzen lassen.

Beide Ansätze haben etwas für sich. Auch ein guter Kompromiß wäre denkbar. Dieser kann jedoch nicht gelingen, solange jede Art von Bundespolitik darauf gerichtet ist, die Interessen der Weißen durchzusetzen.

Angefangen hat alles im Jahre 1790, als der Kriegsminister Henry Knox vorschlug, die Stämme wie andere Nationen zu behandeln. Er hatte die Vorstellung, mit den Indianern von Regierung zu Regierung über Landabtretungen zu verhandeln, um die neuen Nachbarn danach zu „zivilisieren". Er wollte den Stämmen Hacken, Pflüge und Spinnräder zur Verfügung stellen. Missionare mit Bibeln und Bundesgesetzen sollten die „Wilden" in die Segnungen des Privateigentums einführen.

Wenn dieser Ansatz auch letztendlich scheiterte, so produzierte Knox doch mehr als 200 direkte Verträge zwischen Indianerstämmen und der Regierung der Vereinigten Staaten. Sobald die Verträge ratifiziert waren, wurden sie von der Verfassung der Vereinigten Staaten als *supreme law of the land* anerkannt. Die Regierung garantierte den Indianern mit diesem „obersten Landrecht" ihren verbliebenen Landbesitz, Jagdrechte und andere Vergünstigungen „für alle Zeiten".

Aber der politische Wille hielt nicht lange. Schon gegen Ende des 19. Jahrhunderts teilte der *Allotment Act* den indianischen Besitz in kleine Parzellen von 360 *acres* (ca. 1 Quadratkilometer) auf. Die Verwandlung der Indianer in kleine Siedler sollte sie zur bäuerlichen Wirtschaftsweise ihrer weißen Nachbarn bekehren. Ihre Assimilation in die weiße Gesellschaft sollte durch den Ackerbau beschleunigt werden. Da die Stammesregierungen sowieso zu verschwinden hatten, sobald

Themen 73

alles Land an einzelne Indianer aufgeteilt worden war, machte es Sinn, die vielen dabei „zufällig" übriggebliebenen Landstücke an weiße Siedler zu vergeben. Durch diesen Trick verloren die Indianer innerhalb weniger Jahre 65 Prozent ihres Landbesitzes.

John Collier, dem Leiter des *Bureau of Indian Affairs* in den dreißiger Jahren unseres Jahrhunderts, ist es zu verdanken, daß diese Mißachtung des alten indianischen Stammesrechts wenigstens teilweise aufhörte. Collier schwebte eine moderne Stammesregierung mit Gewaltenteilung und demokratischen Institutionen vor, die er per Regierungserlaß einzuführen versuchte. Er bedachte allerdings nicht, daß die Verschiedenheit kultureller Traditionen der Indianerstämme ein differenziertes Vorgehen erforderte.

Zwischen 1940 und 1960 propagierte die Politik wieder den Zwang zur „Assimilation". Der Kongreß in Washington verfolgte das Ziel, das Indianerproblem so schnell wie möglich loszuwerden, indem man die Stämme formell für „erloschen" erklärte. Die *termination* eines Stammes wurde erreicht, indem man dessen Mitglieder für den Verlust ihrer Rechte auszahlte. Über ein Dutzend Stämme verschwanden so von der Bildfläche.

Präsident Richard Nixon erklärte diese Auslöschungsstrategie in einer Botschaft an den Kongreß im Jahre 1970 offiziell für beendet. Die Regierung öffnete sich nun dem Gedanken der Selbstbestimmung innerhalb der Stammesgebiete. Dieser *new federalism* wurde unter Nixons Nachfolgern Reagan und Bush fortgesetzt, womit die Stammesverwaltungen wieder zu offiziellen Verhandlungspartnern wurden. Die Anerkennung der Stammesräte als Regierungen verspricht auch deren Aufwertung durch direkte Subventionen ohne Einschaltung des „Büros für indianische Angelegenheiten".

Der „neue Föderalismus" hat sich für die Indianer als zweischneidige Sache herausgestellt. Die größeren Selbstverwaltungsrechte wurden zwar gewährt, allerdings kürzte die Bundesregierung gleichzeitig die staatlichen

Zuschüsse an die Stämme so drastisch, daß unter den Indianern bereits der Verdacht geäußert wurde, die neue Politik sei nur ein Vorwand, um sich aus den vertraglichen Verpflichtungen herauszustehlen.

Bürokratische Straßensperren: Das heillose Durcheinander in der Indianerpolitik der US-Regierungen wird nur noch durch eines übertroffen: durch die Konfusion im Büro für indianische Angelegenheiten. Das *Bureau of Indian Affairs* (BIA), ursprünglich eine Abteilung des Kriegsministeriums, soll eigentlich die Interessen der Indianer und ihrer Stämme in Washington und anderswo wahrnehmen. Tatsächlich ist es aber so schlecht organisiert und so gründlich bürokratisiert worden, daß es eigentlich dem gegenteiligen Zweck dient. Durch Schuld des BIA gingen den Indianern in den achtziger Jahren nachweislich mehr als eine Milliarde Dollar an Konzessionszahlungen für die Erlaubnis zur Ausbeutung von Öl-, Kohle- und Gasvorkommen verloren. Ein Bundesbeamter gab zu, daß von jedem Dollar Steuergelder, der die Behörde erreicht, wahrscheinlich nur zehn Cent an die Indianer selbst gelangen. Der Rest verschwindet in der Bürokratie des Amtes.

Die Kultur am Leben erhalten: Auch außerhalb der Politik müssen die Indianer darum kämpfen, ihre Kultur am Leben zu erhalten. In einigen Fällen müssen Stämme sich gewaltig anstrengen, um historisch bedeutsame Kulturdenkmäler, -gegenstände und Überreste vergangener Generationen zurückzuerhalten. Private Sammler und Wissenschaftler haben sich mit Fundstücken aus der Vergangenheit freimütig bedient. Zeitweise verschleppten die Armeeärzte nach den Schlachten des Indianerkrieges ganze Heerscharen von Leichen der „Rothäute" in die Hospitäler des Ostens, wo sie als Studienobjekte herhalten mußten. Heute, hundert Jahre später, sind die Museen der USA noch immer mit kultischen Gegenständen vollgestopft. Die Indianer sehen dies als ein Zeichen des geringen Respekts weißer Wissenschaftler vor den Heiligtümern indianischer Religion und Kultur.

Erfolgsstory: Nach langen Jahren der Entmündigung und trotz bürokratischen Widerstands ohne Ende besinnen sich die Indianer heute stärker auf ihre eigenen Fähigkeiten. „Wa wo ici ya", sagt die Inschrift an einem stammeseigenen College in Süd Dakota: „Wir können es selbst regeln."

Fast wäre die Nation der Quinault-Indianer im Staat Washington vor Beginn unseres Jahrhunderts ausgelöscht worden. Der Kongress hatte im Jahr 1887 das Land im Reservat unter Bruch der Verträge weißen Siedlern zugeteilt. Später wurde der stammeseigene Urwald mit Zustimmung der BIA total abgeholzt. Sogar der Lachs kommt in den Flüssen seitdem nicht mehr in alter Fülle wieder.

Aber der Stammespräsident Joe DeLaCruz ist zuversichtlich, daß der Stamm bald wieder zu seiner alten Größe zurückfinden wird. „Als ich im Jahr 1967 hierher zurückkam, gab es

Links: Die Puyallups kämpfen um ihre Stammesrechte. **Rechts:** Ein Navajo im Kohlebergbau.

fast keinen Fischfang mehr, die Holzverarbeitung war rückläufig und die Fabriken waren fast alle geschlossen. Alle hier waren sehr niedergeschlagen", sagte DeLaCruz. Er und sein Stamm arbeiten nun zusammen mit der Regierung und privaten Investoren daran, die natürlichen Reichtümer des Landstriches zu regenerieren.

An der Politik der Regierung gegenüber der Nation der Quinault wird sich auch zeigen, inwieweit der *new federalism* ein ernstgemeinter Versuch ist, die Lage der Indianer zu verbessern. DeLaCruz hat die Zusage erhalten, daß der Stamm Geld unter Umgehung Indianerbehörden erhalten wird, wenn genständige Vorhaben in Angriff um

innerhalb der nächsten zehn Jahre die wirtschaftliche Basis des Stammes wiederherzustellen. Nur mit den anfänglich nötigen Subventionen wird sich die Selbstverwaltung des Stammes später auf die eigenen Ressourcen stützen können.

Daß dieses Rezept funktionieren kann, haben schon andere Stämme bewiesen. So schuf der Stammeshäuptling der Choctaw, Phillip Martin, 1400 Arbeitsplätze für seine Leute ohne staatliche Hilfe, indem er den Firmenchefs der Umgebung seines Reservats klar machte, daß die Indianer genau das richtige Geschick mitbringen, um Grußkarten herzustellen oder Autoteile zusammenzubauen.

Die Cree-Indianer in Quebec haben alte Tradition und Hi-Tech zusammengebracht, indem sie mit Yamaha ein *joint venture* eingingen, um Motorboote herzustellen, die dem Klima des Nordens standhalten können. Der Stamm kaufte außerdem das Luftfahrtunternehmen *Air Ontario* auf und benannte es in *Air Creebeck* um.

Aber auch untereinander sind die Indianer geschäftstüchtig. Jedes Wochenende schlagen gleich Dutzende von ihnen am Rand der Navajohauptstadt Window Rock in Arizona ihre Stände auf, an denen sie Schmuck, Kunstgewerbe und T-Shirts verkaufen. Dieser Flohmarkt ist nicht für die Touristen gedacht, sondern dient mit seinen Zeltcafés und Imbißständen hauptsächlich den Bedürfnissen der indianischen Besucher.

Während anderswo die Arbeitslosenquote in den Reservaten bei fast 80 Prozent liegt, gibt es im AK-Chin Reservat keinen gesunden Erwachsenen, der nicht auf der erfolgreichen Farm des Stammes Arbeit gefunden hat.

Die Farm begann mit der Idee eines Mannes: Wilbur Carlyle. Carlyle begann seine landwirtschaftliche Karriere im Jahre 1954, merkte aber bald, daß ein Familienbetrieb langfristig keine Überlebenschance hatte. Er entwickelte den Plan, im Reservat eine Genossenschaftsfarm zu gründen. Jeder Stammesangehörige sollte Anteilseigner werden.

Die Bürokratie zeigte dieser Idee die kalte Schulter. Der örtliche Beamte fand tausend Gründe dafür, daß die Farm nie funktionieren könne: Genossenschaftsfarmen habe es noch nie gegeben, die Landwirtschaft sei ein zu riskantes Geschäft, und außerdem könne der Stamm 10 000 Dollar jährlich verdienen, wenn er sein Land verpachten würde.

Carlyle ließ sich nicht darauf ein: „Zum Teufel damit. Das ist unser Land, und wir werden es bewirtschaften." Er borgte sich Geld bei der Genossenschaft der benachbarten Baumwollfarmer und fing an. Bereits nach wenigen Jahren schrieb die Farm schwarze Zahlen, und im Jahr 1963 erklärte die BIA das Genossenschaftsmodell von Ak Chin zur „Erfolgsstory". Natürlich sah die Indianerbehörde diesen Erfolg als ihren eigenen an.

Der Stamm hat sich daran nicht gestört und mit dem erzielten Gewinn sorgfältig gewirtschaftet. Neuerdings liegt der jährliche Ertrag der Farm bei 1,5 Millionen Dollar. Dank ständiger Re-Investition und vorsichtiger Haushaltspolitik konnte die Genossenschaft nicht nur das geborgte Geld zurückzahlen, sondern sogar ihren ehemaligen Gläubiger aufkaufen, als dieser in finanziellen Schwierigkeiten war.

Neue Herausforderungen: Die neunziger Jahre bringen neue Herausforderungen an den Unternehmungsgeist und den Einfallsreichtum der Stammesführungen. Die Bevölkerung im Indianerland wächst derzeit in Raten, die an Dritte-Welt-Länder erinnern. Noch vor dem Jahr 2000 wird allein die Nation der Navajos 300 000 Menschen zählen. Da wird alle Phantasie der Stämme zusammenkommen müssen, um für so viele Menschen Arbeit und Wohnung in den Reservaten zu schaffen.

Eine mögliche Lösung ist die partnerschaftliche Zusammenarbeit mit den Regierungen

der US-Staaten. Die Probleme der Reservate können nicht nur in ihnen selbst gelöst werden, weil sie wiederum Teil eines größeren Ganzen sind. Sie müssen mit den Nachbargemeinden zum gemeinsamen Besten zusammenarbeiten.

Letztendlich liegt in der wachsenden Bevölkerung auch die größte Chance: Die Zukunft des Indianerlands steht und fällt mit dem Schicksal seiner Jugend. Die neue Generation von Indianern kann durch qualifizierte Ausbildung besser darauf vorbereitet werden, ihr Schicksal selbst zu lenken.

Oben: Die Zukunftshoffnung der Navajo.

INDIANISCHE KUNST

Unter den alten verwitterten Steinhäusern von Old Walpi im Hopireservat erstreckt sich das moderne Dorf Polacca. In einem kleinen Holzhaus sitzt dort eine Hopi-Töpferin auf dem Steinfußboden und poliert einen Tontopf mit einem schwarzen Stein. Der Stein ist rundgeschliffen und glänzt von den vielen Jahrzehnten des fleißigen Gebrauchs. Die Töpferin summt ein altes Lied, das sie von ihrer Großmutter vor langer Zeit gelernt hat.

Die Hände der Frau machen genau die Bewegungen, die für diese Arbeit seit Jahrhunderten vorgeschrieben sind. Obwohl sie nun in einem Haus arbeitet, das moderne Errungenschaften wie Elektrizität, Fernsehen und fliessend Wasser besitzt, töpfert sie genauso, wie es die *Anasazi*-Töpfer vor tausend Jahren taten. Ihre Töpferwaren künden vom gleichen Sinn für Harmonie und Schönheit, wie es die irdenen Gefäße der Vorfahren tun. Die Verbindung des roten Tons der Mutter Erde mit den gestalterischen Vorstellungen der Hopi stärkt die Verwurzelung des naturverbundenen Volkes in seiner Kultur.

Genau genommen kann man gar nicht über „indianische Kunst" als eigenständige Kategorie reden. Kunst ist ein solch integraler Bestandteil der Stammeskultur, daß sie als eigenständiger Bereich nicht beschreibbar ist. Viele Indianersprachen kennen noch nicht einmal ein Wort für „Kunst", ebensowenig wie sie eins für „Religion" besitzen. Peter Mathiessen sagt dazu: „Für die Indianer ist die Vorstellung einer von der Natur abgetrennten Kunst ebenso unnatürlich wie die Idee eines von der Religion abgetrennten Lebens."

Dem Analytiker westlicher Prägung ist solch eine Vermischung von Kategorien natürlich ein Greuel. Ihm wäre es lieber, die Instrumente des kritischen Verstandes auch auf diese Art von Kunst anwenden zu können. Für diejenigen aber, die bereit sind, von westlichen Denkschablonen abzuweichen, kann die Beschäftigung mit Indianerkunst ein zusätzlicher Zugang zur ganzheitlichen indianischen Kultur sein. Indianische Kunst verstehen, heißt zu lernen, sie und den Rest der Welt mit indianischen Augen zu sehen.

Aber das ist leichter gesagt als getan. Ganz abgesehen von der philosophischen Frage, ob eine solche grundsätzliche Veränderung der kulturellen Sichtweise überhaupt möglich ist, stößt derjenige, der dies trotzdem versuchen will, auf große praktische Schwierigkeiten. In der Regel bekommt man indianische Kunst nämlich nur in Museen, Galerien und Souvenirläden zu Gesicht. Dort erfährt man natürlich nichts über die Einbettung der Kunstge-

genstände in den Zusammenhang von Leben und Geschichte der Indianer. Vielen Museen gilt zudem indianische Kunst als „primitiv" und „exotisch", so als ob die künstlerische Betätigung von Indianern weniger wertvoll sei als die von Van Gogh oder Renoir.

Ohne den entsprechenden kulturellen Kontext bleiben die Kunstwerke bloßes Kunstgewerbe. Ob man zum *Corn Dance* beim Pueblo von Santo Domingo geht, einen Handelsposten im Navajo-Reservat besucht oder ein *Powwow* in Süd Dakota miterlebt: Indianische Kunst wird erst dann lebendig, wenn man sie in dem Zusammenhang sieht, für den sie hergestellt wurde.

Vorherige Seiten: Rauhledertasche (*parfleche*) mit Mustern des Arapaho-Stammes. **Links**: Perlenbestickte Babytrage. **Rechts**: Eine Navajo trägt ihre Silberkette mit Türkisen.

Kunst 81

Künstler und Gesellschaft: Wenn man durch die Museen und Galerien schlendert, ist es hilfreich, daran zu denken, daß es zwischen westlicher und indianischer Kunstauffassung fundamentale Gegensätze gibt. Das Abendland läßt den Künstler seit Jahrhunderten als Individualisten und Innovator gelten – ein einsamer Wolf, der als Randexistenz der Gesellschaft dieser kritisch den Spiegel vorhält. Die Kreativität besteht darin, möglichst „originell" zu sein. Wenn auch am Ende ein ästhetisch-geformter Gegenstand steht, so ist dieser doch meist Selbstzweck, pure Dekoration, die in Vitrinen ausgestellt werden kann.

Die traditionelle indianische Kunstauffassung nimmt die Individualität des Künstlers sich die individuelle Stärke seiner „Vision". Auch in der Verwendung der Symbole zeigt sich also ein Unterschied zur abendländischen Tradition. Symbole sind für Indianer nicht einfach Zeichen für die Mächte des Geistes, sondern sie sind „Kanäle", durch die spirituelle Kräfte zu den Menschen kommen, die sich mit dem Kunstobjekt befassen. Ein Halsband aus Bärenklauen ist nicht nur ein Schmuck für seinen Besitzer, sondern auch ein Zeichen seiner Fähigkeit als Jäger; aber hauptsächlich zeigt es, daß die Kräfte des Grizzlys auf den Träger übergegangen sind.

Die *ghost shirts*, die von der „Geistertanz"-Bewegung im ausgehenden 19. Jahrhundert angefertigt wurden, zeigen diese Haltung

und die Eigenständigkeit des Kunstwerks betont zurück. Indianische Künstler bemühen sich eher, den alten Formen der Kunst möglichst genau nachzueifern. Meist ist das Kunstwerk auch nicht sich selbst genüge, sondern seine Erschaffung geht auf eine spirituelle Erfahrung des Künstlers zurück. Wenn das Werk dann diese spirituelle Erfahrung sichtbar und nachvollziehbar macht, wird es zu einem wertvollen Gegenstand.

So entsteht mit indianischen Kunstwerken eine greifbare Verbindung zwischen der spirituellen und der profanen Welt. Und in den Symbolen, die der Künstler für die Herstellung dieser Verbindung nutzbar macht, zeigt noch deutlicher. Die Hemden trugen Bilder, die von den Anhängern der Bewegung nach stunden-, manchmal tagelangen Tänzen als Visionen erlebt wurden. Die Hemden waren also Zeichen der geistigen Stärke des Trägers und sollten diese Stärke als Schutzschild gegen die Kugeln der Weißen mobilisieren.

Bei den *sand paintings* der Navajo sind die Kunstwerke die symbolische Wiedergabe einer universellen Ordnung. In der richtigen Geisteshaltung verwendet, heilen sie Brüche in der Weltordnung. Folgerichtig sind solche Sandbilder Bestandteile vieler Rituale des Stammes, die der Gesundheit dienen. Die Medizinmänner stellen sie her, indem sie gefärbten Sand auf den Boden eines *hogans* (Blockhaus) streuen. Die Navajos glauben, daß die jeweils herzustellenden Muster von den „Heiligen Leuten" bei der Erschaffung der Welt den Indianern mitgegeben wurden. Wenn das Sandbild fertig ist, muß der Patient darauf sitzen und erhält dadurch einen Schub mystischer Heilkraft von den *holy people*. Bei richtiger Anwendung ist der Patient danach wieder *hojho*, also in gesunder Harmonie mit der Umwelt. Zwar kann man heute von Navajos dauerhaft gemachte Sandbilder kaufen, aber eigentlich muß das Sandbild am Ende jedes Heilungsrituals zerstört werden. Die dauerhaften Bilder sind keine genauen Reproduktionen der zeremoniell vorgeschriebenen Muster, aber sie benutzen ein Menge von deren Symbolen. Allerdings mißt man ihnen keine spirituelle Kraft bei.

Kunstwerke können auch dazu benutzt werden, geistige Einsichten zu gewinnen. Die *kachina*-Masken der Hopi sind hierfür ein gutes Beispiel. Sie werden nicht als bloße Verkleidung getragen, sondern sie geben dem Tänzer die Möglichkeit, die Persönlichkeit desjenigen Geistwesens anzunehmen, das die Maske darstellt. Indem er die Welt aus den Augenlöchern der Maske sieht, gewinnt er einen anderen Blickwinkel. „Wenn er die Maske aufhat", erklärt ein Tänzer, „verliert er seine eigene Identität und wird tatsächlich zu dem, was er außen trägt."

Unter den Irokesen gelten die grotesken Masken der *False Face Society* als lebendige Geister. Nach traumgeleiteter Inspiration werden die mit Heilkräften ausgestatteten Masken aus lebendem Lindenholz geschnitzt. Von da an behandelt man sie als Familienmitglieder. Man gibt ihnen zu essen und zu trinken und redet mit ihnen wie mit Verwandten. Deshalb empfinden es die Irokesen als grausam, solche „Falschen Gesichter" in Glaskästen im Museum auszustellen, wo sie noch nicht einmal atmen können.

Natürlich ist die indianische Kunst, die heute auf dem Markt angeboten wird, nicht mit derart kultischer Kraft ausgestattet. Zeremonielle Kunst wird von den Indianern in Abgeschiedenheit hergestellt und auch unter den Augen Fremder benutzt. Aber auch in den Kunstgewerbestücken sind viele Elemente traditioneller Symbolik enthalten. Das macht die Sache für den Künstler und den Käufer aber auch nicht einfacher.

Heute kann sich ein indianischer Künstler frei entscheiden, ob er lieber streng an der Überlieferung bleibt, oder ob er dem westlichen Individualismus Raum gibt. Künstler haben die Freiheit, die sakralen Gegenstände

Links: So webt Frau bei den Navajo. Oben: So stellen sich die Navajo ihre „Heiligen Leute" vor.

für profane Sammlerleidenschaft herzustellen oder sie vom Markt fernzuhalten. Beide Standpunkte haben ihre Verfechter, aber in der Praxis ist es schwierig, einen von ihnen durchzuhalten.

Der Hopi-Künstler *Fred Kabotie* war mit seinen realistischen Gemälden der Hopi-Tänzer der Pionier auf dem Weg der Versöhnung zweier gegensätzlicher Kunstkonzepte. In jüngerer Zeit werden die gemalten Abstraktionen von Jaune Quick To See Smith, den innovativen Keramikmasken von Lillian Pitt, den feurigen Malereien von John Nieto, Alan Housers monumentalen Skulpturen, R.C. Gormans riesigen Kurvenfrauen und Jesse Monongyes modernem Hopi-Schmuck mit ten zwischen den verschiedenen Kunstformen der Indianer, wo immer sie auch wohnen. Aber es gibt auch etliche regionale Besonderheiten. Sucht man nach lokalen Spezialitäten, ist es sinnvoll, zuerst die Stammesmuseen zu durchstöbern oder in den stammeseigenen Handelsposten und Souvenirläden zu fragen.

Manchmal wird man auf eine gezielte Frage hin direkt zur Wohnung des Künstlers geführt. Die Werke bekannterer Künstler sind allerdings in den Galerien von Santa Fe, Sedona, Phoenix, Jackson, Los Angeles, Vancouver und New York ausgestellt

Die Prärien: Erst im späten 18. Jahrhundert entwickelten die Prärieindianer mit ihrer neuen Lebensform der Büffeljagd zu Pferde auch

den ungewöhnlichen Goldfassungen als ähnlich geniale Verbindungen antagonistischer Ideen angesehen. Die Malereien und Gedichte von Michael Kabotie, die Stahlplattenskulpturen von Bob Hazous und die Kunst-Kachinas von Neil David Senior holen sich ebenfalls Anregung aus beiden Kulturkreisen. Etliche Künstler haben sich teils ironisch, teils sarkastisch mit ihrer persönlichen Situation als „Wanderer zwischen zwei Welten" beschäftigt: Harry Fonsecas Kojote-Symbolismus und die Tonfiguren von Nora Narajo-Morse seien hier stellvertretend für vieles genannt.

Regionale Besonderheiten: Die philosophische Basis schafft natürlich Gemeinsamkei- eine neue Kultur. Die typischen Kleidungsstücke und Haushaltsgerätschaften der Sioux, Cheyenne und Arapaho wurden aus der Haut oder den Knochen der erbeuteten Tiere – Bisons oder Rotwild – hergestellt. Diese Stämme verzierten Kleidungsstücke mit Perlenstickerei oder schmückten sie mit Federn.

Auf den nördlichen Prärien waren Blumenmuster gängig, während im Süden geometrische Formen bevorzugt wurden. Heute findet man Perlenstickerei auf Mokassins, Medaillons, Ohrringen, Armbändern, Gürteln, Westen und Wildlederkleidung.

Um wirklich exquisite Perlenstickereien und seltenen Federschmuck oder Kopfputz zu sehen, muß man ein *Powwow* besuchen, wie sie überall abgehalten werden. Hier kann man die indianische Kunst im kulturellen Zusammenhang „live" sehen und nebenan am Stand die entsprechenden Stücke erwerben.

Schon lange bevor die indianische Kunst kommerzialisiert wurde, malten die Frauen der Prärieindianer geometrische Muster auf Kleidung und Ledertaschen. Die Männer malten Kriegs- und Jagdszenen auf Tipis und Büffelmänteln. Moderne Formen dieser Art von Malerei findet man heute auf Leinwand und Papier.

Auf den Prärien gibt es vielerlei andere Spezialitäten: handgeschnitzte „Friedenspfeifen" aus dem echten Catlinit, die bunten Bänderflechtereien der Osagen und die handvernähten Steppdecken der Dakotas.

Der Nordwesten: Meer und Wald sind die charakteristischen Elemente der Landschaft des amerikanischen Nordwestens. Sie bestimmen auch die regionale Gebrauchskunst. Die Kultur basiert auf Holz: Totempfähle, Langhäuser, Masken, Rasseln. Sogar Kleidung wurden aus Zedernrinde hergestellt. Totempfähle und Langhausbemalungen geben Auskunft über ganze Ahnenreihen, die bis zu sagenhaften Tiergestalten zurückverfolgt werden. Die symbolisch abstrahierten Formen und stilisierten Tiergestalten bedecken meist jeden freien Fleck. Leuchtende Farben werden von den Künstlern bevorzugt.

Die Indianer des Nordwestens entwickelten einen extrem dicht geflochtenen Korb, der mit Meeresmotiven wie Killerwalen und Kanus dekoriert wird. Grauweiße *Cowitchen*-Pullover werden hier aus wasserabstoßender, geölter Wolle gewebt. Schwer und warm sind sie: Die ideale Bekleidung für die feuchtkalten Winternächte hier oben.

Aus Zedernrinde und Ziegenhaar stellen die Tlingit und Tsimshian ihre berühmten *Chilkat*-Decken her. Und die Haida haben sich auf Totempfähle und andere Schnitzereien spe-

zialisiert, die sie aus einem schwarzen Stein herausarbeiten.

Im Südwesten: Wollte man die vielen indianischen Künstler im Südwesten der USA auch nur einigermaßen gerecht würdigen, müßte man sein halbes Leben in den dortigen Museen, Galerien und Läden verbringen.

Schon bei den Hopi hat jede *mesa* ihre eigene Spezialität. Während die *First Mesa* für ihre Töpferkunst berühmt ist, bekommt man auf der *Second Mesa* Yucca-Körbe, während wiederum auf der *Third Mesa* die besten *Kachina*-Puppen und Weidenkörbe hergestellt werden. Im *Hopi Arts and Crafts Center* findet man auch eine besondere Art von Silber-

Links: Federnkunstwerk eines Powwow-Tänzers.
Oben: Ein Schnitzer der Skokomish und sein Werk.

schmuck, der aus Schichten von durchbrochenem Silber auf einer geschwärzten Silberunterlage besteht.

Rund um das Reservat der Hopi findet man das größere Reservat der Navajo. Die Navajos haben sich schon seit der Mitte des 19. Jahrhunderts mit Silberarbeiten beschäftigt. Mittlerweile ist der Silberschmuck der Navajos mit der typischen Verzierung aus Türkisen, Korallen oder Perlmutt zu einem Synonym für indianische Kunst des Südwestens geworden. Obwohl der meiste Schmuck heute als Kunstgewerbe hergestellt wird, kann man ihm oft noch seine ehemalige, religiöse Funktion ansehen. Die Navajos sehen auch im kommerziell hergestellten Schmuck noch die harmonische Spannung innerhalb eines angenehm aussehenden Ganzen, die dem zeremoniellen Schmuck seine Bedeutung gab.

Die kunstverständigen Navajos lernten im frühen 19. Jahrhundert das Weben von ihren Nachbarn in den Pueblos. Allerdings verarbeiteten sie nicht Baumwolle, wie ihre seßhaften Vorbilder, sondern die Wolle ihrer Schafe. Einige der Weber arbeiten auch heute noch mit selbstgeschorener, selbstgefärbter und selbstgesponnener Wolle. Die meisten beziehen allerdings die Wolle von den *trading posts* und konzentrieren sich auf das Entwerfen der Muster. So kommt es, daß die Navajo-Weber heute Teppiche weben, die als Sammlerstücke astronomische Preise erzielen. Die Navajos selbst bewerten die Teppiche allerdings oft nach anderen Kriterien als die Sammler. Ihnen kommt es darauf an, daß die Spannung der Formen und die Balance der Farben richtig aufeinander abgestimmt sind.

Nach langen Diskussionen innerhalb des Stammes ist nun auch das Tabu aufgehoben worden, das lange Zeit den Verkauf der Navajo-Töpferkunst verbot. Man findet sie in den „Handelsposten" neben Schärpen, Samtblusen, Ketten aus Zedernbeeren und Mokassins mit festen Sohlen. In den Handelsniederlassungen werden auch Erzeugnisse anderer Stämme des Südwestens feilgeboten. Hier kann man von Apachen, Papago oder Pimas geflochtene Körbe in jeder Größe finden.

Weiter östlich findet man die *Pueblos* von New Mexico, die für ihre Kunstfertigkeit bei Schmuckarbeiten und Töpfereien bekannt geworden sind. San Ildefonso und Santa Clara sind durch ihre rot und schwarz gebrannten Töpferwaren bekannt geworden. Maria Martinez und ihr Ehemann Julian führten um 1900 das alte Pueblohandwerk des Töpferns hier wieder neu ein, und ihr Enkel Tony Da in San Ildefonso führt fort, was mittlerweile zur Familientradition geworden ist. Die bekannteste Töpferfamilie in Santa Clara sind die Tafoyas.

Die Pueblos von Taos und Picuris stellen braune Tonerzeugnisse her, deren Oberfläche vom hohen Glimmergehalt geheimnisvoll glitzert. In Acoma und Zia wird Keramik mit roten und schwarzen Tier- und Pflanzenmustern hergestellt. Besonders beachtenswert sind auch die dünnwandigen Gefäße von Acoma, deren Muster an die alten Vorbilder von Anasazi und Mimbres erinnern. Lucy Lewis und die Lewis-Schwestern halfen bei der Wiedererweckung der alten Brennkünste und brachten die Erzeugnisse auf den Markt. In Cochiti fertigt Helen Cordero die berühmt gewordenen Tonfiguren von Geschichtenerzählern, und in Jemez findet man auch Figuren des Fruchtbarkeitskults.

Im Pueblo von Zuni gibt es zwar auch Töpferei, aber die Herstellung von kannelierten und Inlay-Arbeiten in Silber ist doch die Hauptattraktion für Touristen. In Zuni gibt es *trading posts* mit hervorragender Auswahl sowie einen stammeseigenen *arts and crafts shop*. Ebenfalls bekannt für seinen Schmuck ist das Pueblo von Santo Domingo, wo man exquisiten Türkisschmuck und Perlmutthalsketten, *heishi* genannt, kaufen kann.

Die Korbflechterkünste der Pomo, Maidu, Hoopa und Washo in Kalifornien waren während der Ausrottungsfeldzüge der Weißen um 1850 beinahe verlorengegangen.

Ebenfalls vom Aussterben bedroht waren die Kunstformen der östlichen Stämme. Heute sind die *False Face Masks* und früher als Zahlungsmittel gebräuchlichen *wampum belts* der Irokesen begehrte Sammelartikel. Man bekommt diese und andere Masken zusammen mit den Perlenschnüren und der *patchwork*-Bekleidung der Seminolen bei den Niederlassungen des Stammes im Staat New York und im kanadischen Ontario.

Ein paar gute Ratschläge: Beim Erwerb indianischer Kunst muß man sich der Tatsache wurde, als Indianer zu bezeichnen, auch wenn kein Tropfen indianischen Bluts in ihm fließt? Was ist mit den Indianern, die in den amerikanischen Großstädten aufwuchsen? Darf gutgemachte Kunst von Weißen nur als nichtindianische verkauft werden, während weniger begabte Indianer ihre Kunst als „original indianisch" anpreisen dürfen? Selbstverständlich ist das Adjektiv „indianisch" kein Qualitätsmerkmal und bislang noch nicht einmal überall ein geschütztes Warenzeichen. Insofern ist bei jedem Kauf Vorsicht geboten.

Jeder Tourist und Sammler muß selbst wissen, ob die Repliken von Kultgegenständen außerhalb des kultischen Zusammenhangs für ihn einen „Wert an sich" besitzen. Die moder-

bewußt sein, daß es eine lange Auseinandersetzung darüber gibt, was „authentische" Indianerkunst ist. Es gibt Weiße, die ihre Kunst mit einer gewissen Berechtigung als „indianisch" bezeichnen, weil sie sich indianischer Stilmittel bedienen, während manche Indianer darauf bestehen, daß indianische Kunst nur von Indianern hergestellt werden dürfe.

Dabei erhebt sich die Frage, wann genau ein Mensch sich zu den Indianern rechnen darf. Ist ein Weißer, der in einem Stamm aufgezogen ne Kunst- und Warenproduktion mit ihrer Gleichgültigkeit gegenüber dem konkreten Gegenstand hat auch bei den Indianern Einzug gehalten und solch seltsame Blüten wie die von Navajos hergestellten *Kachina*-Masken der Hopis getrieben. Es scheint, daß auch hier die Dollars dabei sind, die letzten Tabus hinwegzufegen, die noch sakrale Gegenstände vor dem Verkauf als Massenware schützen.

Mittlerweile werden Gesetze formuliert, die es Nicht-Indianern verbieten sollen, ihre Produkte als „Indianerkunst" zu verkaufen. Information über Ware und Künstler und guter Geschmack sind hier Wegweiser für den Konsumenten.

Links: Perlenbestickte Mokassins von den Arapahos. **Oben:** „Schmetterlingskorb" aus dem Reservat von Ak Chin.

Das grosse Powwow

Wenn man mit dem Auto auf den Highways durch die Prärie im Norden der USA braust, rufen die Ortsnamen die Geschichte der Gegend wieder wach, die man einst den „Wilden Westen" nannte. *Cheyenne, Wolf Point, Medicine Bow, Absaroka* sind Namen, die an die Indianervölker erinnern, deren Heimat hier lag. Auch die Streckenführung der Highways, von denen viele den natürlich vorgegebenen prähistorischen Pfaden folgen, erinnert an die Zeit, da Hunderttausende von Bisons alljährlich hier entlang zogen. Im Nacken saßen ihnen die Völker der Cheyenne, Sioux, Blackfeet, Gros Ventre, Shoshone und andere, die sich als Jäger und Heger betrachteten. Mit dem sinnlosen Abschlachten der Bisons durch die weißen „Büffeljäger" verloren die Indianervölker ihre Lebensgrundlage und waren durch die Invasoren leicht zu vertreiben.

Vor hundert Jahren glaubten alle Experten daß die Indianer binnen kurzem als selbständige Völkergemeinschaft nicht mehr existieren würden. Aber dieser Glaube an den „sterbenden Roten Mann" erwies sich als Irrtum. Trotz grausamer Behandlung und miserablen Lebensbedingungen erwies sich einmal mehr die Anpassungsfähigkeit der Indianer als hervorragende Überlebenshilfe. Heute gibt es immer noch fast 300 verschiedene Indianerstämme auf dem Gebiet der USA und mit zusammen 1,5 Millionen Menschen etwa soviel Indianer wie bei der Ankunft von Kolumbus vor zweihundert Jahren.

Und nicht nur die Zahl der Indianer ist wieder gestiegen, auch ihr Selbstbewußtsein beginnt sich wieder zu stabilisieren. In den letzten fünfzehn Jahren hat die indianische Kultur einen unerwarteten Aufschwung erlebt. Die Indianer haben Traditionen wiederentdeckt, die während der harten, grausamen Jahre der Indianerverfolgung fast verlorengegangen waren. Für die Touristen, die sich ein möglichst unverfälschtes Bild von der indianischen Kultur der Gegenwart machen wollen, ist ein *Powwow* aber der richtige Ort.

Nach landläufiger Meinung stammt das Wort Powwow von den Narraganset und soll „Medizinmann" heißen. Heute ist Powwow jedoch ein Fest, zu dem sich Tänzer, Sänger, Kunsthandwerker, Familien und ganze Ortschaften zusammenfinden. Powwows gibt es an vielen Orten wenigstens einmal im Jahr. Neben den einheimischen Indianern sind Delegationen aus vielen anderen indianischen Gemeinschaften der USA und Kanadas anwesend. In Städten hält man Powwows in großen Sporthallen oder in Parks ab. Aber im Indianerland werden sie entweder auf einem speziell dafür hergerichteten Platz oder in der Prärie abgehalten.

Das Powwow-Camp: Schon der erste Anblick eines Powwow-Camps ist beeindruckend: Ein ständig sich veränderndes Gewimmel von Menschen und Tieren, umgeben von einer großen Staubwolke. Die meisten Powwos sind konzentrisch um eine Arena mit Grasplatz herum angelegt. Schutzdächer dehnen sich sternförmig nach allen Seiten hin aus, und Autopisten schlängeln sich zwischen ihnen hindurch. Überall trifft man auf spielende Kinder, wiehernde Pferde, dudelnde Radios und in Gespräche vertiefte Erwachsene. Im Camp herrscht ein ständiges Kommen und Gehen. Neben Wohnmobilen und Campingzelten findet man hier immer auch die traditionellen Tipis. In der Arena liegt das Herz der Veranstaltung. Meist ist sie kreisförmig oder rechteckig angelegt. Während die Mitte nach oben hin offen bleibt, werden die Sitzplätze rundum durch Zweige beschattet. Das hohe Podest des Ansagers befindet sich im Westen des Platzes, genau neben dem Eingang.

Innen in der Arena, den Grasplatz umlaufend, gibt es eine acht Meter breite Promenade. Entlang des Rundgangs um die Arena stehen die Stände und Wagen, bei denen alles zu haben ist, was das Besucherherz auf dem Powwow begehrt: *tacos, fry bread,* Hamburger, gegerbtes Hirschleder, Perlenstickereien, Schmuck und tausend andere Kostbarkeiten nebst eßbaren Köstlichkeiten.

Großer Auftritt: Nach stundenlanger Vorbereitung fiebern die Teilnehmer nun dem Höhepunkt entgegen. Alles wartet auf den „Großen Auftritt", den farbigsten und fröhlichsten Teil dieser bewegenden Veranstaltung. Nach und nach strömen die verschiedenen Gruppen von Tänzern in die Arena. Sie tanzen im Rhythmus der Indianerlieder, wie es

Vorherige Seiten: *Fancy dancer.* **Links:** *Traditional dancer* mit Federkrone.

ihre Vorfahren seit Hunderten von Jahren getan haben. Vom ersten Trommelschlag an bewegt sich nun das ganze Lager zu der nie abreißenden Kette von Liedern der Prärieindianer, die von den Männern in kraftvollem, durchdringendem Falsett gesungen werden.

Der Große Auftritt ist der Schlüssel zum Verständnis der verschiedenen Tanzstile und ihrer Bedeutung. Jeder und alles wird von der Ehrenwache in die Arena hineingeleitet. Diese Begleitung trägt meist zwei Standarten: den Federstab, der die indianischen Werte verkörpert, und die *Stars and Stripes*, Symbol der staatlichen Autoritäten. Die Standarten werden immer von Kriegsveteranen getragen, um zu unterstreichen, daß die Indianer ihren

Nach ihnen kommen die *grass dancers*, relative Neulinge auf den Powwows, obwohl sie sich als Nachfolger der früheren „Grastänzer" der nördlichen Prärien begreifen. Sie kann man daran erkennen, daß kein Federschmuck ihr Haupt ziert. Dafür haben sie bunte Fransen überall an ihrem Kostüm. Auch ihr Tanzstil unterscheidet sich erkennbar von dem anderer Tänzergruppen: Sie bewegen sich fließender, und ihre Schultern arbeiten besonders heftig.

Die bekannten *fancy dancers* treten nach ihnen auf. Ihre phantasievolle Kostümierung mit den leuchtend gefärbten Hühnerfedern an den Schultern und am Rücken brachten ihnen die Bezeichnung ein. Ihre Tanzbewegungen

Teil zur Verteidigung amerikanischer Werte beigetragen haben.

Nach den Flaggen kommen die Ehrengäste. In der Regel handelt es sich dabei um führende amerikanische Politiker, Stammeshäuptlinge oder prominente Medienstars.

Dann kommen die Tänzer und unter ihnen zuerst die *traditionals*. Diese Männer bemühen sich um die Erhaltung der überlieferten Tänze, was sie durch ihre Kostüme und ein würdevolles Auftreten unterstreichen. Die Federn des Steinadlers sind für ihr Äußeres charakteristisch, und beim Tanzen bewegen sie sich in den durch Tradition vorgeschriebenen gemessenen Schritten.

sind die energischsten, und der *fancy*-Tanzstil mit seinen Spiralen und Sprüngen weicht sehr von den traditionellen Schrittfolgen ab.

Erst nach ihnen kommen Tänzerinnen in die Arena. Ganz im Gegensatz zu der improvisiert wirkenden Bewegung der Männer vor ihnen halten sie den Takt mit ihren Schrittfolgen perfekt ein. Ihre weihevolle Anmut ist ein Symbol für ihre soziale Stellung als Rückgrat der indianischen Kultur. Ihre Aufgabe ist es, das indianische Wertesystem aufrechtzuerhalten und an die nächste Generation weiterzugeben. Sie kleiden sich in perlenbestickter Wolle oder Wildleder und Mokassins. Einen ebenfalls perlenbestickten Beutel und manchmal einen Fächer aus Adlerfedern führen sie mit sich. Oft trägt ihr Haar Federschmuck.

Immer noch schlägt die Trommel den Rhythmus des Großen Auftritts, und die nächste Gruppe fügt der Melodie eine neue Klangfarbe hinzu: Die *jingle dress dancers* sind eine neuere Erscheinung auf den Großen Ebenen. Ihre enganliegenden Kleider sind aus Stoff geschneidert und überall mit kleinen Metallkegeln besetzt, die aus den Deckeln von Tabakdosen geformt wurden. Bei dem Auf und Ab der Tanzbewegungen geben sie ein klakkendes und klingelndes Geräusch von sich. Die Tänzerinnen tragen einen Federfächer in der einen und einen Schal oder einen Beutel in der anderen Hand. Mit federgeschmücktem

Flügel ausgebreitet werden kann. Die Tänzerinnen gleiten, hüpfen, drehen und springen in die Arena, ihre Füße scheinen kaum einmal den Boden zu berühren.

Zuletzt betritt die Zukunft des Indianerlands die Arena. Stolz nehmen die Kleinen ihren Platz ein, aufgestellt nach Alter und Tanzstil und bekleidet mit exakten Kopien der Kostüme ihrer großen Vorbilder.

Alle tanzen jetzt gemeinsam in der Arena. Der Rhythmus der Trommeln, Schellen und des Gesangs steigert sich, und die Erde bebt unter dem gleichmäßigen Stampfen.

Aber ein Powwow hat noch mehr zu bieten als nur Singen und Tanzen. Die gemeinsame Feier von Stämmen verschiedener Regionen

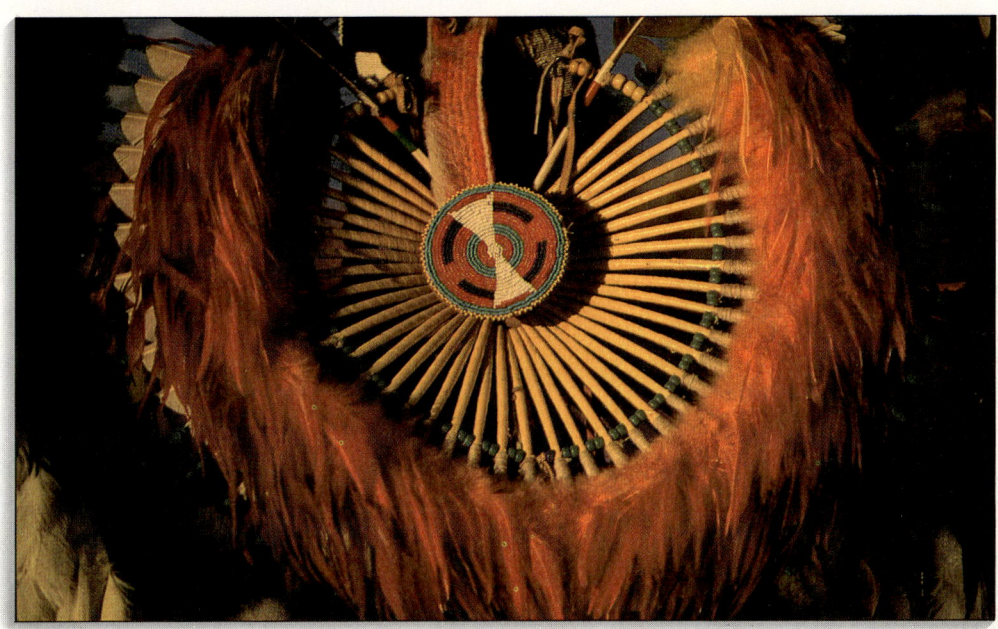

Kopfputz betreten sie die Arena und nehmen ihren Platz ein.

Ein Gegenstück zu der männlichen Abteilung sind die *girl fancy dancers*. Man erkennt sie an ihrer ähnlich bunten Aufmachung, aber die Kostüme der jungen Frauen sind noch abwechslungsreicher in Farben, Formen und Materialien als die der Männer. An den Kleidern sind Symbole und Muster aus Perlen oder Pailletten angebracht. Über den Schultern liegt gewöhnlich eine Stola, die wie ein Paar

Links: Knochenhalsband, Schärpe und Decke.
Oben: Federn und Perlen zieren die Häupter der Tänzer.

ist Zeichen für die Vitaliät der unterschiedlichen indianischen Lebensformen. Ein Powwow gibt Gelegenheit, eine Bilanz des vergangenen Jahres zu ziehen, Erfolge zu feiern, Errungenschaften zu besprechen und Verluste zu betrauern. „Ehrentänze" werden für herausragende Mitglieder der einladenden Gemeinde abgehalten. Bei *Giveaways* werden Schals, Decken und Kopfschmuck an Notleidende als Dank für besondere Glücksfälle und Ehrungen im vergangenen Jahr weggeben.

Ein Feiertag: Die traditionellen Tänzer werden besonders durch das unvergleichliche Gefühl einer starken, gemeinsamen Energie angezogen, die der Große Auftritt vermittelt.

Ausgestattet mit Kopfputz, Brustpanzer, Federbusch, bestickten Armbändern, rotwollenem Lendentuch, blauen *leggings* und perlenbesetzten Mokassins kommen sie zur Aufstellung, weithin hörbar wegen der Messingglöckchen an ihren Füßen.

Wenn der Zeremonienmeister über Lautsprecher ankündigt, daß nun bald der Große Auftritt beginnt, kommen die Teilnehmer zum Eingang. Der Hauptsänger, der von den Gastgebern gestellt wird, stimmt das Lied zur Trommel an, und danach fallen die anderen ein. Wenn sich der stetige Trommelrhythmus bei den Teilnehmern in Bewegungen umgesetzt hat, geht die Ehrengarde mit wehenden Fahnen voran.

Dann folgen die *traditionals,* mit angewinkelten Armen einen Prärievogel darstellend. Danach kommen alle anderen in die Arena. Hier fühlen sie sich zurückversetzt in die Zeit ihrer Vorfahren, die Herren der Prärie. Sie tanzen wie diese Urväter, immer mehr einswerdend mit der Melodie, ihren Nachbarn und der ganzen indianischen Kultur. Beim Tanzen begrüßen sich Freunde und Verwandte, schütteln sich die Hände, lachen und tanzen und tanzen. Tempo und Lautstärke steigern sich immer mehr. Die Bewegungen werden ekstatischer. Stimmen, Trommeln, Körper und Seelen schwingen gleich, wenn es zum großen Finale kommt.

Mit dem Powwow die Runde machen: Obwohl das Powwow eine „Erfindung" der Prärieindianer war, werden solche Feiern jetzt überall, von der Ostküste bis zum Atlantik abgehalten (*siehe Kurzführer*). Einige Tänzer reisen in der Runde von einem Powwow zum anderen.

Normalerweise braucht ein Powwow eine einwöchige Vorbereitungszeit, während der die Teilnehmer ankommen und das Lager errichten. Am Freitag sind dann die meisten da, und um 19.00 Uhr beginnt der erste Große Auftritt. Bis zum nächsten Morgen wird dann getanzt. Am Samstagabend kommt der eigentliche „Große Auftritt", wieder um 19.00 Uhr. Jetzt ist auf dem Powwow die größte Zahl an Teilnehmern anwesend. Meistens werden auch noch am Sonntag um 13.00 Uhr und um 19.00 Uhr Große Auftritte inszeniert. Viele Tänzer machen bei den ausgeschriebenen Wettbewerben nicht mit, sondern freuen sich auf Gespräche am Rande mit Familienangehörigen, Freunden und Bekannten. Im Laufe der Nacht werden die Gewinner der Wettbewerbe bekanntgegeben. Sie bekommen Geldpreise für ihre überragenden Fähigkeiten.

Fast alle Powwows können von Außenstehenden besucht werden, die sogar manchmal an Tänzen teilnehmen dürfen. Wird man dazu eingeladen, hat man eine einmalige Chance, indianische Kultur mit Körper und Seele verstehen zu lernen. Aber man sollte dabei einige Regeln beachten.

Zuallererst muß das strikte Alkoholverbot betont werden, das auf allen Powwows gilt und nur in Ausnahmefällen durchbrochen wird. Zweitens sollte man beachten, daß Indianer normalerweise nichts von aufreizender Kleidung halten und es nicht mögen, wenn man sich allzu offenherzig zeigt, auch wenn es heiß ist. Drittens ist das Fotografieren zwar meist erlaubt, kann aber auch untersagt oder mit der Entrichtung einer zusätzlichen Gebühr verbunden sein. Viertens sollte man nie mittanzen, wenn man dies nicht vorher abgeklärt hat oder vom Zeremonienmeister dazu aufgefordert wurde. Und fünfte und wichtigste Regel für Touristen bei allen indianischen Feierlichkeiten: Gehe zum Powwow mit einem reinen Herzen. Respektiere die Tänzer, Sänger und die anderen Zuschauer. Dann wird das Powwow für Dich ein unvergeßliches Erlebnis sein.

Links: *Jingle dress dancer.* **Rechts:** *Grass dancer* in leuchtender Farbenpracht.

AUF DEN SPUREN DER VORFAHREN

Verzweifelt versuchte das Mammut, sich aus dem Schlammloch zu befreien. Doch anstatt herauszukommen, wühlte es sich nur immer tiefer hinein. Nach langem Kampf legte es sich müde zur Seite und sah zu, wie die Herde langsam weiterzog. Als alles ruhig war, kamen die Jäger, um dem Großtier den Todesstoß zu versetzen. Nachdem sie das Mammut vor Tagen mit ihren Speeren verwundet hatten, genossen sie nun ihren Triumph.

Die lange Verfolgungsjagd immer auf den Spuren des verwundeten Tieres war vorüber. Jetzt konnte der Bote abgeschickt werden, um den Rest der Horde herbeizuholen. Ein paar Tage dauerte es, bis der riesige Fleischberg zerteilt und in der Sonne getrocknet war. Dann zogen sie weiter, um ihre Beute an einem sicheren Platz nach und nach zu verzehren.

Zehntausend Jahre später ging der Rancher Ed Lehner ein ausgetrocknetes Flußbett entlang, um seinen Besitz zu inspizieren. Da sah er Knochen aus der Böschung herausragen. Er wußte gleich, daß es sich nicht um gewöhnliche Rinderknochen handelte. Als die eilig benachrichtigten Archäologen vorsichtig die Erde abtrugen, fanden sie noch die steinernen Speerspitzen zwischen den Rippenknochen des Mammuts. Der Beweis für die Existenz der Paläoindianer war erbracht.

Mittlerweile können Touristen Hunderte solcher Ausgrabungsstätten in den Vereinigten Staaten besichtigen. Jede einzelne von ihnen ist wie ein Fenster in die Vergangenheit, durch das wir die Spuren der Vorfahren heutiger Indianer erblicken können.

Wohin der Wind sie wehte: Gegen Ende der letzten Eiszeit, vor 12 000 bis 15 000 Jahren, kamen die Paläoindianer von Sibirien über die Landbrücke nach Nordamerika, die heute durch die Inselkette der Aleuten in der Bering-Straße markiert wird. Damals war dort eine breite Strecke trockenen Landes. Die Paläoindianer drangen immer weiter südwärts vor. Zwischen zwei vergletscherten Regionen fanden sie den Weg in die Weiten des Kontinents, der mit seinem Tier- und Pflanzenreichtum ihr Überleben sicherte.

**Vorherige Seiten: Tipis im Abendlicht beim Festival der Shoshone-Bannock in Fort Hall, Idaho.
Links:** Felszeichnungen der Navajo, Dinetah.

Die Jägersippen folgten dem Mammut und dem Karibu bis ins heutige New England und jagten die Bisons auf den Prärien. Von Colorado bis in das südöstliche Kalifornien findet man ihre Spuren an flachen Seen, wie in den Ausgrabungsstätten beim *Great Sand Dunes National Monument*, oder in ehemaligen Marschen, wie bei *Lehner* und *Murray Springs* in Arizona. Im *Great Basin* des Nordens jagten sie Wasservögel an den Ufern der Seen von *Lahontan* und *Bonneville*, die damals fast den ganzen Norden des heutigen Nevada und Utah bedeckten. Die Urahnen der heutigen Indianer stiegen aus den Wäldern hinab an die Westküste des Kontinents und fingen Seeschildkröten an Stränden, die heute unter der Wasserlinie liegen.

Spuren ihrer Wanderlust finden sich überall, wo man ihre Speerspitzen fand. Einige von ihnen können von Archäologen bestimmten Steinbrüchen zugeordnet werden. Einer dieser Steinbrüche, das *Alibates Flint Quarries National Monument,* befindet sich im westlichen Texas. Einige Paläoindianer zogen weiter südwärts in das heutige Mexiko, dann nach Zentral- und Südamerika, bis sie schließlich den ganzen Kontinent bevölkerten. Das war vor 10 000 Jahren.

Vom Eise befreit: Während der letzten Eiszeit war das Klima in Nordamerika zwar kühler und feuchter als heute, aber die Jahreszeiten brachten weniger Schwankungen. Etwa vor 10 000 Jahren begann die allgemeine Erwärmung der Erde, die sich im deutlichen Zurückgehen der Gletscher bemerkbar machte. Starke jahreszeitliche Schwankungen von Temperaturen und Niederschlägen führten zu einer Veränderung der Flora. Pflanzengesellschaften starben aus oder zogen sich in eng umgrenzte Gebiete zurück. Das hatte auch Folgen für die Tierwelt und die Jäger.

Zuerst verschwanden die Mammuts. Einige Archäologen glauben, daß die Menschen an ihrem Verschwinden nicht ganz unschuldig sind. Natürlich ist es sehr gut möglich, daß ein Paläoindianer das letzte Mammut erlegte. Aber das Aussterben der Rasse hat sicher auch noch andere Ursachen, denn gleichzeitig starben auch die Riesengürteltiere, einige Wolfsarten und Faultiere ebenfalls aus, obwohl sie vom Menschen nicht gejagt wurden.

Archäologie

Als die Mammuts immer schwerer zu jagen waren, die Winter immer schlimmer und eßbare Pflanzen immer seltener wurden, mußten die Menschen sich etwas einfallen lassen, um zu überleben. Als Jäger und Sammler schlugen sie sich im Großen Becken, dem südlichen Kalifornien und im Südwesten der USA durch. Spuren ihrer Lagerstätten findet man an den damals langsam austrocknenden Seen, den ehemals sumpfigen Flußrändern und Bachläufen oder in Felsenverstecken wie in der *Danger Cave* (im gleichnamigen *State Park* in Utah). Kaninchen, Bighornschafe, Antilopen und Wasservögel gab es dort in Hülle und Fülle. Zusammen mit Samen und Nüssen ergaben sie eine nährstoffreiche Kost.

Auf der Hochebene von Columbia, im östlichen Oregon und in Washington lebten die Menschen ebenfalls in jahreszeitlich wechselnden Lagern. Als vor 7000 Jahren plötzlich der Mount Mazama in Oregon ausbrach und seine Asche über die ganze Gegend verstreute, wurde so viel Schaden angerichtet, daß die Menschen sich in den nächsten 2000 Jahren nicht im nahegelegenen Fort Rock Valley ansiedeln konnten. Weiter im Osten hatten Wanderdünen und Schwemmsand die Bäche und Sümpfe verschüttet, an denen die Paläoindianer gelagert und gejagt hatten.

Der Riesenbison wurde vor etwa 5000 Jahren durch seinen kleineren Verwandten ersetzt. Um ihn zu jagen, verließen die Men-

Die Menschen wanderten nach den Reifungszeiten der Früchte: vom Tiefland in die Berge und von Süden nach Norden. In der *Mohave Desert* von Kalifornien lebten die Indianer bis zur Ankunft der Europäer in dieser Weise, die damals 8000 Jahre alt war.

Im mittleren und nördlichen Kalifornien wurden Eicheln zu einer begehrten Ware, und entlang der Westküste bis in den heutige Staat Washington wurden Schalentiere gefangen. Die übriggebliebenen Schalen finden sich heute noch manchmal in großen Hügeln. Entlang des Columbia Rivers und seiner Nebenflüsse gab es regelmäßige Lager zum Lachsfang.

schen immer wieder die schützenden Vorberge an den Rocky Mountains. Sie erschreckten und verwirrten die Bisonherden, bis diese blind in Abgründe stürzten. Dann hatten die Jäger leichtes Spiel. Sie trockneten soviel Fleisch wie möglich und ließen den Rest in großen Haufen liegen, die wir heute, zum Beispiel im *Madison Buffalo Jump State Park* in Montana, besichtigen können.

Der Mississippi und seine Zuflüsse boten reichlich Nahrung für die Indianer, die sich mit dem Sammeln von Nüssen und Beeren, mit der Jagd und der Fischerei einen abwechslungsreichen Speisezettel sicherten. Dazu kamen sogar Süßwassermuscheln in Lagern wie

Eva Site in Tennessee, und in der *Twin Ditch Site* in Illinois fand sich sogar das älteste Haus im Mittelwesten, errichtet vor 9500 Jahren.

Am Lake Superior fanden die Indianer vor 5000 Jahren Kupfer und entwickelten Methoden der Bearbeitung, die es ihnen ermöglichten, Werkzeuge zu schmieden. Ihre Meißel, Ahlen, Harpunen und Messer waren entlang des Mississippi, an den Großen Seen und an der Ostküste ein begehrter Handelsartikel. Spuren der *Old Copper Culture* finden sich im *Isle Royale National Park* in Michigan und im *Copper Culture State Park* in Wisconsin.

Die wagemutigsten Fischer fanden sich an der nordöstlichen Küste des Kontinents. Die *Red Paint People* fuhren auf das Meer hinaus,

ko, so wie überall, vom Jagen und Sammeln. Eines ihrer populärsten Nahrungsmittel, *teosinte* (eine Grasart), hatte eine Eigenschaft, die man sich zunutze machen konnte: Streute man Samen an einem Lagerplatz im Frühjahr aus, so konnte man einige Monate später große Mengen an reifen Samen ernten. Über Jahrhunderte hinweg gelang es den Urindianern, durch Selektion immer größere Samen zu züchten. So wurde der Vorfahre des heutigen Mais zur sicheren Ernährungsgrundlage.

Der Trick gelang auch mit anderen Pflanzen und wurde bald überall imitiert. Händler und Reisende brachten Samen von Mais, Kürbis und Bohnen in den heutigen Südwesten der USA, zum Mississippi und an den Ohio.

um Tiefseefische zu fangen. Sie orientierten sich an charakteristischen Uferfelsen oder selbsterrichteten steinernen Seezeichen. Archäologen benannten das Volk nach seinem Bestattungskult: Die Toten wurden in rotem Ocker begraben. Im *Haffenreffer Museum* an der *Brown University* in Rhode Island und bei den *Damariscotta River Shell Mounds* in Maine erfährt man mehr über dieses Volk.

Die Nahrung wächst: Vor etwa 5000 Jahren lebten die Indianer im Zentralland von Mexi-

Der Ackerbau ermöglichte eine seßhafte Lebensweise. Sie gipfelte in der Kultur der *Mound Builder*. Vor 2500 Jahren wurden dort die Toten in Hügelgräbern beigesetzt und Beigaben hineingelegt, die durch den Tauschhandel mit allen Enden des Kontinents erworben wurden. Obsidian aus dem Yellowstone Gebirge, Barrakuda-Kiefer aus Florida, Glimmer aus North Carolina und Kupfer vom Lake Superior fand man in den palisadenumzäunten Dörfern *Hopewell* und *Adena* im Mittelwesten. Manchmal wurden die Hügel in einem Muster angelegt. *Serpent Mound*, berühmtestes Beispiel dafür, liegt in der gleichnamigen Gedenkstätte in Locust Grove, Ohio.

Links: Serpent Mound in Idaho. **Oben:** Ruinen von Tyuonyi beim *Bandelier National Monument* in New Mexico.

Im Laufe eines Jahrtausends schaffte es die Hügelbaukultur, immer größere Erdmassen aufzutürmen, so daß sie schließlich religiöse und profane Bauwerke auf die *mounds* setzen konnte. Das Vorbild wurde bis ins ferne Oklahoma und bis in den Südosten nachgeahmt, wo *temple mounds* errichtet wurden. Solche „Tempelberge" finden sich in *Etowa Mounds* in Georgia oder am *Crystal River* in Florida. Die größte Ansammlung von Hügeln befindet sich jedoch in Chokia, Illinois, im *Mississipian Culture Complex*, wo eine 700 Jahre dauernde Besiedlung nachgewiesen wurde. Ableger dieser Siedlung gelangten bis ins ferne Wisconsin, wo im *Aztalan State Park* ebenfalls Tempelhügel gesichert wurden.

einem Graben umgeben waren. Die Stämme der Mandan und Arikara legten diese Dörfer an leicht zu verteidigenden Flußbiegungen an.

Die Prärieindianer trieben extensiven Handel mit der Nordwestküste und den Menschen auf dem Columbia Plateau. Die Rocky Mountains wurden an Paßstellen wie dem *Lolo Trail* in Idaho und Montana überwunden.

Die Wälder der Cascade Mountains, die Fischereilager entlang des Columbia Rivers und der Ozean gaben den Menschen im Nordwesten alles, was sie zum Leben brauchten. So konnte sich bei ihnen ein Sozialgefüge entwickeln, das materiellen Reichtum förderte.

Die Indianer Kaliforniens fanden einen anderen Reichtum. Sie bauten Zeremonienhäu-

Wahrscheinlich waren es die Vorfahren der Irokesen, die vor 1000 Jahren begannen, um ihre Dörfer am St.-Lorenz-Strom Palisadenzäune zu errichten und innerhalb der Umfriedung Langhäuser zu bauen. Hier entwickelte sich eine differenzierte Gartenbaukultur, die durch Jagd und Fischerei ergänzt wurde.

Auf den Großen Ebenen wurde zwar weiter Jagd auf Bison und Wild gemacht, es gab aber zunehmend Ackerbau, bei dem die Schulterblattknochen des Bisons als Pflugschar eingesetzt wurden. Gegen Ende der vorgeschichtlichen Zeit entstanden im Gebiet des heutigen Nord und Süd Dakota Dörfer mit halb in den Untergrund eingebauten Erdhäusern, die von

ser und Schwitzhütten, so wie jene, die im *Clear Lake State Park* nördlich von San Francisco nachgebildet wurden. Ihr religiöses Leben gab ihnen den geistigen Reichtum einer differenzierten Kultur, in der Schamanen eine große Rolle spielten. Entlang des Colorado Rivers räumten Menschen große Felsen beiseite, um die kleinen, helleren mit Sand zu *intaglios* (Einlegearbeiten) in symbolischen Mustern anzuordnen. Östlich des Colorado, in der Wüste Sonora, lebten die Hohokam. Dieses Volk unterhielt ein Bewässerungssystem für ihre Felder, auf denen sie Getreide und Baumwolle anbauten, die sie gegen Muscheln als Handelsware tauschten. Sie bauten Ballspielplätze, wie sie bei den Handelspartnern im nördlichen Mexiko üblich waren, und große Erdhügel, wie den von *Pueblo Grande* in Phoenix, Arizona, die als kultureller und religiöser Mittelpunkt der Dörfer fungierten.

Im Norden und im Osten der Hohokam waren noch viele andere Ackerbau treibende Stämme ansässig. Die Sinagua verloren um das Jahr 1060 unserer Zeitrechnung zunächst ihre Heimat, als der Sunset Crater in Arizona durch eine gewaltige Vulkanexplosion entstand. Feuriger Aschenregen machte die ganze Gegend unbewohnbar. Doch nach einiger Zeit stellten Erkundungstrupps des Stammes fest, daß durch den Aschenregen die vorher karge Gegend nun viel bessere Bodenverhältnisse bot. Als die anderen Indianerstämme dies bemerkten, zog es sie ebenfalls in die Region von *Wupatki*. Dort sowie bei den *National Monuments* von Montezuma Well und bei Montezuma Castle sind die Pueblos der Sinagua heute noch zu finden.

Die Anasazi siedelten zwischen den heutigen Orten Las Vegas in Nevada und Las Vegas in New Mexico. Weil sie den wenigen Regen, der dort fiel, effektiv zu nutzen lernten, konnten sie den widrigen Bedingungen trotzen. Während in der Mesa Verde in Colorado nur kurze Wachstumszeiten genügen mußten, gab es in den Regionen um den Canyon de Chelly in Arizona und um Lost City in Nevada nur äußerst selten Regen. Die Anasazi bauten Straßen zwischen ihren aus Wohnblocks bestehenden Siedlungen. Der Handel mit Türkisen aus ihren Bergwerken brachte ihnen Waren aus Mexiko und von den Hohokam.

Die Ruinen der Anasazi-Bauten finden sich überall im Südwesten der USA. Besuchenswert sind die *National Monuments* von Navajo und *Canon de Chelly* im nördlichen Arizona. In New Mexico finden sich Reste der Anasazi-Kultur in den Nationaldenkmälern von Bandelier, Aztec Ruins und Puye Cliffs Tribal Park. Spektakulärer sind jedoch die *cliff-dwellings* im Mesa Verde National Park im Südwesten Colorados oder das *Pueblo Bonito* im Chaco Culture National Historic Park ungefähr 160 Kilometer (100 Meilen) südlich davon in New Mexico.

Die letzte Völkerwanderung: Die Besiedlung Nordamerikas ging nicht in einem Zug vonstatten. Es gab mehrere Besiedlungswellen in großem zeitlichem Abstand. Die letzte indianische „Einwanderungswelle" kam mit den Athabasken, von denen einige die Rocky Mountains entlang in den Südwesten vordrangen, wo ihre Nachkommen heute als Navajos und Apachen leben.

Links: Anasazi-Ruinen beim Pueblo Bonita im Chaco Canyon. **Oben:** Ruinen der Hohokam beim *Wupatki National Monument* in Arizona.

Dann gab es die Wikinger, die um das Jahr 1000 unserer Zeitrechnung im „Vinland" irgendwo an der nordöstlichen Atlantikküste lebten. Irgendwann fuhren sie nach Skandinavien zurück, wo sie von den *Skraelings*, den Einwohnern des Westlandes berichteten. Hin und wieder verirrte sich auch ein chinesisches Schiff an die Küste Oregons. Das 400 Jahre alte Wrack von Nehalem Bay zeugt davon.

Erst die Spanier beendeten die Isolation des Kontinents um 1500. Sie suchten nach Gold, Land und Arbeitskräften. Ponce de Leon nahm Florida in Besitz, De Soto tastete sich den Mississippi hinauf, und Coronado durchstreifte den Südwesten. Ein Kontinent wurde erobert.

Raubgräber: Im Jahre 1891 befand sich der schwedische Baron Gustav Eric Adolf Nordenskiold auf einer Studienreise im Südwesten der USA. Im abgelegenen Mesa Verde stolperte er plötzlich über guterhaltene indianische Bauten und Grabhügel. Da reifte in ihm der Gedanke, der Wissenschaft einen Dienst zu leisten, um als Erforscher der indianischen Kultur in die Annalen einzugehen. Einen ganzen Sommer lang gruben er und seine Helfer Ruinen und Überreste der Indianersiedlungen aus. Als er dann seine Fundstücke nach Schweden bringen wollte, beschlagnahmten aufgebrachte Bürger des Ortes die Transportkisten. Aber bald stellte sich heraus, daß es keine Gesetze gab, die den Abtransport archäologischer Kostbarkeiten aus Amerika verboten. Die Kisten mußten freigegeben werden, und ihr Inhalt wird heute im Nationalmuseum von Finnland in Helsinki gezeigt.

Als sich die peinliche Gesetzeslücke herumgesprochen hatte, nahm die Raubgräberei wirklicher und selbsternannter Historiker enorme Ausmaße an. Deshalb verbot der Kongreß die wilden Grabungen im *Antiquities Act* von 1906. Von nun an durfte nur von Wissenschaftlern und nur an ausgesuchten Orten gegraben werden. Mit weiteren Gesetzen, bis hin zum *Archaeological Resources Protection Act* von 1979, wurden die Bestimmungen aus dem Jahr 1906 verschärft.

Für die Indianer sind die wissenschaftlichen Grabungen allerdings ebenfalls ein Ärgernis. Sie können nichts Erhellendes dabei finden, daß die Skelette und Mumien ihrer Vorfahren in Museen öffentlich ausgestellt werden. Für Indianer kommt ein derartiger Umgang mit den respektierten Ahnen einer Entweihung der Totenruhe gleich. In jüngster Zeit haben sich auch Gerichte und Museumsleitungen dieser Ansicht angeschlossen. So werden die Leichname jetzt nach und nach an die Stämme zurückgegeben, denen die Toten angehörten. Die Indianer erlauben jedoch den Wissenschaftlern zuvor eingehende Studien, so daß wichtige Informationen trotz des nötigen Respekts gesichert werden können.

Beim Graben mit anpacken: Wer einen unbezwingbaren Forscherdrang in sich verspürt, kann bei einer der Organisationen nachfragen, die Amateure bei Grabungen mithelfen lassen, so zum Beispiel in den *Archaeological Centers* von Kampsville, Illinois und im Crow Canyon in Colorado. *Earthwatch* finanziert kontrollierte Ausgrabungen. In vielen Städten und Gemeinden werden historische Überreste von Hobbyarchäologen unter wissenschaftlicher Aufsicht freigelegt und konserviert.

Auskunft erhält man beim *State Historic Preservation Office* des betreffenden Bundesstaats. Die *Archaeological Preservancy* in Santa Fe, New Mexico kauft historisch interessantes Land auf, organisiert Ausgrabungen und sucht nach Organisationen, die solche Stätten der Öffentlichkeit zugänglich machen. Spenden und Helfer sind hier willkommen.

Links: Uralte Felszeichnungen nahe beim Zuni Pueblo. **Oben:** Die spektakulären *cliff dwellings* der Anasazi bei Mesa Verde, Colorado.

Amerikanische Indianerreservate

480 km / 300 Meilen

DIE GROSSEN EBENEN

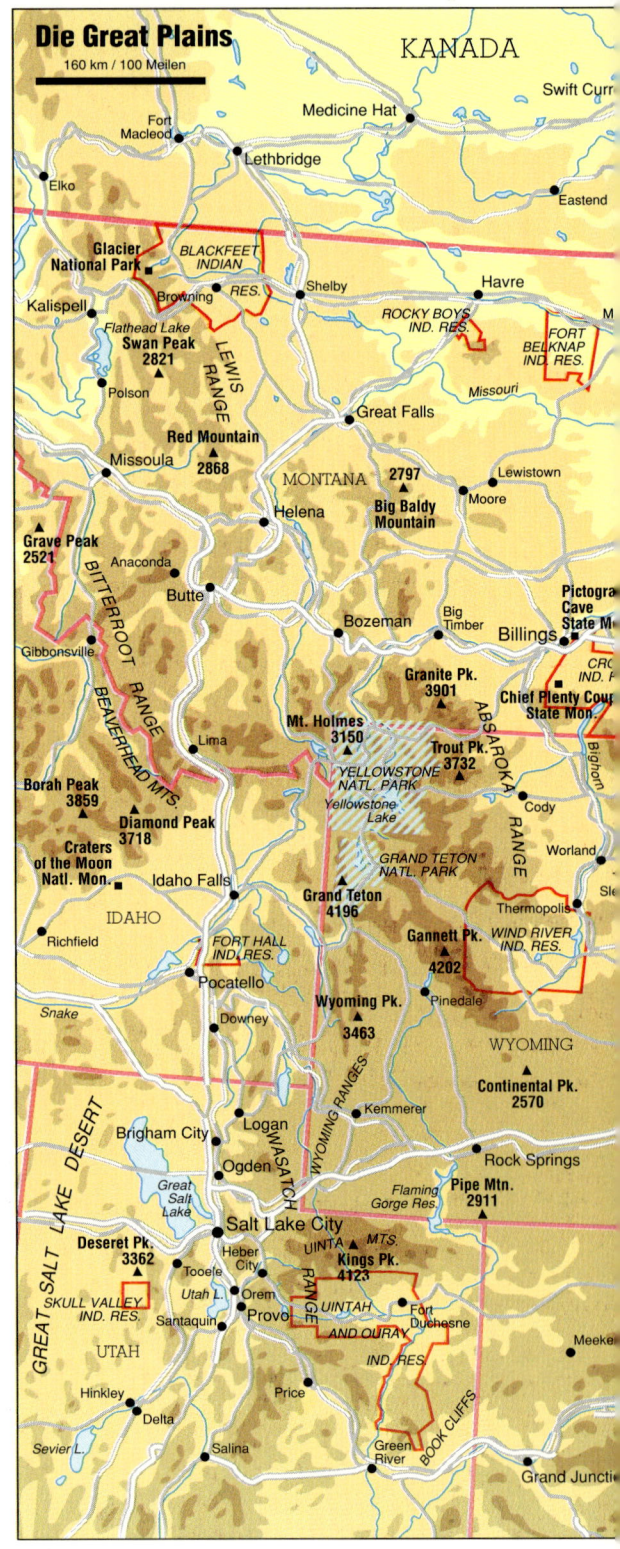

Die *Great Plains* reichen von den texanischen *Staked Plains* bis hin zu den Gletschern von Montana und Saskatchewan, vom Mississippi bis zu den Rocky Mountains. Die Indianer, die diese Weite endloser Prärie, wüsten Ödlands, majestätischer Felsinseln und schroffer Canyons durchstreiften, sind für immer mit Amerikas Geschichte verbunden.

Mit dem Auftauchen des Pferdes Ende des 18. Jahrhunderts erblühte die Indianerkultur. Einst siedelten Ackerbauern in den fruchtbaren Flußtälern der Ebenen. Sie waren den Bisonherden gefolgt, die manchmal bis zu 15 Millionen Tiere zählten. Mitte des 19. Jahrhunderts, als die Weißen bis in die letzten Winkel des Landes vordrangen, beherrschen Stämme die Great Plains, die berühmt waren für ihre Geschicklichkeit im Kampf und ihre Verbundenheit mit dem Land.

Im Süden durchstreiften die Komantschen, Kiowas, Süd-Cheyennes und Arapahos, im Norden die Sioux, Crows, Nord-Cheyennes, Assiniboines, Gros Ventres und Blackfeet noch ungehindert die Great Plains.

Heute entdeckt die Kultur der Prärieindianer neue Kraft. Die Trommeln schlagen zu Ehren der Vergangenheit und zur Begrüßung einer neuen Zukunft – pulsierend, laut, beharrlich.

Diese Kraft drückt sich bei Powwows in wilden Drehungen, majestätischen Phantasiefiguren und Tänzen aus oder in Texten und machtvollen Melodien von Ehrengesängen. Sie zeigt sich beim Sonnentanz, in der Schwitzhütte und auf den Felsinseln, wo Männer Erleuchtung suchen. Sie schlägt sich in herrlichen Perlenschnüren, Decken, Malereien und Federarbeiten nieder und im Respekt vor dem Alter und der Ehrfurcht vor der Erde.

Noch gibt es sie, die Prärieindianer. Noch schlagen ihre Trommeln.

Vorherige Seiten: Felszeichnungen der Dinetah. Navajo-Frau mit Kind beim *Monument Valley*. Apachen-Clown, San Juan Pueblo. Die Nacht bricht an über den Powwow-Tänzern von Fort Berthold.

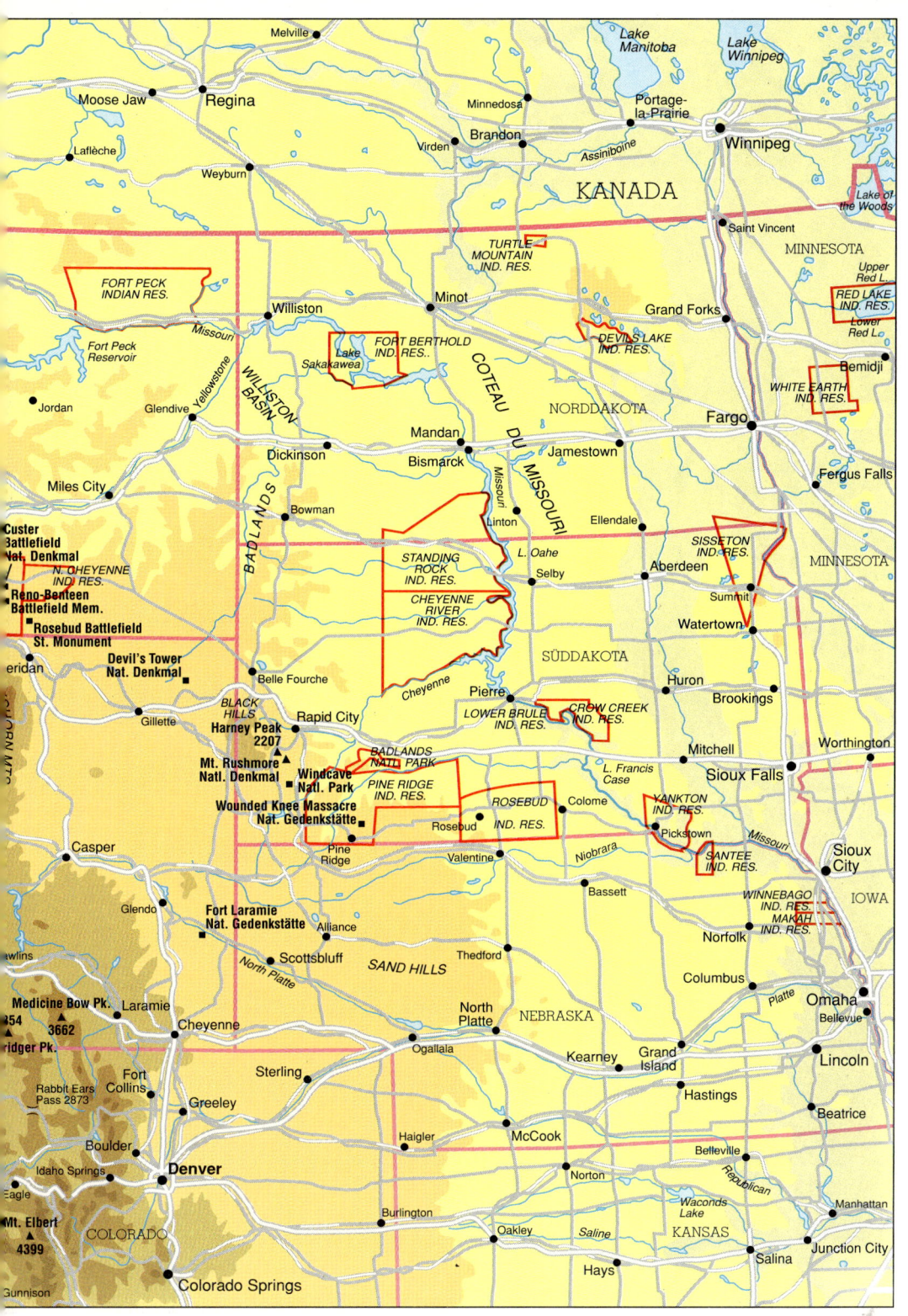

LAND DER SIOUX

Die Weißen bezeichnen sie als Sioux (gesprochen: „ssuh") – eine französische Verunstaltung des Chippewa-Wortes für „kleine Schlange". Sie selbst kennen sich unter den Namen ihrer Stämme: Oglala, Hunkpapa, Miniconjou, Yankton, Sihasapa, Mdewakanton und Itazipco. Oder sie nennen sich nach ihren Dialekten: Lakota, Dakota, Nakota. Zusammen sind sie bekannt als *Oceti Sakowin*, die „Sieben Feuerstellen", für die sieben Zweige des großen Volkes der Sioux.

Sie waren der mächtigste Stamm in den Plains. Über 50 Jahre lang hielten sie den weißen Ansturm auf, errangen vernichtende Siege über die US-Armee und waren bei ihren indianischen Feinden gefürchtet. Die Namen ihrer Häuptlinge – Red Cloud, Sitting Bull, Crazy Horse – schmücken die Legenden. Ihre Triumphe und Niederlagen – der Red Cloud-Krieg, die Schlacht am Little Bighorn, das Massaker von Wounded Knee – schrieben amerikanische Geschichte.

Für viele ist er der Inbegriff des Indianers: Der berittene Bisonjäger, der mit wehendem Federschmuck über die Prärie galoppiert – stolz, trotzig, unbeugsam.

Allerdings entstand die klassische Pferd-und-Büffel-Kultur der Sioux aber erst durch den Kontakt mit Europäern. Vor Ankunft der Spanier hatte Nordamerika seit der Eiszeit keine Wildpferde mehr gesehen. Tatsächlich verfügten die Stämme der Plains nur rund hundert Jahre lang über Pferde, bevor ihr Land von den Weißen überrollt wurde. Die Pferdehaltung verbreitete sich in den Ebenen wie ein Steppenbrand.

Als sie noch keine Pferde hatten, lebten die Sioux am Minnesota und Mississippi vom Ackerbau. Sie wurden durch die Chippewas mit Gewehren vertrieben, die diese von französischen Pelzhändlern bekommen hatten. Davor waren die Sioux vielleicht von der mittleren Atlantikküste aus eingewandert, wo sie das Leben der Waldindianer geführt hatten.

Heute gibt es 14 Sioux-Reservate, die größten in Nord und Süd Dakota. Sie gehörten einst zu dem Großen-Sioux-Reservat, das 1868 mit dem Vertrag von Fort Laramie geschaffen wurde. Für Besucher ist die Südwestecke dieses riesigen Gebietes mit am interessantesten, wo das Pine-Ridge-Indianerreservat von den schönen Nationalparks *Black Hills* und *Badlands* umschlossen wird. Dies war der kostbarste Teil des Sioux-Territoriums und folglich Schauplatz der härtesten Kämpfe der Plains-Indianer.

Paha Sapa: Nicht von ungefähr betrachten die Sioux die Black Hills (*Paha Sapa*) als heilig. Sie sind der wohl unwirklichste Bergzug Amerikas, eine Felsinsel in den Weiten der Prärie. Während die Ebene trocken, baumlos und eintönig ist, sind die Black Hills reich an Wasserläufen und Seen, dicht bewaldet, von tiefen Canyons durchschnitten und von zerklüfteten Gipfeln markiert. Berühmte Sioux-Mystiker wie Crazy Horse und Black Elk kamen hierher auf der Suche nach Visionen, und junge Männer eifern ihnen bis heute nach. Hier ist das Heilige Land der Sioux.

Der Vertrag von Fort Laramie von 1868 sah vor, daß die Black Hills inner-

Links: Junger Tänzer beim Rosenknospenfest. **Rechts:** Sonnenuntergang über einem Lakota-Tipi.

Land der Sioux 121

halb der Grenzen des Großen-Sioux-Reservates bleiben sollten. „Kein Weißer darf hier siedeln oder Teile des Landes besetzen", so der Wortlaut des Vertrages, „oder ohne Einwilligung der Indianer hindurchreisen." Als jedoch vier Jahre später Gold in den Black Hills entdeckt wurde, erwies sich das Versprechen der Regierung als so reißfest wie das Papier, auf dem es geschrieben stand. Offiziell wurde das Gold von Lieutenant Colonel George Armstrong Custer entdeckt, dem Bürgerkriegshelden und erfahrenen Indianerkämpfer. Seine angeblichen Goldfunde „gleich unter dem Gras" zogen Glücksritter zu Hunderten an und bedeuteten seinen eigenen Untergang.

Um die Indianer zur Aufgabe der Black Hills zu zwingen, wurden Truppen in das Territorium westlich der Black Hills entsandt, das noch fest in den Händen von Sitting Bull, Gall, Crazy Horse und der verbündeten Cheyennes und Arapahos war. Custer war einer der Kommandanten. Am 25. Juni 1876 sichteten seine Scouts eine große Siedlung am *Little Bighorn*. Anstatt auf Verstärkung zu warten, griffen Custer und seine Männer an. Keiner von ihnen überlebte.

Doch der Sieg der Indianer am Little Bighorn konnte die Black Hills nicht retten. Das Resultat des Sieges war nur, daß der Druck auf die Sioux und ihre Verbündeten noch verstärkt wurde. Im Juli 1877 war der Kampf praktisch vorüber. Sitting Bull und Gall zogen sich in die relative Sicherheit Kanadas zurück. Der Cheyenne-Häuptling Dull Knife ergab sich. Wohl am meisten traf die Sioux, daß Crazy Horse – der berühmte Krieger und Mystiker – seine Waffen streckte und während der Haft in Fort Robinson, Nebraska, getötet wurde.

Die heutigen Eigentümer der Black Hills haben eine ganze Felswand mit den Porträts ihrer Führer verziert – die vier Präsidentengesichter von *Mount Rushmore*. Einer davon, Theodore Roosevelt, war bekannt für seinen Glauben an die Schicksalhaftigkeit der Auslöschung der „schwächeren Rasse". Ein noch größeres Bildnis von Crazy Horse ist in Arbeit, doch ob die Sprengungen von Tonnen von Gestein und die Touristenströme

Felsspitzen in den heiligen Black Hills.

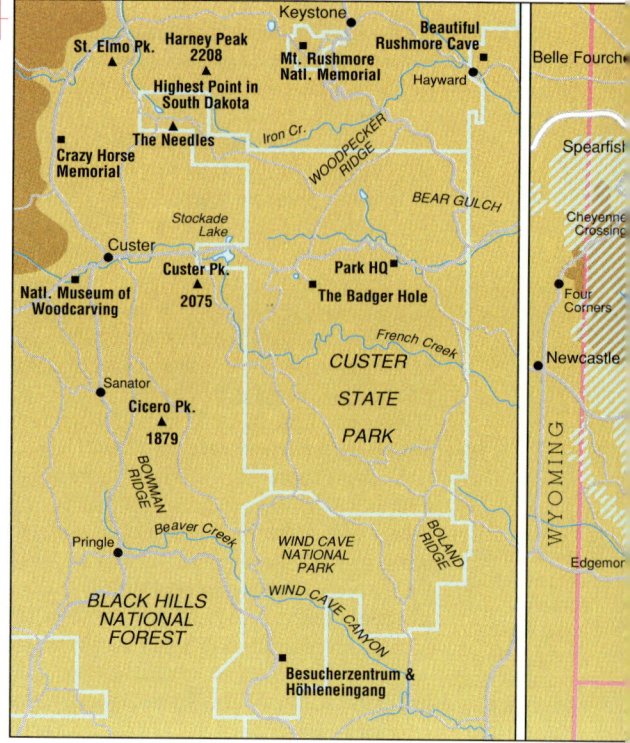

eine Ehrung darstellen, ist schwer zu beurteilen. Andernorts wird immer noch Gold aus den Black Hills und von cleveren Geschäftemachern Geld aus den Taschen der Touristen gefördert.

Es gibt aber noch ein paar Stellen, an denen die Black Hills ihren Zauber nicht verloren haben. Das zeigt ein kurzer Ausflug auf **Needles Highway**, **Rim Rock Drive**, **Nemo Road** oder in das wilde Hinterland. Bear Butte, Harney Peak und das Granitmassiv des **Devil's Tower**, allesamt Heilige Stätten der Sioux, sind ehrfurchteinflößend wie eh und je. Das wellige Grasland, die Bisonherden und die Präriehundkolonien im **Custer State Park** und im **Wind Cave National Park** erinnern daran, wie friedlich das Land vor Ankunft der weißen Siedler aussah.

Geistertanz und Wounded Knee: Im Winter von 1890 waren die großen Tage der Indianerstämme der Ebenen schon Vergangenheit. Die Büffel waren weg, die ehemaligen Jäger lebten von staatlichen Hilfslieferungen, die Stämme waren in Reservate gesperrt. 1881, nach vier kritischen Jahren in Kanada, kehrte Sitting Bull mit seinem Volk zur Standing Rock Agency zurück. 1889 wurde das Große-Sioux-Reservat in mehrere kleine Reservate aufgespalten, um das Land für Siedler zu erschließen.

Wie viele andere Stämme waren auch die Sioux ein gebrochenes, verzweifeltes Volk. Nach 50 Jahren Kampf gegen die Weißen standen sie vor dem Ende ihrer althergebrachten Lebensweise. Viele ihrer Anführer waren tot. Die Menschen waren verelendet. Und entgegen den Versprechungen der Regierung war das Leben in den Reservaten bestimmt von chronischem Hunger, Krankheit und Lebensmittelknappheit.

Im Jahr 1890 glomm ein Hoffnungsschimmer auf. Es verbreitete sich die Kunde von einem Indianerpropheten aus dem Westen der Rocky Mountains, der eine Vision vom Großen Geist gehabt hatte. Es war ein Paiute-Indianer namens *Wovoka*. Seine neue Religion, eine Mischung aus Christentum und Indianerglauben, hieß *Ghost Dance* - Geistertanz.

Zwei Medizinmänner der Sioux reisten über die *Rockies*, um diesen Messias

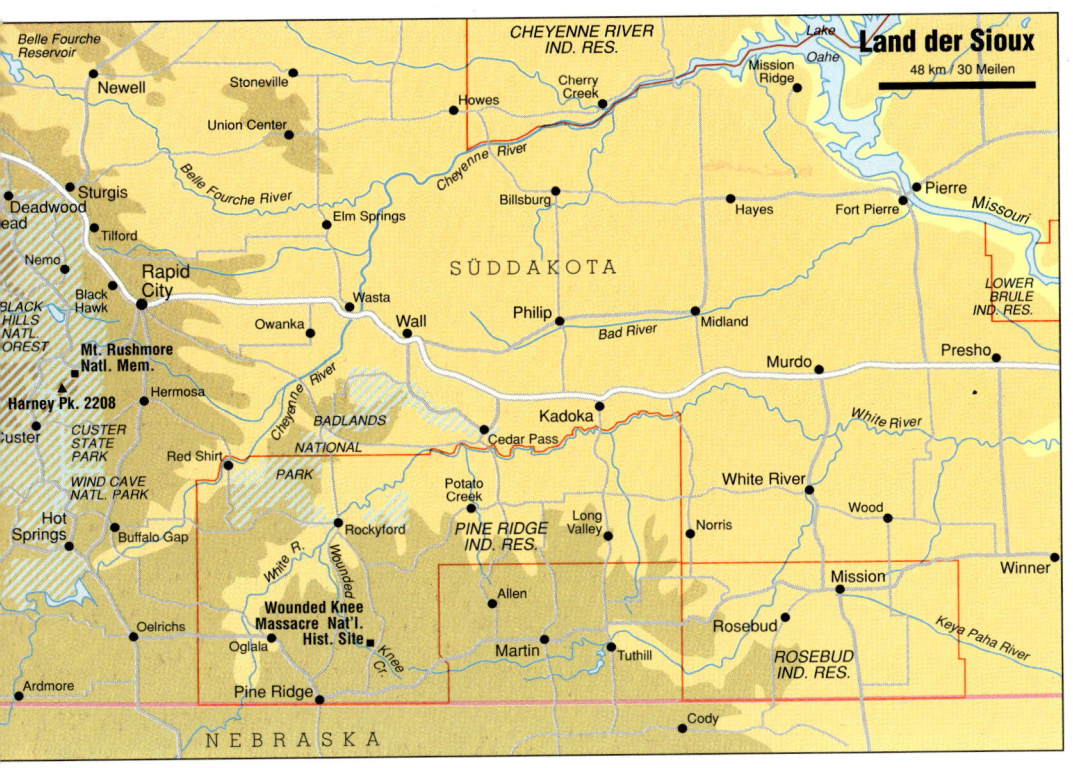

Land der Sioux

und seine Medizin zu studieren. Wovoka erzählte ihnen, daß der Tag des Weltuntergangs nahe sei. Eine große Flut würde das Land säubern und alles Unheilige mit sich reißen. Die Weißen würden fortgeschwemmt. Hunger, Krankheit und Armut würden verschwinden. Die toten Indianer würden wiederauferstehen und zu ihren Familien zurückkehren, Bison und Antilope würden wieder die Ebenen bevölkern. Dann zeigte ihnen Wovoka den heiligen Tanz, den Geistertanz, und versprach allen, die ihn tanzten, einen Platz in der neuen Welt.

Der Geistertanz verbreitete sich wie ein Lauffeuer über die nördlichen Ebenen. Die Sioux nahmen ihn mit einem Fanatismus auf, dem nur ihre Verzweiflung gleichkam. Das sonstige Leben in den Reservaten kam zum Erliegen, als die Indianer den Tanz übernahmen. Einige Anhänger tanzten und sangen stunden-, ja, tagelang, bis sie „starben", und Visionen ihrer Vorfahren stiegen in ihnen auf. Die fanatischsten Gläubigen malten Bilder dieser Visionen auf weißen Musselin. Diese „Geisterhemden", so glaubten sie, würden gegen die Kugeln der Weißen schützen.

Im Dezember 1890 hatte das Geistertanzfieber einen Punkt erreicht, an dem die Reservatsbeamten einen Aufstand befürchteten. „Die Indianer tanzen im Schnee und gebärden sich wild und verrückt", schrieb der für das Pine Ridge Reservat Verantwortliche. „Wir brauchen Schutz, und zwar sofort." Verstärkung wurde nach Pine Ridge geschickt. Der Anblick so vieler Soldaten vertrieb die Indianer.

Nach und nach zogen sie sich in das wilde Hinterland der Badlands zurück, wo sich mehrere hundert Geistertänzer auf einsamen Tafelbergen versammelten. Auf einem Festungstafelberg, *O-onagashee* (Schützender Ort) genannt, wollten sie bis zum Frühjahr bleiben. Dann, so glaubten sie, würde der Messias kommen, um sie zu retten.

Bei der Standing Rock Agentur war inzwischen Weisung ergangen, Sitting Bull und einige andere Häuptlinge zu verhaften. Am 15. Dezember 1890 kam eine Abordnung der Indianerpolizei un-

Frühlingsblumen blühen im Badlands National Park.

ter Führung von Lieutenant Bull Head, um Sitting Bull abzuführen. Sitting Bull fügte sich kampflos, doch als Bull Head und ein zweiter Indianerpolizist den alten Häuptling aus seiner Hütte brachten, umringte sie eine große Gruppe seiner Gefolgsleute und schrie nach seiner Freilassung. Ein Schuß fiel aus der Menge, und Bull Head wurde tödlich getroffen. Im Sturz zog er noch den Revolver und schoß Sitting Bull in die Seite. Ein weiterer Polizist, Red Tomahawk, schoß Sitting Bull von hinten in den Kopf.

Entsetzt über Sitting Bulls Tod flohen die Hunkpapas aus dem Reservat. Manche vereinigten sich mit den Geistertänzern in den Badlands, andere schlossen sich einer Gruppe von Miniconjou-Sioux an, die unter der Führung von Häuptling Big Foot beim Cheyenne lagerte.

Big Foot stand ebenfalls auf der schwarzen Liste, und als er von Sitting Bulls Tod erfuhr, beschloß er, seine Leute nach Süden in die Sicherheit des Pine Ridge Reservates zu führen. Um den Soldaten zu entwischen, die ihn verhaften sollten, führte Big Foot (der unter schwerer Lungenentzündung litt) seine Leute auf einem alten Weg durch die Badlands, der heute *Big Foot Pass* genannt wird. Doch die strapaziöse Reise war vergebens. Die Soldaten holten Big Foots Gruppe am Südrand der Badlands ein und wiesen sie an, an einem Wasserlauf namens Wounded Knee ein Lager aufzuschlagen. In jener Nacht waren rund 350 Indianer im Lager, umringt von etwa 450 Soldaten. Als zusätzlicher Schutz war auf einer Erhebung eine Batterie von Hotchkiss-Schnellfeuerkanonen aufgestellt worden.

Am Morgen wurde eine Abordnung zu den Indianern geschickt, um sie zu entwaffnen. Als die Soldaten Tipi um Tipi durchwühlten, wurden die Indianer ungehalten. Der Medizinmann Yellow Bird begann zu tanzen und zu singen. Er erinnerte die Krieger daran, daß ihre Geisterhemden sie für die Kugeln der Blauröcke unverwundbar machten. Da fiel irgendwo im Lager ein Schuß.

Das genügte, um ein Massaker auszulösen. Eine Kugelhagel begann, der alles tötete, was sich bewegte, auch Frauen

Anhänger des Geistertanzes.

und Kinder. Die Schießerei geriet außer Kontrolle, so daß viele Soldaten im Kreuzfeuer ihrer eigenen Kameraden starben. Das Ganze dauerte kaum eine Stunde. Als sich der Pulverdampf verzogen hatte, war das Lager übersät von Leichen. Überlebende Indianer versuchten zu fliehen, doch die Soldaten verfolgten sie. Noch 5 Kilometer vom Lager entfernt wurden Leichen gefunden.

In der darauffolgenden Nacht fegte ein Schneesturm über die Ebenen, und es schneite zwei Tage lang. Am Neujahrstag 1891 wurde eine Abteilung geschickt, um die Toten zu begraben. Die Leichen waren schneebedeckt, vereiste Bilder eines gewaltsamen Todes. Eine Grube wurde in die harte Erde gehackt, und die toten Indianer wurden hineingeworfen.

Begegnung mit den Geistern: Geht man heute durch das Tal, so erinnert nichts an diese brutalen Geschehnisse. Das Land ist so unauffällig und ruhig wie jeder andere Teil des Pine Ridge Reservats, etwas rauher vielleicht, doch mit denselben Hügelwellen und Grasstoppeln. Überall gibt es Vorsprünge und Vertiefungen wie in einer zerknitterten Decke, hier und da unterbrochen von einer bizarren Kiefer, verwinkelten Schluchten oder einer zerfurchten Straße.

Das einzige, was diesen Ort kennzeichnet, ist eine Kirche mit Friedhof, eineinhalb Kilometer vom Dorf **Wounded Knee** entfernt. Wäre da nicht das handgemalte Schild am Straßenrand mit der Aufschrift „Schauplatz des Massakers", man würde unachtsam vorbeifahren.

Doch da ist noch die Kirche – ein Blockhaus mit einem Turm wie aus einem Wildwestfilm. Wer nicht schon weiß, daß es sich hier um ein Mahnmal für die Opfer des Massakers handelt, kommt nicht so schnell darauf. Es gibt keine Schilder, keine Markierungen, noch nicht einmal der Name der Kirche ist deutlich zu sehen. Dasselbe gilt für den Friedhof, der weiter unten am Hügel liegt. In seiner Mitte steht ein Gedenkstein, umgrenzt mit einer Kette. Zerfetzte Fahnen an den Befestigungspfählen der Kette stehen für die vier Ecken des Sioux-Universums und weisen den Friedhof als heiligen Boden aus. An der Spitze des

Mahnmal für das Massaker am Wounded Knee.

Gedenksteins steht das Jahr 1890. Hier liegt das Massengrab, in dem die indianischen Opfer begraben wurden.

Immer wieder trifft man im Reservat auf alte Indianer, die von Verwandten erzählen, die mit Big Foot, Sitting Bull oder Crazy Horse geritten sein sollen. Für den Fremden sind diese Namen so sehr Teil der Wildwestlegenden, daß er sich darunter kaum reale Gestalten vorstellt. Sie sind wie Figuren einer mythischen Vergangenheit, hoffnungslos weit vom Hier und Jetzt entfernt.

Dieses Gefühl hat man auch in Wounded Knee. Es liegt etwas unbestimmt Anonymes über dem Ort, der zwischen Vergangenheit und Gegenwart steht. Es gibt zu wenige Details, die den Schrecken lebendig machen könnten. Man ertappt sich dabei, daß man mehr wissen möchte. Wo lagerten Big Foots Leute? Wo standen die Soldaten? Was geschah mit den Überlebenden?

Der ganze Anblick ist gleichzeitig unerträglich und tröstlich. Der Eingeweihte sucht nach einem Zeichen, nach einer furchtbaren, schwarzen Wunde in der Erde, die an das Leid erinnert. Doch trotz der schrecklichen Geschehnisse jener Tage ist die Gegend friedvoll, ruhig und unberührt.

Vielleicht ist es so am besten. So wird es wenigstens nicht zur Touristenattraktion, und ohnehin könnte kein Denkmal, keine Inschrift hier besser Mahnwache halten als das leise, einsame Geräusch des Windes. Geht man von der Kirche ins Tal hinunter, auf die andere Straßenseite, kann man sich nur schwer dem Gefühl entziehen, etwas verloren zu haben. Es ist, als habe sich das Land verschworen, die Erinnerung zu verwischen und die Namen, Orte und Schicksale in einem Meer des Vergessens zu ertränken, das so weit ist wie die Prärie.

Groteske Formen: In den **Badlands** weist ebenfalls nur wenig auf die Ereignisse der Vergangenheit hin, doch die Landschaft ist so imposant, daß es keiner Denkmale oder Schilder bedarf. Die bei den Sioux *maco sica* genannte Gegend ist eine Landschaft von erhabener, strenger Schönheit. Bergrücken, gebogen wie eine kaputte Wirbelsäule, grotesk ge-

Erodierte Klippen am Sheep Mountain Table.

formte Felsen und grasbedeckte Tafelberge von schwindelerregender Höhe.

Zu Beginn des 19. Jahrhunderts hieß die Gegend bei französischen Pelzhändlern *les mauvaises terres à traverser*, „das schlecht zu durchquerende Land". Sie hieß so wegen des Labyrinths von Canyons, die den Durchgang zum White-River-Becken versperrten. Jahre später verglichen sie amerikanische Vermesser mit einer „großartigen Totenstadt, wo die Arbeit und der Geist vergessener Völker eine Vielzahl von Denkmalen ihrer Kunst und Geschicklichkeit hinterlassen haben". Heute gehört das Gebiet großenteils zum **Badlands National Park**, so auch eine abgesperrte „Wildnis", in der Antilopen, Rotwild, Dickhornschafe, mehrere Präriehundsiedlungen und eine beachtliche Büffelherde leben. Der südliche Arm der Badlands reicht in das Pine Ridge Indianerreservat hinein.

Die Badlands mögen tagsüber unwirtlich und düster wirken, doch abends, wenn das Licht weicher wird, mildert sich dieser Eindruck. Wenn die Sonne sinkt, huschen zarte Schatten die zerklüfteten Kämme entlang, und die rissige Landschaft wirkt weicher. Die schrägen Strahlen lassen die Farben der Felsklippen leuchten, und wo gleißendes Licht Grau und Weiß hervorbringt, wird die Abendsonne in Rot-, Gelb- und intensiven Violettönen reflektiert.

Am Abend erwacht auch das Leben, als wollten die Tiere den Tag nicht scheiden lassen. Ein Adler kreist über einem Canyon und hält nach einer letzten Mahlzeit Ausschau, Geier lassen sich vom Wind tragen, ohne einen Flügel zu rühren. Dickhornschafe klettern höher hinauf, und draußen auf der Prärie sammeln sich allmählich die Bisons und bereiten sich auf die Nacht vor.

Nach Sonnenuntergang erglüht der Horizont noch einmal rosa und blau und das reichste Farbenspiel bildet das große Finale des Tages. In den letzten Minuten der Dämmerung scheint das Land zu leuchten wie verglühende Kohle, wird blasser und blasser und gleitet mit einem kurzen Flackern hinüber in die Nacht.

Am 64-Kilometer-Rundweg des Parks liegt der Zugang zum **Big Foot Pass** den

Bisons, Grundnahrungsmittel der von der Jagd lebenden Plains-Indianer, streifen durch die Badlands.

Häuptling Big Foot und seine Leute erreichen wollten, bevor sie zum Wounded Knee befohlen wurde. Zufällig ist er bei Sonnenuntergang eine der schönsten Stellen des Parkes. Die Klippen zeigen nach Westen, und das eingeschnittene Land reicht von hier bis zum Horizont. Die Sonne verlöscht über einer unfertigen Welt, so wie sie es hier schon am ersten Tag der Schöpfung getan haben muß. Irgendwo in den verwitterten Canyons, unter den Farben und dem Spiel der Schatten, haben die Schrecken jener Zeit ihre Spuren hinterlassen.

Ein ganz anderes Bild bietet sich bei **Window Notch**, einem Spalt in den Klippen, die das Pine Ridge Reservat überragen. Dorthin gelangt man durch unwegsames Gelände nach einem Fußmarsch von ca. einem Kilometer (einer 3/4 Meile) Länge. An dessen Ende führt eine sechs Meter hohe Strickleiter eine Wand des Canyons hoch zum Aussichtspunkt. Von hier scheinen die Badlands mit dem White-River-Becken zu verschmelzen, wo der Regen stetig das Sedimentgestein wegspült. Die zerklüfteten Gipfel werden kleiner und vager, bis nichts bleibt außer Unebenheiten im Boden, bis zum Horizont.

Die Balance von Schönheit und Trostlosigkeit ist wohl nirgends so kritisch und spektakulär wie auf dem **Sheep Mountain Table**, einer Hochebene im Pine Ridge Reservat über einem Gewirr kahler Canyons. Ein Feldweg zweigt vom Highway 44 ab und durchquert die schneeweiße Karstebene unterhalb des Berges. Pilzförmige Formationen wachen zu beiden Seiten. Ob sie wohl eher drohen oder eher freundlich grüßen?

Oben ist der Tafelberg weit, eben und überraschend fruchtbar. Ein dicker Präriegrasteppich bedeckt den Boden, und den Rand säumt Wacholderdickicht. Es ist eines der ruhigsten Gebiete der Badlands, ideales Ziel für jeden, der Einsamkeit sucht. Tiefe Stille liegt über der Landschaft. Man kann sich nun vorstellen, daß hier junge Indianer herkommen, um zu fasten und Visionen zu erwarten.

Fährt man auf dem Highway 44 nach Süden, kann man sich am White River Visitors Center den Weg zum **Stronghold Table** beschreiben lassen, dem Ort, an dem sich im Winter 1890 die Geistertänzer sammelten. Hierher kommt man nur über sieben Kilometer Schotterstraße. Dann sind es noch rund eineinhalb Kilometer Fußmarsch bis zu den **Narrows**, einer erodierten Landbrücke, die den Tafelberg mit dem „Festland" verbindet. Stronghold Table ragt wie ein Daumen in das öde Land der Badlands.

Das Plateau selbst ist flach und ohne besondere Merkmale, bewachsen von rauhem Präriegras und Kakteen. Wer auf diesen Klippen sitzt, fühlt sich, als ließe er seine Beine über den Rand der Welt baumeln. Oft regt sich nur der Wind und spukt wie ein ruheloser Geist durch Canyons und Schluchten. Sein stetes Geflüster ist wie ein schwaches Aufbäumen gegen die Macht der Stille und zeigt, daß dieser Ort trotz der düsteren Umgebung kein Ort des Todes ist.

Powwows und Museen: Im Pine Ridge Reservat gibt es noch mehr Sehenswertes. Die größte Siedlung, **Pine Ridge Village**, ist immer noch Sitz der Verwaltungsbeamten, hat jedoch darüber hinaus nicht viel zu bieten. Wie in vielen Reser-

Rosebud Fair.

vatssiedlungen gibt es auch hier Probleme: Alkoholismus, Wohnungsnot und Perspektivlosigkeit. Sechs Kilometer (4 Meilen) nördlich von Pine River Village liegt das **Grab von Häuptling Red Cloud** in der Nähe der **Holy Rosary Mission**. Hier kann man die Sammlung indianischer Kunst und Handarbeiten des **Heritage Centers** besuchen. Zu diesem Ort zieht es indianische Künstler aus dem ganzen Land, wenn von Mitte Juni bis Mitte August die alljährliche Ausstellung indianischer Kunst stattfindet.

Zu den festen Veranstaltungen im Reservat gehört das **Pine Ridge Powwow**, das von den besten Sängern und Tänzern der USA und Kanada besucht wird und im August auf den Pine Ridge Village Powwow Grounds stattfindet. Der **Rosebud Fair** (mit Powwow) wird im August im **Rosebud Reservat** abgehalten, etwa 100 Kilometer (60 Meilen) vom Pine Ridge Village. Das **Sioux Indian Museum** in St. Francis im Rosebud Reservat ist ebenso einen Besuch wert.

Versammlungen oder Powwows finden auch in den benachbarten **Reservaten** von **Standing Rock** und **Cheyenne River**, die 400 Kilometer (250 Meilen) nördlich von Pine Ridge liegen, statt (*Einzelheiten siehe Kurzführer*). Sitting Bulls Hunkpapas leben bis heute in Standing Rock. Sein Grab kann man bei Mobridge, South Dakota besuchen. Sonnentänze, *yuwipis*, Schwitzhütten und ähnliche Zeremonien sind aber für Fremde ohne ausdrückliche Einladung tabu.

Außerhalb des Reservates lohnt sich ein Besuch des **Sioux Indian Museum** und der **Prairie's Edge Gallery** in Rapid City. Beide bieten hochwertiges Kunstgewerbe. Neben traditionellen Perlen- und Federnarbeiten gibt es *Star Quilts* in Hülle und Fülle. Sie sind bei den Indianern beliebte Geschenke. Sie sind in Läden und Galerien im ganzen Gebiet erhältlich.

Zu den Museen mit schönen, sehenswerten Sioux-Ausstellungen gehören auch das **Plains Indian Museum** im Buffalo Bill Historical Center in Cody, Wyoming, und das **W.H. Over Museum** der Universität von South Dakota in Vermillion.

Traditionen werden an die nächste Generation weitergegeben.

RED CLOUD

Im Herbst 1822 überflog ein Meteor die Northern Plains und malte einen leuchtenden, roten Streifen an den Nachthimmel. Ein paar Monate darauf wurde einem Mann und einer Frau der Bad Face aus dem Stamme der Oglala Sioux ein Kind geboren. Anläßlich des großen Feuers am Himmel nannten sie das Kind Mahpiua Luta – „Rote Wolke". Aus ihm sollte einer der größten Führer der Oglala Sioux werden.

Als junger Mann wurde Red Cloud seines Wagemuts wegen geachtet. Er zeichnete sich in vielen Kämpfen gegen feindliche Sioux aus, tötete den Anführer einer rivalisierenden Oglala-Gruppe und fand beinahe selbst den Tod beim Versuch, den verhaßten Pawnees Pferde zu stehlen.

Als die Weißen in Wyoming und Dakota in Indianerland vorstießen, führte Red Cloud seine Leute in den Kampf. „Die Weißen sind überall", erklärte der Oglala-Führer. „Mir ist nur ein kleiner Flecken Land geblieben. Der Große Geist befahl mir, diesen zu halten."

1866 wurde eine Verhandlungskommission nach Fort Laramie, Wyoming, geschickt, die mit den „feindseligen" Stämmen Frieden schließen und Erlaubnis zur Durchquerung ihres Territoriums einholen sollte.

Auf dem Spiel stand einer der Hauptwege der weißen Einwanderer – der *Bozeman Trail*, der an den Flüssen Powder und Big Horn in die Goldfelder Montanas führte. Red Cloud und seine Verbündeten bekämpften die „Blauröcke", die ihn bewachen sollten.

Red Cloud kam zur Versammlung im Frühjahr 1866, um zu hören, was die Kommission zu sagen hatte. Er mußte erfahren, daß nur noch mehr Soldaten geschickt wurden. Da ergriff er sein Gewehr, stürmte davon und nahm den Kampf wieder auf.

Die Ereignisse der beiden folgenden Jahre sind als Red-Cloud-Krieg bekannt. Mit den Cheyenne, den Arapaho und den Sioux organisierte Red Cloud eine Flut von Überfällen und Hinterhalten. In einer demoralisierenden Niederlage – dem *Fetterman*-Massaker – wurden 81 Soldaten vom Fort weggelockt und niedergemetzelt.

1868 wollte die Regierung erneut verhandeln, doch Red Cloud verweigerte seine Teilnahme. „Wenn die Soldaten abziehen und die Forts verlassen sind, dann werde ich kommen und verhandeln", so seine Botschaft.

Die Abgesandten stimmten widerwillig zu. Die Soldaten wurden vom Bozeman Trail abgezogen, und Red Cloud ließ die Forts niederbrennen. Es folgte der Vertrag von Fort Laramie von 1868, in dem Red Cloud versprach, nie wieder gegen die Weißen die Hand zu erheben.

In Friedenszeiten kämpfte Red Cloud für die Wahrung der Rechte seines Volkes. 1870 reiste er nach Washington, um mit dem Indianerbeauftragten und mit Präsident Grant, dem „Großen Weißen Vater", zu sprechen.

„Wessen Stimme klang zuerst über das Land?" fragte Red Cloud. „Die des roten Volkes, das nichts als Pfeil und Bogen besaß. Der Große Vater sagt, er ist uns wohl- und freundlich gesinnt. Davon kann ich nichts sehen.... Die weißen Kinder haben mich umringt und mir nichts gelassen als eine Insel. Als wir das Land noch besaßen, waren wir stark. Jetzt schmelzen wir wie Schnee auf den Hängen, während ihr gedeiht wie Gras im Frühling."

Seine Weigerung, wieder zu den Waffen zu greifen, wurde ihm von manchen Sioux-Führern als Schwäche ausgelegt. „Die Weißen haben böse Medizin in Red Clouds Augen gestreut, damit er nur sieht, was sie wollen", äußerte Sitting Bull. Als die Weißen 1874 in die heiligen Black Hills eindrangen, verließen viele seiner Anhänger Red Clouds Lager, unter ihnen auch sein Sohn, und vereinten sich mit Crazy Horse und Sitting Bull, um den Weißen zu trotzen.

Der alte Krieger hielt am Frieden fest. „Ich bin arm und bloß", sagte er vor Publikum in New York City, „doch ich bin der Häuptling meines Volkes. Wir wollen keine Reichtümer, doch wir wollen unsere Kinder lehren, was recht ist. Reichtümer würden uns nicht guttun. Wir könnten sie nicht in die andere Welt mitnehmen. Wir wollen keine Reichtümer, wir wollen Frieden..."

Red Cloud verbrachte seinen Lebensabend im Pine Ridge Reservat in Süd Dakota. Er starb 1909. Sein Grab liegt bei der Holy Rosary Mission, sechs Kilometer nördlich von Pine Ridge Village.

WIND RIVER

Rosa und golden liegt noch die Sonne über den Berggipfeln, als der appetitliche Duft zweier Forellen aus der Bratpfanne steigt. Die Camper stehen mit ihrem Arapaho-Führer ums Feuer. Sie erzählen Anglerlatein und freuen sich über ihr Glück beim Fischen. Den ganzen Tag über begegneten ihnen nur drei Menschen. Obwohl sie beinah die Baumgrenze erreicht haben und 30 Kilometer von der nächsten Straße entfernt sind, fühlen sie sich nur angenehm müde. Die Pferde des Führers haben sie in diese Wildnis im Wind River Indianerreservat getragen, im Hochland des westlichen Zentral-Wyomings.

Für den folgenden Tag ist eine Wanderung zu dem See geplant, in dem es dicke, goldene Forellen geben soll. Die Hobbyfotografen der Gruppe sind allerdings mehr an den Hängen interessiert, an denen Frühsommerblumen wie Phlox und Beifuß blühen und an den gelbbäuchigen Murmeltieren, die in den Felsen pfeifen. Vielleicht wird ihnen der Führer Zeichnungen zeigen, die von frühen Indianern in Felswände geritzt wurden, und ihnen erzählen, welche Pflanzen sein Volk als Nahrung oder Medizin verwendete.

Unerforschtes Land: Trotz seiner Nähe zu der berühmten *Bridger Wilderness* ist das Hochland des Wind River Reservats hauptsächlich Dickhornschafen und nur einigen einheimischen Naturfreunden bekannt. Einsame Pfade, Fisch- und Tierleben versetzen den Besucher in vergangene Zeiten zurück. Aber nicht nur Bergschafe sondern auch Elche, Schneehühner, Rehe und Berglöwen durchstreifen diese urwüchsige Bergkette.

Die tiefer liegenden Wind-River-Ebenen sind in gewissem Sinne ebenso unerforscht. Zwar durchqueren jedes Jahr Tausende von Autos und Bussen das Reservat auf dem Weg zum Yellowstone National Park, doch nur wenige Touristen wissen, daß ein kleiner Umweg von 15 Kilometern zu dem Grab von Sacajawea führt, der berühmten Pfadfinderin der Forscher Lewis und Clark. Radios und Kassettenrecorder übertönen die Trommeln, die über das Land hallen und zu den Powwows einladen, die Indianerstämme beinahe jedes Wochenende irgendwo in dem über 10 000 Quadratkilometer großen Reservat veranstalten.

Am Lagerfeuer in *the Winds*, umgeben von so viel Naturschönheit, kann man sich kaum vorstellen, daß dies ein Indianerreservat sein soll. Den Shoshones und den Northern Arapahos, zwei Stämme, die heute in Wind River leben, erging es besser als den meisten Indianervölkern. Dies ist zum Teil der Freundlichkeit der Shoshones und insbesondere der des Shoshonenhäuptlings Washakie gegenüber den Weißen zu danken. Beim Fort-Bridger-Vertrag von 1868 wählte Washakie das Wind River Valley für sein Volk und sagte, „Ich lache, weil ich glücklich bin. Weil mein Herz gut ist. Mir gefällt das Land für uns, das ihr da erwähnt habt, das Wind River Valley."

Die Northern Arapahos kamen 1877 zu den Shoshonen in das Reservat, weil sie Wyoming dem Indianerterritorium vorzogen, in das die Regierung sie schicken wollte. Die Gegend zog sie aus denselben

Vorherige Seiten: Wind River Friedhof, Ethete, Wyoming. <u>Links:</u> Zu Pferd unterwegs in „the Winds". <u>Rechts:</u> Washakie, Häuptling der Shoshones.

Wind River 135

Gründen an, die heute die Menschen hierher locken: Weite Teile Wyomings waren unbesiedelt und frei.

Die meisten Besucher sind sich darin einig, daß die Stämme eine gute Wahl getroffen haben. Im Westen glitzern auf über 2000 Meter hohen Gletschergipfeln der Wind River Mountains das ganze Jahr über Eisfelder. Eis und Schnee speisen Wasserläufe, die tiefe Canyons in die Erde gegraben haben und den Durst von Rehen, Elchen, Bergschafen und Menschen stillen. Sie münden in den Big Wind River, der das Reservat diagonal durchschneidet, bevor er sich an dessen südöstlicher Ecke nach Norden wendet. Die Shoshonen nennen diese Gegend *Warm Valley*, warmes Tal, weil die Berge im Westen das Flachland schützen, das so zu den windstillsten Teilen Wyomings zählt. Durch die Höhe – rund 1600 Meter über dem Meeresspiegel – und die kurze Vegetationsperiode ist das Tal für die meisten Feldfrüchte ungeeignet, jedoch ideal zum Weiden von Vieh und Pferden und für den Anbau von Luzerne, Gerste und Zuckerrüben.

Trotz Armut und Arbeitslosigkeit legten die beiden Stämme großen Wert auf die Erhaltung der Umwelt. 1983 erklärten die Stammesführer ein 750 Quadratkilometer großes Gebiet zur ersten, autofreien „geschützten Wildnis" des Landes. Hier liegen urwüchsige Waldgebiete, schöne Berglandschaft und 200 Seen. Die Stämme leben mit scharfen Umweltschutzgesetzen. Obwohl sie in großem Umfang die Öl- und Gasvorkommen im Reservat ausbeuten, lehnten sie rabiatere Formen der Erschließung wie den Bau von Kraftwerken oder den Bergbau ab und konzentrierten sich statt dessen auf Tourismus und Dienstleistungsgewerbe.

Für die 90er Jahre setzen die Stämme auf den Bau eines Konferenzzentrums und die Wiedereröffnung eines Bades mit einer heißen Quelle. Auch das Northern American Indian Heritage Center haben sie geduldet, dessen Reiseunternehmen *Singing Horse Tours* den Tourismus fördert.

Traditionelle Feinde: Die Stammesführer der Shoshones und Arapahos treffen sich normalerweise in **Fort Washakie**

Morain Lake, einer der vielen Seen in den Wind River Mountains.

136

im Westen des Reservates, das 1871 als Militärposten gegründet wurde. Gemeinsame Entscheidungsfindung ist gelegentlich problematisch, da die beiden Stämme traditionell verfeindet sind. Noch 1874 kämpften die Shoshones bei einem Angriff auf das Arapaho-Lager am Bates Creek auf Seiten der US-Soldaten. Diese Schlacht hatte nach Meinung der Historiker katastrophale Folgen für das Leben der Arapahos als nomadisierender Stamm. Häuptling Washakie erklärte sich nur zögernd damit einverstanden, die Arapahos ins Reservat aufzunehmen.

Die Erinnerungen an die ersten Jahre im Reservat und an Gestalten wie Tim McCoy, Sacajawea und Häuptling Washakie sind bei den Menschen von Wind River noch lebendig. 1909 kam McCoy mit dem Zug nach Lander und fand bald ins Reservat, wo er sich durch das Erlernen der Zeichensprache den Respekt der Indianer erwarb. Andere Cowboys grüßten die Arapahos und Shoshones mit einem beleidigenden „Hallo, John, wie zum Teufel geht's dir?" McCoy wurde bald zum Stummfilmstar und brachte Geld ins Reservat, indem er Arapahos und Shoshonen zunächst für den Stummfilm *Covered Wagon* und später für Tonfilme engagierte. Stummfilmfans erkennen vielleicht Hintergrundbilder des Tim McCoy-Films *War Paint* wieder, der 1926 bei Fort Washakie gedreht wurde.

In seiner Autobiographie *Tim McCoy Remembers the West* erzählt McCoy von seinen Erlebnissen im Reservat und auf Reisen mit indianischen Schauspielern. Nach der Rückkehr aus London fragte ein Reporter den Arapaho Goes-In-Lodge, wie die beiden feindlichen Stämme denn im selben Zug reisen könnten. Goes-In-Lodge entgegnete: „Wir reisen nicht mit den Shoshones. Wir reisen mit ihm [McCoy]." Einer von McCoys Sätteln bekam einen Ehrenplatz im Museum der **St. Stephen's Indian Mission** im südöstlichen Winkel des Reservats bei Riverton, Wyoming.

Die Jesuiten gründeten die St. Stephen's Mission 1884 und eröffneten wenige Jahre später eine Schule für die Arapahos, die meist in Siedlungen im östlichen Teil des Reservats lebten. Die

Schnee bedeckt das Hochland.

Schule gibt es noch heute. Eines der beliebtesten Fotomotive im Reservat ist die katholische Kirche von St. Stephen's, ein weißer Bau mit hohem Turm und den typischen bunten, geometrischen Mustern der Arapahos. Heute ist das **North American Indian Heritage Center** in Büros in einem der alten Missionsgebäude untergebracht, doch die gemeinnützige Organisation hat ehrgeizige Pläne für den Bau einer neuen Anlage mit einem ethnographischen Indianermuseum und einer indianischen *Hall of Fame*.

Die Jesuiten ließen sich im Osten des Reservates nieder, weil im Westen bereits Reverend John Roberts von der Welsh Episcopal Church die **Shoshone Episcopal Mission** gegründet hatte. Bei seiner Ankunft wurde Roberts einer alten Frau vorgestellt, die seiner Überzeugung nach Sacajawea war, die legendäre Shoshonen-Führerin der Lewis-Clark-Expedition. Vielleicht wollte sie ihre Beihilfe zum Vordringen der Weißen nicht an die große Glocke hängen, jedenfalls brüstete sich Sacajawea nie mit ihrer Reise. Ihrem Sohn Baptiste erzählte sie aber, daß sie ihn auf dem Rücken trug, als sie den „Ersten Washington" über die Berge zu dem Großen Wasser führte, wo die Sonne untergeht. Roberts schrieb: „Ich habe keinen Zweifel daran, daß sie die Shoshonin ist, die bei der Lewis-Clark-Expedition führte... Wie andere weiße Männer im Reservat wollte ich die Geschichte zuerst nicht so recht glauben, doch sie erzählte viele Einzelheiten dieser Reise, die niemand wissen könnte, der nicht daran teilgenommen hat."

Während manche Historiker noch zweifeln, ob sie wirklich die berühmte Führerin war, liegt die Frau nun auf dem **Sacajawea Cemetery**, keine zwei Kilometer von **Roberts' Mission** entfernt. Hierher gelangt man, wenn man bei *Hines General Store* 25 Kilometer nördlich von Lander nach Westen abbiegt. Die alten Blockhäuser von Roberts' Mission liegen südlich der Straße. Ein Wegweiser zum Friedhof steht nördlich der Mission. Der Friedhof läßt Fotografenherzen höher schlagen, besonders frühmorgens, wenn die Sonnenstrahlen den großen Stein der Pfadfinderin beleuchten und

Das Grab von Sacajawea, der indianischen Führerin von Lewis und Clark.

auch die ihres Sohnes, Baptiste Charbonneau, und ihres Neffen und Adoptivsohnes Bazil. Plastikblumen schmücken wie buntes Konfetti die anderen Gräber, die weiße Holzkreuze oder weißgekalkte Steine zieren. Im Westen grasen Indianerponies auf den salbeibewachsenen Hängen, und am Horizont ragen bizarre Gipfel empor.

Der **Chief Washakie Friedhof** liegt bei Fort Washakie im Schatten der Wind River Mountains, wo der Shoshonenhäuptling in schwierigen Zeiten oft Trost suchte. Washakie wurde 1900 mit militärischen Ehren hier beigesetzt, nachdem er fast 60 Jahre lang Häuptling mit seltenem Weitblick gewesen war. Er lebt weiter im Namen der Hauptstadt des Reservates, Fort Washakie, und im Namen einer Provinz im Norden des Reservates. Ebenfalls im Norden des Reservates ist der **Togwotee Pass**, nach einem weniger bekannten Shoshonen benannt, der Expeditionen von Weißen in das herrliche Yellowstone-Land führte, wo man das Erdinnere brodeln, spucken und husten sehen konnte.

Im Süden des Reservats liegt der **South Pass**, an der Route des *Oregon Trail* und in der Nähe der ehemaligen Goldgräberstädte Atlantic City und South Pass City. Laut Vertrag von 1868 gehörte der South Pass ursprünglich zum Wind River Reservat. Als jedoch Gold entdeckt wurde, drangen über 5000 Weiße widerrechtlich ins Indianerland vor. 1874 kaufte die US-Regierung den Shoshonen dann die südlichen 2800 Quadratkilometer für einen lächerlichen Dollar pro Quadratkilometer ab und trennte das gewinnträchtige Gebiet vom Reservat.

Die meisten der genannten Orte kommen im Besichtigungsprogramm der Singing Horse Tours vor, dem einzigen Reiseveranstalter im Reservat. Zum Tagesausflug für Reisegruppen und Einzelreisende gehören die Missionen, die Grabstätten Washakies und Sacajaweas, das Büro für Indianerangelegenheiten in Fort Washakie, die Museen der benachbarten Orte Lander und Riverton und die beiden Zentren für Shoshonen- und Arapaho-Kultur. Längere Touren beinhalten auch Goldgräberstädte, Teile des Oregon

Die Elemente nagen an einer verlassenen Ranch im Wind River Reservat.

Trails und Powwows. Zwar gründete das North American Indian Heritage Center die Singing Horse Tours erst 1989, und die Reiseleiter sind entsprechend unerfahren, doch bietet das Center eine erstklassige Auswahl an Informationen mit historischen Fotos über das Reservat.

Langlebige Traditionen: Die Kultur der Shoshonen und Arapahos ist noch sehr lebendig, und die Stammesführer bemühen sich nach Kräften, sie an die nächste Generation weiterzugeben. Englisch ist *lingua franca* in Wind River, doch die Sprachen der Stämme werden neben dieser Verkehrssprache noch oft verwendet. Die Stämme haben ein Projekt gestartet, im Rahmen dessen die Sprachen der Arapaho und Shoshones in der Schule und in Sommersprachkursen unterrichtet werden. In Kursen wird auch das Verzieren von Ledertaschen, das Gerben von Häuten und die Herstellung von Huftaschen aus Elchhufen gelehrt. „Freizeitkomitees" organisieren gesellschaftliche und kulturelle Ereignisse wie Powwows und Gedenkfeste. Jeder Stamm veranstaltet einmal im Jahr einen Sonnentanz, eine religiöse Zeremonie, der Außenstehende tunlichst fernbleiben sollten. Wer eingeladen wird, darf nicht fotografieren und in Anwesenheit der Tänzer nichts essen oder trinken, da sie vor der Zeremonie einige Tage fasten.

Bei Powwows sind Besucher immer willkommen, können sich zwischen den Tipis frei bewegen und in den Tanzpausen Schmuck und indianische *tacos* kaufen. Zwischen Memorial Day (30. Mai) und Labor Day (der erste Montag im September) finden acht verschiedene Powwows im Reservat statt, bei denen es Preise im Wert von mehreren tausend Dollar gibt. Tänzer und Trommler aus dem ganzen Land treten hier auf. Indianer-Rodeos bereichern die beiden größten Festlichkeiten, die **Shoshone Indian Days** (am dritten Juniwochenende) und die **Ethete Celebration** (am dritten Juliwochenende). 500 bis 1000 Tänzer wetteifern bei diesen beiden Festen. Während des **Big Wind Powwow** (am zweiten Juniwochenende) reiten Indianer wilde Rennen in Erinnerung an die *rendezvous days*, als Trapper und Indianer sich in

Powwow-Farben.

Wettkämpfen maßen. Wichtig ist, daß alkoholische Getränke auf dem Powwow-Gelände nicht gestattet sind.

Herrliche Perlenarbeiten kann man in den Läden des Reservats erwerben. Der **Rendezvous Gift Shop** in St. Stephen's ist auf Arapaho-Produkte spezialisiert, und der **Warm Valley Arts and Crafts Shop** in Fort Washakie verkauft Erzeugnisse der Shoshonen. In St. Stephen's sind auch die **Nature Window Gallery** mit zeitgenössischen Fotografien und die **Singing Horse Gallery**, die sich auf Miniaturen von Federschmuck und Tragegestellen und auf Bilder einheimischer Künstler spezialisiert hat. Die Perlenarbeiten der Shoshonen zieren oft Rosenmuster, während die Arapahos geometrische Muster bevorzugen.

In beiden Kunstgewerbeläden und bei den Powwow-Tänzen kann der Besucher sehen, daß die Stammeskulturen trotz gegenteiliger Bemühungen überlebt haben. Puristen mögen es ablehnen, daß heute statt Sehnen Nylonfäden für die Perlenarbeiten verwendet werden, doch die Künstler – wie die Stämme – haben schon immer durch Anpassung überlebt. Der Warm Valley Arts and Crafts Shop hat beispielsweise perlenverzierte Baseballkappen, Feuerzeuge, Bilderrahmen, Uhrenarmbänder, Haarspangen und Schlüsselanhänger im Angebot. Diese Dinge waren den Prärieindianern des 18. Jahrhunderts sicher unbekannt, doch auch Pferde, Feuerwaffen und geschnittene Perlen waren für die Indianer schließlich auch irgendwann einmal neu.

Aufmerksame Beobachter von Powwows werden noch mehr solcher Anachronismen entdecken, etwa Kautabakpäckchen an den Kostümen der Tänzer, Sänger, die Perrier-Flaschen herumreichen, junge Mädchen in Lederkleidung, die Lockenstäbe benutzen, Mokassins neben Turnschuhen. Dennoch bestimmen Federschmuck, Leder und Perlenverzierungen das Bild der Tänzer. In ihren Kindern, die oft schon bei Powwows tanzen, wenn sie gerade laufen gelernt haben, wollen die Indianer dadurch die Liebe zu ihrer Kultur wachhalten.

Für die Einwohner des Wind River Reservates ist das Leben ausgefüllt mit

Links: Phantasietänzer.
Rechts: Eine Älteste des Wind River Reservates mit floraler Perlenarbeit.

Wind River 141

Arbeit, Familie und kulturellen Aktivitäten. Auf den Besucher wirkt Wind River wie ein Schritt zurück in eine kulturell reichere Zeit, eine Zeit, in der die alten Häuptlinge und Indianerscouts noch ihre Geschichten erzählten und es Forellen und Dickhornschafe im Überfluß gab.

Wer im Reservat wandern, angeln, Boot fahren oder campen will, braucht eine Genehmigung des Wind River Fish and Game Department. Diese und Karten gesperrter Gebiete sind bei der Behörde in Fort Washakie und in Läden in Lander, Ethete, Riverton, Crowheart, Dubois, Pinedale, Shoshoni und Thermopolis erhältlich. Waffenscheine sind unbedingt erforderlich. Nur Stammesangehörige dürfen innerhalb des Reservates jagen.

Obwohl das Hochland für jeden zugänglich ist, der eine Genehmigung hat, wenden sich Neulinge meist an indianische *outfitter*, da die Wege nicht gut markiert sind und Besucher keine Pferde mitbringen dürfen. Der Stamm vergibt Lizenzen an die „Ausrüster", die alle möglichen Dienste anbieten, von Ritten ins Hinterland über Gepäckbeförderung bis hin zur ständigen Begleitung inklusive Zubereitung von Mahlzeiten und Aufbau des Lagers. Das Essen kann aus Hochrippe, Steak und traditionellen Leckereien wie gebratenem Brot und *Pemmican Stew* (Eintopf aus getrocknetem Fleisch) bestehen.

Das Fish and Game Department weist jedem *outfitter* ein eigenes Gebiet zu. Man sollte seinen Führer vorher gründlich über den Preis befragen und, wenn möglich, seine Kompetenz prüfen. Lassen Sie sich von den Angehörigen des Fish and Game Departments oder des US Fish and Wildlife Service in Lander beraten. Die Stämme legen Richtlinien für die *outfitter* fest, doch nicht die Preise.

Obwohl es im Reservat Läden und Lokale gibt, kehren Besucher zum Essen und Übernachten gerne nach Lander oder Riverton zurück. Singing Horse Tours verfügt über eine Liste der Unterkünfte und Restaurants. Informationen erhalten Sie beim Visitors' Bureau, North American Indian Heritage Center, Box 275, St. Stephens, Wyoming 82524, oder unter der Nummer 307-856-6688.

Links: Im Shoshonenstil verzierte Mokkassins. **Rechts:** Die Torturen des Sonnentanzes.

SONNENTANZ

Ein alter Medizinmann der Assiniboines ruft seine Sänger von der Schwelle der Sonnentanzhütte aus. Seine melodiöse Stimme webt anglisierte Namen in Assiniboine-Reime ein. Wer Englisch spricht, erkennt lediglich Namen und ein paar indianische Worte, etwa „*Osheetogapa*", das Assiniboine-Wort für Gott. Die Gebärden des Häuptlings vermitteln das Übrige: „Der Schöpfer wartet."

Häuptling und Sänger sitzen um eine Büffelhaut beim Mittelpfosten. Drei von ihnen schlagen Trommeln. Der Häuptling und die übrigen klopfen mit Wildkirschruten auf das brüchige Büffelfell.

Die Sonnentanzhütte ist ein Rundbau mit 12 Metern Durchmesser. Das Dach wird von einem gegabelten Pyramidenpappelstamm getragen, Wände und Decke bestehen aus frischen Zweigen. Hinter einer niedrigen Wand kauern sich die Tänzer. Die Männer haben Decken um die Hüften gewickelt, Gesichter und Oberkörper sind bemalt. Die Frauen tragen Kleider mit Bändern oder perlenverziertes Wildleder. Vorher hatten sie geschworen, „an dieser Zeremonie des persönlichen Opfers teilzunehmen." Sie versprachen, „auf Indianerart" zu leben, zu fasten und zu tanzen für das Wohl ihrer Familien, ihres Stammes und ihrer selbst. Später werden die Männer ein Opfer bringen: Ihre Brust wird durchbohrt werden, ein hölzerner Stift wird durch die Haut gezogen und am Mittelpfosten befestigt.

Der Häuptling starrt himmelwärts, zittert und beginnt zu singen: „*Mak ay o, na gae o, Wakan Tonka…*" Tänzer mit Salbeikronen kommen hinter der Holzwand hervor, manche mit Fächern aus Adlerfedern in den Händen. Pfeifen aus Schwingenknochen, mit Federn verziert, erklingen, als die Tänzer den Rhythmus aufnehmen.

Der Gesang des Häuptlings schallt aus der Hütte über die Prärie, begleitet von den Trommeln: „*Mak ay o…*", bumm, bumm, bumm. Dann fallen die Sänger ein und rufen die Tänzer herbei. Das schrille Geräusch der Pfeifen ertönt. Ein Helfer stochert im Feuer, entzündet Pfeifen und Süßgras und dehnt Trommelfelle über den Kohlen.

Der Medizinmann beobachtet alles von seinem Platz links der Tür. Die Gegenwart des alten, weisen Mannes erfüllt die Hütte. Er gibt dem Häuptling das Zeichen für das Opfer. Der Sonnentanz-Häuptling nickt seinem zweiten Helfer zu. Dieser nähert sich dem alten Mann, der ihm eine Klinge übergibt. „Halte das Messer eine Weile", sagt der Älteste, „doch werde nicht nervös."

Der Älteste deutet auf eine Stelle am Brustkorb des Tänzers. Der jüngere Mann zwickt Muskeln und Haut zwischen Daumen und Zeigefinger und zieht. Die Klinge durchschneidet das Gewebe, und ein Holzstift wird durch das Loch gezogen. Der Mann mit dem Messer macht einen Schlippstek in den Lederriemen und zieht die Schlinge um den Holzstift in der Brust des Tänzers.

Der Älteste lächelt. Kein Tropfen Blut wurde vergossen. Der Sonnentanz-Häuptling führt ohne Unterbrechung von Gesang zu Gesang, um den Tänzer abzulenken.

Bald tanzen 12 Männer am Ende von Lederleinen, die mit Holzstiften in ihrer Brust verbunden sind. Ein 13jähriger Junge und eine ihrer spirituellen Kraft wegen geachtete Frau werden kleine Fleischstücke aus ihrem Arm opfern. Ein Sioux wird eine Kette von sieben Büffelschädeln über die Prärie ziehen, die mit Riemen an Holzstiften in seinem Rücken befestigt sind.

Der Sonnentanz, eine der wichtigsten und dramatischsten Zeremonien, erlebt derzeit sein Comeback. Das einst von der Bundesregierung kriminalisierte Ritual zieht wieder jung und alt, Männer und Frauen an.

Die Sonnentanzzeremonie ist von Stamm zu Stamm verschieden. Ein bedeutender Unterschied ist das Durchstechen der Brust. Bei manchen Stämmen wird dies nicht praktiziert. Andere machen es wie die Assiniboines und durchstechen zwar die Haut der Tänzer, doch lösen sie diese nach kurzer Zeit vorsichtig von den Riemen. Wieder andere halten Sonnentanz nach traditioneller Art ab: Die Tänzer reißen sich von den Riemen los, verletzen sich dabei und bluten stark.

Beim Sonnentanz sind Fremde nicht gern gesehen, doch die Hütten bleiben stehen und können nach der Zeremonie besichtigt werden. Einheimische geben meist bereitwillig Hinweise darauf, wo eine *Lodge* zu finden ist.

DAS LAND DER CROW

Französische Pelzhändler, die 1742 von den Großen Seen nach Westen zogen, berichteten von den *beaux hommes,* die im Land der „glänzenden Berge" lebten. Diese „ansehnlichen Männer" waren Krieger der Apsaloka. Die Berge waren die Bighorns, das zerklüftete Hochland, in dem der Little Bighorn River seinen Lauf zu der Stelle beginnt, an der über hundert Jahre später ein anderer Weißer – Lieutenant Colonel George Armstrong Custer – seine Seventh Cavalry in den Tod führen sollte.

Die schönen Herren über ein Land, so groß wie England und Wales zusammen, nannten sich selbst *Apsaloka* (Kinder des großschnabeligen Vogels). Die anderen Stämme beschrieben sie in der Zeichensprache durch Flattern mit den Armen, was die Weißen fälschlicherweise mit „Krähen" wiedergaben, und so erhielten sie den Namen *Crow* (sprich „*Krauh*").

Die Sprache der Crow ist ähnlich der Sprache der Sioux, doch die Beziehung der Crow zu ihren Erzfeinden liegt im Nebel der Vergangenheit. Vor über 500 Jahren spalteten sich die Crows von einer Gruppe seßhafter Ackerbauer am oberen Missouri ab, um den Büffeln zu folgen und ein Land voller grüner Täler, saftiger Weiden und atemberaubender Berge zu erobern, ein Land, das ihr Land werden sollte. Die Einführung des Pferdes revolutionierte das Leben in den Great Plains. Von der Abhängigkeit von der Landwirtschaft befreit, erblühten die Stämme der Prärien, beanspruchten große Büffelgebiete für sich und kamen immer häufiger in Konflikt miteinander. Mit den Pferden gewannen die Crow Geschmack am Nomadenleben in den Plains, pflanzten nur noch kleine Felder ihres geheiligten Tabaks an und bestellten ansonsten nie wieder Land, bis die Weißen kamen.

Sie fühlten sich stark. Obwohl zahlenmäßig gering (keine 1500 Krieger), verteidigten sie ihr Land gegen mächtige Feinde. Im Norden lag das Territorium der Blackfeet, ein grausamer, mächtiger Stamm, der als die „Kosaken der Plains" bekannt wurde. Im Osten wurden die Crow von der großen Nation der Sioux bedrängt. Die Cheyennes und Arapahos waren ihre südlichen Nachbarn. Und alle warfen begehrliche Blicke auf ihr Land. In der Geschichte der Crows gibt es zahlreiche Berichte vom Widerstand gegen feindliche Übermacht. Doch die Krieger der Crows wurden mit allen fertig – bis die Weißen kamen.

Liebe zum Land: Das Land der Crows bildete ein großes Dreieck mit der Spitze in den Wind River Mountains von Wyoming und der Grundlinie zwischen und parallel zu den Flüssen Missouri und Yellowstone – insgesamt über 150 000 Quadratkilometer.

Die Liebe der Crows zu ihrem Land schlug sich in den Worten ihres großen Häuptlings Arapooish nieder: „Crow-Land ist gutes Land. Der Große Geist hat es an den rechten Ort gesetzt. Hältst du dich darin auf, ergeht es dir wohl. Verläßt du es, wird es dir schlechter ergehen, wohin du dich auch wenden magst… Es gibt verschneite Berge und sonnige Ebenen, jedes erdenkliche Klima, und jede Jahreszeit hat ihre guten Dinge. Versengt

Vorherige Seiten: **Feuer erleuchten die Tipis bei nächtelangen Peyote-Zeremonien. Links: Erschüttern der Erde und (rechts) Zeltbau für Crow Fair.**

Land der Crow 147

die Sommerhitze die Prärie, kannst du dich in die Berge zurückziehen, wo die Luft süß und kühl ist, das Gras frisch und helle Ströme aus den Schneefeldern herabfließen. Dort kannst du den Elch jagen, den Hirsch und die Antilope, wenn ihre Häute sich für Kleidung eignen. Dort findest du viele weiße (Grizzly-) Bären und Bergschafe. Im Herbst, wenn die Pferde von den Bergweiden fett und stark sind, kannst du in die Ebene hinunterziehen und Büffel jagen oder an den Flüssen Biber fangen. Kommt der Winter, kannst du in den waldigen Niederungen am Fluß Schutz suchen. Dort findest du Büffelfleisch für dich und Wollbaumrinde für dein Haus. Oder du überwinterst im Wind River Valley, das reich ist an Salzkraut. Crow-Land ist genau am rechten Ort. Alles Gute ist hier zu finden. Kein Land ist wie Crow-Land."

1806 erfuhren die Teilnehmer der Lewis-und-Clark-Expedition, was andere Stämme schon über die Crow wußten. Als Captain William Clark auf dem Rückweg nach St. Louis die Stelle erreichte, wo heute Billings, Montana, liegt, ließ er aus dicken Stämmen Kanus bauen. Clark und die meisten seiner Begleiter wollten den Rest der Reise zu Wasser machen. Sergeant Pryor und ein paar Männer sollten mit den Pferden der Expedition über Land zurückkommen.

Pryor lagerte in der ersten Nacht bei einem Ausläufer der Bighorn Mountains. Als der Morgen dämmerte, war kein einziges Tier mehr im Lager. Crows, die in den Plains berühmt dafür waren, wie kühn sie die Pferde ihrer Feinde stahlen, hatten alle Tiere mitgenommen. Pryor und seine Männer paddelten nach strapaziösem Fußmarsch zurück zum Yellowstone in einem eigenartigen Boot aus über Weidenholz gespannter Büffelhaut hinter der Expedition her.

Im Jahr darauf führte der Pelzhändler Manuel Lisa eine Gruppe Trapper nach Montana und wollte am Oberlauf des Missouri eine Pelzstation errichten. Lisa traf auf John Colter, einen Teilnehmer der Clark-Lewis-Expedition, der zurückgeblieben war, um Biber zu fangen. Colter riet Lisa davon ab, sich in Blackfeet-Territorium zu begeben, und führte ihn

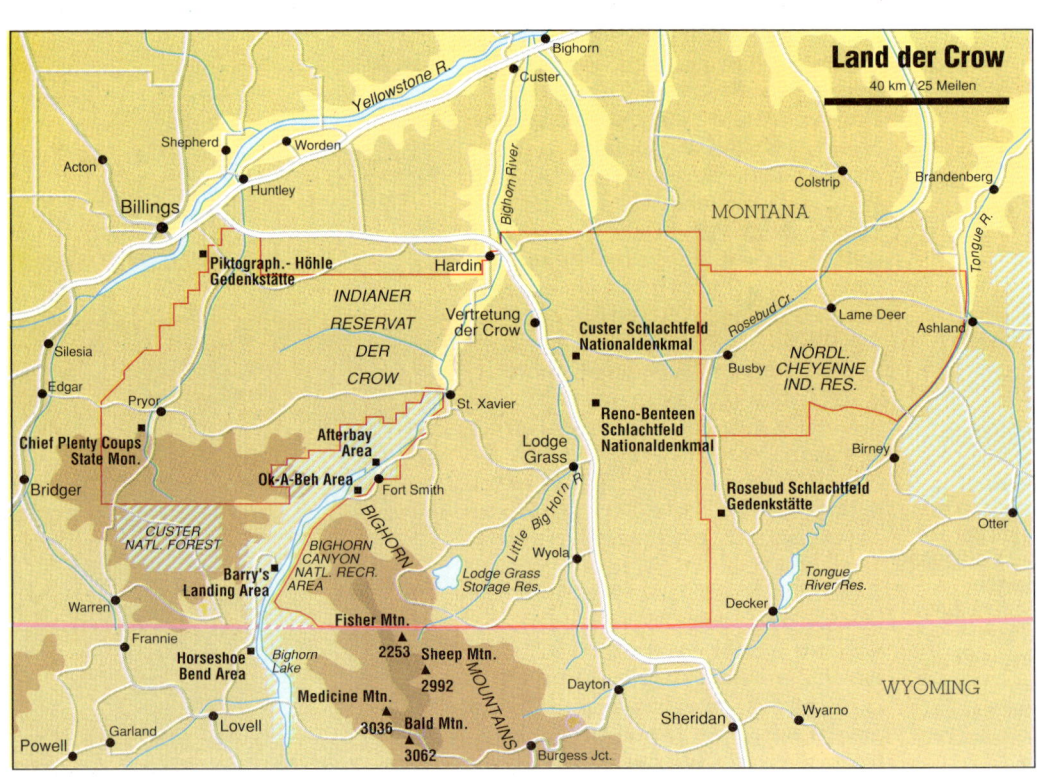

statt dessen zum Zusammenfluß von Bighorn und Yellowstone. Dort errichtete er das erste Gebäude von Weißen in Montana und trieb Handel mit den Crow. Colter war im Auftrage Lisas unterwegs, als er „Colters Hölle" entdeckte – den heutigen Yellowstone National Park.

Häuptling der Häuptlinge: So schnell die Crows beim Pferdestehlen waren, so zurückhaltend waren sie mit Feindseligkeiten gegen die Weißen. Sie gehörten zu den ersten Indianern der Plains, die sich mit den neuen Verhältnissen anfreundeten. Sie kämpften auf der Seite der US-Armee gegen ihre Feinde, die Sioux, die Cheyennes und die Arapahos.

Ohne seine 135 tapferen Crow-Scouts hätte Brigadier-General George Cook in der Rosebud-Schlacht am 17. Juni 1876 vermutlich das Schicksal geteilt, das Custer 10 Tage später ereilte. Sechs Crow-Scouts – Yellow Face, White Man Runs Him, Curley, Goes Ahead, Hairy Moccasin und White Swan – führten Custer bis ins Tal des Little Bighorn, sagten ihm, er ritte in den Tod, und verließen seine Truppe.

1825 unterzeichneten die Crows einen Freundschaftsvertrag, mit dem sie die Oberherrschaft der Vereinigten Staaten anerkannten und sich unter ihren Schutz stellten. Doch dies rettete nicht ihr Land. 1851 wurden im ersten Vertrag von Laramie Crow-Ansprüche auf 150 000 Quadratkilometer anerkannt. Doch der Siedlerstrom hielt an. 1867 teilte man den Crows mit, der Vertrag sei ausgelaufen und ihr Territorium auf 30 000 Quadratkilometer beschränkt worden. Die Fertigstellung der Northern-Pacific-Bahnlinie verstärkte noch den Zustrom von Fremden, und die Crows wurden bedrängt, große Teile des verbleibenden Landes zu verkaufen. Heute gehören den Crows 6000 Quadratkilometer Reservat.

Das Herz ihres Landes – die Täler von Pryor Creek, Lodgegrass Creek und Bighorn und Little Horn – konnten die Crows dank des „Häuptlings aller Häuptlinge, *Plenty Coups*" retten. Er war einer der letzten großen Krieger und gleichzeitig ihr erster, moderner Anführer.

Im zarten Alter von neun Jahren, als sein Bruder bei einem Überfall auf die

Crow-Scouts in US-Uniform.

Land der Crow 149

Sioux starb, stahl er sich aus dem Lager und fastete nackt in den Bergen. Beim zweiten Versuch hatte er eine Vision. Das „kleine Volk", mysteriöse, übernatürliche Wesen, sagten ihm, er würde nie eigene Kinder haben, doch als großer Häuptling der Vater aller Crows werden.

Es waren unruhige Zeiten.

Um 1870 wurden Büffelhäute plötzlich wertvoll. Die großen Tiere wurden von Weißen zu Hunderttausenden abgeschlachtet, abgehäutet und verfaulten dann auf den Ebenen. Im Jahr 1880 noch verschiffte ein Pelzhändler 30 000 Büffelfelle vom Flußboothafen Coulson aus. Den Yellowstone flußabwärts in Junction City stapelten sich die Häute so hoch, daß die Stadt vom anderen Flußufer aus nicht zu sehen war.

Um 1884 waren die Büffel verschwunden, und die Crow stürzten aus dem Überfluß in die Armut. 1849 tötete eine Grippewelle 600 Crow. Pockenepidemien dezimierten den Stamm 1833, 1837 und 1851. Von 8000 Menschen um 1800 war die Crow-Bevölkerung bis 1870 auf 2000 Menschen gesunken.

Plenty Coups war erst 14, als er den Untergang der Büffel und das Kommen der seltsamen, gefleckten Tiere vorhersah, die die Weißen „Rinder" nannten. Zunächst zeichnete er sich in vielen Kämpfen gegen Sioux, Cheyennes und Arapahos aus.

Plenty Coups war in den Zwanzigern, als er die Bedeutung der Entdeckung von Gold in den Black Hills 1874 begriff. Er berief einen Rat von Unterhäuptlingen und Stammesoberhäuptern ein und informierte sie über bevorstehendes Unheil infolge der Vertreibung von Sioux und Cheyennes aus den Black Hills, was die alten Feinde der Crows in deren Land bringen könnte. Er entschied sich für die Unterstützung der US-Armee im Kampf gegen die Feinde der Crows. Und er war es, der General Cook die 135 Scouts zur Verfügung gestellt hatte, die kurz vor Custers letztem Kampf in der Rosebud-Schlacht an seiner Seite kämpften. Später drängte er junge Crow-Männer zum Eintritt in die Armee, um sich während des Ersten Weltkriegs „im Kampf zu erproben".

Nach den Indianerkriegen vertrat Häuptling Plenty Coups die Crow in Washington. Außerdem wurde er ausgewählt, alle Indianer in einer bewegenden Zeremonie am Grab des Unbekannten Soldaten zu vertreten. Seine kurze, ergreifende Rede rührte den hartgesottenen, grauhaarigen Kavallerie-Colonel an seiner Seite zu Tränen: „Für die Indianer Amerikas rufe ich mit Zeichen, Gesang und Stammessprache den Großen Geist, auf, daß die Toten nicht umsonst gestorben sein mögen, der Krieg im Frieden enden möge, erkauft vom Blut der Männer, rot und weiß."

Niemand war würdevoller als der alte Häuptling, der seinen Kriegsschmuck und seinen Stab ins Grab legte. Marschall Foch, Kommandierender der Alliierten, revanchierte sich später, als er bei seinem Triumphzug durch das Land auch Plenty Coups in Crow Agency besuchte.

Plenty Coups führte sein Volk durch sein Vorbild ins 20. Jahrhundert: Er baute sich ein Blockhaus und einen Laden am Pryor Creek, wo er eine Ranch führte und Handel trieb. Der Häuptling, der als junger Mann seinen Bogen gegen ein

Häuptling Plenty Coups 1905.

Gewehr getauscht hatte, kämpfte unermüdlich, um den Whiskey vom Reservat fernzuhalten. Er sagte seinem Volk: „Wenn etwas gut ist, nehmt es an. Ist etwas schlecht, lehnt es ab." Heute ziert Plenty Coups' Mahnung an seine „Kinder" die Schulen der Crows: „Bildung ist Eure mächtigste Waffe. Mit Bildung seid Ihr dem Weißen Mann ebenbürtig. Ohne Bildung seid Ihr seine Opfer."

Zu wild zum Überfliegen: Plenty Coups hinterließ sein Heim und sein Land am Pryor Creek „den Menschen aller Rassen" als Park. Der nur eine halbe Autostunde südlich von Billings gelegene **Plenty Coups State Park** ist ein guter Anfang für eine Tour durchs Crow-Land. Das kleine Museum auf dem Gelände beherbergt indianische und naturhistorische Exponate. Der Park verfügt über Picknickplätze und eine erfrischende Quelle im Blickfeld der atemberaubenden Kalksteinformationen, die **Castles** genannt werden.

Eine schlechte, doch befahrbare Schotterstraße führt von Pryor aus zu einem Durchbruch in den Bergen, der **Pryor Gap** heißt. Der mit Steinhaufen markierte alte Pfad wurde von Indianern benutzt, seit die ersten paläolithischen Jäger vor über 15 000 Jahren von Norden kamen, nachdem sie die Bering-Landbrücke überquert hatten.

Die Straße folgt einem alten Schienenstrang. Die Männer, die während des Baus an einem Tunnel durch den Berg an Gelbfieber starben, sind am Eingang des Gap begraben. Die Ältesten der Crows hielten die Bahnlinie für verflucht, als die Arbeiter begannen, durch eines der Castles zu sprengen, einer heiligen Stätte der Crow und Heimat des „kleinen Volkes".

Bei Sage Creek gabelt sich die Straße. Ausgewiesene Straßen zweigen ab nach Bridger in Clarks Fork Valley und nach Warren, einem kleinen Ort am Highway 310. Die Abzweigung nach Osten bringt Sie in die fruchtbaren Bergeshöhen der Pryor Mountains. Die **Big Ice Cave**, eine Höhle mit einem Gletscher im Inneren, ist von dort aus leicht zu erreichen, und nur wenige Kilometer weiter streifen wilde Hengste mit ihren Harems durch die **National Horse Range**.

Devil's Canyon im Crow-Reservat.

Von den Pryors geht es nach Süden, nach Lovell, Wyoming, über eine atemberaubende Straße, die sich am Rande des **Crooked Creek Canyon** entlangschlängelt. Die Einheimischen sagen, diese Gegend sei „zu wild zum Überfliegen". Obwohl sie bei Regen gefährlich und für die meisten tiefliegenden Autos zu uneben ist, ist die Straße einer der bestgehütetsten Geheimtips Montanas.

Auf den 80 Kilometern von Pryor nach Lovell führt die Straße durch fünf unterschiedliche Ökosysteme, darunter Pyramidenpappelwald, salbeibewachsene Prärie, Tannenwälder, subalpines Grasland und Wüste im Regenschatten der Berge. Die Strecke ist bei einheimischen Ornithologen sehr beliebt, da sie hier viele Spezies verschiedenster Ausprägung finden. Für Mineralien-, Fossilien- und Pfeilspitzensammler sind die Pryors ein Eldorado. Eine gepflasterte Straße führt von Pryor nach **Saint Xavier**, einer jahrhundertealten Missionsstation.

Südlich von Saint Xavier liegen der **Bighorn Canyon** und der Bighorn-Stausee. Der See zieht Angler wie Bootsfreunde gleichermaßen an, doch die größte Attraktion ist der Bighorn River, der bei Fort Smith aus dem Canyon zum Yellowstone River fließt. Der Bighorn ist einer der besten Möglichkeiten zum Forellenfang in Nordamerika. Fischer mit und ohne Boot können vor Ort engagiert werden.

Das heutige **Fort Smith** wurde an der Stelle des alten Fort Smith erbaut, eines von mehreren Forts, die zum Schutz der Goldsucher an dem alten *Bozeman Trail* erbaut wurden. Ein Stück flußabwärts vom Fort wurde beim *Hayfield Fight* eine Einheit Soldaten angegriffen. Die ständig von den Sioux belagerten Forts wurden aufgegeben, nachdem die US-Regierung sich schließlich zu Zugeständnissen an den Sioux-Häuptling Red Cloud gezwungen sah.

Crow Agency, der Hauptort der Crow, liegt 40 Kilometer nordöstlich von Saint Xavier am Highway 90. Das Dorf am Little Bighorn liegt im Herzen des Landes, das die Indianer „Fettes Gras" nannten – Gras, das Ponys und Büffel fett machte.

In der dritten Augustwoche wird Crow Agency zur „Tipi-Hauptstadt der Welt", beim **Crow Fair**. Das Festgelände wird zu einem riesigen Zeltdorf, wenn die Crow-Familien für eine Woche der Traditionspflege und des Wiedersehens ihre Tipis aufschlagen. Nächtliche Powwow-Tänze sowie *hand games* (indianisches Glücksspiel), Kunsthandwerk und Rodeo ziehen die Indianer zwischen Kanada und der mexikanischen Grenze hierher. Fremde sind willkommen. Für das Rodeo wird Eintrittsgeld verlangt, die anderen Veranstaltungen sind gratis.

Das **Rosebud Battlefield** liegt knapp zwei Autostunden nordöstlich von Crow Agency. Nehmen Sie Highway 212 bis Lame Deer, Route 39 nach Norden bis Rosebud Creek und Route 447 (Schotterstraße) zum Schauplatz der Schlacht. Nur ein Zeichen weist auf das Schlachtfeld hin, das im Frühjahr und Sommer eine üppige Wiese ist. General Crooks Niederlage hier setzte ihn und seine Einheit außer Gefecht. Er zog sich zur Erholung zum heutigen Sheridan, Wyoming, zurück. Der Sieg der Sioux mag zu General Custers Untergang beigetragen haben.

Vorbereitung für Crow Fair

Das geheimnisvolle Medizinrad: Die Grenze Wyomings, 85 Kilometer südlich von Crow Agency am Highway 90, fällt mit der gegenwärtigen Grenze des Reservats zusammen. Südlich dieser Linie führt Route 14 nach Westen in das Hochland, das Pelzhändler „die glänzenden Berge" nannten, die Bighorns.

Von der Straße, die zu den **Bighorn Mountains** hinaufführt, hat man einen herrlichen Blick über üppig-grüne Täler, wellige Hügel und weite Prärie. Die Straße ist bei Gleitschirmfliegern sehr beliebt. Das **Medicine Wheel** erwartet Sie oben auf einem Bergplateau. Der Steinkreis mit 21 Metern Durchmesser, einer 3,60 Meter hohen Nabe und 28 Speichen erinnert an die „Dämmerungshäuser" der sonnenanbetenden Azteken.

Das Medizinrad, Gegenstand vieler Veröffentlichungen und Spekulationen, gilt als neuweltliches Stonehenge bei Leuten, die es exilierten Azteken, einem verschwundenen Volk, ja sogar Außerirdischen zuschreiben. Ein Amateurarchäologe stellte die Theorie auf, es sei von einem der „verlorenen Stämme Israels" hinterlassen worden. Ein anderer meinte, es diene der Bestimmung der Frühjahrs-Tagundnachtgleiche.

Die Crows haben eine einfachere Erklärung: Im 18. Jahrhundert fiel ein Crow-Junge mit dem Gesicht in ein Kochfeuer. Er überlebte mit schlimmen Verbrennungen und wurde von seinen Kameraden gemieden. Der Crow mit Namen *Scarface* (Narbengesicht) verließ seinen Stamm, um als Einsiedler zu leben, und baute auf dem Medizinberg das Medizinrad, und noch zwei weitere Räder an anderen Stellen. Vermutlich waren sie Teil seiner Gebetszeremonien. Möglicherweise gehörte ein Überbau nach Art der Sonnentanzhütten zu ihnen.

Vom Medizinrad aus führt Highway 14 weiter über den Berg, überquert den 2670 Meter hohen **Granite Pass** und führt durch den Shell Canyon nach Greybull ins Bighorn-Becken hinunter. Man kann aber auch Highway 90 am Rande der Berge nach Süden zu den drei historischen Stätten bei **Story** folgen.

Fort Phil Kearney war die nächste Garnison südlich von Fort Smith am *Bo-*

Zu Pferd in den Sonnenuntergang.

zeman *Trail*. Red Clouds Krieger griffen eine Gruppe Holzfäller und deren Eskorte östlich des Forts an und schlugen sie im *Wagon Box Fight*.

Im Dezember 1866 führte Captain William J. Fetterman eine Einheit Soldaten zur Rettung einer Gruppe von Arbeitern, die auf einem nahen Höhenzug angegriffen worden waren. Fetterman, Veteran des *Hayfield Fight*, hatte geprahlt, er könne mit nur 80 Männern das Land der Sioux durchreiten. Doch keiner kehrte zurück. Ein junger Krieger namens *Crazy Horse* tat sich dabei als Führer des Lockvogelgrüppchens hervor, das Fetterman und seine Männer in den Hinterhalt lockte, der ihnen den Tod brachte.

Die schöne Route 16 windet sich 150 Kilometer durch die Bighorns und den roten Sandstein des **Ten Sleep Canyon** bis nach **Thermopolis** im Süden des herrlichen Wind River Canyon, wo der Crow-Häuptling Arapooish Winterfutter für seine Pferde fand. Hier hatte der berühmte Crow-Heiler Fringe seinen Medizintraum. Öffentliche Bäder gibt es im **Hot Springs State Park**.

Highway 120 führt von Thermopolis nach Norden bis **Cody**, die nach *Buffalo Bill* benannte Stadt. Das **Buffalo Bill Historical Center** beherbergt eine schöne Sammlung von Wildwestkunst, das große Plains Indians Museum und eine Winchester-Sammlung.

Außerdem ist Cody eins der Tore zum berühmtesten Markstein des Crow-Landes, dem **Yellowstone National Park**. Das mit knapp 9000 Quadratkilometern größte Naturschutzgebiet der USA liegt in Nordwest-Wyoming, Ost-Idaho und Süd-Montana. Der größte Teil besteht aus einem Hochplateau der Rocky Mountains, das vulkanischen Ursprungs ist. Berühmt ist der Park für seine geothermischen Erscheinungen, darunter über 200 Geysire, 10 000 heiße Quellen und zahlreiche Rauchsäulen. Am bekanntesten sind *Old Faithful* und *Mammoth Hot Springs*. Aber auch ein reichhaltiges Tierleben hat der Park zu bieten, mit Elchen, Bisons, Rehen, Dickhornschafen, Antilopen, Kojoten und Bären.

Custers letzter Kampf: Das Land der Crow ist auch Schauplatz einer der berühmtesten Schlachten in den USA, der Schlacht am Little Bighorn. Hier traf Custer zum letzten Mal auf Sioux, Cheyennes und Arapahos. Das heute **Custer-Sitting Bull National Monument** genannte Schlachtfeld erstreckt sich über sanft gewellte Hügel am Fluß.

Über Generationen hieß die Schlacht bei den Weißen nur „Custers letztes Gefecht". Dabei war sie ein letzter Sieg im langen, vergeblichen Kampf der Indianer gegen den Vormarsch der Europäer. Um die Schlacht rankt sich die Heldenlegende, die in die Geschichtsbücher eingegangen ist: Custer trifft auf die übermächtigen Indianerhäuptlinge Crazy Horse, Sitting Bull, Gall und Two Moons.

Die Straße zum Little Bighorn wurde 1865, am Ende des American Civil War gebaut, als eine große Welle von Siedlern nach Westen schwappte. Ein Krieg mit den Indianern war vorauszusehen. In Zeitungen war zu lesen, daß die „Rothäute" ihr Land aufgeben und selbständig werden sollten. Keiner schien den Widerspruch dieser Forderung zu bemerken.

Ein Kompromiß war undenkbar. Für Sitting Bull, Häuptling der Hunkpapa Sioux, der sich einst als „der letzte Indianer" bezeichnete, waren in Reservaten lebende Indianer erbärmliche, wie Tiere in Pferche eingesperrte Kreaturen.

Im Vertrag von Laramie von 1868 bestimmte die Regierung ein großes Gebiet westlich des Missouri zum Großen-Sioux-Reservat und gestanden ein Niemandsland vom Reservat bis zu den Bighorn Mountains zu, das frei bleiben sollte von Weißen. Doch für General William Tecumseh Sherman, den Kommandanten der US-Armee, der den Vertrag von Laramie mit aushandelte, war indianische Kontrolle über Niemandsland ein vorübergehender Zustand. Seiner Ansicht nach würde die Ausrottung der Büffel oder eine größere Konfrontation feindlicher Stämme „das Indianerproblem endgültig lösen".

Sherman provozierte diese Konfrontation im Jahr 1874, als er einen Vorstoß in die Black Hills gestattete, die im Herzen des Großen Sioux Reservates lagen. Sherman wollte ein Fort in dieser Gegend, um die Indianer im Auge zu behalten. Spekulanten wollten die Bestätigung der Gerüchte von Goldfunden. Anführen sollte die Expedition der energische, junge Lieutenant-Colonel namens George Armstrong Custer.

Custer hatte bereits im Bürgerkrieg Berühmtheit erlangt, wo er bald zum Lieutenant und später, mit 23 Jahren, zum Brigadier-General befördert wurde. Von Gettysburg bis Appomattox führte der blonde „Boy General" seine Truppen von Sieg zu Sieg. Bei Kriegsende war Custer Nationalheld und im Alter von 25 Jahren Major-General. Nach der Umstrukturierung der Armee im Jahr 1866 bekam er den Rang eines Lieutenant-Colonel und kommandierte die neu gegründete *Seventh Cavalry*, die Elitetruppe der US-Armee.

Reporter, Goldsucher und Landhungrige folgten Custer und seiner Seventh Cavalry in die Berge. In den unberührten Bachläufen fanden sie, was sie suchten. „Gold in den Black Hills" war die Schlagzeile des Tages. Goldgräber strömten in die Berge. Custer City, Deadwood und andere Goldgräberstädte schossen wie Unkraut aus dem Boden. Die Regierung bemühte sich vergeblich, die Goldgräber zu stoppen und versuchte dann, die Berge von den Sioux zu kaufen.

Obwohl die Reservatshäuptlinge die Unterzeichnung eines Vertrages in Erwägung zogen, gab es noch freie *hostiles*, die das Bighorn-Land westlich der Black Hills unsicher machten, vor allem die „feindselige Gruppe" von Häuptling Sitting Bull.

Verärgert wollten Regierungsbeamte den Verhandlungen ein schnelles Ende machen. Unter Leitung General Philip Sheridans sollte die Hochburg der Indianer mit drei Angriffsspitzen überfallen werden. Custer führte seinen Truppenteil in einem Bogen südlich vom Yellowstone River aus. Am 23. Juni entdeckte er die Spuren einer großen Gruppe von Indianern, die auf den Little Bighorn zu ritten. Aus Furcht, die Indianer könnten das Lager abbrechen und verschwinden, bevor er einen Angriff vorbereitet hatte, eilte er hinter ihnen her.

Am Mittag des folgenden Tages war die Spur breiter und frischer geworden. Da er nicht wußte, daß sich Sitting Bull Hunderte von Kriegern aus dem Reservat

Dramatischer Himmel über dem Nationaldenkmal am Custer-Schlachtfeld.

angeschlossen hatten, drängte Custer weiter. Männer und Pferde waren der Erschöpfung nahe, als sie sich dem Tal des Little Bighorn näherten, wo sich in über 1000 Hütten mehr Indianer aufhielten, als den Truppen je begegnet waren. Custer teilte seine Leute in drei Abteilungen auf und ging zum Angriff über.

Ein Bataillion – unter Captain Marcus Reno – sollte eine Gruppe Sioux-Krieger verfolgen, die aus einem nahen Tal aufgetaucht war. Das zweite Batallion – unter Captain Frederick Benteen – sollte einen Linksbogen machen. Custer selbst ritt mit 225 Mann nach Norden, um eine große Indianersiedlung stromauf anzugreifen.

Von einem Bergrücken oberhalb des Indianerlagers schickte Custer folgende Botschaft an Benteen: „Kommt schnell. Großes Dorf. Bringt Hilfe." Giovanni Martini, ein Trompeter italienischer Abstammung, der Benteen die Nachricht überbringen sollte, war der letzte, der Custer lebendig sah. Benteen erhielt die Nachricht, doch er kam nicht. Er und Reno waren von den Indianern bis zu einem acht Kilometer entfernten Berg zurückgeschlagen worden.

Custers Truppen teilten sich noch einmal bei Medicine Tail Coulee. Captain George Yates griff das Flußufer mit zwei Kompanien an und wurde zurückgeworfen. Er zog sich zurück in Richtung Deep Coulee, verfolgt von Häuptling Galls Sioux. Er traf auf Captain Miles Keogh und dessen drei Kompanien, und gemeinsam wichen sie unter Galls Angriffen zurück bis zu der Stelle, die als Custer Hill bekannt werden sollte.

Inzwischen führte Crazy Horse eine große Gruppe Sioux und Cheyenne das Tal hinunter, über den Fluß und in einem Bogen zurück, um von Norden her loszuschlagen. Von Gall und Crazy Horse in die Zange genommen, ritt die Seventh Cavalry in ihr letztes Gefecht.

Im Museum and Interpretive Center erwacht die historische Schlacht zum Leben. Sehen Sie sich den Film im Museumskino an und machen Sie sich dann mit dem Terrain vertraut. Eine topographische Karte ist vor einem Fenster mit Blick über das Schlachtfeld und das Little Bighorn Valley angebracht.

Fahren Sie, die Manöver Custers im Kopf, zum **Reno-Benteen-Battlefield** und schauen Sie in die Niederung hinunter, in der Reno gestellt und von den Kriegern zurückgedrängt wurde. Folgen Sie der Straße, die parallel zu Custers Ritt zum Medicine Tail Coulee verläuft, wo Gall angriff. Fahren Sie dann zum **Monument Hill**, wo Galls Sioux-Krieger die Seventh Cavalry in die erbarmungslosen Arme von Crazy Horse und Häuptling Two Moons trieben.

Es heißt, eine Cheyenne soll die letzte Attacke von einem nahen Hügel aus beobachtet und gesehen haben, wie die blaubefrackten Soldaten von Kriegern überrollt wurden und im Staub der Schlacht versanken. Die Augen der Frau weiteten sich in Erkenntnis. Sie hatte geträumt, daß ein als *Yellow Hair* (Gelbes Haar) bekannter Soldat in einem Schneesturm auf See getötet würde. Als plötzlich Baumwolle von einem Hain am Little Bighorn über die Hügel geweht wurde, erkannte sie, daß sie den Traum falsch gedeutet hatte. Yellow Hair würde ihr Volk nie wieder trauern lassen.

Links: Crow-Mädchen im traditionellen Elchzahn-Kleid. **Rechts**: Im Feuer werden heilige Steine erhitzt.

DIE SCHWITZHÜTTE

Ein hochgewachsener Gros-Ventre-Indianer trägt mit einer Heugabel Steine aus dem Holzkohlenbett in die niedrige, kuppelförmige Schwitzhütte. Als er das Feuer entzündete, erflehte er den Segen des Donnergottes. Nun hält er jedesmal zum Gebet inne, wenn er die Steine aus dem Baumwollholzfeuer nimmt. Einzeln läßt er die Steine in eine Grube im Inneren der Hütte gleiten.

In der Hütte sitzen drei Männer und zwei Frauen im Schneidersitz um die Grube mit den heißen Steinen. Aus dem hinteren Teil der Hütte streut ein Mann Zedernholz aus einem Wildlederbeutel über die Steine. Das Holz knackt und verströmt einen aromatischen Rauch. Die übrigen schöpfen den heiligen Rauch mit den Händen zu sich her, damit ihre Körper rein werden.

Der Mann mit dem Beutel spricht zu den Geistern der Großväter in den Steinen und wedelt mit einem Fächer aus Adlerfedern Rauch über den Eimer mit Wasser auf seinen Knien. Er gibt einen Befehl auf Gros Ventre, und der Mann draußen läßt die Türklappe herunter und sperrt Tageslicht und frische Luft aus.

Der Mann mit den Adlerfedern betet: „Gott, du Großer, sieh auf uns herab, unser erbarmungswürdiges Volk. Nimm unser erbarmungswürdiges Leid an. Es ist alles, was wir zu bieten haben. Alles andere ist dein." Er streut mehr Zedernholz auf die Steine. „Oh, heilige Zeder, trag unser Gebet zum Großen Geist."

Die Männer und Frauen im Kreis schwitzen nun in der trockenen Hitze, die die Grube ausstrahlt. Der Mann mit dem Fächer nennt jeden im Kreis beim Namen und bittet darum, daß die Gebete, die in dieser Hütte gesprochen werden, sich mit denen all jener vereinen, die an diesem Tag „Schweiß opfern". Er taucht eine langstielige Kelle in den Eimer und spritzt etwas Wasser auf die Steine.

Der Dampf zischt laut, als er zur Decke steigt und über den Männern und Frauen in der Hütte einen Pilz bildet. Er brennt auf den Schultern und kräuselt die Haare. Tief atmen sie die heiße Luft ein. Der Schweiß fließt stärker und reinigt ihre Körper. Sie peitschen sich mit Ruten aus getrock-

netem Gras und beten laut. Wieder und wieder küßt Wasser die Steine und Dampf kocht aus der Grube. Nach vielen Gebeten gibt der Mann mit den Adlerfedern dem Türsteher endlich ein Zeichen. Die Klappe öffnet sich, und kalte Luft umweht die Betenden.

Vor Beginn der nächsten Runde gehen die beiden Frauen zu einem nahen Bach und spritzen sich mit eisigem Wasser ab. Einer der Männer steigt ganz in den Bach, während die anderen rauchen. Der Türsteher stapelt noch mehr heiße Steine in der Grube. Der Mann mit den Federn gibt das Zeichen zum Eintritt. In einem Kreis von Osten nach Westen, dem Lauf der Sonne, betreten sie die Hütte. Die Zeremonie beginnt von neuem.

Die Schwitzhütte wird überall in den Prärien als Ritual der geistigen und körperlichen Reinigung praktiziert. Das Zusammenspiel der Elemente Wasser, Feuer und Stein reinigt den Körper und belebt die Seele. Früher wurden die Hütten aus Büffelhaut auf Birken- oder Weidenrahmen gebaut. Heute bedeckt man sie mit herkömmlichen Decken oder Teppichen. Bei manchen Stämmen benutzen Frauen und Männer die Schwitzhütten gemeinsam, wie bei den Gros Ventres. Andere sind entsetzt von dieser Vorstellung.

Auf der Fahrt durchs Indianerland sieht man oft mehrere Schwitzhütten an Bächen oder hinter Häusern, oder auch nur Weidenskelette von Hütten, die nicht mehr benutzt werden. Zwar gibt es ein paar Organisationen, die Schwitzhütten für Touristen arrangieren, doch meist sind die Indianer unter sich im Herzen der Gemeinschaft. Bevor die Indianer ihre eigene Schwitzhütte benutzen, muß ihnen von einem Medizinmann oder Ältesten das Recht verliehen werden, die Zeremonie durchzuführen. Holzkohlenrauch am Sonntagnachmittag zieht Freunde und Verwandte an, die dem Feuerwächter Gesellschaft leisten. Oft folgt dem Ritual ein Fest.

Schwitzhütten können alleine oder mit anderen Zeremonien wie Sonnentanz, *Yuwipi* oder Visionssuche durchgeführt werden. Sie dienen auch traditionellen Heilmethoden und dem allgemeinen Wohlbefinden der Teilnehmer. Wie stets sollten Fremde nicht hingehen, wenn sie nicht von einem der Teilnehmer eingeladen wurden.

DIE NORTHERN-CHEYENNE

Im Nebel der Vergangenheit erinnern sich die Cheyenne an ein goldenes Zeitalter, als es keine Kriege und keine Probleme gab. Seit sie aus ihrer einstigen Heimat am Lake Superior vertrieben worden waren, kannten die Cheyenne keinen Frieden, bis 1884 ihr Reservat in Montana geschaffen wurde.

Cheyenne (gesprochen: *Scheiänn*) ist eine Verunstaltung des Sioux-Begriffs *Sha-hie-na*, das „Volk, das eine unverständliche Sprache spricht". Die Cheyenne, die Algonquin sprechen, nannten sich selbst *Tsis-tsis-tas*, „das Volk".

Sie wurden von den Assiniboine vom Red River aus nach Süden getrieben. Sie lebten zeitweilig in Erdhütten und manche Stämme bauten am Missouri Getreide an.

In den „Tagen des Hundes", lange vor den „Tagen des Pferdes", kamen die Cheyenne mit den Assiniboines in Konflikt und wurden nach Süden vertrieben. Bevor die Weißen sie besiegten, führten die Cheyenne Krieg gegen Kiowas, Komantschen, Crows, Utes, Pawnees, Apachen und Shoshonen.

In jenen Tagen war der Tod im Kampf für einen Cheyenne ein naheliegendes Ende. Der Stamm schaffte Ersatz und Nachwuchs durch Überfälle. Ein Historiker spricht von 28 Stämmen, von denen die Cheyenne Gefangene hielten. Die meisten Gefangenen waren Kinder, die adoptiert, als Cheyenne erzogen und mit Cheyenne verheiratet wurden.

Der Prophet *Sweet Medicine* sagte seinem Volk Jahrhunderte des Leids, das Ende der Büffel und das Kommen der Weißen voraus. Er gab den Cheyenne vier heilige Pfeile, die er in Bear Butte in den Black Hills von Gott erhalten hatte. Viele Cheyenne schreiben ihre Niederlage gegen die Weißen und das folgende Elend dem Verlust dieser Pfeile bei einem Überfall auf die Pawnees zu.

Irgendwo in den Great Plains zwischen den Black Hills und Oklahoma teilten sich die Cheyenne in zwei Stämme, die als Büffeljäger nach Norden und Süden gingen. Einzelne Gruppen pendeln bis heute zwischen den Nord- und Süd-Cheyenne hin und her.

Schleichender Angriff: Die Expansion nach Westen, insbesondere der Strom von Goldsuchern nach Colorado, überschwemmte das Land der Cheyenne und führte immer häufiger zu Konflikten zwischen Weißen und Indianern. Die wachsenden USA, die es eilig hatten, den Westen zu besiedeln und Vieh auf Cheyenne-Land zu weiden, provozierten Angriffe auf Dörfer mit Frauen und Kindern.

Einen ersten Vorgeschmack auf die Entschlossenheit der Weißen, ihnen ihr Land wegzunehmen, erhielten die Cheyenne im Jahr 1864. Eine Gruppe von ihnen lagerte am Sand Creek in Ost-Colorado, wo sie einen Friedensvertrag unterzeichnen wollten. Ihr Häuptling Black Kettle glaubte, er könne einen bleibenden Frieden mit den Weißen schaffen, wenn er in ihre Forts käme. Doch Kommandant Colonel J. M. Chivington hielt sie immer wieder hin, bis er selbst kampfbereit war. „Frieden ohne Eroberung wäre barbarisch", sagte er. In der Abenddämmerung des Winters von 1864 schlich er sich zum Angriff. Er berichtete von 600 getöteten Indianern, darunter auch Frauen und Kinder.

1868 führt Lieutenant Colonel George Armstrong Custer seine Seventh Cavalry im Winter zum Angriff auf ein Cheyenne-Lager am Washita River in Oklahoma. Wieder wurden Frauen und Kinder auf der Flucht erschossen. Die Cheyenne sagen, Custer soll danach in Häuptling *Stone Foreheads* Hütte eine Pfeife geraucht und geschworen haben, nie wieder die Waffe auf die Cheyennes zu richten. Asche aus der Pfeife fiel zu Boden und zerkrümelte zu Staub. Stone Forehead mahnte: „Wenn du dieses Versprechen brichst, werden du und deine Männer ebenso in den Staub sinken."

Im Juni 1876 sah der Cheyenne-Krieger *Little Hawk* General George Crooks Soldaten den Rosebud Creek in Ost-Montana entlang reiten. Little Hawk eilte zurück in sein Dorf und führte eine Gruppe von Kriegern zum Angriff. Crook führte eine von drei Abteilungen, die im Little Big Horn Valley zusammentreffen sollten. Nach dem unerwarteten Zusammenstoß mit Indianern zog sich Crook nach Süden zurück, um seine Truppen neu zu ordnen. Das Ausschalten Crooks mag zu Custers Untergang acht Tage später beigetragen haben.

Die Cheyenne lagerten am unteren Ende des 1000 Hütten-Dorfes am Little Big Horn River, als Custer angriff. Two Moon's Cheyenne-Krieger ritten mit Crazy Horse' Sioux vom Fluß weg nach Norden, dann nach Westen, um Custer Galls Kriegern in die Arme zu treiben, die ihn von Osten bedrängten. Die Indianer trugen einen großen Sieg davon, doch der Ausgang des Krieges war unabänderlich.

Nach dem Kampf zerstreuten sich die Indianer. Die Armee überfiel Häuptling Dull Knifes Cheyenne-Dorf am Powder River und zwang dessen Leute, in wilder Flucht ihre gesamte Habe zurückzulassen. General Nelson Miles sandte Boten aus Fort Keogh in ein Dorf der Nord-Cheyenne am Tongue River und forderte sie zur Kapitulation auf. Two Moons sagte, er würde ins Fort reiten. Jeder, der ihm folgen wolle, könne mitkommen.

Bald darauf ergaben sich Dull Knife und Little Wolf und wurden in ein Reservat der Süd-Cheyenne in Oklahoma gewiesen. Am ungewohnten Klima und Wasser erkrankten viele und starben.

Der Armee trotzend führten Dull Knife und Little Wolf ihr Volk nach Norden, zurück in das Land, das sie liebten. Von der kleinen Gruppe von 300 Cheyenne waren nur 80 Krieger, der Rest Frauen und Kinder. Trotz Zusammenstöße mit der Armee gelangten sie bis zum Platte River, wo Dull Knife mit 150 Cheyenne die Gruppe verließ. Beide Gruppen mußten jedoch bald darauf kapitulieren. Als sich Dull Knife weigerte, wieder nach Süden zu gehen, entschied sich der Kommandant von Fort Robinson, die Indianer auszuhungern. Über die Hälfte von Dull Knifes Leuten wurden bei Fluchtversuchen niedergemetzelt.

Die Reise der Cheyenne: 1884 wurde das Northern Cheyenne Reservat eingerichtet, 190 Quadratkilometer groß zwischen dem Crow Reservat und dem Tongue River. **Lame Deer**, die Hauptstadt, liegt in einem waldigen Tal, das im Frühlingsregen ergrünt und im September in leuchtenden Farben erstrahlt.

Für Touristen gibt es hier fast keine Infrastruktur. Der **Cheyenne Arts and Crafts Shop** hat echtes, einheimisches Kunstgewerbe im Angebot. Liebesflöten aus Zedernholz sind besonders beliebte Stücke. Der Legende nach sollen sich die Flöten in der Hand eines guten Spielers in Schlangen verwandeln, die Lieder singen, denen keine Frau widerstehen kann. Artikel aus perlenverziertem Wildleder, Elchelfenbein und Stachelschweinstacheln sind qualitativ unterschiedlich.

Beim viertägigen **Northern Cheyenne Powwow** im Juni in Lame Deer gibt es Geschenkzeremonien und traditionelle und Phantasietänze. „Handspiele", eine indianische Art des Glücksspiels, finden in den Häusern statt. Unter Trommelschlag und Gesang versucht dabei ein Spieler zu erraten, wo sich ein Stück Knochen befindet, das der Gegenspieler von einer Hand in die andere gibt. In **Ashland**, rund 30 Kilometer westlich von Lame Deer am Highway 212 an der Reservatsgrenze, ist **St. Labre Mission**, Standort einer schiefergedeckten Kirche in Form eines Tipis. Eine Statue im Inneren zeigt Christus als Krieger, mit einem

Letzte Ruhestätte von Custers Seventh Cavalry.

Knöchel an einen Pfahl gebunden und offensichtlich bereit zum Kampf auf Leben und Tod.

Busby, 25 Kilometer westlich von Lame Deer, ist eine ziemlich trostlose Reservatsstadt. Custer kam hier durch auf seinem Weg zum Little Big Horn, wo er auf die Vorfahren der heutigen Nord-Cheyennes traf.

Das **Custer Battlefield National Monument** liegt 40 Kilometer östlich von Busby. Obwohl es im Herzen des Crow-Reservates liegt, werden hier oft Cheyenne-Zeremonien abgehalten, insbesondere das Friedensritual von Austin Two Moon, religiöse Leitfigur und Nachkomme des Häuptlings Two Moon.

Junge Cheyenne-Männer, einige davon Mitglieder der militanten amerikanischen Indianerbewegung AIM, nahmen mit deren Führer Russell Means an Demonstrationen auf dem Schlachtfeld teil, die die Regierung zur Anerkennung der indianischen Opfer bewegen sollten, die hier zur Verteidigung ihrer Frauen und Kinder kämpften. Der Hügel auf dem Custer fiel, soll Standort für ein indianisches Denkmal werden, das die Parkverwaltung noch Anfang der 90er Jahre errichten möchte.

Das **Rosebud Battlefield** erstreckt sich über eine Schlucht ca. 30 Kilometer südlich von Busby am Highway 314. Hier errangen Cheyenne-Krieger Seite an Seite mit den Sioux den entscheidenden Sieg über General Crook.

Der Ort ist herrlich, vor allem im Frühjahr, wenn Wildkirschen, wilde Pflaumen und wilde Rosen blühen. Hinweisschilder gibt es jedoch so gut wie gar nicht. Die Straße ist bei jedem Wetter befahrbar, doch bei Trockenheit staubig.

Der Respekt der Cheyenne vor Kriegern spiegelt sich im hohen Anteil junger Cheyenne wider, der in die US-Army geht. Seit dem Ersten Weltkrieg stellten die Cheyenne bei jedem Konflikt die größte ethnische Minderheit unter Waffen. In Friedenszeiten kämpfen die Cheyenne auf dem Basketballfeld um Anerkennung. Freitags und samstags abends im Winter sieht man sie dort in Colstrip, Ashland und Busby um sportliche Lorbeeren kämpfen.

Ein Canyon schlängelt sich durch die Pryor Mountains.

DIE BLACKFEET

Es war der 23. Januar 1870, kurz vor Morgendämmerung. Der Blackfeet-Häuptling lag wach und lauschte seinem Herzen. Irgend etwas war nicht in Ordnung. Ein Pony wieherte. Hundegebell vom anderen Flußufer zerriß die Stille.

Der Häuptling hörte draußen die Rufe des Halbblut-Scouts Joe Kipp. Irgend etwas stimmte nicht. Häuptling Heavy Runner sprang auf und durchwühlte einen Beutel nach dem Papier, das er von Lieutenant Colonel Alfred H. Sully erhalten hatte, dem Indianerbeauftragten für Montana. Das Papier sagte, er sei ein „guter Indianer", bestätigte seine Friedfertigkeit und versprach ihm Sicherheit.

Draußen wurden zweihundert Karabiner vom Kaliber 0,50 der Second Cavalry auf das Dorf angelegt. Lieutenant Colonel Eugene M. Baker war mit seinen Männern bei eisiger Kälte hierhermarschiert, um das Dorf am Marias River in Nord-Montana anzugreifen, in dem sich Fahnenflüchtige versteckt halten sollten. Statt dessen traf er auf ein Dorf von Invaliden. Kipp erkannte den Fehler, doch zu spät. Baker befahl ihm, still zu sein, und wies einen Soldaten an, ihn zu töten, falls er noch einmal schrie.

Ein Schuß krachte. Eine Kugel von der Größe eines Hühnereis traf Heavy Runner in die Brust. Er fiel mit dem Gesicht in den Schnee und umklammerte immer noch seinen papiernen Schutzschild. Der Häuptling hörte nicht mehr, wie Schußsalven in die Hütten einschlugen und Frauen und Kinder töteten, von denen viele mit Pocken darnieder lagen. Die Gewehre donnerten wieder und wieder. Einige Dorfbewohner suchten im Unterholz am Flußufer Schutz. Andere erreichten die Pferde und galoppierten flußabwärts. Alle übrigen wurden getötet.

Das Baker-Massaker war vorüber. Über 150 Indianer waren getötet worden, darunter nur 15 kampffähige. Es war ein Lehrstück über die Stärke der Blauröcke.

Hundert Jahre später. Im 6000 Quadratkilometer großen Blackfeet-Indianerreservat in Nord-Montana hallen die Traditionen in Powwow-Liedern und in den pulsierenden Trommeln der Blackfeet-Sänger wider. Tanzende Männer und Frauen in farbenfrohem Powwow-Ornat aus Wildleder, Federn, Perlen und Schellen erinnern an die Zeiten vor den Lieutenant-Colonels mit ihren Gewehren und vor den weißen Ranchern mit ihren Viehherden.

Manche Dinge sind jedoch geblieben. Die Blackfeet ehren immer noch die vier Himmelsrichtungen mit der heiligen Pfeife und gehen in die Schwitzhütten, um Körper und Geist zu reinigen. Sie warten immer noch auf Visionen, allein in der Wildnis, und opfern ihr Fleisch beim Sonnentanz.

Die Sonne geht noch genauso unter wie damals, in sattem Rotorange. Im Westen, im Glacier National Park – ehemaliges Blackfeet-Land – durchstreifen noch immer Dickhornschaf und Elch das Hochland, die Sonne strahlt über stillen, eisigen Seen, und Wolken umhüllen weit entfernte Gipfel.

Die Kosaken der Northern Plains: Siska, Piegan und Bloods – drei Zweige der Blackfeet, galten im frühen 19. Jahrhun-

Vorherige Seiten: Kicking Woman Singers. **Links:** Blackfeet-Ältester, ca. 1910. **Rechts:** Perlen- und Federschmuck an einem Blackfeet-Powwow.

dert als die „Kosaken der Prärie". Die Blackfeet trieben die Gros Ventres zum Sascatchewan River und stoppten den Vormarsch der Sioux nach Westen. Die Nez Perces stahlen sich erst über die Berge, um in den Ebenen Büffel zu jagen, nachdem sich die Blackfeet in ihr Winterlager begeben hatten. Der Jesuitenpriester Pater DeSmet wunderte sich über den Eifer, mit dem die benachbarten Kootenais das Christentum annahmen. Doch die Bereitwilligkeit der Kootenais war kein Wunder. Die Blackfeet hatten ihnen bereits Gottesfurcht beigebracht. Als Manuel Lisa seine Pelzstation in der Wildnis errichtete, die Lewis und Clark auf ihrer Expedition erforscht hatten, überredete ihn John Colter, sich am Yellowstone niederzulassen. Zwar wimmelte es von Bibern den Oberlauf des Missouri, doch leider auch von Blackfeet. Und Colter hielt es für besser, in unbekanntem Land zu jagen, als bei den Blackfeet seinen Skalp zu riskieren.

Drei Schläge brachen den Willen des Volkes der Blackfeet. Ein Dampfer spuckte schwarzen Rauch über Mandan-Dörfer am Missouri und brachte eine tödliche Fracht. An Bord lagen einige Männer im Sterben – sie hatten die Pocken. Unter Indianern wird behauptet, die Weißen hätten Decken verteilt, die mit Pocken infiziert waren. Weiße Händler dagegen sagten, die Indianer wollten nicht auf ihre Warnungen hören, dem Boot fernzubleiben, sondern seien an Bord gekommen und hätten Stoff und andere Waren gestohlen.

So oder so, die Blackfeet sollten für die Sünden anderer sterben. Die Krieger der Weißen fielen über die Mandans her und löschten den Stamm aus. Ein paar Überlebende schlossen sich den verwandten Ree und Arikara an. Bei Fort Union raffte eine Pockenepidemie Hunderte von Assiniboines dahin.

Ein Boot brachte die Seuche nach Fort McKenzie. Händler Alexander Culbertson versuchte, die Blackfeet zu warnen, doch er erregte nur ihr Mißtrauen. Blackfeet bekamen nicht so schnell Angst. Sie kamen und gingen. Als sie ausblieben, machte sich Culbertson auf die Suche. Bei den Three Forks des Missouri stieß er

Traditionelle Tänzer bei den North American Indian Days.

auf ein großes Lager mit nur zwei Überlebenden. „Hunderte verwesender Leichen von Menschen, Pferden und Hunden lagen herum", berichtete er.

Nach Ende des Bürgerkrieges entdeckte man „freies Weideland" im Missouri-Yellowstone-Gebiet, und Texaner trieben Longhorn-Vieh in das Grasmeer, das die Büffelweiden der Blackfeet abfraß. Bad Guns armes Volk wurde noch ärmer.

1871 geriet das Schicksal der Blackfeet ins Netz der industriellen Revolution. Ein in jenem Jahr entwickeltes Gerbeverfahren konnte Büffelhäute in festes, haltbares Leder für Maschinenriemen verwandeln. An die Stelle des bisherigen begrenzten Bedarfs an Büffelfellen trat der unersättliche Markt der Industrie. 1871 bestanden die Nordherden, der Reichtum der Blackfeet, aus einer Million Tiere. 1883 waren die Büffel verschwunden.

Junge Krieger wollten die weißen Jäger und Viehtreiber bekämpfen, doch Häuptlinge, die nach Washington gereist waren, um mit dem Präsidenten zu verhandeln, hatten die „großen Dörfer" der Weißen gesehen und wußten um die Sinnlosigkeit eines Krieges gegen solche Übermacht.

Dann kam der Winter 1883-84, die grimmige Jahreszeit, die als „Hungerwinter der Blackfeet" in die Geschichte einging. Sechshundert Piegans starben den Hungertod. Mit dem Frühjahr 1884 begannen schwere Zeiten für die Blackfeet. Sie waren nun von den weißen Eindringlingen abhängig.

Sie waren gezwungen, die Almosen der US-Regierung anzunehmen. In Fort Benton gab man ihnen Schweinsköpfe und getrocknete Bohnen. Sie vergruben die Schweinsköpfe und warfen die Bohnen fort. „Wir wußten nicht, wie man diese Dinge zubereitet", erinnerte sich ein Überlebender. Im Hungerwinter starben jeden Tag zwei bis sechs Blackfeet. Tuberkulose, Skrofulose und andere Krankheiten, durch Unterernährung verschlimmert, füllten die Särge schneller als sie der Schreiner bauen konnte.

Durch das Land der Blackfeet reisen: Jede Tour durch das Blackfeet-Land muß in **Browning** beginnen, der Stammeshauptstadt und Sitz des **Northern Plains**

Sonnenuntergang im Blackfeet-Reservat.

Indian Museum. Dieses wird vom US-Innenministerium betrieben, der Eintritt ist frei. Vor dem Museum ist ein Medizinfelsen, auf dem Stammesangehörige Tabak- und Stoffopfer ablegen. Im Inneren findet der Besucher Wandgemälde, die das Leben der Blackfeet vor 200 Jahren beschreiben, authentische Kleidung und die Geschichte von Mountain Chief auf einer bemalten Büffelhaut.

Die **Historic Gallery** informiert über Kinderspiele, über die Native American Church und über Kampf und Alltag der Bisonjäger. Eine weitere Galerie stellt zeitgenössische Indianerkunst aus, und ein fünfminütiger Diavortrag, kommentiert von Vincent Price, erzählt die Geschichte der Indianer der Plains.

Die **Northern Plains Crafts Association** ist für ihre Qualitätsware bekannt. Hir bekommt man keine billigen Souvenirs, sondern erstklassige Taschen und Schmuck aus Perlen.

Nicht einmal eine Straße weiter ist das **Montana Wildlife Museum** mit ausgestopften Büffeln, Elchen und anderen Tieren. Auch die Skulpturen Bob Scribners sind hier zu bewundern. **Scribner's Hall of Bronze** porträtiert die Geschichte der Blackfeet von der Zeit vor Ankunft der Weißen bis zum Jahr 1900 in einer Serie von Bronzestatuen.

Die Küche Brownings sollten sie sich nicht entgehen lassen. Gebratenes Brot, Rindfleischeintopf und indianische Tacos sind hier Lieblingsgerichte der Einheimischen. Gebratenes Brot ist in Fett ausgebackener Brotteig, meist mit Honig serviert. Indianische Tacos sind die Prärieindianer-Variante des beliebten mexikanischen Fast Food, mit gebratenem Brot statt Tortilla.

Wer das Glück hat, zum zweiten Juliwochenende hier zu sein, erlebt, wie die Stadt zum Reiseziel von Angehörigen aller Stämme zwischen Kanada und der mexikanischen Grenze wird: bei den **North American Indian Days** mit Powwows, Indianerrodeo und Umzügen.

Im **Glacier National Park** liegt die unberührte Berglandschaft des Landes, durchsetzt von Dreitausendern und gletschergespeisten Seen. Es ist die Heimat der Blackfeet, die 1896 an die USA abge-

Krieger der Blackfeet 1915.

Glacier National Park.

treten werden mußte. Die heutige Reservatsgrenze verläuft auf 100 Kilometern Länge mit der Grenze des National Parks an den Rocky Mountains entlang. Nirgendwo an der Kontinentalwasserscheide ist der Übergang von Büffelgras zu gletscherbedeckten Bergen so abrupt.

Der Highway 89 verläuft entlang der alten Indianerstraße *North Trail*. Sie ist durch die Zugschlitten in die Landschaft geschliffen worden, die am Osthang der Berge von Edmonton, Alberta, nach Helena, Montana, gezogen wurden. Plains-Indianer benutzten den Pfad für Kriegszüge und Pferdediebstähle. Vor fast 10 000 Jahren folgten die ersten paläolithischen Jäger der Verlängerung diese Pfades von Alaska nach Mexiko.

Die vier östlichen Zugänge zum Glacier National Park sind eine Stunde von Browning entfernt. Erstklassige Unterkunft und gutes Essen bieten rustikale *Lodges* in East Glacier am Südende des Parkes (am Highway 2), St. Mary's Lodge oder Many Glacier am Highway 89.

Der Park ist ein Wandererparadies. Einsame Bergpfade locken die Abenteurer. Naturlehrpfade unter Führung der *Park Rangers* warten unterhalb majestätischer Gletscher. Bootstouren mit den Schiffen der SceniCruise Line führen über die Seen St. Mary's, Two Medicine und Swift Current, und sind mit $5 für Erwachsene und $2,50 für Kinder billig.

Wer den Highway 89 an den Rocky Mountains entlang fährt, kann einen Abstecher über die Landesgrenze nach **Cardston, Alberta**, einplanen und dort *Hudson-Bay*-Decken oder kanadische Wollsachen erstehen. Die Alberta Routes Nummer 5 und Nummer 6 bringen Sie über Kanadas **Waterton Lakes National Park** wieder zurück in die USA.

Der **Chief Mountain** thront westlich von Highway 89. Der heilige Berg der Blackfeet wird immer noch zum Fasten und zur Visionssuche erklommen.

Durch den Glacier Park führt nur ein Weg, der **Going to the Sun Highway**. Diese atemberaubende Straße windet sich um Gipfel, wo Grizzlybären auf der Kontinentalscheide umherstreifen. Der Highway ist sicher, doch langsam und für manche Fahrer beängstigend.

DER NORDWESTEN

Vom üppigen Regenwald der Olympic Peninsula zu den verschneiten Gipfeln der Cascade Range, von den eisigen, wilden Wassern des Columbia River zu der friedlich plätschernden Wasserfläche des Flathead Lake ist der Nordwesten ein bemerkenswertes Gebiet von großer ökologischer und kultureller Vielfalt.

Vor Ankunft der Weißen war die Nordwestküste eines der am dichtesten besiedelten und kulturell vielfältigsten Gebiete des Westens. Die Fülle natürlicher Ressourcen schuf die Grundlage für blühende Kulturen, Sprachen und materiellen Reichtum der Puget-Sund-Stämme (Duwamish, Quinault, Suquamish, Makah, u.a.). Auch weiter nördlich, entlang der kanadischen Küste, lebten die Indianer im Überfluß.

Im Süden profitierten die Stämme des Columbia Plateau von den lachsreichen Wassern des Columbia River und seiner Zuflüsse und von dem unendlichen Angebot an Wildtieren und -früchten.

Im Westen durchstreiften Yakimas, Shoshones, Bannocks, Salish, Kootenais, Paiutes und Nez Perces geschützte Täler, waldige Berge und zerklüftetes Canyon-Land des Washington, Oregon, Idaho und West-Montana. Sie waren mit bei den ersten Indianern, die es lernten, mit Pferden umzugehen. Gelegentlich ritten sie in die Ebenen hinaus, um Bisons zu jagen. Ihre Lebensweise und ihre Jagdausrüstung ähnelte bald derjenigen der Prärieindianer.

Heute leben die Sitten und Gebräuche der Indianer des Nordwestens weiter im Klang der Powwow-Trommeln, in den Feuern der großen Lachsmahlzeiten, in den Händen der Künstler und Handwerker und in den Überzeugungen, dem Glauben und den Visionen der indianischen Völker. Der Nordwesten ist trotz aller Zivilisation immer noch ein Land von unglaublicher Naturschönheit. Die Traditionen seiner Ureinwohner sind noch lebendig, und das Land ist von ihrer Lebensweise geprägt.

Vorherige Seiten: Traditioneller Tänzer.

Die Stämme vom Puget Sund

Im Jahre 1854 versammelte sich an der nassen Grenze des Puget Sunds eine Gruppe von Indianerstämmen aus dem Gebiet des Staates Washington, um mit Offizieren der US-Armee den Vertrag von Medicine Creek zu unterzeichnen. Weiße siedelten in diesem Gebiet und wollten mehr Land.

Der Wandel war nicht aufzuhalten, und einer der Anführer der Indianer, ein friedliebender Mann, sagte in der Sprache der Duwamish: „Jedes Stück dieser Erde ist meinem Volk heilig. Jede glänzende Tannennadel, jedes sandige Ufer, jede Nebelschwade im dunklen Wald, jedes huschende und summende Insekt ist heilig im Gedächtnis meines Volkes. Der Saft, der die Bäume durchströmt, trägt die Vergangenheit des Roten Mannes." Häuptling Sealth, nach dem die Stadt Seattle benannt ist, beobachtete, wie die indianische Welt sich weißer Besiedlung unterwarf. Die Lebensweise seines und anderer Stämme war auf immer verändert, aber nicht ausgelöscht worden. In den vergangenen 150 Jahren haben viele Stämme des Puget Sunds die Veränderungen überlebt, ihr Erbe weiterentwickelt und doch erhalten.

Wie die Umgebung, in der sie entstand, war die Kultur der Nordwestküste reich und vielfältig. Bevor die Weißen kamen, lebten die Indianer von der Fülle der Wurzeln, der Beeren, der Samen, des Wilds und vor allem vom Lachs. Sie webten Stoffe, flochten Körbe aus Gräsern, bauten Häuser, Werkzeuge und Kanus aus Zedernholz.

Sie feierten auf *potlatches*, Festen, bei denen sich Angehörige verschiedener Stämme trafen, um eine Hochzeit, eine gute Jagd, ein Begräbnis, eine Namensgebung oder den ersten Lachsfang der Saison würdig zu begehen. Die Gäste aßen, tauschten Geschenke aus und spielten Stockspiele. Gastgeber waren reiche Familien, die miteinander wetteiferten: je mehr Geschenke, desto mehr Ehre.

Das geistliche Leben der Ureinwohner des Nordwestens war reich in seiner Verbindung zur Natur. Jedes Lebewesen hatte einen Geist und jeder Mensch ein Lied, um die Hilfe des Geistes zu erflehen. Das ganze Jahr über fanden Zeremonien statt, etwa zur Ehrung der Geister der Tiere und Fische, die die Nahrung sicherten. Diese Zeremonien wurden vor der Jagd, dem Fisch- oder Walfang durchgeführt, um die Geister der Tiere um Großmut zu bitten. Danach wurde ein Ritual durchgeführt, um Dank zu sagen.

Doch so grandios jene Tage waren, der Nordwesten hat sich verändert. Obwohl die Indianer ihr Erbe bewahrt haben, leben sie nicht mehr in Hütten oder paddeln mit Kanus zu ihren Netzen und tragen auch keine Kleidung aus Schilfgras. Was der Reisende heute antrifft, ist eine Mischung aus Alt und Neu.

Auf den dunklen Wassern des *Hood Canal* fischt eine Skokomish-Familie von einem Motorboot aus Lachs. An Land, in einem baufälligen Haus mit einem Autowrack davor, flicht ein Mann mit ergrautem Zopf auf alte Weise einen Korb und erzählt die Geschichte des Familienstreites, nach dem das Auto vorm Haus dem Rost preisgegeben wurde. Et-

Links: Makah Kanus in Neah Bay. **Rechts:** Muckleshoot-Fischer.

was weiter kommen Stammesbeamte im Verwaltungsgebäude an und kümmern sich um die Tagesgeschäfte. Noch etwas weiter die Straße hinunter spuckt ein Schulbus Kinder aus, die auf den Ziegelbau zugehen, in dem sie nicht Weben und Fischen lernen, sondern Multiplizieren und Dividieren.

Die Ureinwohner des Nordwestens lebten lange Zeit relativ unbehelligt. Es kamen zwar früh europäische Entdecker in den Puget Sund, doch sie blieben nicht auf Dauer, sondern hinterließen lediglich Glasperlen und Metallwerkzeuge.

Erst Mitte des 19. Jahrhunderts, als weiße Siedler nach Nordwesten strömten, litten auch diese Indianer wie die östlicheren Stämme unter Epidemien, und sie verloren Hunderte Quadratkilometer ihres Landes infolge eilig ausgehandelter Verträge. Die unterschriebenen Verträge warteten oft jahrelang auf ihre Ratifizierung durch den US-Kongreß, und viele Stämme wurden um Reservate und andere Begünstigungen betrogen, gegen die sie ihr Stammland eingetauscht hatten. 1882 verabschiedete der Kongreß das Allgemeine Zuteilungsgesetz (General Allotment Act), durch das die Reservate in Einzelgebiete aufgeteilt und das übrige (meist das wertvollste) Areal weißen Siedlern zugänglich gemacht wurde. Einige Stämme kämpfen bis heute um die Kontrolle über ihr „Schachbrett"-Land und versuchen, die verzwickte Rechtslage zu durchschauen.

Jüngst haben einige Stämme für ihre Fischereirechte gestritten – die Grundlage ihrer wirtschaftlichen Existenzfähigkeit. Der lange Weg durch die Instanzen gipfelte in den siebziger Jahren in der *Boldt Decision*, die besagte, daß die alten Verträge einzuhalten seien. Die Stämme dürfen jetzt die Hälfte der fischbaren Bestände fangen und an den „gewohnten und überlieferten Stellen" auch außerhalb des Reservates fischen.

Ausgangspunkt Seattle: Seattle, benannt nach dem großen Duwamish-Häuptling Sealth, ist die Heimat dieses Stammes und ein guter Ausgangspunkt für eine Rundreise durchs Reservat. Wie viele Regionalstämme werden die Duwamish von der Regierung nicht anerkannt. So

Totempfahl und traditionelle Häuser, Markenzeichen der nordwestpazifischen Kunst.

haben sie zwar eine Verwaltungsorganisation, aber weder ein Reservat noch Fischereirechte. Eine Gruppe solcher Stämme hat sich zu der Organisation der „Kleinen Stämme West-Washingtons (STOWW)" zusammengeschlossen, um ihre Position im Kampf um Anerkennung stärken zu können.

In **Seattle** kann man sich im **Burke Museum** und in der **Daybreak Star Art Gallery** über die Kultur des Nordwestens informieren. Das Museum liegt auf dem Gelände der University of Washington und beherbergt eine Ausstellung über die Ureinwohner des Nordwestens, darunter Beschreibungen aller Stämme Washingtons, Exponate aus der Indianerkultur und Darstellungen des Lebens vor und nach der Berührung mit den Weißen. Die Galerie im **Discovery Park** zeigt zeitgenössische und traditionelle Kunst mit den überlieferten Motiven der Indianer.

Ein Bootsausflug von Pier 56 nach **Tillicum Village** auf Blake Island gibt Gelegenheit, die Tänze, Geschichten und Schnitzkunst kennenzulernen und an einem Lachsmahl teilzunehmen.

Die östliche Halbinsel: Vom Zentrum Seattles aus geht es mit der Fähre über den Puget Sund nach **Bainbridge Island**. Jenseits der Insel, gleich hinter der Agate Passage Bridge, liegt das 30 Quadratkilometer große **Port Madison Reservat**, das infolge des Vertrages von Point Elliott 1855 geschaffen wurde und den Stamm der Suquamish beherbergt, Fischer, die in Kanus über den Sund paddeln, um Lachs und Schaltiere zu fischen.

Auch bei den Suquamish war die Kunst des Kanubaus hochentwickelt, als die Weißen kamen. Es gab für jeden Zweck eigene Kanus: für Fischfang, Transport, Walfang und Jagd. Heute bauen die Stämme immer noch Kanus, doch hauptsächlich als Ausstellungsstücke oder für Bootsrennen.

Kanus sind im **Suquamish Museum and Cultural Center** im Stammeszentrum an der Küste der Agate Passage zu sehen, neben Exponaten über die traditionelle Lebensweise und einem Diavortrag von Stammesältesten.

Am Passage-Strand stehen die Überreste des **Old Man House**. Dieses Lang-

Das Lummi Festival.

haus wurde von Häuptling Sealth erbaut, um die Stämme der Region zu versammeln – eine Art UNO im Kleinen. Es wurde später auf Anweisung eines Indianerbeauftragten zerstört, als die Bundespolizei versuchte, die Indianerkultur auszurotten. Landeinwärts, bei dem Ort Suquamish, befindet sich das **Grab von Häuptling Sealth**, dessen Rede bei der Vertragsunterzeichnung in der Übersetzung erhalten ist. Jedes Jahr wird der Häuptling vom Stamm am **Chief Sealth Day** durch ein fröhliches Fest mit Spiel, Essen und Musik geehrt, zu dem alle Besucher willkommen sind. Der **Native American Art Fair** findet alljährlich im Frühjahr statt.

Weiter nördlich leben die kleinen Stämme der Klallam. Es wird vermutet, das die Klallam („das starke Volk") einst die Nordküste beherrschten und als erste auf weiße Entdecker trafen, die in die Juan-de-Fuca-Straße segelten. Es gibt drei Klallam-Stämme: die Port Gamble Klallam, die Jamestown Klallam und die Elwha Klallam. Touristeneinrichtungen sind nicht vorhanden, doch mit etwas Geduld kann der Reisende durch Besuche bei den Stämmen und Fragen nach alten Fotos und Kunstgegenständen oder Einladungen zu Powwows viel lernen.

Die westliche Halbinsel: An der nordwestlichsten Festlandsspitze der USA liegt das wildromantische **Makah Reservat**. Erster Anlaufpunkt in dem über 100 Quadratkilometer großen Schutzgebiet ist das **Makah Cultural and Research Center** zur Geschichte der Ureinwohner. Viele der jahrtausendealten Exponate wurden bei Ausgrabungen in den nahen Fischerdörfern Hoko und Ozette entdeckt. Außerdem sind Repliken originalgroßer Häuser und Walfängerkanus mit Ausrüstung zu besichtigen. Daneben werden verschiedene Arten von Körben gezeigt, die vom Kochen bis zum Muschelfischen verwendet wurden. Alles wurde aus natürlichen Materialien gefertigt, aus Zedernholz, Robbenfellen, aus Tule und Hanf, aus Wurzeln und Gräsern.

Makah ist ein Wanderparadies mit Pfaden, die durch üppige Wälder zur Küste führen. Eine kürzere Route (Rundweg von etwa 10 Kilometern) führt über Klip-

Ein Lachsgrill bei den Makah.

pen zum **Shi-Shi-Strand**, einem der wenigen ursprünglichen Strände des Landes. Ein anderer Weg führt nach **Cape Flattery**, nordwestlichster Punkt des US-amerikanischen Festlandes mit Aussicht auf die Wale im Frühling.

Bei den Makah, einem 1500 Personen zählenden Stamm, sind Besucher gehalten, keine Meeresfrüchte zu fangen oder die Strände ohne Genehmigung zu besuchen. Der Stamm gibt Angelscheine zum Süßwasserfischen an Waatch und Sooes aus und organisiert Strandtouren.

Ende August richtet der Stamm die **Makah Days** aus, zu denen jeder willkommen ist. Es gibt u.a. gebackenen Lachs und Kanurennen. Ein Motel und andere touristische Infrastruktur gibt es in **Neah Bay**.

Südlich von Makah liegen drei kleine Reservate an der Küste: Ozette, Quileute und Hoh. Die Schönheit der unberührten Strände und Flüsse ist den Abstecher wert. **Ozette** erreicht man nach 5 Kilometern Fußmarsch von der Lake Ozette Ranger Station aus. Hier wurde ein 2500 Jahre altes Fischerdorf freigelegt. Die Quileute, die in der Nähe des Badeortes LaPush leben, feiern im Sommer **Elders Week** und die **Quileute Days**.

Mit knapp 800 Quadratkilometern ist das **Quinault Reservat** das größte der westlichen Halbinsel. Es beherbergt sieben Stämme, von denen einige – wie etwa die kleine Gruppe der Waukiakum vom Stamme der Chinook – zwar früher Verträge unterzeichneten, doch niemals eigenes Land erhielten. Andere wie die Cowlitz unterschrieben nie einen Reservatsvertrag. Sie bewahren ihre Stammesidentität durch Versammlungen und Rundschreiben.

Wie die Makah achten die Quinault auf ihre Umwelt, insbesondere auf die kilometerlangen, einsamen Strände. Reisende sind gehalten, sich im Stammeszentrum zu melden, bevor sie die Strände aufsuchen oder im Quinault River fischen. Eine der vielen Sommerfestivitäten sind die **Chief Taholah Days** Anfang Juli. Hier hat der Besucher bestens Gelegenheit, sich mit den Stämmen, ihrer Geschichte und ihrem Leben heute vertraut zu machen.

Die urwüchsige Schönheit der Quileute-Küste.

TOTEMPFÄHLE

Die Indianer des Nordwestens der USA sind begabte Schnitzer, doch es waren Indianer des heutigen British Columbia und Alaska, die als erste Totempfähle schnitzten. Die Geschichte dieser so fremdartig wirkenden Skulpturen ist jung. Erst Mitte des 18. Jahrhunderts, als europäische Entdecker in diese entlegenen Gegenden vordrangen, entwickelte sich diese einmalige Kunstform. Die Einheimischen hatten die Schnitzkunst an Kanus, Werkzeugen, Häusern und Mobiliar zwar hoch entwickelt, doch fehlte ihnen das Werkzeug zum Fällen und Bearbeiten eines ganzen Stammes.

Erst mit den Metalläxten, die sie im Tausch gegen Körbe, Kästchen und Felle erwarben, konnten sich die Stämme des Nordens an die im feuchten Klima so hohen Bäume wagen. Ursprünglich standen die Totempfähle immer am Hauseingang, mit Blickrichtung nach außen, und hatten unten eine Tür, durch die allein das Haus betreten werden konnte. Sie fungierten als Familienchronik und gaben die Geschichte der Familie wieder. In manchen Dörfern stand ein Wald aus Dutzenden, ja, Hunderten von Pfählen.

Wenn eine Familie einen Pfahl fertiggeschnitzt hatte, gab es ein Fest mit großem Essen, Spielen und Geschenken. Die Gäste richteten als Gegenleistung den Pfahl auf. Diese Veranstaltungen waren kostspielig und erforderten sorgfältige Vorbereitung. Dieser heidnische Brauch erschien den Weißen „unzivilisiert". Die Missionare lösten das Problem, indem sie die Pfähle niederrissen. Auch Arbeitgeber beklagten sich, daß indianische Arbeitskräfte unzuverlässig seien, wenn gerade ein Totempfahl geschnitzt oder das zugehörige Fest geplant wurde. Schließlich wurden diese Feiern in Kanada und den USA übereinstimmend verboten, und so ist die Totempfahlschnitzerei fast ausgestorben. Das Verbot wurde übrigens in den fünfziger Jahren wieder aufgehoben.

Die Tlingit von der südöstlichen Küste Alaskas sowie die Haidas und Tsimshian West-Kanadas sind für die Pfahlschnitzerei bekannt. Eine Gruppe von Geschäftsleuten kam 1899 auf einer Reise in das Tlingit-Dorf Tongas und nahm einen der Pfähle mit, weil kein Indianer da war. In Seattle stellte man ihn wieder auf, wo er mit stolzen 15 Metern eines der Wahrzeichen der Stadt wurde. 1938 stellten die Tlingit eine Kopie des Originalpfahles her, der einem Brand zum Opfer fiel. Sie ist noch heute am Pioneer Square zu sehen.

Die oberste Figur eines Totems symbolisiert die Sippe des Pfahlbesitzers, die folgenden, von oben nach unten zu lesen, erzählen eigene Geschichten. Der trickreiche Rabe erzählt vielleicht die Geschichte, wie er den Schöpfer dazu überredete, ihm die Sonne zu schenken oder der Frosch erzählt, wie er um eine Menschenfrau warb. Diese Geschichten sind in allen Dörfern bekannt, und bei Pfahlfesten wurden sie mit Masken, Trommeln und Gesang aufgeführt. So wurden die Legenden von Generation zu Generation überliefert.

Fast jedes Symbol auf dem Pfahl hat seine Geschichte. Hatte zum Beispiel ein Tier die Macht, sich in andere Lebewesen zu verwandeln, stellte der Schnitzer es in allen seinen Erscheinungsformen dar. War der Rabe mal Mensch, mal Vogel, so wurde er mit Flügeln und Gliedmaßen dargestellt, oder als menschliches Antlitz mit Schnabel. Andere Bilder beschreiben die Fähigkeiten der Geister. Augen stehen oft für Scharfsichtigkeit oder Geschicklichkeit. Taucht also ein Auge im Ohr eines Tieres auf, bedeutet es, daß das Tier ein feines Gehör hat. Menschliche Gestalten an unerwarteten Orten, etwa in Ohren oder Nase, deuten auf die große Macht eines Tieres hin.

Das Erlernen der Kunst, einen Totempfahl zu lesen, ist wie das Erlernen einer Sprache. Sie erzählen von Geschichte, Mythologie, sozialen Strukturen und Spiritualität. Sie dienen vielerlei Zwecken und werden von den Nachfahren der Urschnitzer bis heute geschnitzt.

Heute fertigen Haida, Tlingit, Tsimshian, Kwakiutl und andere einheimische Schnitzer vor allem für Touristen kleine „Souvenir"-Totempfähle aus Holz und schwarzem Schiefer (oder Argillit). Sie schnitzen auch prächtige Masken, Bildnisse, Kästchen, Pfosten und Figuren. Totempfähle sind im Museum of Anthropology (University of British Columbia) in Vancouver und im Royal British Columbia Museum in Victoria ausgestellt.

An der Südspitze des Quinault Reservates bei Tokeland liegt das **Shoalwater Bay Reservat**, die Heimat eines kleinen Stammes mit einer stolzen Geschichte. Es bietet ein einzigartiges Zusammenspiel von Ozean, Bucht, Watt und Fluß.

Der südliche Puget Sund: Im Süden des Puget Sundes leben mehrere kleine Stämme, darunter die Inselstämme Chehalis, Skokomish, Nisqually und Squaxin. Die Reservate sind schwer zu finden. Es ist daher empfehlenswert, die Stammeszentren aufzusuchen, wo man Informationen einholen und kleinere Ausstellungen besichtigen kann. Ein paar Stämme veranstalten Sommerfeste, unter anderem die **First Salmon Celebration** in Nisqually und den **Chehalis Tribal Day**.

Nach Umrundung der Sundspitze und Durchquerung des ländlichen Nisqually folgen noch zwei Reservate vor Seattle. Das erste ist das der Puyallup, deren Urname auf Salish „gastfreundlich und großzügig" bedeutet. Der Stamm erlitt Schlimmes von den weißen Siedlern, die ihn aus den Stammesgründen um den Hafen des heutigen **Tacoma** vertrieben. Er hielt seine Ansprüche auf diesen wertvollen Besitz lange aufrecht und gab den größten Teil des Hafens erst 1990 auf für umfangreiche Gegenleistungen, darunter verschiedene Dienstleistungen und Bargeld. Die Puyallup haben jedoch ein eigenes Reservat, in dem Besucher zum alljährlichen **Labor Day Powwow** (am langen Wochenende vor dem 1. Montag im September) gerne gesehen sind.

Nördlich von Tacoma, bei Auburn, ist das **Muckleshoot Reservat**. Seine 800 Bewohner stammen von den Skopmish, den Stkamish und den Smulkamish ab. Neben einer Räucherei, einem Spirituosenladen und einer *Bingo Hall* gibt es hier nichts, doch man bekommt einen Eindruck vom Reservatsleben.

Der nördliche Puget Sund: Rund 50 Kilometer nördlich von Seattle liegt **Tulalip**, mit 90 Quadratkilometern eines der größeren Reservate am Puget Sund. Zu den *Tulalip Tribes Incorporated* gehören verschiedene Stämme, alle Unterzeichner des Vertrages von Point Elliott. Mit über 2000 Angehörigen betreiben sie mehrere Unternehmen, darunter eine

Mit dem Boot auf den Gewässern des Quinault Reservates unterwegs.

Hühnerzucht, die man besichtigen kann. Am *Labor Day*-Wochenende veranstalten die Stämme die **Kla-How-Ya-Days** und gelegentlich finden Räucherlachszeremonien und Kanurennen statt. In **Snoqualmie** in Redmond sind Besucher ebenfalls willkommen und können an organisierten Lachsessen teilnehmen.

Von Tulalip aus landeinwärts in Richtung Cascade Mountains liegen mehrere kleine Reservate, jedoch ohne touristische Einrichtungen. Die Stillaquamish, das Kanu-Volk, wurden kürzlich offiziell anerkannt. Viele von ihnen wurden durch den Zustrom der Weißen ins Tulalip Reservat abgedrängt. Jetzt erhielten sie ein eigenes Stück Land am Stillaguamish River. Ebenso verhält es sich mit den Sauk-Suiattle, die tiefer in den Bergen leben und sich um den Schutz ihres Erbes, der Fische und Bäume, kümmern.

Im Rahmen des Vertrages von Point Elliott erhielten Swinomish, Lower Skagit, Kikiallus und Samish ein 25 Quadratkilometer-Reservat. Das **Swinomish Reservat** ist aufgrund seiner Nähe zu dem Urlaubsort **La Conner** für Touristen geeignet. Gegenüber von La Conner betreibt der Stamm das Longhouse Restaurant am Swinomish Channel. Er plant auch den Bau einer Marina für Yachten und den Wiederaufbau Twiwoks, einer archäologischen Fundstätte. Das östlich bei Sedro Wooley gelegene **Upper Skagit Reservat** beherbergt den Stamm, der für seine Zugehörigkeit zur Indian-Shaker-Religion bekannt ist, einer Mischung aus traditionellem und aus christlichem Glauben. Die Upper Skagit fertigen herrliche Holzkästchen an, die wegen ihrer gebogenen, nicht geschnittenen Kanten berühmt wurden.

Die **Lummi** sind der nördlichste der Puget Sund-Stämme. Ihr 55 Quadratkilometer-Reservat liegt an den Küsten von Lummi Bay und Puget Sund, wo sie seit Jahrhunderten mit Reusen, Riffnetzen und Pfählen fischen. Ihnen begegnet man am besten beim **Stommish Festival** im Frühsommer in Gooseberry Point. Besucher können Kanurennen miterleben, geräucherten Lachs kosten und Küstenindianerkunst erwerben.

Die kanadische Küste hinauf: Die Straße nach Norden führt nach Kanada, wo bald deutlich wird, daß die Staatsgrenze eine künstliche Grenze ist. Die Indianerkulturen nördlich und südlich davon sind eng verwandt, was sich bis nach Alaska und, wie manche meinen, sogar noch weiter fortsetzt. Diese Kontinuität ist in Kanadas schönen Provinz- und Stammesmuseen gut dokumentiert. Das **Museum of Anthropology** in Vancouver an der University of British Columbia beherbergt ausgezeichnete Ausstellungen über die Indianerkultur. Im **Royal British Museum** in Victoria sind ebenfalls einheimische Kultur und vor allem eine Maskensammlung zu bewundern.

Am Ende von Vancouver Island erzählen kleine Stammesmuseen in **Campbell River** und **Alert Bay** von den nördlicheren Kulturen. Die kulturelle Linie der pazifischen Nordwestküste zieht sich bis zu den Stammesgruppen der Nootka, Kwakiutl, Haida und Tlingit an der Küste Alaskas und jenseits der Bering-Straße. Viele Stämme und ihre Lebensweisen sind untergegangen, doch andere vermitteln noch die Lehren von Schönheit, Gleichgewicht und Überleben.

Links: Für Feste und Rennen werden immer noch Kanus gebaut. **Rechts:** Skokomish-Kästchen.

COLVILLE UND YAKIMA

Eines der größten Reservate der nordwestlichen Pazifikküste ist das Colville Indianerreservat im nördlichen Zentrum des Staates Washington, im Osten und Süden begrenzt vom Columbia River, im Westen vom Okanogan River. Auf seinen 5600 Quadratkilometern dehnt sich saftiges, sanft gewelltes Grasland bis an die Ränder dichter Nadelwälder. Seen und rauschende Flüsse glitzern vor dem Hintergrund von zerklüfteten Schluchten und Berghängen. Dies ist das Indianerland im Inneren des Staates Washington, bekannt durch Felszeichnungen, Mythen und seine bewegte Geschichte.

Elf Stammesgruppen gehören zu den *Confederate Tribes of the Colville Indian Reservation*, darunter die Wenatchee, Moses/Columbia, Okanogan, Entiat/Chelan, Methow, Palouse, Nez Perce, Nespelem, Colville, Sanpoil und Lake. Sie alle bildeten in früheren Zeiten eigenständige, ethnische und politische Einheiten Bis auf die Nez Perce und Palouse lebten sie im Kernland des Columbia-Plateaus. Das ursprüngliche Colville-Indianerreservat reichte im Norden, wie das benachbarte Reservat von Häuptling Moses, bis zur kanadischen Grenze. Das gegenwärtige Reservat wurde im Jahr 1872 durch Regierungserlaß geschaffen.

Häuptling Moses und seine Anhänger wurden ins Colville Reservat vertrieben, als ihr eigenes Reservat 1883 wegen des Zustroms goldhungriger Siedler von der Regierung aufgelöst wurde. Moses bot später den Palouse an, nach Colville zu kommen, als sie aus dem Gebiet des Snake River Canyon vertrieben wurden. Infolgedessen lebten Stammesführer wie der große Palouse-Häuptling Tespalus und die Söhne des hochgeachteten Yakima-Häuptlings Kamiakin in Colville.

1885 wurde ein Zweig der Nez Perces von der Regierung ins Colville Reservat umgesiedelt. Die Nez Perces gehörten zu den ersten Indianern des Nordwestens, die freundschaftliche Kontakte mit den Weißen pflegten. Die Lewis-und-Clark-Expedition verbrachte mehrere Wochen bei den Nez Perces. Diese rühmten sich später oft damit, daß sie in 70 Jahren nicht einen Weißen getötet hätten. Doch diese Freundschaft schützte sie nicht vor dem Ansturm weißer Goldsucher. Als in Häuptling Josephs Wallowa Mountains um 1870 Gold entdeckt wurde, war die Vertreibung der Indianer beschlossen.

Josephs Volk zog die Flucht dem Kampf vor und hoffte, bei Sitting Bull und seinen Hunkpapa Sioux in Kanada Zuflucht zu finden. Unter Führung der Häuptlinge Ollokot (Josephs Bruder), Looking Glass, Toohoolhoolzote und White Bird manövrierten und trickten ihre nicht einmal 100 Krieger über 2000 Kilometer weit die US-Truppen aus. Unterwegs überwachte Joseph sowohl die Rettung der 500 Frauen und Kinder, der Alten und Verwundeten sowie die Bergung von Pferden und Viehherden. Am 4. Oktober 1877 mußte Häuptling Joseph aufgeben, weil sein Volk unter Hunger und Kälte litt. Die Flüchtlinge wurden für fast acht Jahre ins Indianerterritorium (heute: Oklahoma) verbannt.

Während der Jahre im Exil hörte Joseph nie auf, die Regierung zu bitten, sein

Links: Spokane-Powwow. **Rechts**: Häuptling Moses, 1883.

Colville und Yakima 187

Volk in die Heimat zurückkehren zu lassen. „Genausowenig wie die Flüsse rückwärts fließen, wird ein Mann, der frei geboren wurde, zufrieden sein, wenn er eingepfercht und seiner Freiheit beraubt ist", sagte er. Am 22. Mai 1885 durften er und seine Gefolgsleute in den Nordwesten zurückkehren, doch nicht in ihr Stammland im Wallowa Valley. Joseph wurde mit 140 Indianern nach Colville geschickt, die 118 übrigen gingen ins Nez Perce Reservat nach Lapwai, Idaho.

Joseph starb am 21. September 1904 in Nespelem, Washington, am Lagerfeuer vor seinem Tipi. Der Arzt schrieb in den Totenschein, daß er an gebrochenem Herzen gestorben sei. Er wurde in **Nespelem** begraben, wo ein Stein sein Grab kenntlich macht.

Eine weniger bekannte, doch ebenfalls bemerkenswerte Gestalt Colvilles ist Humishuma oder Cristal Quintasket, die Autorin des ersten indianischen Romans *Cogowea, the Half-Blood* (1927). Sie begann zu schreiben, weil sie die Geschichten ihres Volkes, der Okanogan, erhalten wollte. Resultat ihrer Arbeit waren die *Coyote Stories* (1933), eine Sammlung von Okanogan-Mythen, die den Kojoten, den bekannten Betrüger und Kulturhelden beschreiben, der durch die Ausrottung von Ungeheuern den Weg für die Indianer ebnete.

Wälder und Wasser: Im Colville Reservat gibt es viel zu sehen und zu unternehmen, doch erwarten Sie keine überlaufenen Touristenattraktionen. Das Gebiet bietet Erholung in jeder Form, an kristallblauen Seen, Flüssen, in unberührter Wildnis, Bergen und sonnigem Klima.

Als fortschrittliche Geschäftsleute haben die Confederated Tribes of Colville mehrere stammeseigene Touristikunternehmen aufgezogen. Das imposanteste ist **Roosevelt Recreational Enterprises**, das das ganze Jahr über Luxushausboote am Lake Roosevelt, im Herzen der **Coulee Dam National Recreation Area** vermietet. Der Stamm bietet auch kleinere Fischerboote und Motorboote mit Wasserskiausrüstung an.

Den Confederated Tribes gehört auch das **Colville Cultural Museum** im Ort **Coulee Dam**. Zu seinen Exponaten zäh-

Der *fancy dancer* zeigt seine Farben.

Häuptling Joseph und die Nez Perces

Vor seinem Tod 1871 trug Häuptling Josephs Vater Tuekakas seinem Sohn auf: „Wenn ich gegangen bin, denk an dein Land. Du bist der Häuptling dieses Volkes. Sie erwarten, daß du sie führst. In ein paar Jahren wirst du umringt sein von Weißen. Sie begehren unser Land."

Der alte Mann kannte den Landhunger der Weißen nur allzu gut. Zweimal hatten Regierungsbeamte versucht, die Nez Perces mit Verträgen von ihrem Land zu vertreiben, zweimal hatte Tuekakas abgelehnt. „In dieser Erde ruht der Leib deines Vaters", sagte er seinem Sohn. „Verkaufe nie die Gebeine deines Vaters und deiner Mutter."

Bevor die Weißen kamen, bewohnten die Nez Perces das Grasland und die Hochwälder westlich der Bitterroot Mountains. Im Jahr 1805 hießen sie Lewis, Clark und ihre erschöpften Begleiter willkommen und begegneten den Weißen freundlich, die ihnen folgten. Einige Nez Perces, darunter Tuekakas und Joseph, nahmen sogar den Glauben der Weißen an und gaben sich christliche Namen.

Doch die Freundschaft der Nez Perces reichte den Amerikanern nicht. 1873 nach Tuekakas Tod kamen Regierungsleute mit einem alten Vertrag zu Joseph und verlangten die Umsiedelung in ein Reservat. Doch Tuekakas hat diesen Vertrag nie unterschrieben. Er hat nie zugestimmt, sein Land aufzugeben. „Wenn uns das Land je gehört hat", erklärte Jospeh, „so gehört es uns noch, denn wir haben es nie verkauft."

Doch die Regierung stellte Josephs Volk ein Ultimatum: Die Indianer sollten ihre Heimat binnen 30 Tagen freiwillig verlassen, oder sie würden vertrieben. Es gab Krieger, die nach Blut schrien, doch Joseph wußte, daß ein Kampf aussichtslos war. „Lieber in Frieden leben", sagte er, „als einen Krieg zu beginnen und zu sterben."

Innerhalb von 30 Tagen machten sich Josephs Leute auf die Reise. Doch bevor der Stamm am Ziel war, schlich sich eine Gruppe kühner junger Krieger aus dem Lager und tötete elf Weiße. „Ich würde mein eigenes Leben geben, um die Ermordung der Weißen rückgängig zu machen", sagte Joseph, doch bevor sie Reparationen anbieten konnten, waren schon Soldaten hinter ihnen her.

In den folgenden vier Monaten fand die wagemutigste, heldenhafteste und strategisch klügste Flucht statt, die indianische Krieger je bestritten hatten. Mit den Häuptlingen Toolhoolhoolzote, Looking Glass und Ollokot führte Joseph 650 Menschen über 2000 Kilometer weit, wobei er zahlen- und waffenmäßig weit überlegene Truppen immer wieder ablenkte und ihnen auswich.

Seine Hoffnung war ein Entkommen nach Kanada, wo er sich Sitting Bull anschließen wollte. 50 Kilometer vor der Grenze, in einem verschneiten, von Soldaten umstellten Lager, gab Joseph auf. Seine Botschaft an die Soldaten lautete: „Ich bin des Kampfes müde. Unsere Häuptlinge sind tot. Looking Glass ist tot. Toolhoolhoolzote ist tot. Die alten Männer sind alle tot. Die jungen Männer bestimmen jetzt über ‚Ja' oder ‚Nein'. Der die jungen Männer führte (Ollokot) ist tot. Es ist kalt und wir haben keine Decken. Die kleinen Kinder erfrieren. Einige aus meinem Stamm sind in die Berge geflohen und haben keine Decken, keine Nahrung. Niemand weiß, wo sie sind, vielleicht erfroren. Ich möchte nach meinen Kindern suchen und sehen, wie viele ich finden kann. Vielleicht finde ich sie unter den Toten. Hört mich, meine Häuptlinge. Ich bin müde. Mein Herz ist schwer und traurig. Seht, wo die Sonne jetzt steht, von nun an will ich nie wieder kämpfen."

Trotz Versprechungen wurden Joseph und seine Leute nicht in ein Reservat gebracht, sondern in ein Internierungslager nach Kansas. Nach einer Folgezeit im Indianerterritorium und einer Malariaepidemie durften ein paar der wenigen Überlebenden in ihr Reservat in Lapwai, Idaho zurückkehren, nicht aber Joseph. Er wurde in das Colville-Reservat im Staat Washington ins Exil geschickt, wo er 1904 starb.

Ein Soldat formulierte später die Ansicht vieler: „Ich glaube, daß Joseph auf seinem langen Lebensweg nicht eine einzige gerechte Handlung der Regierung der USA erlebt hat."

Heute ist das Zentrum des Stammes im Nez Perce Indianerreservat im Nordwesten Idahos. Sie veranstalten im Frühjahr und Sommer mehrere Powwows, zu denen Besucher willkommen sind.

len Handarbeiten, Kunstgegenstände und Kojotengeschichten in der Sprache der Einheimischen, aber auch Informationen über Nahrung, Kleidung und Behausung der Ureinwohner. Der Museum Gift Shop bietet eine große Auswahl an Mokassins, Perlenschmuck und Zedernkörben aus einheimischer Fertigung.

Auch die Handelsstation in der Nähe des Stammeszentrums in **Nespelem** wird von den Stämmen betrieben. Neben den üblichen Lebensmitteln kann man hier Perlenschmuck, Pendelton-Decken, von Indianerkünstlern entworfene T-Shirts und *Huckleberries* – (eine amerikanische Heidelbeerenart) Spezialität Colvilles – erwerben. In Video Quest weiter nördlich am Highway 155 gibt es Perlenschmuck, Bücher und ein großes Angebot an indianischer Musik.

Mancherorts im Reservat führt ein wenig Interesse sehr tief in die Materie. Im Gebäude des **History and Archeology Program** bei der Handelsstation zum Beispiel steht ein Schaukasten mit 200 bis 8000 Jahre alten Gegenständen. Hier können Sie sich auch über Fundstätten von Felszeichnungen informieren. Ein weniger bekannter Fundort ist von Coulee Dam aus zu Fuß zu erreichen, doch da viele Fundstätten von Touristen zerstört wurden, geben Einheimische nicht mehr so gern Auskunft.

Colvilles größtes Powwow findet während der Ferien zum Nationalfeiertag am 4. Juli in Nespelem statt. Das einwöchige Fest zieht Trommlergruppen aus North und South Dakota oder Montana an.

Kleinere Rodeos finden den ganzen Sommer über statt, darunter das Omak Stampede-Rodeo und Indianerlager. Das **Omak Stampede** ist berühmt für sein „Selbstmordrennen", bei dem junge Reiter ihre Pferde einen unglaublich steilen Abhang hinunterreiten, die trügerischen Strömungen des Okanogan durchqueren und dann zur Rodeo-Arena galoppieren.

Einmal im Jahr strömen von überall her die Menschen zum immer beliebteren **Sobriety Camp Out**. Das Zeltlager war von Pierre Louie ins Leben gerufen worden, der „die Menschen versammeln" wollte und ihnen eine Alternative zum zerstörerischen Alkohol bot. Spirituelle

Mount St. Helens.

Bereicherung und traditionelle Vergnügungen sollte sein Bergvolk von Inchelium vom Alkohol wegbringen. Louie fand einen Ort, an dem sich die Familien treffen und in gesunder, erholsamer Umgebung wohlfühlen konnten. Das Sobriety Camp Out ist offen für jeden und bietet Unterhaltungsrennen, Bootsausflüge, Wanderungen, herrliche Aussichten und Seelenfrieden. Es findet im Juli in **Twin Lakes** bei Inchelium statt und dauert eine Woche. Zelte, Tipis, Schlafsäcke, etc. sind selbst mitzubringen.

Ein anderes bemerkenswertes Ereignis ist die **Spokane Labor Day Celebration**, die in dem Colville benachbarten, kleinen Spokane Indianerreservat abgehalten wird. Dazu gehören Tanz, Handarbeiten, Essen und traditionelle Spiele.

Das 50 Kilometer entfernte **Museum of Native American Cultures** in der Ortschaft Spokane beherbergt eine der umfassendsten Sammlungen amerikanischer Indianerkultur.

Die Nation der Yakima: Rund 320 Kilometer südöstlich von Colville, an die schneebedeckten Kuppen der Cascade Mountains geschmiegt, liegt das Yakima Indianerreservat, das sich über 5600 Quadratkilometer Hochebene und Berghänge erstreckt. Wie Colville ist der Yakima-Stamm ein Zusammenschluß mehrerer Stammesgruppen, darunter Palouse, Pisquose, Yakima, Wenatchapam, Klickitat, Klinquit und andere.

Die Yakima-Nation entstand infolge des Walla-Walla-Vertrages von 1855, in dem 14 Stammesgruppen Land gegen Frieden tauschten. Den Indianern wurde zugesagt, daß sie bis zwei Jahre nach der Ratifizierung des Vertrages in ihrem Stammland bleiben könnten, doch sofort nach Unterzeichnung begannen Weiße in das Territorium vorzudringen, und es kam zu Feindseligkeiten. Unter Führung des Yakima-Häuptlings Kamiakan attakkierten Krieger mehrerer Stammesgruppen die Soldaten, die zur Jagd auf die Indianer geschickt wurden. Eine Reihe freischaffender „Exterminatoren" waren ebenfalls in die Aktivitäten zur Befreiung der Region von Indianern verwickelt.

Hin und wieder kam es zu Zusammenstößen, an denen auch Coeur d'Alenes, Palouses, Cayuses, Nördliche Paiutes und Spokanes beteiligt waren. Nach anfänglichen Erfolgen erlitten die Indianer schwere Verluste, und die Konföderation zerbrach. Fünfzehn Indianerführer wurden schließlich von den Weißen gefaßt und gehängt, viele andere gefangengenommen. Häuptling Kamiakan wurde 1858 verwundet und floh nach Kanada. Ein paar Jahre später kehrte er zurück und ließ sich im Spokane-Reservat nieder.

Der beste Ausgangspunkt für einen Besuch des Yakima-Reservates ist das **Cultural Heritage Center** beim Stammeszentrum in **Toppenish**. Neben Bücherei, Theater und Restaurant beherbergt der Komplex das **Yakima National Museum** mit Exponaten über Ökologie und Einheimischenkultur der Region, darunter Weiden-Erdhütten, *tule*-Tipis aus Schilf und Schwitzhütten und Arbeiten einheimischer Künstler. Auch einen Andenkenladen gibt es mit einem großen Angebot an Perlenarbeiten, Körben und Silberschmuck aus Yakima- oder anderer einheimischer Fertigung.

Im Cultural Center können Sie sich über das **Toppenish Powwow** und **Yakima Nation Summer Encampment** informieren, die beiden größten gesellschaftlichen Ereignisse des Jahres am Wochenende des 4. Juli mit Stammestänzen, Handarbeiten und Spielen. Das **Yakima Powwow** im September ist ebenfalls ein bedeutsames Datum der nationalen Powwow-Szene.

Westlich von Toppenish, im **Fort Simcoe State Park**, liegt eine der vielen Garnisonen, die im Yakima-Krieg und anderen Kämpfen zwischen Indianern und Weißen eine Rolle spielten. Manchmal wurden von hier aus auch Soldaten abgestellt, um die Indianer vor weißen Lynchkommandos zu schützen, die die Roten ausrotten wollten.

In der Ferne ragt der 3600 Meter-Gipfel des **Mount Adams** über den westlichen Teil des Reservates. Er ist *Pahto*, der heilige Berg der Yakima-Stämme, Spender des Wassers, Erschaffer der Pflanzen und Tiere. Höher ist nur noch der **Mount Rainier** im Norden, der über 4200 Meter erreicht. Westlich des Pahto produziert der tödliche Vulkankegel des **Mount St. Helen's** immer noch unheilvolle graue Wolken.

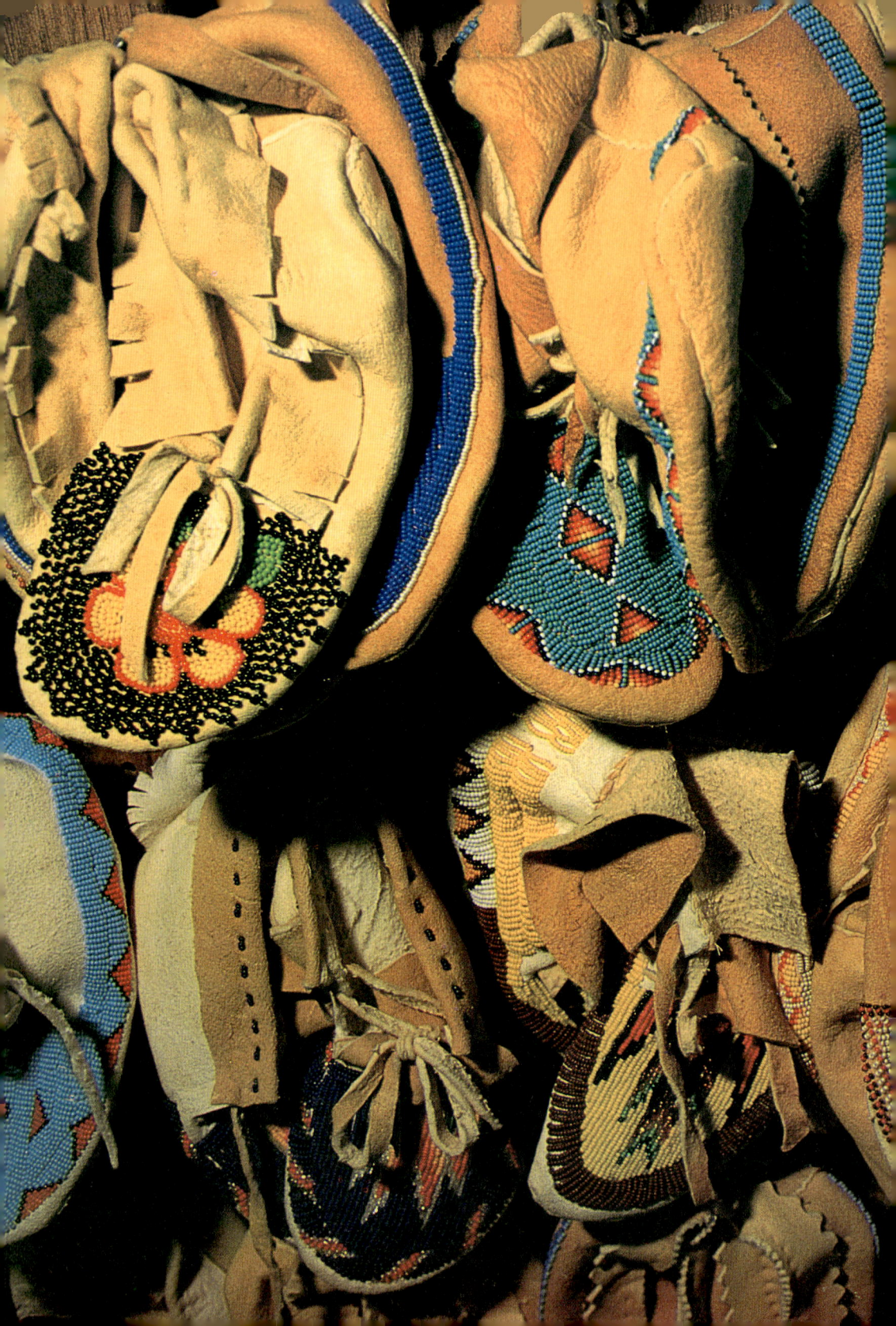

WARM SPRINGS

„Sie betreten jetzt das Warm Springs Indianerreservat" lautet das Schild, das jeden Tag 11 000 Autos passieren. Nur wenige halten an, um die herrlichen Ansichten am Straßenrand oder die Wolkenformationen zu bewundern, die sich über den **Cascade Mountains** auftürmen.

Und noch seltener interessiert sich jemand für die Menschen, die hier leben. Es sind Angehöriger dreier Stämme - Warm Springs, Wasco und Paiute -, die im größten Reservat Oregons heimisch gemacht wurden und die wohl die intensivsten Bestrebungen zur Erhaltung ihrer Kultur im späten 20. Jahrhundert entwickeln.

Das Warm Springs Reservat liegt in einem geographischen Becken, das im Westen von den „Blauen Bergen" der Cascade Mountains begrenzt wird und im Osten von der schnellen Strömung des Deschutes River. Die meisten Leute stellen sich die nordwestliche Pazifikküste als Land smaragdgrüner Wälder und immerwährenden Regens vor. Dabei ist das Klima sehr unterschiedlich. Zentral-Oregon - insbesondere Warm Springs - ist eine Landschaft mit wilden Kliffs, vulkanischen Gesteinsformationen und uralten geologischen Verwerfungen. Und es ist ein unvorstellbar weites Land. Endlose Hochwüsten erstrecken sich bis zur Grenze zwischen Himmel und Erde, die, wie zwei große Handflächen, ein üppig gedeihendes Ökosystem, von warmen Lüften umweht, umschließen.

Es versteht sich von selbst, daß eine Fahrt durch diese Gegend für die Touristen ein großartiger Anschauungsunterricht in Geologie ist. Von steilen Paßstraßen kommt man auf übersichtliche Highways, von der Sohle tiefer Canyons fährt man hinaus in die gras-, wacholder- und salbeibewachsenen Weiten. Und stets sind Mount Jefferson, Black Butte, Bald Peter, Ollallie Butte und Mount Hood in der Ferne präsent.

Drei Stämme, ein Volk: Wie viele Indianer leben auch die Stämme des Warm Springs Reservates nicht mehr in ihrer angestammten Heimat. Das 2500 Quadratkilometer ist lächerlich klein verglichen mit den über 40 000 Quadratkilometern, die von den Stammeshäuptlingen im Jahr 1855 gegen die Zusicherung der Autonomie aufgegeben wurde.

Ursprünglich lebten Wasco und Warm Springs - die ersten, die im Reservat angesiedelt wurden - in uralten Siedlungen am Columbia River, die seit über 10 000 Jahre lang lebhafte Handelszentren gewesen waren. Sie ernährten sich vom Lachsreichtum der Flüsse, von Wurzeln und Beeren und gelegentlich von etwas Wild, das die Hochebene und die Hänge der Cascade Mountains durchstreifte.

Anfangs war das Verhältnis zwischen den Warm Springs (auch Walla Walla genannt), den Wascos und den Amerikanern ganz gut. Bei ihrer Fahrt auf dem Columbia River zum Pazifik entdeckten Lewis und Clark die Stämme im Jahr 1805 während der bekannten Expedition und beschrieben sie als Menschen von „großer Freundlichkeit". Mitte des 19. Jahrhunderts strömten die Siedler in das fruchtbare Land um die Columbia River Gorge und Rufe nach der Umsiedelung seiner Ureinwohner wurden laut. Da sie

Vorherige Seiten: Mokassins der Shoshone-Bannocks. **Links:** Holzfäller der Warm Springs. **Rechts:** Ske-metze oder Chopped Up mit Bogen und Pfeilen im Köcher, ca. 1877.

Warm Springs 195

es für klüger hielten, im Schutze eines Reservates zu leben, unterzeichneten die Häuptlinge 1855 den Vertrag, mit dem sie fast ihr ganzes Stammland abtraten.

Das dritte Glied im Bunde der Confederated Tribes – die Nördlichen Paiutes (oder Snakes) – wurden erst 1879 ins Warm Springs Reservat umgesiedelt, rund 25 Jahre nach den Wascos und Warm Springs. Die Paiutes lebten im Großen Becken des heutigen Nevada. Haupteinnahmequelle waren Raubüberfälle auf Nachbarn. Sie stießen gelegentlich sogar bis weit nach Südwesten vor.

Als unabhängiges, wildes Volk stellten sich die Nördlichen Paiutes schnell auf den Ansturm der Weißen ein, von denen viele im Zuge des Goldrausches um 1850 hergelockt wurden. Die US-Armee war mit dem Bürgerkrieg beschäftigt, und so konnten die Paiutes relativ unbehelligt Goldgräberlager, Ranches und Postkutschen überfallen. Doch nach Kriegsende 1865 kamen die Soldaten. Die Paiutes wurden unter dem Kommando von General George Crook zur Aufgabe gezwungen, nachdem in nicht einmal zwei Jahren 550 Krieger von ihnen getötet oder gefangengenommen worden waren.

Die Überlebenden des *Snake War* von 1866-68 wurden in verschiedenen Forts und Reservaten interniert. Eine Gruppe wurde zehn Jahre lang in Fort Vancouver gefangengehalten, bevor sie sich im Warm Springs Reservat ansiedeln durfte. Fünfundzwanzig Jahre nach Ratifizierung des Vertrages von 1855 wurde aus den Confederated Tribes ein Volk.

Wärme genießen: Trotz des Elends, das sie seit der herzlichen Aufnahme der Lewis-und-Clark-Expedition erfahren mußten, sind Freundlichkeit und Großzügigkeit immer noch grundlegende Charakterzüge der Stämme von Warm Springs. Sie betreiben eine „Politik der offenen Tür" und heißen Indianer wie Nichtindianer gleichermaßen willkommen. Obwohl sie seit über 100 Jahren nicht mehr in ihrer angestammten Heimat leben, streben sie immer noch nach Erhaltung und Erneuerung ihrer Kultur im Rahmen der Stammesgemeinschaft. Auch wirtschaftliche Entwicklung und Umweltschutz gehören zu ihren Zielen.

Die Trommeln bestimmen den Rhythmus.

Die stammeseigene Holzindustrie etwa - eines seiner lukrativsten und stabilsten Unternehmen - wird von strengen Umweltschutzrichtlinien bestimmt. Doch ist Holz für den Stamm nicht die einzige schützenswerte Ressource: „Auch die Wurzeln, Beeren und das Moos des Waldes sind uns wertvoll. Gras ist nicht nur für Vieh und Pferde wertvoll sondern auch für Reh, Elch und andere Weidetiere. Sauberes Wasser ist wichtig für Lachs und Forelle. Wir müssen alle Lebensformen schützen, die für uns von Bedeutung sind."

Die Kultur der Confederated Tribes ist bewahrend, aber gleichzeitig auch lebendig und zukunftsorientiert. Die Menschen von Warm Springs sind bodenständig und meistern ihre Probleme. Sie können daher für Besucher mit ernsthaftem Interessen an Leben und Kultur der Ureinwohner Amerikas eine Brücke des Verständnisses zur indianischen Anschauungsweise bauen .

Die wichtigste touristische Einrichtung im Warm Springs Reservat ist das **Kah-Nee-Tah Vacation Resort**, ein 144 Zimmer-Luxushotel, das nach seiner einstigen Besitzerin genannt wurde. Es ist ein Musterbeispiel für fortschrittliches indianisches Denken, das traditionellen Stammeseigenheiten nützt. „Genieße die Wärme…einer alten Tradition", wirbt die Broschüre, und in Anbetracht der Tatsache, daß jeder Besucher ein „willkommener Gast" ist, fühlen diese sich hier sofort wohl.

Ob sie einen komfortablen Kurzurlaub oder wildes Abenteurerleben im Freien vorhaben, Kah-Nee-Tah bietet alles. Neben luxuriösen Suiten mit Whirlpools und offenen Kaminen bietet die Lodge auch mehrere Hütten, ein Zeltlager mit Tipis, Reit- und Angelmöglichkeiten und einen Golfplatz. Die heißen Quellen in der Nähe wurden schon seit Jahrhunderten ob ihres wohltuenden, gesunden Mineralwassers geschätzt und werden heute für die Beheizung mehrerer Schwimmbecken genutzt. Es werden auch Lachsessen veranstaltet, und schließlich gibt es viele Gelegenheiten, indianische Zeremonien, Tanz- und Musikdarbietungen zu erleben.

Mount Jefferson.

Warm Springs 197

Das Ferienzentrum ist auch ein idealer Ausgangspunkt für Touren durch die Wildnis. Der **Pacific Crest National Scenic Trail** schlängelt sich am Rande des Reservates durch die Gipfel der Cascade Mountains in den nördlich gelegenen **Mount Hood National Forest** bis hinauf nach Kanada. Nach Süden gelangt man auf ihm durch die **Three Sisters Wilderness Area** nach rund 300 Kilometern in das nördliche Kalifornien. Das Reservat liegt in Reichweite eines der besten Skigebiete des Staates, das nur 25 Kilometer weiter im Norden liegt.

Die Kah-Nee-Tah Lodge hat zudem auch eine interessante Kunstsammlung zu bieten, die manche Mythen und Legenden der Confederated Tribes veranschaulicht. Eine besondere Arbeit stellt die magische Figur des trickreichen und betrügerischen Kojoten dar, der in den Mythen aller Stämme des Nordwestens auftaucht.

Der Kojote lebt mit einem Fuß im mythologischen Königreich und mit dem anderen in der Welt der Menschen. Dabei ignoriert er die Grenzen beider, was ihn liebenswert, doch oft auch unberechenbar und dreist erscheinen läßt. Die über ihn handelnden Geschichten liefern den Indianervölkern bis heute Stoff zum Nachdenken.

Ein anderer Anlaufpunkt für Besucher ist die **Warm Springs National Fish Hatchery**, wo umfangreiches Anschauungsmaterial die Bedeutung des Lachses für die Stammesgemeinschaften und für die gesamte Region erläutert. Einige Fischer der Warm Springs fangen in **Shears Bridge** noch Lachse auf alte traditionelle Art. Sie benutzen Tauchnetze, die riskant über den Rand des Flußufers balanciert werden, während darunter helles Wasser vorbeirauscht. Früher halfen die großen Schwärme silbriger, springender Fische den Stämmen, die mageren Wintermonate zu überleben und Händler herbeizulocken.

Der Winter war auch die geeignete Zeit zur Herstellung von Werkzeugen und exquisiten Kunstwerken. Viele dieser Gegenstände befinden sich heutzutage leider in Museen außerhalb des Reservates, unerreichbar für die Stämme, die sie gut gebrauchen könnten, um ihrer Jugend die traditionelle Lebensweise nahezubringen.

Diesem Problem wollen die Confederated Tribes mit der Gründung eines eigenen Museums begegnen. Das 4,5 Millionen-Dollar-Projekt wurde 1990 gestartet und soll, nach umfangreichen Rückkäufen von Zeugnissen aus der indianischen Vergangenheit, ein „lebensnahes Kulturlabor" werden. Computerisierte Archive, Werkstätten zur Konservierung und Restaurierung von Kunstgegenständen und eine umfassende Ausstellung über Kultur und Geschichte der Confederated Tribes werden Indianern und Touristen gleichermaßen dienen.

Die Feste feiern, wie sie fallen: Im Laufe des Jahres begrüßen die Einwohner von Warm Springs Besucher auch zu einer Reihe besonderer Ereignissen der Stammeskultur und der zyklischen Erneuerung des Lebens. Aus dem ganzen Land reisen Indianer zum **Pi-Ume-Sha Treaty Day Powwow** nach Warm Springs, das gewöhnlich am dritten Juniwochenende stattfindet und auch zum **Lincoln's Birthday Powwow** im Februar.

Fischen mit Tauchnetzen in Shears Bridge.

Zeremonien wie das **Root Feast** und das **Huckleberry Feast** sind ebenfalls für Besucher offen, wobei man sich vor der Teilnahme bei den zuständigen Stammesbehörden für *Public Relations* und *Culture and Heritage* informieren sollte. Das Root Feast ist im Frühling, meist am ersten Aprilsonntag, das Huckleberry Feast Anfang August. Die genauen Daten dieser Erntedankfeste werden von der Reife der Wurzeln und Beeren bestimmt. Die Feste werden als Danksagung für kommende Ernten unter der Schirmherrschaft der ältesten Frau des Stammes ausgerichtet.

Diese uralten Feiern des Lebens sind heute - wie so vieles in Warm Springs - eine Mischung aus Alt und Neu, Alter und Jugend, Kulturerhalt und Erneuerung. Die umliegende Berge symbolisieren dies vielleicht am besten: sie verbreiten gleichzeitig rauhe, erhabene Schönheit, aber auch Unruhe und Wandel. „Glaube und Geduld haben unser Volk seit den ersten Kontakten mit den Weißen zusammengehalten", bemerkt ein zeitgenössischer Wasco-Häuptling. „Diese Eigenschaften waren unsere Stärke. Ich sehe ein Wiederaufleben der Traditionen. Glaube und Geduld, zusammen mit moderner Technik, bringen viel von dem zurück, was wir verloren haben."

Das Warm Springs Indianerreservat muß man differenziert betrachten, wenn man es verstehen will. Die Vielfalt der Landschaft und der Menschen von Warm Springs, Wasco und Paiute verbreiten einen Eindruck von Schönheit und Weisheit, die nur noch von ihrer Regenerationsfähigkeit übertroffen wird.

Dieses Reservat unterscheidet sich deutlich von allen anderen Reservaten des amerikanischen Westens. Hier haben sich drei Stämme zusammengeschlossen und durch harte Arbeit zu einer maßgeblichen wirtschaftlichen und kulturellen Kraft entwickelt. Die Stämme konnten in schwierigen Zeiten wichtige, materielle Erfolge verzeichnen. Doch vielleicht haben sie sich dies beim legendären Kojoten abgeschaut. Sein Beispiel zeigte ihnen, daß mit Wendigkeit und Cleverness ein gutes Leben auch in unsicheren Zeiten gelingen kann.

Eine Zuschauerin beim Warm Springs Powwow.

DAS FLATHEAD RESERVAT

„Am Anfang sandte der Schöpfer den Kojoten auf den Teil des Planeten, der schon Land war, um ihn für die Besiedelung durch Mensch und Tier vorzubereiten. Der weise alte Koyote gab der Welt ihre Form und zeigte den Menschen, wie man in ihr lebt. Er gab den Menschen viel Nützliches, doch auch Hunger, Gier, Zorn und andere Unzulänglichkeiten als Ansporn zur Weiterentwicklung, zum Erlernen von Humanität und Verständnis füreinander." So erzählen die Salish die Schöpfungsgeschichte.

Die Legende sagt weiter, daß der Kojote und sein Bruder, der Fuchs, am Rande dieser Insel warten, die von uns „Land" genannt wird. Wenn sie zurückkehren, naht das Ende der Zeit, das Ende dieser Phase des Universums.

Die Ältesten der Salish sagen, daß der Schöpfer ursprünglich nur ein Volk erschuf. Mit der Zeit zersplitterte es jedoch in die vielen Stämme des Nordwestens. Unter ihnen finden sich heute die Salish der Bitterroot Mountains und ihre nordwestlichen Nachbarn, die Kootenais. Heute leben Salish und Kootenais im Flathead Indianerreservat auf über 4000 Quadratkilometern bewaldeter Berge und geschützter Täler im Nordwesten Montanas an den eisblauen Wassern des Flathead Lake. Der Name „Flathead" war ursprünglich der Name einer Unterabteilung der Salish, doch wurde er von den Weißen für alle Mitglieder der *Salish-Kootenai Confederacy* verwendet.

Mächtige Medizin: Die großen Flußtäler und baumbestandenen Berge boten den Flathead eine gute Lebensgrundlage. Bison, Elch und Reh sorgten für Nahrung, Kleidung und Gebrauchsgegenstände. Im Tiefland gediehen Bitterwurzel, wilder Pastinak und andere nahrhafte Pflanzen. Die Berge waren im Sommer ein kühler Zufluchtsort, die waldgesäumten Täler boten im Winter Schutz.

Doch mit den Europäern kamen grundlegende Veränderungen für die Flathead Stämme, und wie viele Stämme Montanas machten die Flathead früh die Bekanntschaft der Weißen. Anfang des 19. Jahrhunderts waren die Felle amerikanischer Biber, Nerze und anderer Pelztiere in Europa sehr gefragt. Die Gewinnspanne im Handel mit Fellen heizte zunächst den Konkurrenzkampf zwischen Briten und Franzosen an. Später kam es zur Rivalität zwischen den Briten und den flügge werdenden Vereinigten Staaten.

Anfang des 19. Jahrhunderts lieferten sich John Jacob Astors *American Fur Company* und die britische *Hudson Bay Company* ein Wettrennen zum Pazifik. Auf dem Weg dorthin gründeten sie Pelzforts und Handelsstationen und schlossen Handelsabkommen mit den Anrainerstämmen. Zu den Flathead kamen französische, britische und amerikanische Fallensteller und Händler. Die Weißen wollten natürlich Pelze, und sie besaßen etwas, das wiederum die Flatheads wollten.

Als eine Pelzfirma Iroquois-Trapper mitbrachte, um den Indianern zu zeigen, wie man Stahlfallen stellt und die Pelze so bearbeitet, wie es die Händler wünschten, wurden nicht einfach irgendwelche Männer ausgesucht, sondern nur India-

Vorherige Seiten: „Weißes Wasser" rauscht unter den Fischern von Warm Springs. **Links:** Salish-Älteste. **Rechts:** Arlee Powwow.

ner die zuvor zum Christentum konvertiert waren. Die Iroquois erzählten von mächtigen weißen Medizinmännern im Osten, den „Schwarzroben" mit ihrem Medizinbuch, der Bibel. Die beschriebene Religion bot, was die Flatheads lange vergeblich gesucht hatten.

Von ihren Nachbarn, den gewalttätigen und an Zahl überlegenen Blackfeet bedroht, sandten die Salish nacheinander vier Delegationen nach St. Louis, Missouri, um einen Priester und die mächtige Medizin des Weißen Mannes mitzubringen. Die erste Abordnung machte dort eine interessierte protestantische Sekte ausfindig. Zwei der Salish starben in St Louis, die anderen beiden erreichten auf der Rückreise nie ihr Ziel. Die Protestanten schickten dann zwar Missionare an die Pazifikküste, doch nicht an die Ufer des Flathead Lake. Eine zweite Delegation wurde von Sioux niedergemetzelt. Eine dritte kam mit Versprechungen zurück, denen keine Taten folgten. Erst die vierte Delegation konnte 1839 den Jesuitenpater Pierre Jean DeSmet für eine Missionsreise in ihre Heimat gewinnen.

Die Weißen staunten über den Eifer und die Inbrunst, mit der die Salish den neuen Glauben annahmen. Der Eifer kam daher, daß die neue Religion nicht nur deren Bedürfnissen, sondern auch ihren Prophezeiungen entsprach. Häuptling Shining Shirt hatte nämlich in jungen Jahren eine Zukunftsvision gehabt. Die Geister hatten ihm gesagt, „Wenn du erwachsen bist, werden Männer in langen schwarzen Gewändern kommen. Sie werden dir von *Amotgen* erzählen, dem guten Geist, der ganz oben sitzt, und von *Emtep*, dem Bösen, der ganz unten sitzt. Von ihnen wirst du lernen, wie du auf Erden leben sollst."

Doch die Übernahme des Glaubens der Weißen schützte nicht vor ihrer Gier. Ende des 19. Jahrhunderts kamen weiße Siedler in Scharen zu den Stämmen West-Montanas. Goldfunde, erst in Alder Gulch, dann in Helena's Last Chance Gulch, zogen die Weißen in das Land, das sie als von der Vorsehung ihnen übereignet ansahen.

Die Weißen meinten, daß die Indianer mehr Land besetzten als sie je nutzen würden. „Nutzen" hieß natürlich für die weißen Pioniere „bestellen, nach Bodenschätzen erforschen oder beweiden". Die traditionelle Manier der Salish oder Kootenais „vom Land zu leben", lag außerhalb der Vorstellungswelt der Weißen.

Im Jahr 1897 sollte eine Kommission mit den Indianern über den Verkauf eines Teils des Reservates verhandeln. Doch Salish und Kootenais lehnten den Vorschlag einhellig ab. Salish-Häuptling Charlo sagte, daß er nicht einen Fußbreit des Landes verkaufen würde. Isaac Big Knife, Häuptling der Kootenais, sagte, die Weißen sollten sich lieber jemanden suchen, der mehr an Geld interessiert sei.

Bald jedoch wanden sich Bahngleise durch Montana. Städte blühten auf, Minen warfen Profit ab. Um die Jahrhundertwende beschwerten sich die Weißen Montanas bei der Regierung, daß die Indianer den „Fortschritt" behinderten. US-Senator Joe Dixon wurde im Staat der Wortführer der Gruppe, die für die Vertreibung der Indianer von ihrem Land eintrat. Seine Gesetzesvorlage aus dem Jahr 1903 wies den einzelnen Indianern nur noch kleine *Allotments* an Land zu

Flathead Abordnung auf dem Weg zum „Weißen Vater" nach Washington, 1884.

und gab die übrigen Gebiete für die Weißen *Homesteaders* frei.

Diese neue Form des Eigentums an kleinen Parzellen war der indianischen Lebensweise fremd. In kurzer Zeit gingen die Indianergrundstücke wie alle kleineren Ländereien in die Hände von reichen Großgrundbesitzern über. In den meisten Fällen waren dies Weiße. Den weißen Kleinsiedlern ging es ähnlich. Die Folge davon war, daß das beste Akkerland und die Siedlungen bald nicht mehr den Stämmen gehörten. Heute besitzen die Indianer nur noch knapp 60 Prozent des ursprünglichen Reservates.

Gottes eigenes Land: Das Flathead Reservat liegt in einer der schönsten Gegenden des Indianerlandes. „Hier würde Gott Urlaub machen, wenn er die Zeit dazu hätte", sagen die Einheimischen. Im Frühjahr ist die Luft erfüllt vom Duft der Kirschbäume. Im Frühsommer blüht die Bitterwurzel. Diese Pflanze gilt hier als ein Geschenk des Schöpfers an die Stämme des Nordwestens. Andere Stämme verwenden geriebene Bitterwurzel als Medizin, die sie mit Tee mischen oder auf die heißen Steine in der Schwitzhütte streuen und deren Rauch sie inhalieren. Für Salish und Kootenais war sie aber ein Grundnahrungsmittel.

Für Besucher ist das majestätische Bergland im Osten des Flathead Valley leicht zugänglich. Das *Wild Land Recreation Department* des Stammes verwaltet die 380 Quadratkilometer umfassende **Tribal Wilderness Area** am Rande der **Mission Mountains**, ein Paradies für Rucksacktouristen, Wanderer, Kletterer und Camper. Die Campingplätze sind primitiv (mit einfachen Gebäuden, ohne Waschmöglichkeiten oder sonstigem Komfort), die Wanderwege menschenleer. Außerdem gibt es über 100 Seen und Teiche von 4000 Quadratmetern und größer. Viele sind am Ende der letzten Eiszeit von zurückweichenden Gletschern hinterlassen worden.

Einheimische und hier ausgesetzte Forellenarten gibt es in Hülle und Fülle. Erkundigen Sie sich vor Erwerb eines Angelscheins auf alle Fälle nach den örtlich geltenden Bestimmungen. Sie ändern sich jedes Jahr. Bestimmte Arten

Pferde unterstützen die Holzfällerarbeiten im Flathead Reservat.

müssen am Unterlauf von Flüssen wieder freigesetzt werden.

Amerikanische Heidelbeeren sind eine Delikatesse dieser Region. Beerenliebhaber hüten eine gute Fundstelle für *huckleberries* wie einen Schatz. Einige tauschen Rezepte für Marmeladen, Soßen und Weine aus. Andere fragen sich, wie jemand so schnell pflücken kann, daß er am eigenen Naschmund vorbei kommt und einen Eimer mit Beeren füllen kann.

Wer wild campt muß wissen, daß er sich in Grizzly-Territorium befindet. Vorsichtsmaßnahmen sind ratsam. Nahrung sollte man auf einem Baum abseits des Lagers aufbewahren und Abfälle vergraben. Manche Wanderer tragen Bärenglocken mit sich, um die Tiere nicht zu überraschen. Im Hochsommer versammeln sich die großen Bären am **McDonald Peak**, wo sie Schwärme von Marienkäfern vertilgen. Die Parkverwaltung schließt dann 40 Quadratkilometer der Wildnis, um Bären und Menschen voreinander zu schützen.

Bevor Sie sich in die Tribal Wilderness Area wagen, besorgen Sie sich eine der Stammeskarten mit den Campingplätzen, Picknickplätzen, Wanderwegen und Loipen. Sie sind in Sportgeschäften in Polson, Kalispell und anderen Städten der Umgebung oder in der Stammeszentrale erhältlich. Da das Reservat von kleinen Privatländereien durchsetzt ist, gibt die Karte auch Aufschluß über Fischereirechte. Wildhüter patrouillieren durch das Stammesgebiet und erteilen für $5 eine Genehmigung und für $10 Dollar einen Fischereistempel, die beide eine Saison lang gelten. Ein Dreitagesschein kostet $13. Auf staatlichem oder privatem Territorium ist zusätzlich ein staatlicher Angelschein erforderlich.

Neben der Tribal Wilderness Area haben die Stämme auch zwei sogenannte *Primitive Areas* ausgewiesen. Diese Gegenden dürfen nur Stammesangehörige betreten. Hier praktizieren Salish und Kootenais alte Künste und Techniken in aabgeschirmter Umgebung. So soll ihre Identität gewahrt werden.

Die Indianer ziehen in die Berge, um zu jagen, zu fischen, zu kampieren, die Kojotengeschichten des Großvaters zu hören, der Großmutter bei der Zubereitung von Beerenpudding zuzusehen und das Zusammengehörigkeitsgefühl der Stämme zu stärken, deren Land sich bis jenseits dieser Berge und Täler erstreckt.

Sport, Heilige und Powwows: Hauptattraktion in dieser Gegend Montanas ist der **Flathead Lake**, der größte Süßwassersee westlich des Mississippi. Hier sind Forelle, Weißfisch, Barsche und Stör heimisch. In **Polson** könne Sie Segelboote, Motoryachten, Hausboote und Ruderboote mieten oder einen Angelführer engagieren, Surfen oder Gleitschirm fliegen. Von hier aus werden auch Floßfahrten über die Stromschnellen des Flathead River veranstaltet. Tauchausrüstungen kann man noch nicht mieten, doch in Kalispell gibt es immerhin Sauerstoffflaschen. Besonders die Unterwassercanyons am Ausfluß des Sees sind für Taucher interessant.

Der zehn Quadratkilometer große **Wild Horse Island State Park** vor dem Westufer des Sees ist nur per Boot zu erreichen. Auf der Insel leben wilde Dickhornschafe. Auf kleineren Inseln nisten Reiher, und auf den abgestorbenen

Flathead Lake.

Bäumen am Ufer kann man etliche Falkennester erspähen. Zwei kleinere Wasserflächen, die Stauseen von **Ninepipe** und **Kicking Horse**, sind exzellente Angelgewässer. Auch Hobbyornithologen kommen hier auf ihre Kosten.

Reiches Tierleben gibt es auch im **National Bison Range**, das rund 40 Kilometer südlich von Polson inmitten des Reservates liegt. Hier trotten 400 bis 500 Bisons frei über 80 Quadratkilometer Grasland und Wald. Die behäbigen Tiere flößen Ehrfurcht ein. Manchmal fährt man in nur 30 Metern Entfernung an ihnen vorbei. Verlassen Sie jedoch nie das Fahrzeug. Die Bisons ignorieren Eindringlinge normalerweise, doch wenn sie sich bedroht fühlen, sind sie gefährlich. Neben Bisons leben hier noch Maultierhirsche, Weißwedelhirsche, Gabelhornantilopen, Dickhornschafe und Elche.

Nicht weit entfernt, bei St.Ignatius liegt eine der schönsten Kirchen des amerikanischen Westens vor dem imposanten Hintergrund der Mission Mountains. **St. Ignatius Mission** wurde von Pater DeSemt mit Hilfe seiner Jesuiten, den „Soldaten Christi", errichtet, die die Einheimischensprachen lernten und Indianerkinder unterrichteten, bevor dann die Goldsucher der Idylle ein Ende machten. Die Originalkapelle aus dem Jahr 1854 steht noch und beherbergt indianische Kunstwerke und Fotos aus den frühen Tagen der Mission. Das Gebäude ist steht unter Denkmalschutz und ist immer noch religiöser Mittelpunkt der Flathead.

Unter den Sehenswürdigkeiten in der Mission sind die Bilder eines italienischen Mönchs, Bruder Carigananos. Eine Missionsstation im 19. Jahrhundert konnte sich einen Mann mit nur einem Talent nicht leisten. So malte Cariganano nur abends und morgens an den Wandbildern der Kapelle und fungierte sonst als Missionskoch. Die Bilder stellen alttestamentarische Szenen und Heilige dar. Carigananos Meisterstück ist ein Triptychon hinter dem Alter, mit den drei Visionen des Heiligen Ignatius von Loyola.

Im Juli hat man die Wahl zwischen zwei Powwows. Das **Arlee Fourth of July Powwow** dauert drei Tage. Es bietet Umzüge, Stockspiele, Wildpferdreiten,

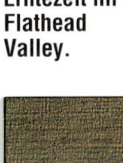

Erntezeit im Flathead Valley.

Flathead Reservat 207

Rennen, Kälberfangen und Tanzwettbewerbe. Die Tänzer kämpfen um $ 15 000 Preisgelder. Wer ein Tipi mitbringt, dem stellt das Komitee Pfosten zur Verfügung. Auch einen Campingplatz und Campingbusse gibt es. Ein Reklameplakat warnt: „Das Powwow Komitee übernimmt keine Verantwortung für Diebstahl, Vandalismus oder Partnerverlust."

Das **Elmow Powwow** am zweiten Wochenende nach dem 4. Juli ist kleiner, doch sehr ähnlich.

Alkoholische Getränke sind bei beiden Powwows verboten, doch in Joe's Smoke Ring in **Evro** fließt zur **Fourth of July Mule Celebration** das Bier in Strömen. Es ist ein Country-Music-Festival mit prominenten Interpreten.

Das Beste beider Welten: Einen Einblick in das heutige Leben der Indianer erhalten Sie am **Salish-Kootenai-College** (SKC) in Pablo. Hier können 800 Schüler einen höheren Bildungsabschluß erlangen. Doch das SKC ist mehr als ein College: Es ist der gelungene Versuch, Tradition und Moderne zu vereinen. Hier gibt es einen fruchtbaren Boden für Sprachen und Ansichten, die durch die Übermacht einer fremden Gesellschaft fast vernichtet wurden.

Durch Mischehen zwischen Salish und Kootenai wurde Englisch zur Umgangssprache beider Stämme. Der langjährige Kontakt zu Weißen und die frühe Besiedelung des Territoriums vermischte die beiden Gemeinschaften. Heute gibt es nur wenige „reine" Salish oder Kootenais. In den 80er Jahren ergab eine Studie, daß nicht ein einziger Erstklässler mehr eine der Stammessprachen beherrschte.

Das College ist deshalb nicht nur eine Hoffnung für die Zukunft, sondern auch ein Wächter für die Schätze der Vergangenheit. Am SKC kann man sowohl das Fach „Informatik" als auch das Fach „Perlenarbeiten auf Wildleder" belegen. Wer möchte, lernt „Krankenpflege" oder „Stammessprachen". Was auch immer ein Schüler wählt, er soll immer das „Beste beider Welten" bekommen.

Das Reservat ist kein typisch amerikanisches oder kanadisches Indianerreservat. Ein Besucher kann einen Tag in Polson verbringen, schick ausgehen, in Boutiquen herumstöbern, Golf spielen oder Segeln und abends zum Powwow fahren und sich vom Rhythmus der Trommeln und den bewegenden Melodien alter Indianerlieder einfangen lassen.

Natürlich gibt es auch hier Probleme. Die bewegte Geschichte der Beziehungen zwischen Weißen und Indianern hat Fragen über Stammeszugehörigkeit und vertragliche Rechte offengelassen. Das „Einschreibverfahren" der Stämme hat viel Verwirrung gestiftet. Es gibt Familien, in denen der eine Bruder eingeschriebener Indianer ist, der andere aber nicht.

Auch über das Ausmaß der vertraglichen Rechte der Indianer sind die Ansichten geteilt, vor allem über die Fischereirechte am Flathead Lake. Es wird heftig damit argumentiert, die gegenwärtige Ausübung der Fischereirechte durch die Stämme sei eindeutig ein „Vertragsmißbrauch".

Trotz dieser Schwierigkeiten ist das Flathead Indianerreservat eines der interessantesten Reiseziele im Indianerland. Reich an Tradition und umgeben von Naturschönheit, liegt hier ein Juwel des indianischen Amerika.

Die „Fahne" am Lager der Arlee-Indianer.

MIT PEYOTE UNTERWEGS

Peyote ist ein halluzinogener Kaktus, der im Norden Mexikos wächst und in der **Native American Church** als Sakrament verwendet wird. Diese lockere, stammesübergreifende Organisation wurde 1918 in Oklahoma gegründet. Ihre Mitglieder kommen aus den Indianerstämmen des gesamten amerikanischen Westens.

Die religiöse Funktion von Peyote geht mindestens bis auf die Azteken zurück. Obwohl Yaqui und Apachen Peyote auch nach Ankunft der Europäer benutzten, fand er erst Ende des 19. Jahrhunderts Verbreitung unter den Stämmen Nordamerikas. Der Häuptling der Komantschen, Quanah Parker, der Peyote durch eine *curandera* (Heilerin) kennenlernte, war wohl der erste, der regelmäßig Zeremonien durchführen ließ und den rituellen Gebrauch der Knollen an andere Stämme weitergab.

Peyote wird am oberen Ende des Kaktus abgeschnitten und meist getrocknet verzehrt oder in Wasser eingeweicht und als Tee getrunken. Erfahrene Peyotisten konsumieren während der stundenlangen Zeremonien bis zu 20 oder 30 Stück. Die Wirkungen können farbenfrohe Visionen, ein allgemeines Wohlgefühl, die Bündelung von Energie und erhöhte Konzentrationsfähigkeit sein. Für die Angehörigen der *Native American Church* bedeutet Peyote „spirituelle Kraft". Der Anthropologe J.S. Slotkin, Anhänger der *Native American Church*, betrachtet den zeremoniellen Gebrauch als eine Möglichkeit, spirituellen Tiefblick zu gewinnen und mit Gott zu kommunizieren: „Vor langer Zeit erbarmte sich Gott des Indianers... So schuf Gott Peyote und gab seine Kraft hinein, damit sie von den Indianern genutzt würde. Der Peyotist nimmt mit dem Peyote-Sakrament die darin enthaltene göttliche Kraft auf, wie der Christ im Sakrament von Brot und Wein."

Peyote-Versammlungen werden meist in einem Tipi von Wanderpredigern durchgeführt, die *road men* oder *road chiefs* - Straßenhäuptlinge - genannt werden. Die Teilnehmer sitzen im Schneidersitz im Kreis um ein Feuer, das von einem eigens ernannten Feuermann bewacht wird. Ein halbmondförmiger Altar wird auf der Erde vor dem *road man* errichtet, der im Westen des Tipi sitzt. Ein besonders großer Peyote - der *father peyote* oder *peyote chief* wird darauf plaziert.

Die Zeremonie ist von *road man* zu *road man* unterschiedlich, doch besteht sie meistens aus vier Teilen mit jeweils eigenen Liedern, Gebeten und Meditationsphasen. Im Laufe der Nacht wird mehrmals Peyote herumgereicht, und die Teilnehmer singen der Reihe nach je vier Lieder, während rechts jemand die „Wassertrommel" schlägt (ein fellbezogener, mit Wasser gefüllter Kessel). Um Mitternacht, nach dem Mitternachtswassergesang, wird geweihtes Wasser ins Tipi gebracht und getrunken. Das geschieht noch einmal beim Morgengrauen nach dem Singen des Morgenwasserliedes. Die Zeremonie endet am Morgen mit vier Schlußliedern und wird gefolgt von einem Fest oder einer Versammlung.

Die Rechtslage beim Gebrauch von Peyote als Sakrament war von Anfang an umstritten. Missionare, Regierungsbeamte und andere haben immer wieder behauptet, Peyote sei eine Droge, deren Einnahme und Abgabe unter Strafe gestellt gehöre. Es kursierten Geschichten über zügellose „Peyote-Parties", obwohl der Genuß von Peyote zum Zwecke der Zerstreuung den Anhängern der *Native American Church* gänzlich fremd ist.

Peyotisten antworten auf solche Vorwürfe mit dem Hinweis, daß Peyote nicht süchtig mache, die Zeremonien streng religiöse Ereignisse seien und der Genuß von Peyote lediglich Teil einer nüchternen, eher konservativen Lebensweise sei. Die Angelegenheit galt als erledigt, nachdem der Kongreß im Jahr 1978 das „Gesetz zur Religionsfreiheit der Indianer" verabschiedet hatte, das den Einsatz von Peyote als Sakrament in der *Native American Church* sanktionierte. 1990 wurde das Gesetz jedoch vom Obersten Gerichtshof der USA kassiert. Die Entscheidung über die Legalisierung der Einnahme von Peyote kam in die Zuständigkeit der Einzelstaaten.

Peyote-Zeremonien sind nicht öffentlich. Wer nicht ausdrücklich eingeladen wird, sollte nicht versuchen, Peyote-Versammlungen ausfindig zu machen oder zu besuchen.

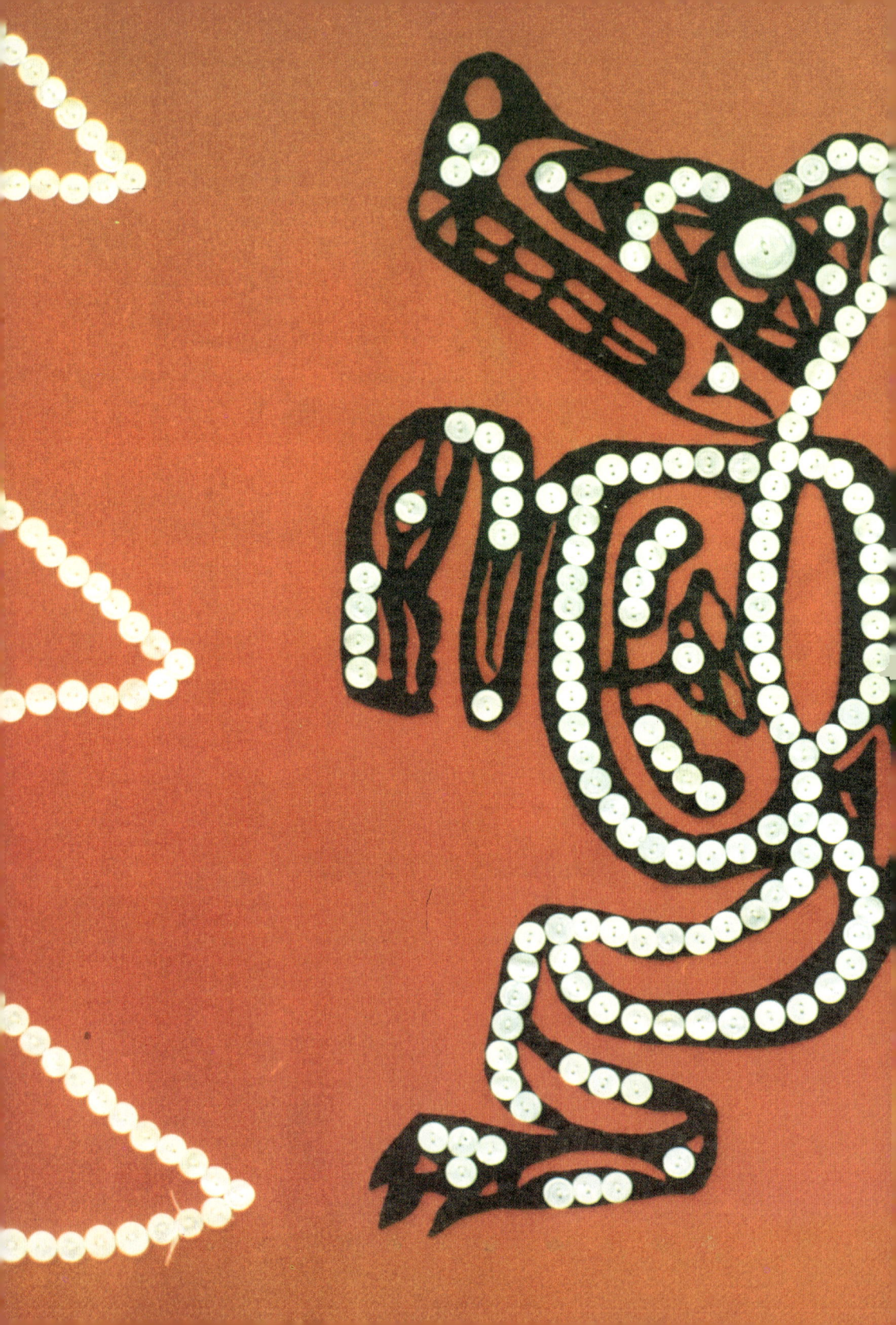

DIE SHOSHONE-BANNOCK VON IDAHO

Die Welt der Shoshone-Bannock beginnt an der Ausfahrt **Fort Hall** der Interstate 15. In dem 13 Kilometer (8 Meilen) nördlich von Pocatello, Idaho, gelegenen *Trading Post* des Stammes vergißt man schnell den Autobahnstreß. Im **Clothes Horse**, einem großen Gebäude am Nordrand des Komplexes, stapeln sich an den Wänden Mokassins, Handschuhe, perlenverzierte Gürtelschnallen, Geldbeutel und andere Schmuckstücke von Shoshone- und Bannock-Kunsthandwerkern.

Shoshones und Bannocks sind bekannt für ihren Perlenschmuck. Und natürlich geht nichts über handgemachte, perlenverzierte Mokassins. Ihr Geruch nach gegerbtem Hirschleder ist angenehm und verlockend. Und das Beste ist, daß sie mit dem Alter besser werden. Am bequemsten sind sie nach mehrjährigem Tragen.

Manche der perlenverzierten Stücke sind Kunstwerke für den täglichen Gebrauch. Gürtelschnallen gibt es mit traditionellen und modernen Motiven, und sogar mit Namen oder Initialen. Dasselbe gilt für Ohrringe, Handtaschen, Brieftaschen und Geldbeutel.

Daneben gibt es Perlenschnüre und Wildleder zum Selbstverzieren und auch Lehrbücher über diese Kunst. Vielleicht sind ihnen fertige Artikel in Museumsqualität ja lieber, die der Stamm verkauft. Im **Tribal Museum** gegenüber stehen neben Exponaten zur Geschichte der Shoshones und Bannocks ältere Utensilien, die die Stammesangehörigen einst verwendeten.

Nachdem sie Bilder von der Bisonjagd gesehen haben, möchten Sie vielleicht einmal Büffelfleisch probieren. Auch das gibt es hier, im **Oregon Trail Restaurant**. Bestellen Sie sich eine Terrine *buffalo stew* mit *fry bread*.

Das Schöne an der Handelsstation ist, daß man sich hier in wenigen Stunden über die Kultur der Shoshones und Bannocks informieren kann. Aber auch Modernes gibt es: Lebensmittelladen, Tankstelle und sogar eine Eisdiele. In den Sommermonaten werden Besuchern Powwows mit Gesang und Tanz geboten.

Einwandererstrom: Es ist nur recht und billig, daß Fremde über den *Freeway* nach Fort Hall kommen. So ist es schon seit langer Zeit. Der größte Teil des Reservats liegt im Snake River Tiefland. Dieses wellige Gelände, geht am Snake-River in Sumpfland über. Diese Gegend war Hauptdurchgangsstraße für ganze Indianergenerationen. Sie kamen hier vorbei, um sich zu treffen, um Handel zu treiben und um Verhandlungen oder Kriege zu führen. Vor zwei Generationen wurde dieser Weg dann zur Einfallspforte für Einwanderer.

Weil das Land am Fluß so fruchtbar war, schlugen Shoshones und Bannocks hier ihr Winterlager auf. Vom Snake River aus sieht man mehrere Erhebungen, Wegweiser für Reisende ohne Karte. Der **Mount Putnam** liegt am Ostrand des Reservates und ist mit seinen 2100 Metern in der ganzen Region zu sehen.

Weite Teile das Landes sind eine Hochwüste, die von Eselhasen, Antilopen, Hirschen und Elchen bewohnt wird. Die Flüsse und Ströme sind voller Forellen und anderer Fische, das Tiefland zieht

Vorherige Seiten: Skokomish-Decke. **Links**: „Custer – es mußte ja so kommen" – ein T-Shirt spricht Bände. **Rechts**: Ein Trommler gibt den Rhythmus für die „Handspiele" an.

Tausende von Kanadagänsen und fast eine halbe Million Enten im Jahr an.

Es war ein reiches Land, und ist es noch. Kein Wunder also, daß die Shoshones und Bannocks, die sich vor zweihundert Jahren hier niederließen, die reichste Stammesgruppe der Shoshones waren, die die Staaten des Westens durchstreiften. Es gab Ost-Shoshones in Idaho und Wyoming, Lemhi Shoshones (Sheepeaters) in Zentral-Idaho, Bruneau Shoshones in West-Idaho und Oregon, West-Shoshones in Zentral-Nevada und Süd-Shoshones in der kalifornischen Mohave Wüste. Die meisten Einwohner des Fort Hall Reservates sind heute Ost-Shoshones und Bannocks. Die Bannocks waren ein Paiute-Stamm, der mit den Shoshones ritt, doch eine eigene Sprache sprach. Einige Bewohner Fort Halls sind dreisprachig und sprechen Shoshone, Bannock und Englisch. Andere Shoshone-Gruppen wurden Ende des 19. Jahrhunderts ins Reservat übergesiedelt.

Die Stammesältesten erzählen die Geschichten ihrer Eltern und Großeltern aus der Zeit, bevor die Weißen kamen. „Alles war indianisch. Die *Neme* - die Menschen - sprachen indianisch. Die Bäume um uns herum sprachen auch indianisch. Sie sprachen Shoshone. Der Eine, der Indianervater, schuf die Lebewesen und ließ sie wachsen. Alle Geschöpfe sprachen Shoshone, sogar die Adler, Koyoten und Hirsche."

Doch dann änderte sich die Welt. Neue vierbeinige Wesen und neue zweibeinige Wesen kamen, um im Land der *Neme* zu leben. Die Vierbeiner waren nützlich. Das *punku*, oder Pferd, gab den Shoshonen die Freiheit, im Sommer bessere Jagd- und Fischgründe zu suchen, und im Winter wärmeres Klima.

Im 19. Jahrhundert veränderten die vierbeinigen Wesen die Gesellschaft der Shoshones und Bannocks für immer. Das Pferd machte Shoshones und Bannocks mächtig, gab ihnen Wohlstand und Ansehen. Doch die Zweibeiner waren nicht nützlich, so sagen die Ältesten.

Hundert Jahre später kamen die Zweibeiner mit Gewalt. Die meisten waren Mormonenpioniere, die ihr *Königreich Zion* von Utah aus nach Norden ausdehnten. Die Mormonen wollten das reiche Land im Südosten Idahos bebauen. Andere Zweibeiner marschierten auf ihrem Weg nach Kalifornien oder Oregon durch das Tiefland und zerstörten wichtige Lebensformen, von denen die Indianer sich ernährten. Die Eröffnung des *Oregon Trail* im Jahr 1843 brachte das Verkehrsgetümmel des 19. Jahrhunderts direkt bis ins Land der Shoshones und Bannocks. Die Indianer nannten die Straße spöttisch „die heilige Straße". Fort Hall wurde an ihr, als Durchgangslager für Reisende und Versorgungsstation der Armee errichtet.

Im Winter 1862 litten Shoshones und Bannocks in ihrem einst fruchtbaren Land Hunger. Am Ufer des Bear River, im heutigen Franklin, Idaho, verlangte eine große Gruppe Indianer Nahrung von den Mormonen als Gegenleistung für die Zerstörung ihrer Jagdgründe.

„Als ihre Forderungen immer nachdrücklicher wurden, bekamen die Mormonen Angst", schrieb Mont Faulkner, Stammesschriftführer in den 30er Jahren. Truppen wurden ausgeschickt, um die „Heiligen der letzten Tage" zu schützen.

Pärchen in Powwow-Kleidung.

William Hull, einer der Mormonen, die am folgenden Tag in den Kampf zogen, sah die Sache in einem anderen Licht: „Nie werde ich diesen Anblick vergessen: überall Tote. An einer Stelle zählte ich acht ... insgesamt zählten wir fast vierhundert, zwei Drittel davon Frauen und Kinder."

Nach dem Gemetzel am Bear River unterwarfen sich die Shoshones und Bannocks der Regierung. Doch die meisten Weißen in der Gegend wollten keinen Frieden. Sie wollten Ausrottung. Ein Leitartikel im *Idaho Statesman* von 1867 forderte eine Versammlung aller Indianer Idahos mit einem anschließenden Festmahl. „Kurz vor dem großen Festessen sollte man Strychnin unter das Fleisch mischen und sie bis auf den letzten Mann vergiften."

Ein Jahr darauf wurde in Fort Bridger, Utah Territory, im heutigen Wyoming, zwischen Ost-Shoshonen, Bannocks und der US-Regierung ein Friedensabkommen unterzeichnet und das Fort Hall Reservat geschaffen. Für Shoshones und Bannocks unterzeichneten die Häuptlinge Washakie und Tagee. Der Vertrag garantierte den Stämmen jedoch keine bleibende Heimat. Das Reservat sollte an die 7300 Quadratkilometer groß werden, wurde jedoch infolge eines Druckfehlers im Vertrag – *Camas Prairie* statt *Kansas Prairie* – gedrittelt, wodurch mehr Land zur Besiedelung durch Weiße blieb.

In schlechten und in guten Tagen: In den Jahrzehnten nach dem Vertrag gehörte Fort Hall zu den ärmsten Reservaten. Armut, eine hohe Selbstmordrate und andere soziale Probleme machten es zur Problemzone des Indianerlandes. In den letzten Jahren kümmerten sich die Stämme zunehmend um die Verwaltung der Ressourcen. Ackerland etwa war für wenig Geld an nicht-indianische Farmer verpachtet worden. So hatten die Indianer weder Gewinn, noch lernten sie, das Land zu bestellen. Ende der 70er Jahre baute der Stamm eine eigene Farm auf, die bis heute mit Profit arbeitet.

Das Regierungszentrum des Stammes ist ein interessanter Gebäudekomplex. Das erste Gebäude mit Bibliothek und Bildungsstätten ist eine moderne Form

Speerfischen.

des alten Tipis. Das zweite, das Verwaltungsgebäude, die moderne Version einer Stammeshütte. Beide bilden die **Fort Hall Indian Agency**, den offiziellen Regierungssitz. Das übrige Ortsgebiet Fort Halls mit ein paar kleinen Läden und Geschäften liegt am Highway 191.

Der Komplex der Handelsstation wurde Ende der 70er Jahre vom Stamm errichtet. Es begann mit einer Blockhütte, dem sogenannten „*Big Smoke Shop*", in der (zur Freude der Trucker) Zigaretten, aber auch Lebensmittel steuerfrei verkauft wurden.

Ein großer Aktivposten ist die Bisonherde des Stammes. Nicht-indianische Jäger können eine Abschußerlaubnis für je eines der Tiere im Reservat erwerben. Auch Angelscheine für bestimmte Flüsse, Seen und Bäche werden von der Stammesregierung verkauft. Man kann auch den ursprünglichen Standort Fort Halls besuchen, obwohl es dort außer schöner Landschaft und einem Hinweisschild nicht viel zu sehen gibt. Eine Reproduktion des alten Forts steht im **Ross Creek Park** in Pocatello.

Der sommerliche Höhepunkt im Reservat ist jedoch das alljährliche **Shoshone-Bannock Indian Festival** in der ersten Augustwoche. Bei dem viertägigen Indianerfest treten Sänger und Tänzer aus ganz Nordamerika auf und wetteifern um die Preisgelder. Ein großer Kreis von Tipis bildet sich um das Ortszentrum westlich der Handelsstation. Eine kleine Tribüne auf dem Festgelände bietet ausgezeichnete Aussicht auf die täglichen Tanzwettbewerbe. Stände mit Kunstartikeln und Handarbeiten aus ganz Nordamerika umrahmen die Festlichkeiten.

Auch ein Indianerrodeo findet während des Festivals statt, mit hinterlistigen Bullen und bockenden Pferden, die Cowboys aus Kanada und mehreren Staaten des Westens herausfordern. Rodeos sind eine das ganze Jahr über populäre Sportart Fort Halls. In den Wintermonaten üben die Cowboys ihre Geschicklichkeit in der **Roping Arena**, einem stählernen Stadion nördlich von Fort Hall am Highway 191. Im Sommer finden fast jedes Wochenende *Jackpot*-Rodeos auf dem Rodeogelände statt. Mehrere größere

Junges Paar...

Rodeos im Jahr werden für regionale Indianerrodeoverbände veranstaltet.

Shoshone-Bannock Rodeos haben eine weitere Besonderheit, nämlich die „Indianerstaffeln", bestehend aus mehreren Pferden und einem Reiter, der nach jeder Runde das Pferd wechseln muß. Nur wenige schaffen den Wechsel reibungslos. Manche Reiter müssen ihrem Tier erst einmal hinterherjagen, bevor sie wieder in den Sattel kommen.

Traditionell haben Shoshones und Bannocks einen Hang zum Glücksspiel. Auf dem Festgelände ist ein offenes Zelt, in dem Indianer aus den USA und Kanada *hand games* spielen. Die „Handspiele", auch „Stockspiele" genannt, werden von zwei Teams gespielt, die jeweils die gleiche Summe auf ihren Sieg setzen. Zuschauer können sich beteiligen und auf ihre Lieblingsmannschaft setzen. Spielführer rufen „*Short, short, winning side*", um die Leute zum Setzen zu motivieren, wenn eine Mannschaft Mühe hat, mit der anderen gleichzuziehen.

Steht der Einsatz gleich, spielen die Teams ein Ratespiel, bei dem ein Spieler einen Knochen in seiner Faust versteckt. Die Mannschaften raten der Reihe nach, in welcher Hand der Knochen steckt. Stöckchen werden verwendet, um die Punkte zu zählen. Hat eine Seite alle Stöcke, ist das Spiel gewonnen und die Gewinnquote steht bei 2:1 für alle Einsätze. Die Spiele dauern Stunden und werden von Spielliedern begleitet, die das Publikum anlocken. Im Sommer finden „Handspiele" auch in einer der traditionellen Hütten des Stammes statt. Die **Buffalo Lodge**, ein paar Kilometer von Fort Hall entfernt, wird deshalb scherzhaft *Buff-Vegas* genannt.

Die Shoshone-Bannocks organisieren auch Spiele mit höheren Einsätzen. Bingo wird beispielsweise am Wochenende in **Timbee Hall** im Ortszentrum gespielt. Die meisten der rund zweihundert Spieler sind auf der Durchreise nach Norden in den Yellowstone National Park oder Stammgäste aus Boise, Salt Lake City, Idaho Falls und anderen Städten der Umgebung. Im Jackpot sind mindestens $1000, an Wochenendabenden oft bis zu $10 000.

…und Sänger beim Shoshone-Bannock-Indianerfestival.

Shoshone-Bannock von Idaho

DER SÜDWESTEN

Geologisch gesehen ist der Südwesten eines der schönsten Gebiete Nordamerikas. Wilde Schluchten, ausgedörrte Wüstenlandschaften, hoch aufragende *mesas* (Tafelberge) und weite Hochebenen bilden das Herzstück des Indianerlandes mit seiner Fülle an Kunstformen, Tänzen und Zeremonien sowie seinen alten Siedlungen und Ruinen.

Schon vor 1500 Jahren entwickelten eingeborene Völker im Südwesten der USA große Zivilisationen. Die Anasazi bauten Pueblos, solide Wohnhäuser, in der *Four Corner Area*, wo die Staaten Arizona, New Mexico, Colorado und Utah aneinander grenzen. Dort führen noch heute ihre kulturellen Erben, die Puebloindianer von New Mexico und die Hopi aus Arizona, ihre heiligen Tänze auf und versammeln sich in *kivas* (unterirdischen Zeremonialkammern).

Wo in Südarizona früher die Hohokam Dörfer bauten und Getreidefelder bewässerten, leben heute die Tohono O'odham, die Pima, Yaqui und Maricopa.

Schon vor der Ankunft der Weißen wurden diese Völker von den Athabascan-Indianern aus dem Norden bedrängt. Die Eindringlinge, Vorfahren der heutigen Navajos und Apachen, waren wilde Krieger und Plünderer. Die Apachen bewahrten ihre Lebensweise als Jäger und Sammler bis in die Kolonialzeit. Der Stamm splitterte sich dann in Gruppen auf, die über den gesamten Südwesten verstreut lebten.

Die Navajo dagegen lernten von den Pueblo-Indianern und den Spaniern. Sie begannen Schafe zu züchten, zu reiten und betrieben die Silberschmiedekunst. Heute sind sie einer der größten Indianerstämme in den Vereinigten Staaten und bewohnen den größten Teil des Nordostens von Arizona.

Es gibt noch eine Reihe anderer Stämme: die Havasupai, Hualapai, Paiute, die Ute-Indianer, die Cocopah und die Mojave. Sie alle haben Teil am Erbe des alten Südwestens und an der kulturellen Vitalität, die diese Region zum Kernstück des ursprünglichen Nordamerika macht.

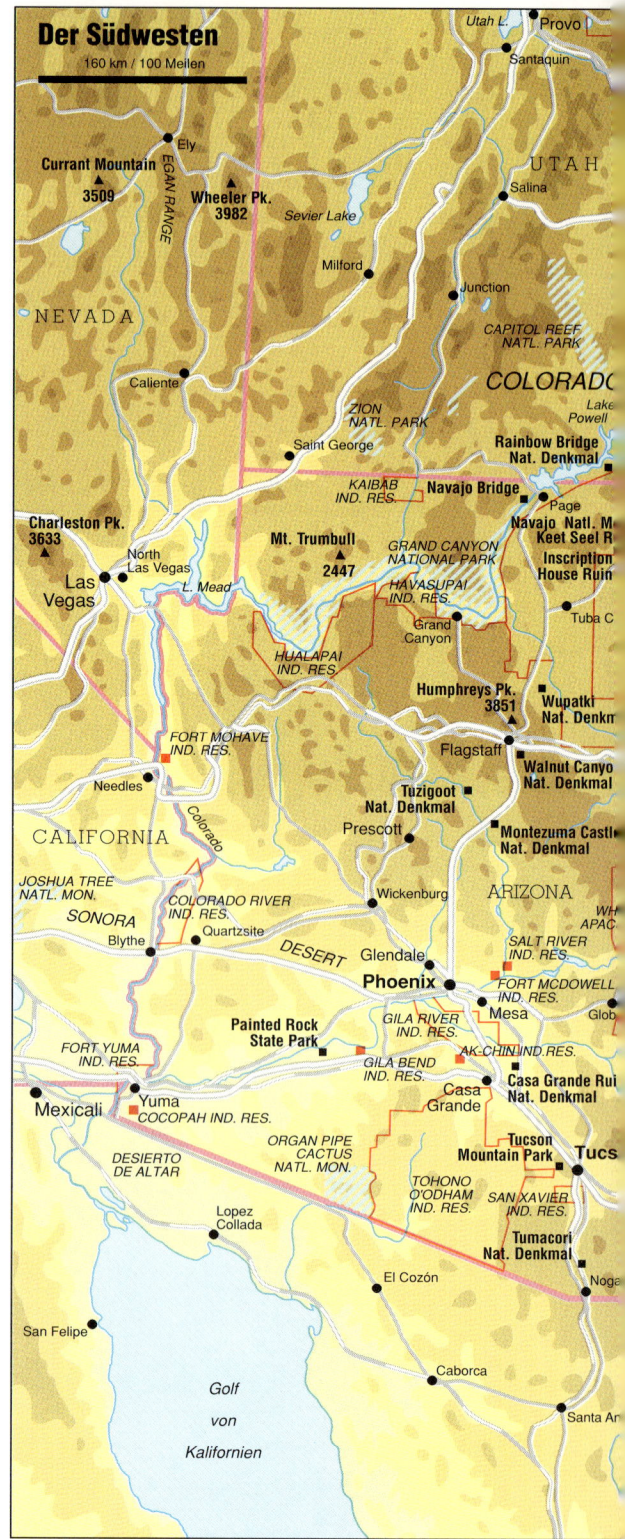

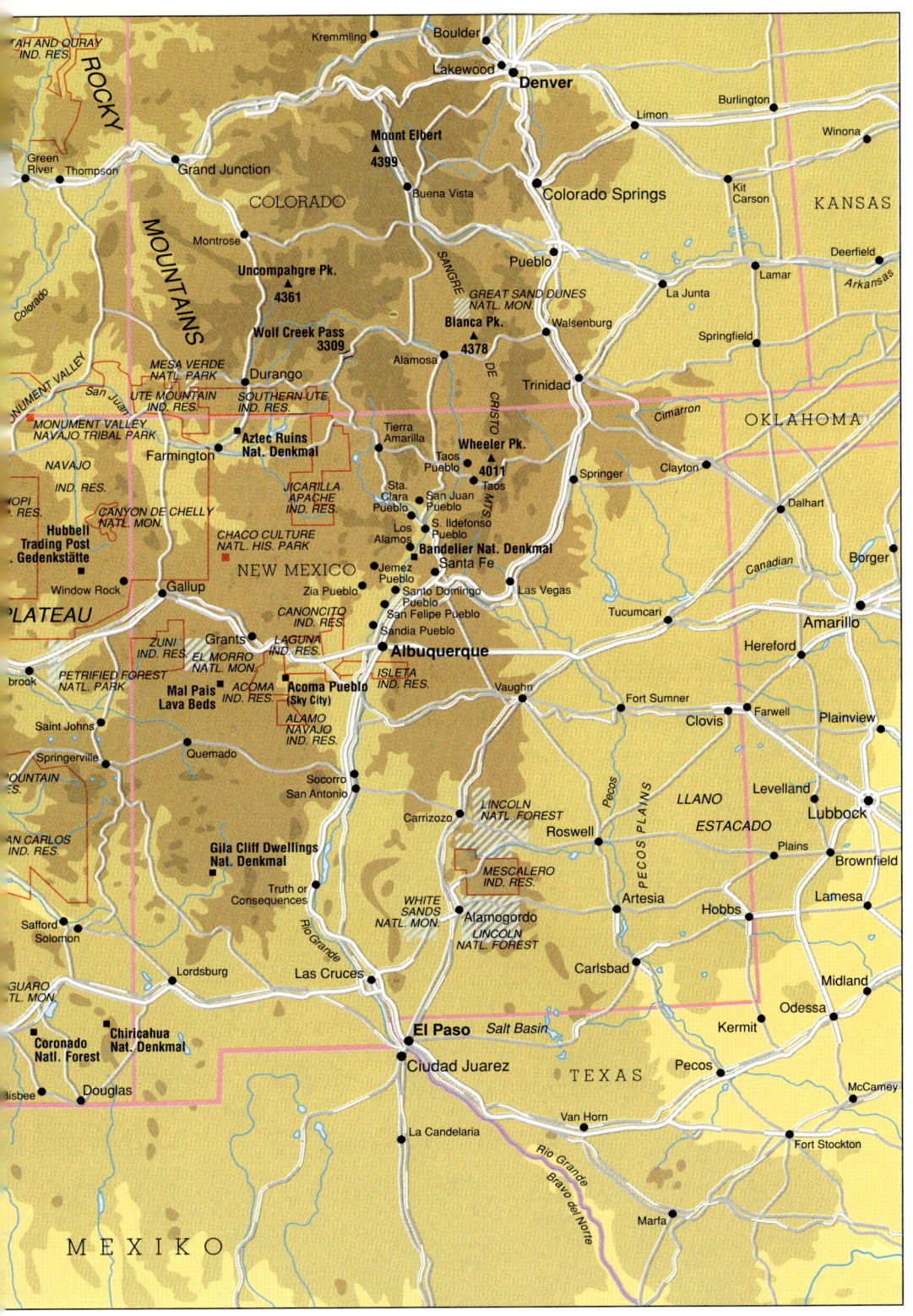

DIE NAVAJO-NATION

Gleich von welcher Richtung und auf welcher Straße man in das Navajoreservat gelangt: Man spürt sofort die Weite des Raumes und die Grenzenlosigkeit der Landschaft. Wohin man auch sieht, überall gibt es großartige Anblicke. Kantige Mesas und ausgedehnte Plateaus wechseln mit blaßgrünen Tälern. Kein anderes Land im Südwesten kann sich in Größe (ca. 68.000 km²) und Schönheit mit dem Navajoreservat messen. Wer es gesehen hat, der kann nicht verstehen, warum es so unbekannt und menschenleer ist.

Das heutige Navajoland (*Dine' bikeyah*) nimmt den Nordosten Arizonas ein und erstreckt sich bis nach New Mexico und Utah. Typisch ist der baumlose Horizont in einer Landschaft von goldenen Dünen, orange-rosafarbenen Canyons und blauen Bergen, die über 3000 m hoch aufragen.

An den meisten Tagen liegt das Land in strahlendem Sonnenschein unter einem fast wolkenlosen Himmel. Wenn aber im Sommer feuchte Luft vom Golf von Mexiko auf die Heißluft der Wüste stößt, dann türmen sich drohende Gewitterwolken auf, und vor unseren Augen entwickeln sich ganze Wettersysteme. Riesige, amboßförmige Wolken steigen zur Himmelsmitte und breiten sich aus. Die Regenwolken über der Wüste können sich jederzeit öffnen und in viertelstündigen Gewittern ausschütten. Dann prasselt der Regen hart auf den Boden und jagt Wasserströme über Felsen.

Die geologischen Formationen des Navajolandes versetzen den Betrachter in ehrfürchtiges Erstaunen. Neben Klippen und *buttes*, den riesigen, niedrigen Felsstümpfen, wirkt der Mensch wie ein Zwerg. Enorme Sand- und Kalksteinplatten liegen wie frisch von Felspfeilern gebrochen da und scheinen aus den Haufen geologischer Trümmer aufzutauchen. Aus der Ferne betrachtet, sehen diese gigantischen Felsklötze wie Riesen aus, die einst die Erde eroberten.

Tatsächlich lehrt die Mythologie der Navajo, daß viele Tafelberge und Hochebenen nichts anderes sind als Versteinerungen von Ungeheuern, welche die Erde vor den Menschen bewohnten. Die Überlieferung sagt, daß die göttlichen Zwillinge *Monster Slayer* und *Child Born of Water* die Ungeheuer der Dritten oder Gelben Welt erschlugen und so das Land sicher machten, damit das „Volk der Fünffingerigen" in die Vierte, Strahlende Welt gelangen konnte.

Für die ersten Weißen – die Spanier im 16. Jahrhundert, gefolgt von Mexikanern und Amerikanern – war dieses Land ein lebensfeindliches Hindernis. Die einheimischen Völker dagegen, die Navajo, Hopi und Paiute, behandelten es mit Respekt und paßten sich den Launen des Klimas an.

Die Navajo, Verwandte der Athabascan-Indianer, die vom kalten arktischen Norden in den Südwesten kamen, machten das Land zu ihrer Religion. Es beheimatet ihre Gottheiten, die *Holy People*. Diese übernatürlichen Wesen werden noch heute von Medizinmännern und Wahrsagern (*hatahli*) besungen.

600 Jahre lang haben die Navajo ihr Land mit Ehrfurcht, aber auch mit Zähig-

Vorherige Seiten: Altes Pueblopaar vor einem *horno*, einem traditionellen Ofen. **Links**: Spider Rock im Canyon de Chelly. **Rechts**: Der strenge Blick des Navajo.

Navajo-Nation 223

keit bewohnt und sich ihm ohne Schwierigkeiten angepaßt. Das bekannteste Symbol ihrer Beziehung zum Land ist heute der *hogan*. Dies ist ein kuppelförmiger Bau, der früher aus geschichteten oder aufgestellten Holzklötzen errichtet und mit Lehm isoliert wurde. Diese traditionellen Wohnungen sieht man noch – wenn auch in sinkender Zahl – überall im Reservat, besonders dort, wo es erst spät modernen Häuserbau gab.

Seit den siebziger Jahren dient der ursprüngliche *hogan* in Holz-Lehm-Bauweise den Navajo eher zu religiösen und zeremoniellen Zwecken. Es gibt heute, da die Navajobevölkerung stark wächst, immer mehr von der Regierung geförderte Wohnungen und mobile Wohneinheiten. Das ist eher ein Indiz für die Anpassungsfähigkeit der Navajo als für einen Verlust kultureller Werte. So sind auch heute noch moderne, oktagonale *hogans* aus Sperrholz und Balken durchaus üblich. Sowohl die traditionellen wie die modernen Kuppelhäuser haben den Eingang zur aufgehenden Sonne hin. Der *hogan* symbolisiert doppelte Sicherheit: die Sicherheit der Urmutter *shimah* (Mutter Erde) und die Sicherheit der leiblichen Mutter als Stütze der Familie.

Die Heiligen Leute: In der Kosmologie der Navajo liegt ihr Land zwischen den sie schützenden Eltern *Mother Earth* und *Father Sky*. „Mutter Erde" nährt das Volk mit Mais, Wasser und Weideland. Darüber gibt „Vater Himmel" den lebenspendenden Regen für Pflanzen und Gewässer. Traditionsbewußte Navajo opfern diesen Göttern noch immer: Vor Sonnenaufgang wird eine Prise Maiskörner dargebracht, und die aufgehende Sonne wird um den Segen der Heiligen Leute gebeten.

Die Navajo glauben an ihre Herkunft aus einer Unterwelt, die sie die Erste oder „Schwarze Welt" nennen. Diesen zeitlosen Ort kannten nur Geistwesen und die Heiligen Leute. Hier lebten, getrennt in Osten und Westen, *First Man* und *First Woman*. Als der „Erste Mann" einen Kristall verbrannte (was das Erwachen des Bewußtseins symbolisiert) und die „Erste Frau" dasselbe mit einem Türkis tat, sahen sie des anderen Feuer und wur-

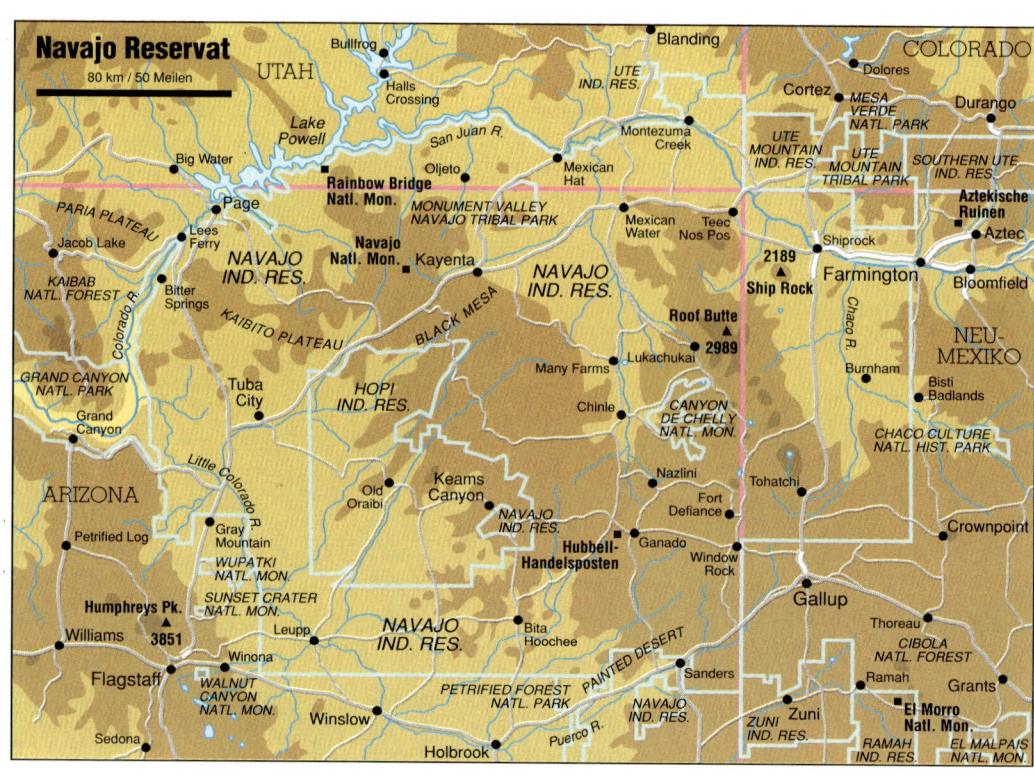

La Plata Range, **die heiligen Berge im Norden.**

den vereint. Das gelang allerdings erst nach vier Versuchen.

Doch bald begannen die Insektenwesen der Ersten Welt zu streiten und ein Chaos anzurichten. Damit zwangen sie First Woman und First Man, nach Osten zu ziehen. Der Weg führte beide zuerst in die Blaue Welt und dann in die Gelbe Welt. Hier fanden sie die sechs Heiligen Berge, die bis in unsere Tage als heilig verehrt werden. Diese *Sacred Mountains* sind im Osten der Blanco Peak in Colorado, im Süden Mount Taylor in New Mexico, im Westen die San Francisco Peaks in Arizona und im Norden die La Plata Range, auch in Colorado. In diesem Gebiet liegt die Huerfano Mesa, und ihr zentraler Berg ist der Gobernador Knob.

Die Überlieferung berichtet, daß *Coyote* in der gelben Welt Unruhe stiftete, als er das Kind von *Water Monster* stahl. Water Monster ließ voller Wut die Welt im Wasser versinken. Doch First Man setzte eine Pflanze, die in den Himmel wuchs, und auf ihr entkamen die Lebewesen den Fluten. Als das Wasser zurückging, fanden sich die First People in der Strahlenden Welt wieder. Diese ist die heutige Welt der Navajo.

First Man und First Woman sind die Eltern von *Changing Woman*, welche sie als kleines Kind auf dem Gobernador Knob fanden. Die „Verändernde Frau" ist die Mutter der vier Hauptfamilien der Navajo. Zusammen mit *White Shell Woman* sind dies die wichtigsten Figuren der Navajo-Götterwelt.

Inzwischen gewinnen verschiedene christliche Konfessionen an Einfluß, jedoch bleiben die meisten Navajo bei ihrer alten Religion. Sie versuchen, sich an die Lehren der Vorfahren zu halten, und die meisten verlassen sich noch immmer auf ihre Medizinmänner, die mit ihren Zeremonien helfen, den Sinn für Harmonie, Gleichgewicht, Schönheit und Wohlstand wiederherzustellen. Diese höchsten Ideale im Leben der Navajo faßt der Begriff *hozjo* zusammen.

Zu den häufigsten noch praktizierten Zeremonien gehören *kinaalda*, ein Pubertätsritual der Mädchen, und *nidaa* oder *Squaw Dance*, der drei Tage lang im Sommer getanzt wird. Bis zu neun Tage

Navajo-Nation 225

dauert *Yei-be-chei*, eine im Winter stattfindende Heilungszeremonie, in der maskierte Tänzer auftreten, die den *Kachina*-Tänzern der Hopi ähneln.

Einige dieser heiligen Zeremonien haben auch die Funktion sozialer Zusammenkünfte. So sieht man am Highway handgemalte Schilder, die eine *nidaa*-Zeremonie ankündigen. Gäste sind willkommen, doch ist dringend geraten, einen mit der Zeremonie vertrauten Begleiter mitzunehmen. Die *Yei-be-chei*-Zeremonie ist ebenfalls Besuchern zugänglich. Bis zu $ 5000 muß eine Navajofamilie für Vorbereitung, Verpflegung, Helfer und für den Lohn des Medizinmannes aufbringen.

Der lange Marsch: Seit langer Zeit sind die Navajo für ihre Fähigkeit bekannt, sich veränderten Lebensbedingungen anzupassen. Immer wenn sie mit anderen Völkern in Kontakt traten (z.B. mit den Spaniern, den Hopi, den Amerikanern), übernahmen und veränderten sie Elemente jener Kulturen. Durch die Spanier lernten sie Schafzucht und Reitkunst kennen und gehörten hierin bald zu den Besten im Südwesten. Die Silberschmiedekunst haben sie möglicherweise von den Spaniern oder Mexikanern, vielleicht auch von östlichen Stämmen übernommen. Sie ist eine der beliebtesten und typischsten Kunstformen der Navajo. Beim Erlernen der Webkunst und der Landwirtschaft in der Wüste waren die Hopi und andere Pueblovölker ihre Vorbilder. Die Navajo sind seit mehr als hundert Jahren berühmt für ihre gewebten Wolldecken. Von den Pueblo-Indianern haben sie sich offenbar verschiedene Aspekte der Religion angeeignet.

Die Kontakte der Navajo zu anderen Völkern waren – wie bei anderen Stämmen auch – nicht nur friedlicher Natur.

Nach 1770 wurden sie von den Spaniern brutal unterworfen. Eine lange und bittere Periode territorialer Übergriffe und der Gefangennahme von Sklaven begann. 1804 griffen die Navajo die Spanier an und wurden am Canyon de Chelly blutig zurückgeschlagen. 1821 wurden in einer Waffenstillstandsverhandlung mit einem spanischen Kommandeur 24 Navajos heimtückisch erstochen.

Eine junge Frau prüft ihre Ausdauer während der *kinaalda*-**Zeremonie.**

Als in den vierziger Jahren des 18. Jahrhunderts die Amerikaner das Navajogebiet erreichten, hofften die Navajo, daß sie die Mexikaner vertreiben und ihre Verwandten aus der Sklaverei befreien würden. Doch schon zehn Jahre später waren die Beziehungen zwischen den *bilagaana* (den Weißen) und den Navajos düster. Statt die Sklaven zu befreien, halfen die Amerikaner, Sklaven zu fangen. Mehr noch: Sie überfielen das Land selbst und und zerstörten Getreide. Den traurigen Höhepunkt bildete im Jahr 1849 der heimtückische Mord der Amerikaner an *Narbona*, dem berühmtesten Navajoführer seiner Zeit.

1851 wurde mit *Fort Defiance* der erste amerikanische Militärposten im Navajoland gegründet. Keiner der folgenden Verträge konnte eine lange Periode des Friedens bewirken. 1862 übernahm General James H. Carleton das Kommando und machte sich sofort daran, die Indianer zu vertreiben. Er ersann den unglücklichen Plan, 8000 Navajos 480 km weit zu Fuß zu einem Stück Niemandsland bringen zu lassen. Dieser berüchtigte *Long Walk* zum Bosque Redondo bei Santa Fé ist bis heute in trauriger Erinnerung. In Carletons Vorstellung war die Gefangenschaft in Bosque Redondo für die Indianer die einzige Möglichkeit, Frieden zu finden. Dort konnten sie beginnen, Landwirtschaft zu betreiben. Carletons Alternative hieß: Entweder völlige Unterwerfung oder Vernichtung aller Navajomänner.

1863 kam mit Colonel Christopher „Kit" Carson ein Mann, der Carletons Pläne im Navajoland mit brutaler Gewalt durchführen sollte. Im Winter, nach Wochen der Kälte und des Hungers, jagten Oberst Carsons Patrouillen die Navajos wie Tiere. Die bitterste Episode folgte im Januar 1864. Carson zog mit 300 Soldaten durch den Canyon de Chelly, so wie es Jahre zuvor die Spanier getan hatten. Flüchtende wurden einfach erschossen, und viele alte Indianer blieben zum Sterben zurück, weil sie den langen Marsch nicht durchgestanden hätten. Nur wenige Navajo unter der Führung des bekannten Manuelito überlebten in der Schluchtenlandschaft um das Monument Valley.

Binnen vier Jahren endete Carletons Plan in einer Katastrophe. Ein Viertel der in Bosque Redondo (umbenannt in *Fort Sumner*) gefangengehaltenen Navajos starb durch Krankheiten oder an Hunger. In der Dürrezeit ging ihre Saat nicht auf, und sie hatten weder Trinkwasser noch Holz zur Verfügung. Schließlich erklärten sie sich bereit, in einem Reservat zu leben, sofern es ihnen gehören würde.

Der Schrei der Entrüstung über das Schicksal der Navajo hallte bis nach Washington. Am 1. Juni 1868 unterzeichneten Navajoführer einen Vertrag, worin die US-Regierung dem Volk ein Reservat in seinem alten Land zuteilte und den Überlebenden die Rückkehr bewilligte. Dieser Vertrag wird von den Navajo noch immer als gültig betrachtet.

Im frühen 19. Jahrhundert wurde das Reservat vergrößert, und damit wurden die Lebensbedingungen etwas besser. Es gab aber weiterhin Auseinandersetzungen mit den Weißen. Nach 1930 wurde ein Programm der US-Regierung zur Verringerung des Viehbestands durchgeführt, um die Folgen übermäßiger Ab-

Eine Weberin bei der Arbeit.

weidung zu stoppen. Zu einem Stückpreis von einem Dollar kaufte die Regierung Tausende von Schafen, die sie in den Schluchten töten und verkommen ließ. Die Navajos packte blankes Entsetzen, als vor ihren Augen die Grundlage ihres Lebensunterhalts zerstört wurde.

Auch mit den Hopi hatten die Navajo einen langen Streit um Land. Die Hopi, deren Siedlungen auf den Mesabergen völlig vom Navajoreservat umschlossen sind, beschuldigten die Navajo, jahrelang Vieh gestohlen und Felder geplündert zu haben. Den Höhepunkt erreichten die Spannungen 1974, als der amerikanische Kongreß den *Navajo-Hopi-Relocation-Act* verabschiedete. Dieses Gesetz teilt ein großes Stück Land zwischen den Stämmen neu auf. Es hat zur Folge, daß demnächst 11 000 Navajos und etwa 100 Hopi-Indianer die von ihren Vorfahren seit Generationen bewohnten Häuser verlassen müssen. Die Hälfte der Navajo wohnt bereits in neuen, von der Regierung bereitgestellten Wohnungen, doch viele der Entwurzelten warten noch immer. Andere haben geschworen, niemals wegzugehen, und leisten bei Big Mountain und Teesto Widerstand.

Schließlich schienen sich die Navajo Ende der achtziger Jahre selbst zu bekriegen. Auf der Höhe eines Korruptionsskandals um den früheren Vorsitzenden Peter MacDonald wurden zwei seiner Anhänger bei einer Demonstration von der Polizei erschossen. 1990 wurde MacDonald von einem Navajo-Gericht in 41 Fällen der Korruption für schuldig befunden. Kurz darauf bekam der frühere Vorsitzende Peterson Zah, sein Erzrivale, als erster gewählter Präsident die Führung des Stammes übertragen.

Der Canyon de Chelly und der Osten: Heute ist Ruhe in die Stammespolitik eingekehrt, wenn auch große Herausforderungen warten. **Window Rock**, das an der Grenze zu New Mexico liegt, ist Sitz der Navajoregierung und die beeindruckendste aller Stammeshauptstädte. Die Verwaltungsbüros und die Bundesstelle für Indianerangelegenheiten befinden sich in historischen Sandsteingebäuden im klassischen, südwestlichen Baustil, welche in einem kleinen Canyon unter dem berühmten Window Rock Arch liegen. Das Haus des Stammesrats ist ein einzigartiges, hoganförmiges Gebäude mit hoher Balkendecke. An seinen acht Innenwänden zeigt ein Wandgemälde die Stammesgeschichte.

Window Rock ist der Standort der stammeseigenen Firma **Navajo Arts and Crafts Enterprise**, wo man alle Arten von Navajodecken, Schmuck, Sandmalereien, Töpferwaren und Perlstickereiarbeiten kaufen kann. Im selben Haus findet man das **Navajo Tribal Museum**, ein lohnenswertes Stammes- und Kunstmuseum.

Um den 4. Juli findet in Window Rock eines der größten **All-Indian Rodeos** statt. Veranstaltungen dieses sehr beliebten Sports gibt es in den Sommermonaten an jedem Wochenende an verschiedenen Orten im Reservat. Im September findet in Window Rock der neun Tage dauernde **Navajo Nation Fair** statt, der größte Markt im Land. 50 000 Navajos und Angehörige von Nachbarstämmen zeigen hier Decken, Schmuck und andere Erzeugnisse. Traditionelle Tänze werden aufgeführt und Powwows abgehalten.

Im Zweiten Weltkrieg narrten „Navajo Code Talkers" mit verschlüsselter Sprache den Feind.

45 km westlich von Window Rock am Highway 264 liegt **Ganado**, wo auch der **Hubbell Trading Post** zu finden ist. Diese Handelsstation wurde 1876 von dem legendären John Lorenzo Hubbell gegründet und ist seitdem im Geschäft. Hubbell war bei den Navajo sehr beliebt, denn er versorgte sie während der verheerenden Pockenepidemie im Jahre 1886. Den größten Einfluß gewann er, indem er Navajodecken und -teppiche populär machte. Er ermutigte die Weber, Farbe zu verwenden, und er schuf das *Ganado Red*-Muster, das weithin bekannt wurde. In Hubbells Posten spürt man die Atmosphäre vergangener Tage, und Navajos kommen von weit her, um dort Geschäfte zu machen. Der Posten wird heute vom *National Park Service* verwaltet.

Das vielleicht wichtigste Ziel im gesamten Reservat ist der **Canyon de Chelly**. Der Hauptzugang befindet sich etwa 3 km entfernt von der Stadt **Chinle** und knapp 50 km nördlich des Highway 264. Dieser dreifach verzweigte Canyon, der von ca. 250 m hohen Sandsteinwänden eingeschlossen ist, hat über tausend Jahre lang Wüstenvölker beherbergt. Die prähistorischen Anasazi hinterließen Hunderte von *cliff dwellings* und Tausende von Kulturgegenständen. Wie Jahrhunderte später die Navajo, so betrieben die Anasazi Ackerbau auf dem Grund des Canyons.

Im Canyon leben noch viele Familien, die Schafe züchten und Getreide anbauen. Aus diesem Grund kann man ihn nur auf geführten Touren erleben. Am Rand der Schlucht bieten gut angelegte Straßen eine herrliche Sicht in die Tiefe.

An der **White House Ruin** beginnt ein Wanderweg zum Grund des Canyon. Über zwei Stunden führt er entlang des breiten, schattigen Flusses zu einem alten Anasazipueblo, das in eine Felsenbank der Klippenwand eingezwängt liegt.

Das Besucherzentrum des Canyon gibt die Möglichkeit, etwas über das Volk der Anasazi zu erfahren, welches das gesamte *Four-Corners*-Gebiet bewohnte.

In der **Thunderbird Lodge** gleich nebenan im Park werden Hunderte von Navajodecken, die oft besser sind als die in Handelsposten erhältlichen, zu vernünf-

Schafherde im Canyon de Chelly.

tigen Preisen angeboten. Im Gebiet von Chinle gibt es viele Weber, die allein von ihren Produkten leben.

Fährt man auf der Nordrandstraße des Canyon 16 km nach Osten, so kommt man nach **Tsaile**, wo das **Navajo Community College** ist. Es wurde vor 20 Jahren als das erste indianische Community College gegründet und ermöglicht zweijährige Kurse mit Abschluß. Auf dem sonst einfachen Campus steht ein glänzendes, hoganförmiges Gebäude inmitten vieler traditioneller *hogans*. Auch hier erfahren Touristen eine Menge über die Navajo und ihr Reservat. Ein ausgezeichneter Buchladen führt viele Titel über die Kultur der eingeborenen Amerikaner. Im College finden jährlich zwei Powwows statt, deren Termine Sie bei der Verwaltung erfahren können.

Östlich von Tsaile fahren wir über die dicht bewaldeten Chuska Mountains zum Highway 666. Im Süden liegt **Gallup** im Staat New Mexico. Man nennt es die „indianische Welthauptstadt". Navajos, Zunis und andere Pueblovölker treiben hier intensiv Handel. Die hiesigen Pfandhäuser und Handelsposten haben meist ein reichliches Angebot von Navajodecken und -schmuck, Kachinafiguren der Hopi und Töpferwaren der Puebloindianer. Allerdings kauft man das alles günstiger bei den Herstellern. Wenn Sie zu einem guten Preis Decken oder Teppiche der Navajo erstehen wollen, dann ist **Crownpoint** (ca. 80 km nördlich von Gallup) der richtige Ort. Sechsmal im Jahr kommen Käufer aus den gesamten Vereinigten Staaten zu Auktionen hierher. Crownpoint ist auch ein geeigneter Ausgangspunkt, um die Anasaziruinen am **Chaco Culture National Historical Park** zu erreichen, die am Ende einer ca. 35 km langen, zerfurchten und ungeteerten Straße liegen.

Wenn man Crownpoint Richtung Norden verläßt, fährt man an den bizarren Felsformationen der **Bisti Badlands** vorbei und kommt nach 140 km nach Farmington, einem bedeutenden landwirtschaftlichen Zentrum, das aber keine Attraktionen hat. 24 km östlich liegt ein weiterer Schauplatz der Anasazi, das **Aztec Ruins National Monument**. Der

Bizarrer Felsen in den Bisti Badlands.

kleine Ort **Shiprock**, benannt nach einem 2100 m hohen schroffen Bergkegel, liegt etwa 40 km entfernt im Westen.

Monument Valley und der Westen: Vom Canyon de Chelly aus fährt man in Richtung Norden nach Many Farms und nimmt den Highway 59 nach **Kayenta**. Auf einer etwa 105 km langen Strecke erlebt man hier eine der eindrucksvollsten Landschaften der Region. Die Straße führt an der Nordostseite der **Black Mesa** entlang, die vielleicht die bedeutendste freistehende Erhebung des Reservats ist. An der Kreuzung der Highways 59 und 160 sollten Sie anhalten und sich ein wenig umsehen. Im Norden liegt hinter einer weiten Ebene Monument Valley. Im Westen sieht man hinter dem Ort Kayenta das ferne Schluchtengebiet Skeleton Mesa, und vor Ihnen steht Church Rock, einer von vielen vulkanischen Felsen, die hier aus dem orangefarbenen Sandstein herausragen.

Kayenta, eine der schönsten Städte des Reservats, vereint in bemerkenswerter Weise traditionelle und moderne Lebensart. Wichtigster Arbeitgeber ist die *Peabody Coal Company*, die zwei große Kohlenbergwerke auf der Black Mesa betreibt. Im Ort leben 800 Bergarbeiter dieses Unternehmens, das der Stadt eine Aura des Wohlstands verleiht. Vom blühenden Geschäft Kayentas mit Touristen zeugt eine Vielzahl von Motels, Restaurants und Tankstellen.

Auf dem Highway 163 fährt man weiter durch breite, sandige, von riesigen Plateaus und Felsstümpfen eingeschlossene Täler zum **Monument Valley**, dem „Kronjuwel" des rötlichen Navajo-Felslandes, das jedem von uns aus unzähligen Westernfilmen von John Ford bekannt ist. Heute ist es ein Stammespark, den man auf einer gewundenen, staubigen Straße für $ 1 Gebühr durchfahren darf. Die ungeteerte Straße macht einem in der sommerlichen Hitze zu schaffen, aber sie sorgt immerhin für Atmosphäre und bewahrt die Natürlichkeit des Parks. Wie im Canyon de Chelly wohnen hier viele Navajofamilien. Wenn Sie von Kindern angehalten werden, damit Sie für einige Dollars Zedernholz-Perlenketten kaufen, dann denken Sie daran, daß Sie dadurch nicht unerheblich zu deren Familienbudget beitragen. Falls Sie hier nicht selbst fahren wollen, so können Sie sich von verschiedenen Tourenveranstaltern in der Begleitung von Navajoführern kutschieren lassen. Viele Touristen finden so die beste Möglichkeit, auch einmal den Hauptweg zu verlassen und weniger bekannte Gebiete zu erleben.

Westlich von Kayenta gibt es eine weitere, vielleicht weniger bekannte Attraktion, die aber ebenso schön und kulturell wertvoll ist wie Monument Valley: Das **Navajo National Monument**. Hier sind die größten und schönsten prähistorischen Ruinen des Südwestens zu sehen. Hoch oben, vom Besucherzentrum am Rand des Tsegi Canyon, sieht man **Betatakin** (in Navajosprache: das Felsbank-Haus), eine Ruine mit ehemals 135 Räumen, die in eine gut 150 m hohe, muschelförmige Höhle in der Felswand gebaut wurden. Betatakin wurde wohl um ca. 1300 v.Chr. geschaffen und wird neben Chaco Canyon (New Mexico) und Mesa Verde (Colorado) als eines der drei Zentren der Anasazikultur angesehen. Im Sommer bietet die Parkverwaltung min-

Die *Shonto Dunes* in der Nähe des Monument Valley.

destens einmal täglich geführte Besichtigungen der Ruinen an.

Wer das Abenteuer sucht, sollte die 160 Räume umfassende **Keet-Seel**-Ruine ansteuern, die am Ende eines 13 km langen Weges hinunter in den **Dowozhiebito Canyon** liegt. Mit geliehenen Pferden und ortskundigen Führern kann man die Tour an einem Tag bewältigen. Rucksackreisende bleiben gewöhnlich über Nacht. Treffen Sie mit den Parkaufsehern die notwendigen Vorbereitungen.

Westlich Kayenta, im tief gelegenen Klethla Valley, wendet sich der Highway 98 zum Ort **Page**, der hinter der nordwestlichen Reservatsgrenze liegt. Dort befinden sich der 1963 erbaute **Glen Canyon Dam** und der See **Lake Powell**, das vielleicht schönste Gewässer im ganzen Südwesten. Der 230 m hohe Staudamm wirkt wie ein Betonpflock, der in eine Enge des Canyons gerammt wurde. Er versorgt die stromabwärts lebenden Menschen mit Wasser, ist eine saubere Energiequelle und darüber hinaus für Millionen von Besuchern ein Erholungsziel.

Seit der Fertigstellung des Staudamms beklagen Umweltschützer immer wieder den Verlust des zauberhaften Glen Canyon, der nun unter den Wassermassen des Lake Powell begraben liegt. Sie kritisieren auch die Auswirkungen des Damms auf den Colorado River. Gegenwärtig sind über 40 mit Bundesmitteln geförderte Studien über den Damm und seine Einflüsse auf die Umwelt in Arbeit.

Wer den Lake Powell erkunden möchte, tut dies am besten mit einem gemieteten Haus- oder Motorboot (Vermietung bei Wahweap Marina, 8 km von Page entfernt). Man kann Wochen verbringen mit der Erforschung gewundener Sandsteinschluchten, einsamer Strände, abgelegener Wege und verborgener Ruinen. Besonders interessant ist das berühmte **Rainbow Bridge National Monument**, das tief in den Winkeln des Forbidding Canyon versteckt liegt. Mit gut 100 m Höhe ist dies der Welt größter natürlicher Felsbogen. Wer wenig Zeit hat, kann auch mit dem Boot von Wahweap Marina eine Tagestour hierher unternehmen. Ausdauernde *Backpacker* können dieses

Abendhimmel über der Black Mesa.

Naturdenkmal auch auf dem Landweg erreichen, und zwar auf zwei der schönsten Wege (21 und 26 km lang) in Arizona. In der Tuba-Handelsstation in Tuba City oder im Navajo Mountain-Handelsposten (ebd.) sollte man sich einige Tage im voraus Führer nehmen.

Von Page aus führt der Highway 89 in südlicher Richtung kilometerweit durch wunderschönes, offenes Wüstenland hinauf in die Navajo-Sandsteinfelsen, die hoch über dem House Rock Valley und dem Colorado River liegen. Etwa 38 km südlich von Page führt die Straße durch einen gigantischen Felsdurchbruch, der in die Klippenwand gesprengt wurde. Hier gibt es einige Parkplätze mit herrlicher Aussicht auf das darunterliegende Tal, auf die 16 km entfernten Hochebenen von Kaibab und Paria und auf die Spitzen der über 160 km weit im Süden gelegenen San Francisco Peaks.

Ein kurzer Abstecher auf Highway 89A bringt uns wieder in Richtung Norden über die gefährlich schmale **Navajo Bridge**, die **Marble Canyon Gorge** mit dem 153 m tief in der Schlucht liegenden Colorado River überbrückt. Weitere 10 km nördlich kommt man zum historischen Ort von **Lee's Ferry**, von wo aus alle Floßtouren in den Grand Canyon unternommen werden.

Wir kehren zurück zum Highway 89 und wenden uns nach Süden. Bald erreicht die Straße an den **Echo Cliffs** den Wüstenboden. Nur wenige alte Handelsposten, Navajo-Hogans und Maisfelder trifft man in dieser herrlich urwüchsigen Landschaft an. Schließlich kommen wir durch rötlich leuchtendes Ödland zur kleinen Siedlung **Moenave**. Hier gibt es eine seltene Attraktion zu bestaunen, nämlich Dinosaurierspuren! Vor etwa 60 Millionen Jahren hinterließ hier ein dreizehiger *Dilophosaurus* seine 30 cm großen Fußabdrücke der Nachwelt.

Das nahe gelegene **Tuba City** ist die bedeutendste Stadt im Westteil des Reservats. Mormonenpioniere gründeten sie 1870 und benannten sie nach einem Häuptling der Hopi. Neben Regierungsgebäuden und medizinischen Einrichtungen bietet der Ort ein Motel, eine Reihe von Restaurants, ein Theater und

Eine Perlenkette ensteht.

eine großen Supermarkt. Sollten Sie hier an einem Freitag Station machen, so versäumen Sie nicht den Flohmarkt, der hinter dem großen weißen Gebäude des Community Center stattfindet. Hier wir alles angeboten, von Heilkräutern über indianische Kunstgegenstände bis zu warmen Hammelsandwiches.

Jenseits der Straße von Tuba City liegt **Moenkopi**, die westlichste Siedlung der Hopi. Die Hopiindianer sagen, sie hätten schon 300 Jahre vor Ankunft der Navajo diesen schönen Canyon landwirtschaftlich genutzt. Eine Ruine auf einem Vorgebirge jenseits des Dorfs gibt Zeugnis von prähistorischer Besiedlung.

Als 1870 die Mormonen kamen, war dieser kleine Hopiort ständig bewohnt. Im Dorf steht die alte Kirche der Mormonen neben dem Friedhof, wo Tubas erste Pioniere ihre letzte Ruhe gefunden haben. Das Alte Viertel des Ortes bilden die Steinpueblos von *Lower Moenkopi*, welche an die ursprüngliche Siedlung erinnern. Hier kann man bei den Herstellern preisgünstig Kachina-Schnitzfiguren, Gemälde und andere Hopi-Kunsterzeugnisse kaufen. Informationen hierzu finden Sie im **Clifford Honahnie Building** am Ortseingang.

Südlich Tuba City bringt uns der Highway zu den geradezu bonbonfarbenen Felsen der **Painted Desert**. Adern von 200 Millionen Jahre altem Schiefer und Sandstein durchziehen die Landschaft, aufgelockert von versteinerten Bäumen. Dieser **Petrified Forest National Park** ist einer der aufregendsten Anblicke der Painted Desert.

Hier hat man einen guten Zugang zum Grand Canyon National Park (an der Westgrenze des Reservats), zu den Ruinen bei Wupatki und den Walnut Canyon National Monuments. Auch die Städte Flagstaff und Sedona sind gut erreichbar.

Wer mehr über die Navajo erfahren will, hat hierzu Gelegenheit im **Museum of Northern Arizona** in Flagstaff und im **Heard Museum** in **Phoenix**. Ersteres zeigt – meist im Juli – eine Ausstellung von Navajokunst. Weitere erstklassige Ausstellungen dieser Kunst gibt es im **Wheelwright Museum** in Santa Fé und im **Southwest Museum** in Los Angeles.

Navajo-Ältester.

Die Sandbilder der Navajo

In den letzten 40 Jahren sind die Sandbilder der Navajo aus dem Halbdunkel der Hogans an die Öffentlichkeit gelangt. Man sieht sie in Handelsstationen, Andenkenläden und Museen.

Die Herkunft dieser auch *dry painting* genannten Maltechnik bleibt dunkel. Möglicherweise wurde sie von den Pueblostämmen übernommen, als vor 700 Jahren die Vorfahren der Navajo den Südwesten erreichten.

Sand paintings werden traditionell während nächtlicher Heilzeremonien, den sogenannten *sings*, in Hogans angefertigt. Die Künstler sind besonders geschulte Medizinmänner, die sich in oft jahrelangen Lernprozessen komplizierte Gebete, Gesänge und die Maltechnik aneignen.

Leise singt der Medizinmann die Gesänge des Rituals. Dabei läßt er das Pulver farbigen Gesteins, Maispollen und andere heilige Materialien zwischen Daumen und Zeigefinger hindurchrieseln und schafft so das gewünschte Motiv. Die Bilder sind im Durchmesser etwa 60 bis 90 cm groß, doch gibt es auch welche mit 6 m Durchmesser, zu deren Herstellung man schon Helfer braucht.

Die häufigsten Motive sind Abbildungen der *yeis*, der Navajogötter, die während der Zeremonie um Heilung des Patienten angefleht werden. Neben diesen stockähnlichen Figuren gibt es Bildelemente wie den Navajoregenbogen, gekreuzte Linien für die vier heiligen Richtungen, Federn oder Tiere. Kurz vor der Morgendämmerung ist die Zeremonie beendet, und die heiligen Bilder werden zerstört. Der gesammelte Sand wird nördlich des Hogans vergraben. Der Patient darf ein wenig davon behalten. Während längerer Heilungsrituale, die mehrere Nächte dauern, wird für jede Phase der Therapie ein eigenes Sandbild angefertigt. Erst nach 1880 wurde der Existenz von *sand paintings* den Weißen richtig bekannt. Ein im Navajoreservat stationierter Militärarzt, Washington Matthews, durfte als erster Weißer einem *Mountainway Chant* beiwohnen. Er war der erste, der Navajozeremonien übersetzte und verständlich machte.

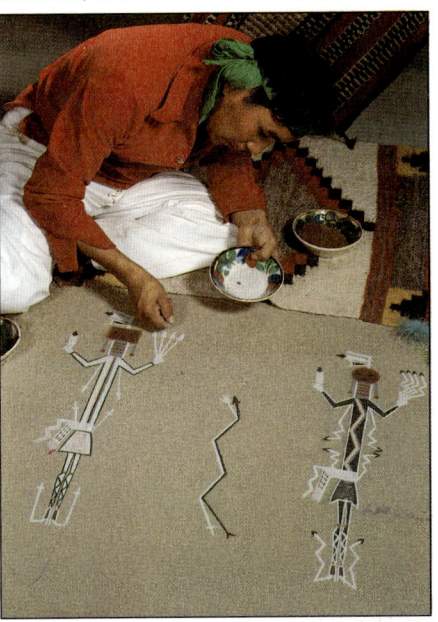

Genaue Kenntnis von den Sandmalritualen erlangte in den zwanziger Jahren dieses Jahrhunderts Gladys A. Reichard, die zuerst fünf Jahre lang die komplizierte Navajosprache erlernte und sich dann von einem Sänger namens Miguelito die heiligen Gesänge beibringen ließ.

Heute werden auch langlebige Sandgemälde zu kommerziellen Zwecken hergestellt. Außer den genannten Motiven zeigen sie Landschaften, Porträts von Indianern, Töpferei- und Webdeckenmuster und abstrakte Formen. Die Maltechnik wird inzwischen auch bei Abzeichen, Namensschildern, Wandbehängen und sogar bei Lampen und kleinen Standfiguren angewendet.

Der Markt für die Navajo-Sandgemälde wurde von Händlern und Sammlern geschaffen, wie die Märkte anderer einheimischer religiöser Kunstformen. Die Sandbilder wurden immer beliebter, und sie erzielen Preise von $ 8 für eine einfache Arbeit bis hin zu $ 2000 oder mehr für große, gerahmte Sammlerstücke von bekannten Künstlern.

Ein Sandmaler benutzt ganz einfache Werkzeuge und Materialien. Auf ein Brett wird zunächst Leim in der Form des Bildmotivs aufgetragen, dann streut der Künstler sorgfältig Sand darüber. Dabei ist Geduld wichtig, denn man kann Fehler kaum ausgleichen.

Im Reservat gibt es Hunderte solcher Künstler. Die besten ihrer Zunft arbeiten jedoch in der Gegend von Shiprock in New Mexico. Die größten Talente kommen aus Sheep Springs, 72 km südlich. So sagt jedenfalls der Händler Jed Foutz vom Shiprock Trading Post.

Foutz nennt als beste Künstler der traditionellen Sandmalerei die Familie Myerson (Cecil, Jean und Sohn Sammy) und die große Familie Ben. Der beste Maler moderner Sandpaintings sei Eugene Joe. Interessierten Besuchern rät Foutz, nach den vielen aufstrebenden jungen Künstlern aus dem Shiprockgebiet zu fragen.

Sandbilder können in Galerien und Geschenkläden, ja sogar in Kaufhäusern im Südwesten gekauft werden. Wer aber ein wirklich gutes Stück erwerben will, der sollte zu den Handelsposten im Navajoreservat gehen. Dort kennen die Händler die Künstler oft persönlich und können einem sehr gute Arbeiten zu fairen Preisen vermitteln.

DAS LAND DER HOPI

In der Überlieferung der Hopi lebten vor der Erschaffung der Erde die Geister in einem grenzenlosen Raum namens *Tokpela*. Als die Zeit der Erdschöpfung gekommen war, endete das glückliche Leben der Geistwesen miteinander in der Schönheit von Tokpela: Sie sollten nun menschliche Gestalt annehmen. In einer Versammlung wurden vom Schöpfer diejenigen bestimmt, die das irdische Leben in Körpern aus Fleisch und Blut zu beginnen hatten. Doch schon bald wurden diese Menschen schlecht und wichen von den Weisungen des Schöpfers ab. Deshalb wurde diese Erste Welt im Feuer vernichtet. Es überlebten nur die Folgsamen, die sich an die Gebote des Erschaffers der Erde hielten.

Das große Feuer war verloschen, und eine Zweite Welt entstand und blühte. Wieder wurden die Menschen böse. Sie verließen den rechten Weg und begehrten materielle Dinge. Wieder vernichtete der Schöpfergeist die Welt, diesmal aber mit Eis.

Bald wurde eine neue, die Dritte Welt, geboren. Sie war nicht so schön wie die vergangenen, dafür lebten in ihr zufriedene Menschen. Bis – nun, bis erneut das Unvermeidliche seinen Lauf nahm: Viele Menschen wurden böse und bekämpften sich. Sittenlosigkeit breitete sich aus, und nur wenige Erdenbewohner folgten noch dem Schöpfer oder irdischen Führern. Einige Getreue begannen, Zuflucht in einer anderen Welt zu suchen; über ihren Köpfen vernahmen sie Geräusche, wie von Bewegungen! Ihre Suche wurde belohnt, als sie schließlich die Vierte Welt fanden, unsere heutige Welt, in der *Masaw* lebte, der Hüter der Erde. Masaw erlaubte den Suchenden, in der Vierten Welt zu bleiben, doch warnte er sie auch vor dem schwierigen Leben, das ihnen dort bevorstand.

Viele Generationen lang zogen die Hopisippen dann auf der Suche nach dem Zentrum der Erde in alle vier Himmelsrichtungen. Göttlichen Befehlen gehorchend, bauten sie Gemeinschaftshäuser aus Stein, denn diese sollten noch lange nach dem Weggang der Hopi die Grenzen ihres Gebiets markieren. Schließlich ließen sie sich auf einer dürren Hochebene zwischen dem Rio Grande und dem Colorado River nieder. Dieses Land war so unfruchtbar, daß nur das Gebet ihnen Regen und Nahrung bringen konnte, und hier war der richtige Ort, um die Dankbarkeit gegenüber dem Schöpfergeist nie zu vergessen.

An jenem Ort sind die Hopi bis heute geblieben. Aus dem Colorado-Plateau ragen drei fingerförmige Mesas empor, auf denen ihre Steindörfer liegen. Darunter sieht man moderne Siedlungen. Das Dorf Old Oraibi wurde schon vor tausend Jahren gegründet und soll das älteste ständig bewohnte Dorf in den USA sein.

Dies ist eine kahle, wilde Landschaft mit schroffen Sandsteinfelsen in Rot- und Brauntönen. Man spürt die ungeheure Weite von Himmel und Erde. Die Steinpueblos sind kaum von den Tafelbergen, auf denen sie liegen, zu unterscheiden. Die Häuser sind hart an den Rand der Felsen gebaut. Staubwolken jagen durch die Siedlungen und wirbeln

Vorherige Seiten: Monument Valley.
Links: *Buffalo dancer* der Hopi.
Rechts: Ritueller Clown.

hinunter bis auf den über 60 m tiefer gelegenen Boden der Wüste. Im Juni und Juli sieht man Adler hin und wieder reglos auf einem Dach sitzen, die auf ihren heiligen Zweck warten: Aus ihren Federn werden *pahos* (Gebetsstöcke) gemacht. Diese werden den Geistern dargebracht, welche überall auf den Mesas in Gräbern liegen. Dann werden die Adler geopfert und mit Gebeten um Regen zu den Vorfahren zurückgeschickt.

Die Weißen kommen: Als 1540 Francisco de Coronado im Südwesten einmarschierte, waren die Hopi schon jahrhundertelang auf den Mesas zu Hause und hatten dieser Einöde Mais, Bohnen und Melonen abgetrotzt. So hatten es vor langer Zeit schon die *Hisatsinom* (Leute der alten Zeit) getan, die besser als *Anasazi* bekannt sind. Anasazi ist ein Navajowort und bedeutet „feindlicher Vorfahre". Viele Hopi wenden noch heute die alten Landbautechniken an.

Auf ihrer Suche nach Gold und „heidnischen" Seelen zwangen die Spanier die Hopi in die Knie. Sie verschütteten *kivas* (unterirdische Zeremonialkammern), verboten Hopi-Zeremonien und machten Indianer zu Sklaven. Die Unterdrückung der Hopi und anderer Pueblostämme führte zur Pueblorevolte von 1680. Die eigentlich friedliebenden Hopi nahmen am Aufstand teil. Sie töteten alle Mönche auf ihren Mesas und zerstörten die Missionsgebäude. Die katholische Kirche konnte im Hopiland nie wieder richtig Fuß fassen. Andere Konfessionen haben dort Kirchen gebaut; keine von ihnen konnte jedoch viele Anhänger gewinnen.

Nach dem Aufstand genossen die Hopi eine kurze Zeit der Freiheit. Der Einfluß der spanischen und der mexikanischen Regierung hatte nie die abgelegenen Hopidörfer erreicht. So lebten sie in Frieden, bis Amerikaner auf ihrem Zug nach Westen erneut ihre Ruhe störten. Mitte des 19. Jahrhunderts wurden durch den amerikanischen Expansionismus Navajoindianer auf Hopiterritorium gedrängt, was zwischen beiden Stämmen einen Streit auslöste, der heute noch ausgefochten wird, wenn auch inzwischen die Schlachtfelder der amerikanische Kongreß und die Gerichte sind.

Ein Hopidorf aus der Vogelperspektive.

Links: Traditioneller Landbau in der Wüste. **Rechts:** Tänzer der Hopi.

Ursprünglich waren die Hopidörfer autonome Einheiten. Die Dorfregierung wurde gebildet vom *kikmongwi* (einem geistlichen Führer), den sogenannten *decision makers* (Entscheidungsträgern) und einem *qaleetaqa* (dem Kriegshäuptling). Diese Regierungsform hatte viel von einer Theokratie.

In jüngerer Zeit hat sich die Mehrheit der Hopidörfer in zeitgemäßeren Strukturen selbst organisiert. Dabei haben sie sich an den *Indian Reorganization Act* von 1934 gehalten. Die Hopi wurden – zumindest offiziell – ein Stamm. Dies ist ein fremder Begriff für Menschen, die sich über sehr lange Zeit in Clans und Dörfern organisiert haben. Doch waren die Amerikaner hartnäckiger, als es früher die Mexikaner gewesen waren. Die Stammesältesten sahen ein, daß sie sich mit Problemen der heutigen Zeit und der Außenwelt auseinandersetzen mußten. Eine Verfassung wurde angenommen, die eine demokratische Regierungsform auf Stammesebene vorsah.

Spirituelles Leben: Die Hopi sind vor allem als ein tief religiöses Volk bekannt. Die Religion ist so untrennbar mit dem Alltagsleben verknüpft, daß man sie nicht isoliert betrachten kann. Für die Hopi ist das Geistige eine wirklich universale Angelegenheit. Die Stammesältesten glauben, daß sie als Erben die Verwaltung der Mutter Erde übernommen haben. Darum müssen sie die Erde schützen und um der ganzen Menschheit willen die Religion erhalten. Diese Aufgabe erfüllen die Priestergesellschaften, die *wuutsim* genannt werden. Sie leiten religiöse Zeremonien, um das irdische und geistliche Wohlergehen aller Menschen zu sichern und um eine ausgewogene und friedliche Beziehung mit der natürlichen Umwelt und der Welt der Geister zu erreichen.

Es gibt auch Gesellschaften von Priesterinnen und andere religiöse Gruppen, wie z.B. die *snake* und *kachina societies*, welche zu bestimmten Zeiten im Jahr ihre Zeremonien abhalten. Sie alle bilden die spirituelle Basis der Hopigesellschaft. Wie das eindringliche Schlagen einer Hopitrommel, so bestimmen ihre Rituale den Rhythmus des traditionellen Lebens.

Land der Hopi

Nach Auffassung der Hopi gibt es Verwandtschaft nicht nur unter den Sterblichen. Männer und Frauen der *Kachina Society* sind nun auch Väter und Mütter der Kachinageister. Die Kachina wiederum werden Väter des Volkes, wenn sie sich als Regenwolken zeigen.

Kachinas sind Geistwesen, Vermittler zwischen dem Volk und dem Großen Geist. Als Geister der Vorfahren sind sie Bindeglieder zur Vergangenheit. Als Geister von Pflanzen, Tieren und anderen natürlichen Phänomenen verbinden sie die Hopi mit der Natur. Sie sind Boten zwischen den Hopi und den Regenleuten. In Gestalt von Wolken bringen sie dem Land lebenspendenden Regen.

Im Sommer, von Ende Juli bis Dezember, wohnen die Kachinas auf den San Francisco Peaks, etwa 150 km südlich von den Pueblos. Im Winter kommen sie von den Bergen herunter zu den Dörfern, wo sie in den Kivas und auf Tanzplätzen tanzen. Im Frühjahr und im Sommer gibt es an fast jedem Wochenende in einem der Dörfer diese Tänze, und viele sind Besuchern zugänglich, die sich jedoch an einige Regeln halten müssen: Es ist streng verboten zu fotografieren, Video- oder Tonaufnahmen zu machen oder Zeichnungen anzufertigen.

Vor Ankunft der Kachinas sammeln sich die Leute auf den Dächern und am Rand des staubigen Tanzplatzes. Zum Ritual gehörende Clowns, die manchmal mit schwarz-weißen Streifen bemalt sind, spielen den wartenden Zuschauern Streiche und stellen alles Heilige auf den Kopf. Später, während der Tänze, dienen sie als Helfer. Sie segnen die Tänzer mit Maismehl und kümmern sich um ihre kunstvollen Ausrüstungen.

Dann kommen die Kachinas. Sie sind großartig anzuschauen: Auf ihren Köpfen tragen sie herrliche Masken, und an ihren bemalten Körpern Türkisschmuck, Adlerfedern, Pinienzweige, Röcke und Schärpen. Sie bewegen sich im Gleichschritt und singen mit tiefer, gedämpfter Stimme ein Gebet. Ein hohles, rhythmisches Klappern (von Schildkrötenrasseln) begleitet ihr Fußstampfen zum Trommelschlag. Nach dem Tanz verteilen die Kachinas oft Geschenke, wie z.B. Körbe mit Obst, Brot und traditionellen Speisen. Manchmal bekommen kleine Mädchen von ihnen Kachina-Schnitzfiguren. Viele Hopikünstler schnitzen und verkaufen diese Puppen, einige lehnen dies aber ab. Die besten Schnitzereien sind wahre Kunstwerke und sorgen für dringend benötigtes Einkommen.

Nach dem *Niman Dance* kehren die Kachinas im Juli zu ihrer Heimat in den Bergen zurück. In dieser Zeit wird neben anderen Zeremonien auch der berühmte *Snake Dance* aufgeführt. Mitglieder der Snake Society tanzen mit Schlangen (darunter giftige Klapperschlangen) im Mund, während andere Schlangen sich auf dem Boden des Tanzplatzes winden. Am Ende des Rituals läßt man die Schlangen in die Wüste zurückkehren, nicht ohne ihnen Gebete um Regen für die Hopi mit auf den Weg zu geben. Es ist auch die Zeit für Gesellschaftstänze wie den „Schmetterlingstanz", den unverheiratete Männer und Frauen aufführen.

Hauptsorge der Hopi ist der Regenmangel und das Wachstum des Mais, ihrer wichtigsten Nutzpflanze. Die jährliche Niederschlagsmenge beträgt hier nur 250 mm. Mais ist seit jeher die Lebensgrundlage der Hopigesellschaft und er spielt daher in den Zeremonien eine große Rolle. Die vier Farben des indianischen Mais stellen die Himmelsrichtungen des Hopiuniversums dar. Heiliges Mehl wird zum Reinigen und Segnen verwendet oder in Dankbarkeit für die guten Gaben der Mutter Erde geopfert.

Die Verbindung zwischen Maispflanze und Menschenleben wird schon nach der Geburt geknüpft: Dann legt man eine vollkommen geformte Maisähre neben das Neugeborene und eine neben die Mutter, wo sie 20 Tage lang liegenbleiben. Die Ähre symbolisiert ihre geistliche Mutter, Mutter Erde, die den Mais formte und zu welcher die Körper von Mutter und Kind im Tod zurückkehren werden. Am zwanzigsten Tag wird die Maisähre zur Segnung des Kindes beim Namensgebungsritual benutzt. Das Kind hat dann die Reise aus der Geisterwelt in die irdische beendet. Dasselbe Ritual wird bei 11 Jahre alten Kindern im Kachina-Initiationsritus zelebriert. Später findet es bei der Aufnahme in die Priestergesellschaft statt, an der Schwelle zum Erwachsenenalter. Am Lebensende, der Rückkehr in die Geisterwelt, wird Maismehl auf das Gesicht des Toten gestreut.

Blaues Maismehl wird auch in dem hauchdünnen Pikibrot verwendet. Frauen stellen *Piki* her, indem sie einen dünnen Teig auf einem heißen, glatten Stein ausbreiten. Das so gebackene Brot ziehen sie ab und falten es. Piki wird bei vielen Zeremonien und besonderen Anlässen gereicht. Oft bekommt man es beim Hopi Cultural Center auf der zweiten Mesa.

Künstlerische Tradition: Die Hopi haben eine lange Geschichte als Künstler. Einige der schönsten Arbeiten des Südwestens in den Kunstformen von Töpferei, Schmuck, Korbflechten und Schnitzerei sind von Hopiindianern gefertigt. Auf der ersten Mesa werden besonders gute Töpferwaren ohne Töpferscheibe gemacht. Das Produkt wird mit einem Stein geglättet und über einem Feuer von Mist gebrannt. Dann folgt das Bemalen mit konplizierten Mustern, wozu Yuccafaserpinsel und Naturfarben benutzt werden.

Die zweite und dritte Mesa sind für ihre Flechterzeugnisse berühmt. Die Künstler benutzen vor allem Weidenruten und Yuccafasern. Auf allen Mesas schnitzt man Kachinapuppen aus den Wurzeln des Cottonwoodbaums, einer Pappelart.

Die Silberschmiede der Hopi haben sich auf eine besondere Auflagetechnik spezialisiert. Eine Reihe begabter Künstler fertigen auch Einlegearbeiten mit Halbedelsteinen wie Türkis, Jett, Koralle und Perlmutt an, und einige Schmuckhersteller arbeiten mit Goldfassungen.

Nach Kunsterzeugnissen der Hopi sucht man am besten zuerst beim **Hopi Cultural Center** auf der zweiten Mesa, wo neben einem Museum und Geschenkeladen auch ein Motel und Restaurant zu finden sind. Viele Kunsthandwerker arbeiten auch außerhalb ihrer Häuser, so daß man sie bei der Arbeit sehen und direkt von ihnen kaufen kann. Es ist günstiger, vorher Arrangements zu treffen. Fragen sie (auch telefonisch) im Hopi Cultural Center nach Einzelheiten. Bei organisierten Touren sind meist Aufenthalte in Werkstätten, Geschäften, malerischen Dörfern und anderen attraktiven Punkten eingeplant. Hierzu gehören auch

Mais, die Lebensgrundlage der Hopi.

Vorführungen des Piki-Brotbackens, Videos über das Leben der Hopi. Diese Touren bringen Sie nicht zu den Kachinatänzen auf den Dorfplätzen. Sie können aber selbst zu diesen Veranstaltungen fahren, die öffentlich zugänglich sind. Im Reservat gibt es rund ein Dutzend Geschenkeläden nicht weit vom Highway. Achten Sie auf die Schilder.

Angenehme Gäste: Wenn Sie sich eine Tanzveranstaltung anschauen, so wird von Ihnen erwartet, daß Sie sich ruhig, zurückhaltend und respektvoll verhalten. Insbesondere sollten Besucher keine Fragen zur Identität der Tänzer oder über die Masken stellen, noch sollten Kinder über Verwandte ausgefragt werden, die irgendwie mit den Tänzen zu tun haben. Bis zum Initiationsritus wissen Kinder nicht, daß die Kachinas Darsteller sind und keine richtigen Geister. Später kann man sich dann bei einem Führer oder Bekannten über die Zeremonien erkundigen. Wer allerdings zu sehr an Geheimnisse rührt, der bleibt oft ohne Antwort.

Noch einmal: Fotografien, Tonaufnahmen oder Zeichnungen sind während der Tänze oder in vielen Dörfern generell verboten. Man riskiert dabei, von der Indianerpolizei seinen Film oder seine Kamera abgenommen zu bekommen.

Es wird sehr empfohlen, während der Tänze korrekte Kleidung zu tragen. Damit wird es den Teilnehmern der Zeremonie leichter gemacht, die sich zuvor eine Zeitlang Enthaltsamkeit auferlegen.

In den Dörfern und außerhalb sowie an den Rändern der Mesas gibt es Heiligtümer verschiedener Art. Hier werden Opfergaben niedergelegt, die für die Hopi große religiöse Bedeutung haben. Falls Sie zufällig so eine Opfergabe antreffen, so lassen Sie sie unverändert. Wer Dinge wegnimmt, macht sich eines schweren Verstoßes gegen das Stammesgesetz schuldig. Man wird ihn aus dem Reservat weisen oder sogar anklagen. Desgleichen sollte man keine rituellen Gegenstände wie Gebetsstöcke, Masken, Fetische oder Dinge wie Tonscherben aus fragwürdigen Quellen kaufen.

Auch sollten Sie daran denken, die alten Pueblos, in denen immer noch Hopifamilien leben, nicht ohne Einladung zu betreten. Falls man Sie jedoch einmal zur Essenszeit in ein Haus einlädt, so nehmen Sie ruhig an und kosten das Essen, das man Ihnen anbietet.

Während der Kachinasaison von Frühjahr bis Spätsommer ist es oft schwierig, beim Hopi Cultural Center Unterkunft zu bekommen. Buchen Sie darum am besten einige Monate im voraus. Zimmer bietet auch das **Keams Canyon Hotel**, das 32 Kilometer (20 Meilen) östlich des Hopi Cultural Center und 16 Kilometer (10 Meilen) vom nächsten Hopidorf auf der ersten Mesa entfernt liegt. Weitere Übernachtungsmöglichkeiten haben Flagstaff, Holbrook, Winslow und Tuba City.

Das Land der Hopi ist, so sagt ihre Tradition, religiöses Zentrum der Erde. Hier haben ihre spirituellen Vorfahren die Pflicht übertragen bekommen, im Auftrag des Großen Geistes das geistige Wohlergehen der gesamten Menschheit zu bewahren. Aus aller Welt kommen Menschen zu diesem *Center of the Earth*, um spirituelle Verjüngung zu erfahren. Es ist die Hoffnung der Hopi, daß mit ihnen alle Besucher das Streben nach einem guten Leben teilen.

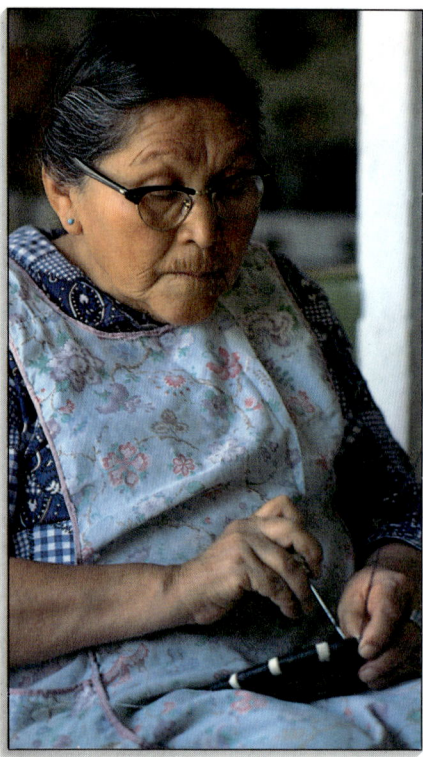

Eine Korbmacherin der Hopi.

DIE KACHINA-SCHNITZFIGUREN

Seit urdenklichen Zeiten haben Männer der Hopi hölzerne Darstellungen ihrer Geister (die *katsinam* bzw. für Nicht-Hopi *kachinas* heißen) geschnitzt. Diese Kachinapuppen, die in Hopisprache *tihu* genannt werden, gibt man den Hopikindern zur religiösen Belehrung. Heute sind diese Figuren eine der hochwertigsten und bestentwickelten Kunstformen des Stammes und ein Markenzeichen der Hopi in der ganzen Welt.

Im Gegensatz zu Töpferei und Silberschmiedearbeit, die von Spezialisten der ersten und zweiten Mesa betrieben werden, werden Kachinafiguren in allen 12 Hopidörfern hergestellt. Viele dieser Produkte zeugen von hoher Kunstfertigkeit.

Die tief in der Religion wurzelnde Schnitzerei ist noch immer ein lebendiger und beherrschender Teil der Hopikultur. In früherer Zeit hatte die Religion die Vorfahren veranlaßt, zu den abgelegenen Tafelbergen zu ziehen und dort zu bleiben. In jüngster Vergangenheit hat der Glaube die Hopi befähigt, dem Eindringen der modernen Welt in ihre einfache, bescheidene Lebensweise zu widerstehen.

Einen der wichtigsten Aspekte der Hopireligion bilden die Kachinagesellschaften, in die alle Hopi im Alter von 9 oder 10 Jahren eingeführt werden. Es gibt so unzählbar viele Kachinageister wie Naturgesetze, denn sie sind ja nichts anderes. Einige sind die von Wolken verborgenen Geister von Vorfahren. Andere lassen Regen fallen und Mais wachsen oder den Menschen Wohltaten widerfahren.

Von der Wintersonnenwende im Dezember bis zum Nimantanz im Juli leben diese Geister mit den Hopi in deren Mesadörfern. In dieser Zeit werden sie von prachtvoll gekleideten Männern – den Kachinatänzern – dargestellt, die in den Kivas und auf den Dorfplätzen Tänze aufführen. Den Rest des Jahres verbringen die Kachinas in den Bergen der San Francisco Peaks, etwa 150 km südlich des Reservats und am Nordrand von Flagstaff.

Man sagt, es gebe rund 350 als Schnitzfiguren abgebildete Kachinas. Doch kann es hierbei keine zwei identischen Stücke geben. Die Figuren sind den Hopi heilig. Trotz der Puppenform sind sie kein Spielzeug. Sie sind inzwischen jedoch zu einer Haupteinnahmequelle für Hopifamilien geworden.

Einige der Schnitzer, wie z.B. Dennis Tewa aus Moenkopi, Ronald Honyouti aus Hotevilla und Neil David aus Kykotsmovi, erzielen für ihre Arbeiten Preise in Höhe von bis zu mehreren tausend Dollar. Museen und Privatsammler sichern sich gern schnell solche Stücke.

Künstler wie diese haben der Schnitzkunst der Hopi den Ruf einer seltenen und wertvollen Kunstform eingebracht.

Zwei Stile lassen sich unterscheiden: Der traditionelle Stil und der eher bildhauerisch orientierte. Traditionelle Stücke werden aus der Wurzel des Cottonwoodbaums gefertigt. Sie sehen den Kachinatänzern am ähnlichsten. Einstmals wurden die Figuren in starren Posen dargestellt, mit am Körper anliegenden Armen und gestreckten Beinen. Heute werden sie oft in Tanzhaltung geschnitzt, so als befänden sie sich mitten in einer Zeremonie.

Traditionelle Kachinapuppen sind mit großer Liebe zum Detail gemacht und mit Leder, Perlmutt, Türkisen, Fellstücken und Federn besetzt. Steht der Name des Künstlers am Sockel, kann man sicher sein, keine Imitation gekauft zu haben.

Skulpturfiguren bringen neben der religiösen Symbolik die ganze Virtuosität des Künstlers zum Ausdruck. Aus einem Stück Holz wird beispielsweise, oft der Holzmaserung folgend, eine Feder so makellos herausgearbeitet, daß ihre feinsten Linien zu sehen sind. Solche Arbeiten werden meist eher gebeizt als bemalt; nur einige wenige Verzierungen werden mit Naturfarben aufgetragen.

Touristen können Kachinafiguren in Handelsstationen, Geschenkläden und Galerien im Hopi- und Navajoland kaufen. Wer mehr darüber erfahren und preiswert einkaufen möchte, sollte sich direkt an die Künstler wenden. Zu empfehlen sind auch die hopieigenen Galerien im Reservat sowie die Hopi Arts and Crafts Guild (Zunft) auf der zweiten Mesa. Informationen zu dieser Kunst gibt das Heard Museum in Phoenix oder das Museum of Northern Arizona in Flagstaff.

DIE PUEBLOS IN NEW MEXICO

In den stillen Stunden vor Einbruch der Dunkelheit greifen fingerförmige Schatten nach den Häusern des Zuni Pueblos. Am großen Platz versammeln sich Menschen auf den Dächern. Kinder springen von Dach zu Dach, und alte Frauen sitzen auf ihrer Veranda. Der aus den Schornsteinen aufsteigende Rauch verbreitet süßlichen Zedernholzgeruch. Im Osten verdunkeln über dem Corn Mountain, dem heiligen Tafelberg der Zunis, Gewitterwolken den Himmel.

Durch seine Lage am Rande eines Flüßchens wirkt das Dorf wie ein Schutz gegen den weiten Raum der Wüste von New Mexico. Vor der Ankunft der Spanier nannten die Zuni diesen Ort *Halona Itwana*, den Ameisenhaufen am Mittelpunkt der Welt. Wenn die Abendsonne auf das Dorf fällt, sieht man, daß das alte, terrassenförmig angelegte Pueblo einem Ameisenhügel ähnlich ist. Nach der Überlieferung der Zuni tauchten ihre Vorfahren aus dem Erdboden auf und ließen sich nach Jahren der Wanderung auf diesem dürren Plateau nieder. Heute kehren die Ahnen in Form von Wolken zum Dorf zurück und bringen den spärlichen, segensreichen Regen.

Durch das Labyrinth von staubigen Gassen hallt ein gedämpfter Schrei. Die Menge wird still. Ein rhythmisches Klingeln ertönt und wird immer lauter. Wie aus heiterem Himmel betreten *Kachinas* den Platz, gebieterische Indianergestalten, die aussehen wie Tiere oder Geister. Ihre Masken leuchten in prächtigem Rot, Schwarz und Türkis, die Körper zieren Schmuckstücke, Federkrausen, Pinienzweige, Rasseln und Fußglöckchen. Schon die Kinder kennen ihre Namen: *Shulawitsi*, der kleine Feuergott, *Sayatasha*, der Regengott aus dem Norden, und *Yamukato*, der furchtbare Krieger.

Auch die *koyemshi* warten schon. Sie sind rituelle Clowns, welche die verwirrten Kinder des Inzests darstellen. Ihre Masken gleichen knaufartigen Helmen mit hervorstehenden Augen und gespitzten Lippen. Sie sind die lustigsten und zugleich die heiligsten der Kachinas der Zuni, und die Männer, die sie darstellen, müssen oft ein ganzes Jahr lang ihre Arbeit ruhen lassen, um ihre vielen zeremoniellen Verpflichtungen zu erfüllen.

Die Kachinas bilden einen Kreis auf dem Platz. Trommelschläge ertönen; eine Gruppe maskierter Sänger nimmt den Rhythmus auf. Die Kachinas zögern einen Moment lang, dann beginnen sie mit gebeugten Knien ihre trottenden Tanzschritte, vorwärts und rückwärts. Solche Tänze sieht man im Puebloland in unzähligen Variationen.

Die Alten: Das Zunipueblo ist eines von 19 Indianerpueblos in New Mexico. Die meisten von ihnen liegen am Rio Grande zwischen Albuquerque und Taos. Trotz gemeinsamer Kultur und Geschichte betrachten sich die Puebloindianer nicht als ein Volk, sondern als Zusammenschluß eigenständiger Einheiten. Jedes dieser Pueblos wird von politischen und religiösen Führern als unabhängiger Ort regiert, und sie bestehen alle hartnäckig auf ihrer Besonderheit. Auch die Sprache zeigt Unterschiede. Einschließlich der Hopidörfer in Arizona gibt es unter den

Vorherige Seiten: Versammlung bei einer *kiva* im Santa Clara Pueblo. **Links:** Der Nachwuchs geht als *koshare*, ein zeremonieller Clown. **Rechts:** Festtag im San Juan Pueblo.

Puebloindianern vier Sprachfamilien – Zuni, Tano, Keres und Shoshone – und sechs Einzelsprachen. Obwohl niemand genau weiß, woher die Puebloindianer kamen, ist doch klar, daß sie die Nachfahren der Anasazi (Navajosprache: Die Alten) sind, deren Felsenhäuser und Kunsthandwerkserzeugnisse noch überall im *Four-Corners*-Gebiet zu finden sind.

Die Anasaziruinen von Mesa Verde, Chaco Canyon, Aztec Ruins, Canyon de Chelly, Bandelier National Monument und Hunderte von anderen Plätzen sind für Archäologen reiche Informationsquellen über das Leben der „Alten". Es bleibt bislang aber ein Geheimnis, warum diese große Kultur im 14. Jahrhundert zerfiel. Die Vermutungen reichen von starken Klimawechseln oder Übervölkerung über einfallende Athabascan-Indianer bis hin zur Erschöpfung von natürlichen Ressourcen.

Wenn man traditionellen Vorstellungen der Zuni folgt, so liegt die tiefere Wahrheit über die Vergangenheit in den alten Geschichten. Die Haupthandlung wird überall auf gleiche Weise erzählt:

Die Ahnen zogen durch vier aufeinanderfolgende Unterwelten und gelangten durch eine Öffnung – *sipapu* genannt – in die jetzige Welt, die Welt der Mitte.

Im Jahr 1539 kamen die Spanier. Den ersten Kontakt mit den Pueblobewohnern hatte der Franziskanerpriester Fray Marcos de Niza. Er spürte ein so starkes Verlangen nach Schätzen und heidnischen Seelen, daß er sich auf die Suche nach den sagenumwobenen „Sieben Städten von Cibola" machte. Zusammen mit einem schwarzen Führer und einigen indianischen Dienern erreichte Fray Marcos das Zunidorf Hawikuh, das heute verfallen ist. Estevan, der Führer, ging allein voran, um Kontakt aufzunehmen. Die Zunilegende erzählt weiter, daß dieser „schwarze Kachinageist" seinen Gastgebern so wenig Achtung entgegenbrachte, daß sie ihn töteten und in Stücke schnitten. Fray Marcos aber floh voller Entsetzen über das Gesehene nach Mexiko, wo er eindrucksvolle Berichte über die großen Städte im Norden und ihre gewaltigen Schätze zum besten gab.

Im folgenden Jahr führte Francisco Vásquez de Coronado eine größere Expedition in das Gebiet. Mit Hunderten von Reitern überrannte er mühelos die Zunidörfer und rückte bis zum Rio Grande vor. Dort unterwarf er ein ganzes Pueblo, ließ eine Reihe von Dörfern niederbrennen und tötete Hunderte der Widerstand leistenden Indianer. Dies war der Beginn einer langen Feindschaft.

Nach Coronados Rückkehr nach Mexiko im Jahr 1542 genossen die Puebloindianer fast 40 Jahre lang Frieden. Erst im Jahr 1581 verspürten die Spanier neues Interesse an den Gebieten New Mexicos, und sie schickten eine Vielzahl kleiner Expeditionen zur Kontaktaufnahme zu den Pueblos, wo erneut indianisches Blut vergossen wurde. Im Jahre 1598 versuchte Don Juan de Onate, die Region ganz offiziell zur Kolonie zu machen. Mit einer großen Zahl von Soldaten, Priestern und Gehilfen startete er ein Programm zur Zivilisierung und Bekehrung der Indianer.

Goldschätze gab es bei den Pueblo nicht zu holen, dafür viel Land, Arbeitskräfte und zu rettende Seelen. Onate begann bald die Ausbeutung. Die Pueblo-

Beim Maistanz des San Ildefonso Pueblo.

bewohner mußten nicht nur hohen Tribut an die Spanier zahlen, sondern auch Zwangsarbeit auf Missionsgrundstücken und Farmen leisten.

Selbst die Ausübung ihrer Religion verbot man ihnen. Die Patres plünderten *kivas* und zerstörten Masken, Gebetsfedern und andere geheiligte Gegenstände, um den „heidnischen" Glauben der Indianer auszurotten. Kachinatänzer, die man erwischte, wurden ausgepeitscht oder getötet. Von nun an mußten die Zeremonien im Geheimen begangen werden. Man versteht, daß sie bis zum heutigen Tage sehr auf den Schutz ihrer traditionellen Religion bedacht sind. Fremden ist der Zugang zu Kivas und den meisten Zeremonien streng verboten.

Um das Jahr 1680 waren die Puebloindianer der spanischen Herrschaft müde geworden und planten unter der Führung des Medizinmannes Po Pay einen Aufstand. Am 10. August 1680 erhoben sich Pueblokrieger in einer einzigen, gut organisierten Truppe gegen die Spanier. Sie töteten Priester und Verwaltungsbeamte, zerstörten Missionen und belagerten Santa Fe. Angesichts dieser Übermacht zogen sich die Spanier eilends nach El Paso zurück.

Zwar waren nun die Dörfer vom spanischen Einfluß befreit, aber die folgende Zeit der Freiheit geriet mit 12 Jahren sehr kurz. 1692 marschierte Diego de Vargas in Santa Fe ein und stellte binnen vier Jahren die Kolonialherrschaft wieder her. Bis 1821 behielten die Spanier die Macht. Dann übernahmen die Mexikaner die Herrschaft, die sie 1846 an die Vereinigten Staaten verloren. Zur Zeit der Ankunft Coronados gab es in New Mexico etwa 85 Pueblodörfer. Heute sind es nur noch 19. Bemerkenswert ist, daß es die Puebloindianer trotz der vereinten Anstrengung von Kirche und Regierungen, trotz Kriegen und Krankheiten geschafft haben, im 20. Jahrhundert fortzubestehen und ihre alte Kultur zu erhalten.

Der äußerste Westen: Zuni ist das größte und westlichste der Pueblodörfer in New Mexico. Es ist näher mit den Hopi als mit den anderen Dörfern am Rio Grande verwandt, was man deutlich an den komplizierten Kachinatänzen beobachten kann.

Anasazi-Ruinen im Chaco Canyon.

Obwohl das Zunipueblo zuerst mit den Spaniern Kontakt hatte, erlitt es nicht die Verwüstungen der Rio-Grande-Dörfer, die weit abgelegen von der Hauptstrecke sind. Daher fühlen sich die Zuni Fremden gegenüber recht sicher, was sich auch bei ihren zeremoniellen Veranstaltungen bemerkbar macht.

Die größten Attraktionen der Zuni für Besucher sind ihre Tänze und ihr schöner Schmuck. Die Kachinatänze werden selten angekündigt, und dann auch nur innerhalb der Pueblogemeinschaft. Möchten Sie eine Tanzaufführung sehen, so versuchen Sie, beim *Tribal Council* Informationen einzuholen. Die beste Chance, einen Tanz zu sehen, ist im späten Winter und beginnenden Frühjahr. Zu dieser Zeit finden auf dem Hauptplatz nahe der Missionskirche einige Stunden vor Sonnenuntergang viele Tänze statt, mit Ausnahme der Aufführungen der *Shalako*. Das ganzjährige Ritual hat seinen Höhepunkt im Winter. Dann kommen die vier Meter hohen, vogelähnlichen *Shalakos* ins Dorf und tanzen die ganze Nacht lang. Besucher könne diese Veranstaltung miterleben. Das ist eines der großartigsten Ereignisse im Indianerland. Erkundigen Sie sich vorher beim Stammesrat, denn es wird im Moment darüber beraten, ob Nichtindianer in Zukunft ausgeschlossen werden sollen.

Besonders bekannt sind die Zuni für ihren Schmuck. Typisch sind die mosaikartigen Einlegearbeiten und Stücke im sogenannten *needlepoint*-Stil. Am Highway 58 sind außerhalb des Pueblo einige Handelsposten, darunter die stammeseigene Arts and Crafts Co-op und der **Turquoise Village**, **Shiwi Village** und **Pueblo Trading Post**. Für Touristen interessant sind auch archäologische Fundorte wie z.B. **Hawikuh**, eines der sieben bewohnten Zunidörfer zur Zeit der spanischen Einwanderer, oder das **Village of the Great Kivas**, wo Steinbilder zu sehen sind. Zur Besichtigung dieser Stätten braucht man unbedingt die Erlaubnis der Stammesregierung.

Etwa 140 km westlich des Zunidorfes liegt **Acoma**, das großartigste der Pueblos von New Mexico. Der auf einer 120 m hohen Sandsteinmesa gelegene Ort

Kunstwerke der Zuni-Silberschmiede.

heißt heute **Sky City** und ist eines der ältesten ständig bewohnten Dörfer im Land. Die meisten Acomas leben zwar in umliegenden Orten, aber das alte Pueblo wird noch von 12 Familien bewohnt, die den Komplex für eine Anzahl von Zeremonien in gutem Zustand erhalten. Die zwei- oder dreistöckigen Gebäude, die oft nur mit Leitern zu erreichen sind, haben weder Strom- noch Wasseranschlüsse. In 800 Jahre alten, in den Fels gehauenen „Wassertöpfen" wird auch heute Regenwasser gesammelt.

Die Bewohner Acomas hatten besonders unter den Spaniern zu leiden. Nachdem Acomakrieger einige Tributeinnehmer umgebracht hatten, stürmte Onates Armee das Dorf und ermordete 800 Bewohner. Zur Strafe für ihre Frechheit wurden alle Männer über 25 nach Amputation eines ihrer Füße für 20 Jahre zu Sklaven gemacht. Frauen über 25 sollten 20 Jahre lang Zwangsarbeit leisten, und ihre Kinder wurden zur Erziehung den Priestern übergeben.

Der Zugang zu Sky City wird heute überwacht. Fremde müssen beim Besucherzentrum am Fuß der Mesa anhalten, wo sie einen Führer für den Weg ins Dorf bekommen. Eine Eintrittsgebühr wird erhoben, aber für die Fotoerlaubnis wird nur eine freiwillige Spende erwartet. Die geführte Tour bringt Sie auch zur **San Esteban Rey Mission**, einer ursprünglich im 17. Jahrhundert erbauten, gewaltigen Lehmziegelkirche. Bei ihrem Bau wurden alle Materialien von Acomaarbeitern hinaufgetragen, auch die schweren Deckenbalken, die vom fast 80 km entfernten Mount Taylor stammen.

Während der Besichtigung des Pueblos gibt es viele Gelegenheiten, Töpferarbeiten der Acoma zu kaufen, die zu den schönsten in New Mexico zählen. Sie finden hier verschiedene Qualitäten und Preisklassen. Die besten Stücke sind handgearbeitet, sehr dünnwandig und sorgfältig mit Naturfarben bemalt. Unter den vielen guten Töpfern in Acoma sind Lucy Lewis und die Lewis-Schwestern die bekanntesten. Ihre erlesenen Stücke sind wohl auch nicht ganz billig.

Laguna Pueblo, die Nachbarsiedlung Acomas auf der anderen Seite des High-

Sky City.

way 40, besteht aus mehreren Dörfern, mit Old Laguna, dem Ursprungsdorf, in deren Mitte. Es wurde 1699 von Flüchtlingen gegründet, die von den Spaniern aus ihren alten Dörfern verjagt worden waren. Es zog auch Siedler der Zuni, Jemez und Hopi an. Old Laguna hat nicht die Anziehungskraft Acomas, doch seine 300 Jahre alte Kirche **Church of St. Stephen** ist eine der schönsten Pueblo-Missionskirchen des Staates.

Pueblos am Rio Grande: Gleich an Laguna grenzt das große Pueblo **Isleta Reservation**, das sich auf dem fruchtbaren Land am Rio Grande südlich Albuquerque ausbreitet. Nach ihrer Vertreibung aus den nördlichen Pueblos zogen sich die Spanier in die Garnison bei Isleta zurück und setzten später mit deren 300 Indianern als Geiseln ihren Weg nach El Paso in südlicher Richtung fort. Nach 20 Jahren des Lebens im Exil kehrten die Isletas zurück und bauten das Dorf wieder auf. Auch die gewaltige **Church of St. Augustine** wurde wieder errichtet. Sie soll die älteste ständig benutzte Kirche der USA sein und steht noch auf ihrem Originalfundamenten. Touristen dürfen sie ohne irgendwelche Formalitäten besichtigen. In den kleinen, schiefen Adobe-Ziegelhäusern am Platz vor der Kirche, gibt es einige kleine, bescheidene Kunsthandwerksläden. Isletas bekanntestes Produkt ist das Brot, das jeden Morgen in den *hornos*, bienenkorbförmigen Öfen, vor den Häusern gebacken wird.

Von Isleta aus fährt man auf dem Highway 25 durch Albuquerque (gesprochen: „Älbjukerkie"). 24 km nördlich kommt man durch **Sandia Reservation**. Das staubige Dorf hat nicht viel Interessantes zu bieten; am Fuß des Sandia Peak gibt es aber den Kunsthandwerksmarkt **Bien Mur**. Hier finden Sie unter anderem eine gute Auswahl an Schmuck, Töpferware und gewebten Decken. Die zudem günstigen Preise machen diesen Markt interessanter als manches Geschäft in Albuquerque oder Santa Fe.

Sandia ist das erste einer Gruppe von sieben Pueblos am Fuß des San Pedro Mountain nördlich von Albuquerque. Hier sollten Sie sich umsichtig verhalten, denn Touristen tritt man hier eher reser-

Hirschtanz im San Juan Pueblo.

viert gegenüber. Eines der Pueblos, **Santa Ana**, ist bis auf seinen Festtag für Touristen geschlossen. In den meisten anderen Dörfern findet man betriebsame Handelsposten und schöne spanische Missionsgebäude.

Beginnen wir im Süden: **San Felipe** und **Santo Domingo** sind sehr traditionelle Pueblos, die für ihre eindrucksvollen Maistänze bekannt sind. 500 Männer, Frauen und Kinder begehen diese würdevolle Zeremonie mit Tänzen und Gesängen. Die schwarz-weiß gestreifte *koshare*-Clowns begleiten den Tanz, spielen dem Publikum Streiche und helfen den Tänzern. Heimische Kunsterzeugnisse bekommen Sie bei Martin Rosetta Trading Co. Achten Sie auf die *heishi*, das sind Schmuckbänder, die um den Hals getragen werden.

Nördlich von Santo Domingo schließt sich das Pueblo **Cochiti** an. Die 300 Jahre alte **San Buenaventura Mission** ist seine einzige Attraktion. Nennenswerte Geschäfte gibt es hier nicht, wenn auch in den vergangenen 30 Jahren der Ort durch seine Tonfiguren von Geschichtenerzählerinnen bekannt wurde. Die Figuren zeigen Indianerfrauen mit einer Gruppe von Kleinkindern auf dem Schoß. In der Nähe liegt der See **Cochiti Lake** mit einem kleinen Bootshafen, einem Golfplatz und einem Campingplatz.

Der Besuch der nahegelegenen Dörfer Zia und Jemez, ist je nach Interessenlage des Touristen mehr oder minder lohnend. **Zia Pueblo** liegt auf einem Hügel aus Vulkangestein und bietet einen schönen Anblick. Wer hier einkaufen möchte, kommt aber kaum auf seine Kosten. 16 km entfernt liegt **Jemez Pueblo** am Zugang zum herrlichen **Jemez Canyon**, in dem heiße Quellen sprudeln. Auf dem Weg durch den Canyon kommt man zu den Ruinen des alten Dorfes Giusewa am **Jemez State Monument**. Hier wohnten vor Ankunft der Spanier die Vorfahren der Jemezindianer. In Richtung Los Alamos gelangt man auch zu den faszinierenden Anasaziruinen beim **Bandelier National Monument**, die zwischen 1100 und 1500 bewohnt waren.

In nördlicher Richtung, zwischen Santa Fe und Taos, befindet sich eine zweite

Ausrüstung eines Tänzers.

Gruppe von Pueblodörfern. Ihre südlichsten - Tesuque, Nambe und Pojaque - sind recht einfache Siedlungen, wenn auch **Tesuque** und **Nambe** gut erhalten sind und einen alten Ortskern haben. Bei den Wasserfällen nahe **Nambe**, in der **Nambe Falls Recreation Area**, können Sie auch zelten und angeln. Sehenswert sind die schneebedeckten Gipfel der **Sangre de Cristo Mountains**.

Einige Kilometer weiter liegen die schmucken, gepflegten Dörfer **Santa Clara** und **San Ildefonso**. Diese Pueblos, in denen Tewa gesprochen wird, haben für sich eine Lücke im Töpfereimarkt genutzt. Der von Maria und Julian Martinez in den zwanziger Jahren dieses Jahrhunderts kreierte Stil der schwarzen Keramik, den einige Familien (Tafoya, Naranjo u.a) weiterentwickelten, hat einen blühenden Handel mit indianischen Töpferwaren aller Art hervorgebracht. Man kann sich nur über die Preise wundern, die heutzutage selbst kleinste, verzierte Gefäße erzielen.

Mit Touristen geht San Ildefonso etwas weniger freizügig um als Santa Clara. Besucher müssen eine Eintrittsgebühr zahlen und dürfen sich nicht frei im Dorf bewegen. Es gibt eine kleine Töpfereiausstellung und einige kleine Läden, von denen einer Maria Martinez' Schwiegertochter Anita Da gehört. Auch in Santa Clara gibt es gute Geschäfte; so z.B. die **Singing Water Pottery** am Eingang des Pueblos. Außerhalb des Dorfs stehen die großartigen Anasaziruinen von **Puey Cliffs**. Puey soll die Heimat der Vorfahren der Bewohner von Santa Clara und anderen tewasprachigen Pueblos sein. Die Klippenhäuser sind – wie die Ruinen von Bandelier – direkt in den weichen, vulkanischen Tuffstein gebaut und verlangen Neugierigen anspruchsvolle Kletterpartien auf Leitern ab, bevor sie genauer betrachtet werden können.

Rund 7 km nördlich von Santa Clara ist **San Juan Pueblo**, das eine starke Tradition hat und eine Art politischer Führerschaft unter den Pueblos einnimmt. Das ganze Jahr über finden hier öffentliche Zeremonien statt. Bedeutend ist - neben kleineren Kunsthandwerkergeschäften - die große **O'ke Oweenge Crafts Coo-**

Links: *Matachina*-Tänzer.
Rechts: Alte Adobehäuser im Pueblo von Taos.

perative. San Juan ist das Hauptquartier des Rates der acht nördlichen Indianerpueblos, und hier hat man die Gelegenheit, sich bestens über anstehende Veranstaltungen zu informieren.

Ein interessanter Haltepunkt auf dem Weg nach Taos ist das kleine Dorf **Picuris**, das versteckt in den bewaldeten Ausläufern der Sangre de Cristo Mountains liegt. Wie Taos ist Picuris stark beeinflußt von der Prärieindianerkultur der Jicarilla, Apachen, Kiowa und Komantschen. Die beste Zeit für einen Besuch dieses Dörfchens ist der August, in dem das jährliche Fest **Feast of San Lorenzo** gefeiert wird.

Die terrassenförmig angelegten Lehmziegelhäuser von **Taos Pueblo** sind wohl der meistbesuchte und malerischste Ort in New Mexico. Trotz der geringen Entfernung (7 km) zur nahen Künstlerkolonie hat es das Dorf geschafft, sich von der Welt außerhalb der Reservate fernzuhalten. Wie es für viele der nördlichen Pueblos typisch ist, so ist auch Taos in zwei soziale Gruppen unterteilt, das „North House" und das „South House", die durch den Taos River getrennt sind. Die beiden Dorfhälften teilen sich wechselweise in staatsbürgerliche und religiöse Pflichten und treten während des weithin bekannten **Feast of San Geronimo** gegeneinander im Wettlauf an.

Im Jahre 1847 stifteten mexikanische Rebellen Taosindianer zu einer Revolte gegen die neue amerikanische Regierung an. Nach ihrem Mord an Gouverneur Charles Bent flüchteten die Taoskrieger zur Pueblokirche, die von amerikanischen Soldaten mit Kanonen zerschossen wurde. Dabei kamen 150 Indianer um. Die Reste der Kirche stehen heute außerhalb des Dorfes zur Besichtigung.

Regeln und Vorschriften: Wo immer man auch im Puebloland unterwegs ist, die beste Besuchszeit ist während der zeremoniellen Tänze und Festtage. Sie haben Gelegenheit, die imitierenden Büffel-, Hirsch-, Wapiti- und Adlertänze zu sehen. Auch den würdevollen Mais- und Korbtanz und den Matachinatanz, der spanischer Herkunft ist, sollten Sie nicht versäumen. All diese Tänze sind zeremonielle Handlungen, mit denen um Regen und gute Ernte gebeten oder dafür gedankt wird. Als Zuschauer sollten es Sie in ihrem Verhalten nicht am nötigen Respekt fehlen lassen.

Da nicht alle Tänze öffentlich zugänglich sind, sollten Sie auf jeden Fall vorher Erkundigungen einholen. Der geeignetste Ort dafür ist das *Indian Pueblo Cultural Center* in Albuquerque, das auch ein großartiges Museum mit Geschenkladen und Restaurant hat. Hier finden Sie einen Terminplan der besonderen Ereignisse in der Region. Andere Museen mit guten Sammlungen über die Kultur der Puebloindianer sind das Maxwell Museum of Anthropology in Albuquerque, das Museum of Indian Arts and Culture und das Museum of New Mexico in Santa Fe sowie das Millicent Rogers Museum in Taos. In größerer Entfernung bieten das Heard Museum in Phoenix und das Museum of Northern Arizona in Flagstaff exzellente Sammlungen von Pueblo-Handwerkskunst.

Ein Besuch der Pueblos kann besonders während Tanzveranstaltungen ungeheuer spannend sein. An einige Dinge sollten Sie dabei immer denken: Die Pue-

Missionskirche *San Geronimo* in Taos.

blobewohner haben ein zwiespältiges Verhältnis zu den Touristen. Während ihre Dollars sich für die einheimische Wirtschaft als ein Segen erwiesen haben, gibt es in den einzelnen Pueblos mächtige Gruppen, die den Tourismus als Bedrohung ihrer traditionellen Kultur ansehen.

In einigen Pueblos sind Fotografien, Tonaufnahmen und Zeichnungen verboten. In anderen kann man sich eine Erlaubnis gegen Gebühr vom Stammesrat holen. Fotografieren Sie hier niemals jemanden, ohne vorher dazu die Erlaubnis eingeholt zu haben! Ein Trinkgeld von $ 2 oder $ 3 ist dabei angemessen. Tänze und andere religiöse Ereignisse dürfen fast niemals auf irgendeine Weise aufgezeichnet werden. Es kann Ihnen passieren, daß bei Zuwiderhandlung Ihr Film oder Ihre Ausrüstung konfisziert werden oder Sie des Reservats verwiesen werden. Als Zuschauer eines Tanzes sollten Sie sich respektvoll und ruhig verhalten, sich nicht direkt vor jemanden stellen oder einen fremden Sitz besetzen. Achten Sie bitte auch auf angemessene Kleidung (keine kurzen Hosen oder Bikinis). Bedenken Sie den heiligen Status der Tänzer, besonders beim Kachinatanz, sprechen Sie nicht mit ihnen und überqueren Sie nicht den Tanzplatz. Wenn ein Tänzer auf Sie zukommt, so treten Sie zurück, blicken Sie zur Seite und lassen Sie ihn vorbei.

Es ist verboten, ein Kiva oder einen als *off limits* markierten Ort zu betreten. Wenn Sie nicht ganz sicher sind, lassen Sie es lieber! Man sollte nicht vergessen, daß die alten Lehmziegelhäuser private Wohnungen sind. Klettern Sie also nicht hinauf, und treten Sie ohne ausdrückliche Einladung nicht ein.

Zu guter Letzt, am Ende dieser langen, doch notwendigen Liste von Vorschriften, möchten wir Sie darauf hinweisen, daß das Sammeln von Gebrauchs- oder Kultgegenständen, Gebetsfedern oder anderen Dingen auf Indianerland verboten ist. Zur Erinnerung sei noch einmal gesagt, daß Sie vor dem Besuch archäologischer Fundstellen in einem Reservat den Stammesrat um Erlaubnis fragen und sich gegebenenfalls einen Führer mieten müssen.

Unten: **Geweih als Schmuck eines Adobehauses im Santa Clara Pueblo.** **Rechts:** **Julian und Maria Martinez im Jahr 1931.**

Maria Martinez

Der Name *Maria Martinez* steht für die Wiedererweckung der Pueblotöpferei. Geboren im San Ildefonso Pueblo wurde diese Frau als berühmteste indianische Künstlerin des 20. Jahrhunderts international bekannt. Gemeinsam mit ihrem Mann Julian ließ sie sich von alten Anasaziarbeiten inspirieren und entwickelte den für ihr Pueblo typischen „schwarz-auf-schwarz-Stil". Durch ihre Ideen wurde neues Interesse für Pueblotöpfereiwaren aller Art entfacht.

Marias Erfolg liegt in einer eigenartigen Mischung aus Geschicklichkeit, Weitblick und günstigen Umständen begründet. Als Kind lernte sie, wie andere Pueblofrauen auch, von Hand Töpferwaren zu formen, die dem Hausgebrauch dienten. Bald schon verdrängten industriell hergestellte Waren die handgemachten, und diese Kunstform existierte nicht mehr.

Im Jahr 1907 nahm ihr Mann Julian einen Job bei einer Gruppe von Archäologen an, die auf dem nahegelegenen Pajaritoplateau eine Fundstelle ausgruben. Unter den Entdeckungen war auch eine Tonscherbe von außergewöhnlicher Qualität. Dr. Edgar Hewett, der Projektleiter und Direktor der School of American Research in Santa Fe, fragte Maria und Julian Martinez, ob sie Stücke ähnlichen Stils anfertigen könnten. So formte Maria eine Reihe von Töpfen, die Julian dann bemalte und brannte.

Ihre frühen Gefäße waren mehrfarbig (rote und schwarze Muster auf cremefarbenen Grund), doch wurden einige von ihnen während des Brennens unbeabsichtigterweise entfärbt, so daß sie in glänzendem Schwarz ans Tageslicht kamen und ein wenig den Stücken aus dem Nachbarpueblo Santa Clara ähnelten.

Einige Monate darauf wurde Julian von einem Ladenbesitzer aus Santa Fe um eine Lieferung gebeten. Bunte Gefäße hatten sie nicht mehr, und so brachte er die schwarzen, die der Mann ihnen zu ihrer Verwunderung tatsächlich abkaufte. Nach kurzer Zeit verlangte der Ladenbesitzer weitere solcher Stücke.

Während des Experimentierens mit dem neuen Brennvorgang machte Julian, wieder rein zufällig, eine zweite Entdeckung. Zwischen den getesteten Tongefäßen waren einige, die schon bemalt worden waren. Sie hatten keine einheitlich schwarze Oberfläche, sondern mattschwarze Muster auf schwarz glänzendem Untergrund. Damit hatte Julian eine neue Technik entdeckt, die ihnen internationale Anerkennung bringen sollte.

In den folgenden Jahren entwickelte Maria ihr Können weiter, was die Nachfrage an ihren Arbeiten enorm steigen ließ. Julian, der Innovateur, setzte seine Versuche mit neuen Brennvorgängen fort und erreichte eine neue, künstlerische Qualität im Gebrauch traditioneller Motive wie z. B. des Wasserschlangen- oder des Federmusters.

Julian starb 1943. Marias Sohn Popovi Da übernahm Jahre später die Bemalung der Gefäße. Auch Popovi Da mangelte es nicht an neuen Ideen: Er führte neue Brenntechniken ein und erweiterte die Farbpalette. Sein Sohn Tony Da wurde ebenfalls ein Künstler. Er machte sich einen Namen durch die Verwendung von Türkisen, Heishibändern und unkonventionellen Motiven in der Töpferei, und er wandte Kerbtechniken an.

Maria Martinez hielt ihr ganzes Leben lang am Leben im Pueblo fest. Ihre Biographin Alice Marriott schreibt, Maria habe weitestgehend das normale Leben einer Frau ihrer Kultur geführt. In ihrer Bescheidenheit habe sie sogar auf kunstfertigere Töpferinnen ihres Dorfes hingewiesen.

1980 starb Maria Martinez im Alter von 94 Jahren. Tongefäße, die sie und Julian in den zwanziger und dreißiger Jahren für $ 5 oder $ 10 verkauften, gelten heute als unbezahlbar. Noch wichtiger als ihre Arbeit ist vielleicht ihre Persönlichkeit. Sie glaubte, ihr Glück teilen zu müssen und verbrachte einen großen Teil ihrer Zeit damit, ihre Kenntnisse zu lehren. „Ich danke Gott, weil das nicht nur meine Sache ist", sagte Maria einmal. „Sie gehört allen Leuten." Auf Grund ihrer wegweisenden Arbeit ist die Töpferei für viele Pueblos noch immer eine Haupteinnahmequelle.

Sammlungen ihrer Arbeiten finden Sie im Popovi Da Studio im San Ildefonso Pueblo, im Millicent Rogers Museum in Taos und im Heard Museum in Phoenix, Arizona.

DAS VOLK AM BLAUGRÜNEN WASSER

Tief im sonnenüberfluteten, felsigen Hinterland des Grand Canyon liegt das abgelegenste aller Indianerreservate. Weit westlich von den touristischen Trampelpfaden befindet es sich in einer unzugänglichen Nebenschlucht. Diese Örtlichkeit bildet einen starken Kontrast zum dürren, flachen Land, das sie umgibt: Hier ist ein üppiges Paradies, in dem das Wasser in weißen Kaskaden von den Abhängen fällt, sich in himmelblau leuchtenden Travertinbecken sammelt. In schattigen Bäumen tummeln sich Singvögel, und Mais- und Melonenfelder wechseln sich miteinander ab. All diese Pracht liegt in einer roten Schlucht, die ein türkisblauer Bach durchzieht.

Hier leben die Havasupai-Indianer, das „Volk am blaugrünen Wasser". Seit dem 14. Jahrhundert ist dieser nur 700 Menschen zählende Stamm in diesem Canyon und auf dem benachbarten Plateau zu Hause. Unser Jahrhundert scheint die Havasupai einfach vergessen zu haben.

Nach Havasupai kommt man nur mit dem Helikopter oder zu Fuß auf einem 13 Kilometer (8 Meilen) langen, holperigen Weg in den Havasu Canyon. Supai, das einzige Dorf, ist noch immer ein stiller Ort. In den Morgenstunden schallt Kinderlachen durch die Schlucht, und meist hört man nichts weiter als das Zischen fliegenverscheuchender Pferdeschwänze, das Brummen des einzigen Traktors auf einem der staubigen Wege oder das Murmeln des Flüßchens Havasu Creek, das dem Stamm seinen Namen gab.

Das Dorf Supai ist von der Außenwelt abgeschnitten, ohne Straßen, Autos oder Hinweisschilder. Die Havasupai leben außerhalb der Reichweite von Zeitungen, Fernseh- oder (den meisten) Radiosendern. Die zwei Telefone im Stammesbüro und im Laden funktionieren nicht immer, doch hat die Havasupai Lodge ja noch einen Münzfernsprecher. Dies ist eine Welt für sich, wo noch der Lebensrhythmus der Menschen, der Tiere und des Canyons spürbar ist.

Ein gut gehütetes Geheimnis: Der einzige Erwerbszweig der Havasupai ist der Tourismus. Wenn auch jährlich 15 000 Besucher den Weg hierher finden, so bleibt der Ort doch weitgehend geheim. Wenn man bedenkt, daß im Jahr 4 Millionen Touristen die weltberühmten Aussichtspunkte des ca. 56 Kilometer (35 Meilen) in Luflinie östlich gelegenen Grand Canyon bevölkern, dann muß man annehmen, daß nur wenige von seiner seit mindestens 4000 Jahren bewohnten Nebenschlucht wissen.

Die meisten Besucher kennen Havasupai nur vom Hörensagen. Der Ort wird meist in glühenden Farben geschildert und gelegentlich sogar mit dem unberührten Polynesien verglichen. Soviel ist jedenfalls gewiß: In der Wüste Arizonas ist dies ein einzigartiger Platz, und so abenteuerlich wie Havasupai selbst ist für Touristen auch der Weg dorthin.

Die Tour nach Havasupai beginnt in **Hualapai Hilltop**, etwa 100 Kilometer (63 Meilen) nordwestlich von Flagstaff und ist über die gut geteerte Route 18 zu erreichen. Vor dem Start sollte man sich mit Benzin und anderen Vorräten bei Kingman oder Seligman versorgen.

Vorherige Seiten: Die Hauptstraße von Supai. **Links**: *Navajo Falls*, der kleinste von drei Wasserfällen. **Rechts**: Blütenpracht unweit von Supai.

Während der Geschäftszeiten kann man auch bei Grand Canyon Caverns oder Peach Springs einkaufen, wo aber pünktlich geschlossen wird. Auf der Route 18 fährt man eine Stunde lang über die Hochebene, auf der die Havasupai die Winter vebrachten, bevor sie 1882 von der Bundesregierung allein ihren schmalen Canyon zugewiesen bekamen.

Wer nicht auf dem Fußweg ins Dorf gelangen möchte, sollte die *Havasupai Tourist Enterprise* (Tel.: 602-448-2121) anrufen, um Plätze im Helikopter zu reservieren. Die Dorfbewohner entschieden sich vor langer Zeit gegen den Bau einer Straße. Sie bringen noch heute alle Dinge des täglichen Gebrauchs auf dem Fußweg nach Hause. Dabei sind ihnen ihre Pferde nützlich, die sie auch im Posttransport und für geführte Touren einsetzen. Besucher können im voraus ein Pferd für den Weg ins Dorf mieten. Viele ziehen den dreistündigen Fußweg hinunter nach Havasupai vor und sparen sich den Ritt für den Rückweg auf.

Jede der drei Möglichkeiten, den Ort zu erreichen, hat ihre Reize. Der Fußweg ist im Vergleich mit den Grand Canyon-Wanderstrecken gut zu bewältigen, stellt aber bei der Rückkehr konditionelle Anforderungen. Da dies ein über weite Strecken schattenloser Weg ist, sollten Sie in der Sommerhitze 4 bis 5 Liter Wasser mit sich führen und es auch trinken. Zu Pferd haben Sie es leichter, aber der Sonne sind Sie ebenso ausgesetzt. Erfahrene Canyonreisende vergessen nie ihren Hut und ihre Sonnenbrille. Schweres Gepäck kann mit vierundzwanzigstündiger Vorausbuchung für $ 15 wieder hochtransportiert werden. Wer $ 55 für den zehnminütigen Helikopterflug erübrigen kann, bekommt eine einmalige Sicht auf den Canyon geboten.

Der Weg zum Grund der Schlucht führt 3 Kilometer (2 Meilen) lang steil hinab in den Hualapai Canyon. Hier, wo die Schlucht am breitesten ist, hat man eine schöne Aussicht auf die umliegende Landschaft. Am Wegrand sieht man kleine Hinweisschilder, die vor dem bevorstehenden Uranabbau warnen. Die Einwohner befürchten eine Vergiftung ihres Wassers und des Canyons. Nach

Navajo-Cowboy, bereit für die Arena.

einer Stunde fällt der Weg ab in ein trockenes, steiniges Flußbett, das uns durch die schattige, enger werdende Schlucht bringt und uns vor der unbarmherzigen Sonne schützt. Kurz hinter der Kreuzung mit dem Havasu Canyon überqueren wir den Havasu Creek, der sich durch das Dorf windet, breiter wird und schließlich einen über 30 Meter hohen Wasserfall bildet.

Von der ersten Überquerung des Bachs sind es noch ca. 2,5 Kilometer (1,5 Meilen) bis zur Dorfmitte. Auf dem staubigen, unter Cottonwoodbäumen liegenden Pfad hat man einen guten Blick auf Supai. Der Weg führt an den Rodeoplätzen vorbei. Auf beiden Seiten sind Felder und Wohnungen der Havasupai zu sehen, die von den hohen Wänden des Canyons weit überragt werden. Nach der Ankunft im Dorf gehen wir am Geschenkeladen und dem Museum vorbei zum Haus der *Havasupai Tourist Enterprise*, wo jeder Besucher (und Nichtindianer) $ 9 Eintritt und eventuell $ 21 Campinggebühr zahlt. Denken Sie daran, daß diese unbescheiden wirkenden Beträge Teil der einzigen unabhängigen Einnahmequelle der Havasupai, nämlich des Tourismus, sind.

Im Havasupai Café können Sie sich nach dem langen Fußmarsch erholen. Dies ist der einzige Versammlungsort des Dorfs. Nachdem man sich ein wenig umgesehen hat, steht nun ein 3,5 Kilometer (2 Meilen) langer Weg zum Campingplatz an, vorbei an einem der spektakulären Wasserfälle.

Der Havasu Canyon ist für seine rund 100 Meter hohen, roten Felswände bekannt, in denen aus riesigen Einkerbungen *(hanging canyons)* nach Gewitterregen Wasserfälle hinabstürzen. Majestätische Bäume werfen ihre Schatten entlang des Wegs und des Bachs. Vorsicht ist jedoch im Umgang mit dem Wasser geboten: Schwimmen Sie ruhig darin, trinken sollten Sie es aber nicht. Die Travertinbecken am Rand des Flüßchens sind durch Kalziumkarbonat im Wasser entstanden. Trinken Sie nur das Wasser von der Quelle des Campingplatzes.

Die ersten drei Wasserfälle sind jeweils 3 Kilometer (2 Meilen) voneinander entfernt. Der erste und kleinste ist

Der Havasu Canyon mit dem Dorf Supai im Hintergrund.

Navajo Falls, der mit seiner Umgebung von dicht zusammenstehenden Bäumen, Kletterpflanzen und Moos herrlich anzuschauen ist. Es folgt der 30 Meter hohe **Havasu Falls**, dessen klares Wasser sich durch Tüllen von Travertinstein in ein türkisfarbenes Becken ergießt. Der Travertin wirkt wie ein in der Fallbewegung eingefrorener Schlammstrom.

Unterhalb dieses Wasserfalls, an der Kaskade des 60 Meter hohen **Mooney Falls**, ist der beliebteste Badeplatz des Canyons. Mooney Falls hat seinen Namen von einem Schürfer, der 1882 hier ums Leben kam. Er hing drei Tage lang an einem Seil, das sich in den scharfen Felsen verfangen hatte. Das Seil riß, und der Mann fiel wie ein Stein in die Tiefe. Der Weg zum Becken unterhalb Mooney Falls führt durch zwei Tunnels, die in den achtziger Jahren des vergangenen Jahrhunderts von Prospektoren in den Fels gehauen wurden.

Nicht minder eindrucksvoll ist **Beaver Falls**, rund 6 Kilometer (4 Meilen) weiter gelegen. Hier wird der Canyon wilder, und der 13 Kilometer (8 Meilen) lange Weg bis zum Colorado River ist recht anspruchsvoll, doch gut an einem Tag zu bewältigen.

An vielen Stellen des Wegs müssen Sie an gefährlich hervorstehenden Felsen vorbeigehen. Bedenken Sie dies, falls Sie vorhaben, Kinder mitzunehmen. Wo die Schlucht allmählich enger wird, hat es den Anschein, als lägen hoch in den Felswänden Höhlen. Es sind dies jedoch Minen, die Schürfer auf der Suche nach Silber, Zink, Blei und Vanadium hinterlassen haben. Wenn Sie genau hinsehen, so entdecken Sie einige alte Stahlleitern, die in den Fels gehämmert wurden. Versuchen Sie aber lieber nicht, ihre Festigkeit zu prüfen und sie zu besteigen.

Rückforderung: Man darf nicht annehmen, daß die Havasupai zu allen Zeiten ausschließlich Canyonbewohner waren. Vor Ankunft der Weißen verbrachten sie die Winter als Jäger und Sammler auf der Hochebene und zogen sich im Sommer in den Canyon zurück, um Mais und Bohnen anzubauen. Man glaubt, der Stamm sei verwandt mit den prähistorischen Cerbat und Cohonina, die vor mindestens

Eine Korbmacherin vor einem Weidenwickiup, 1901.

1500 Jahren das Gebiet des Grand Canyons bewohnten.

Ursprünglich lebten die Havasupai in strohgedeckten, kuppelförmigen *wickiups*. Frauen und Männer teilten sich die Feldarbeit. Noch heute sind sie bekannt für ihre geschickten Korbmacherarbeiten, wofür sie Schilf und Weidenruten verwenden, die sie im Canyon in Hülle und Fülle finden. Besucher können Körbe der Havasupai beim Museum, der Lodge oder am besten direkt bei den Korbmachern kaufen.

In den sechziger und siebziger Jahren des 19. Jahrhunderts mußten die Havasupai zusehen, wie ihr außerhalb des kleinen Canyons liegendes Land einfach von Viehzüchtern, Eisenbahnern und Siedlern übernommen wurde. Niemals kam es ihnen in den Sinn, mit Waffengewalt dagegen vorzugehen. 1882 wurde in einem Regierungsbericht ihr großes Territorium auf ein 207 Hektar großes Reservat innerhalb des Canyons reduziert. 1883 ließen sich die Hualapai, ihre Verwandten und nächsten Nachbarn, ein Reservat auf der Hochebene einrichten. Im Jahr 1900 hatten die Havasupai ihr gesamtes früheres Jagd- und Sammelgebiet verloren, und damit auch die Grundlage ihres Lebensunterhalts.

Aus den Jägern und Farmern von einst wurden nun Lohnarbeiter. Sie begannen als Packer für die Schürfer und arbeiteten später als ungelernte Arbeiter, Postboten und Bauarbeiter. Um 1940 war der Stamm jagender und sammelnder Nomaden zu einer kleinen Arbeitskraftreserve der Bundesregierung und privater Unternehmer geworden. Die Regierung begann nun einzusehen, was für Probleme sie in Havasupai geschaffen hatte, und versuchte, durch die Gründung stammeseigener Unternehmen Abhilfe zu schaffen. Die meisten dieser Programme scheiterten jedoch. Den Aufschwung brachte erst nach 1960 der Tourismus.

In jüngster Vergangenheit haben die Havasupai in einer Reihe von Rechtsstreits versucht, das ihnen von der Bundesregierung genommene Land zurückzubekommen. Im Jahr 1974 waren sie erfolgreich: Der Kongreß und Regierung bewilligte dem Stamm die Rücknahme eines Stückes Land in der Größe von ca. 74 000 Hektar und das Nutzungsrecht über weitere 37 000 Hektar Land im Grand Canyon National Park.

Heute ist noch der Tourismus allein die unsichere Grundlage der Wirtschaft des Stammes. Obwohl viele Havasupais Arbeitsstellen außerhalb des Canyons haben, verbringen die meisten Familien hier weiterhin den Winter.

Die günstigste Zeit für einen Besuch der Havasupais ist zwischen spätem Frühjahr und frühem Herbst, vor Einbruch der Kälte und der Schneefälle. Am Wochenende vor dem *Labor Day* (am 1. Montag im September) feiert der Stamm das **Peach Festival**, zu dem sich alljährlich Hunderte von Besuchern und Angehörige anderer Stämme einfinden. Dann werden viele Pferde und Rinder für ein Rodeo den schmalen Weg in den Canyon hinuntergetrieben. Dieses Fest ist eine gute Gelegenheit, die Gastfreundschaft der Havasupai zu erfahren, etwas über ihre Kultur zu lernen, Produkte der Korbmacher zu kaufen und die außergewöhnliche Schönheit ihres Canyonverstecks zu genießen.

Das klare Wasser von Havasu Falls.

DIE APACHEN IN ARIZONA

Neulich wurden einigen Stammesältesten der Apachen bei einem Besuch Disneylands Paraden, Reitvorführungen und andere Vergnügungen geboten. Als ein kleines Mädchen einer der Stammesältesten vorgestellt wurde, brach es plötzlich in Tränen aus. Die Frau lächelte nur und sagte: „Du brauchst dich nicht vor mir zu fürchten; man hat uns gezähmt."

Das Wort *Apache* löst eine Fülle von Assoziationen und Gefühlsreaktionen aus. Bilder alter Westernfilme mit John Wayne; wortkarge, listige Krieger auf schnellen Indianerponies. Seit langem sind Mythos und historische Wirklichkeit der Apachen eng miteinander verknüpft. Im Cowboy- und Indianer-Spiel werden deutsche, französische und amerikanische Kinder zu wilden Apachenkriegern oder zu stolzen, edelmütigen Häuptlingen wie Karl Mays *Winnetou*. Die Geschichte der Apachen existiert weiter in den Schaukästen von Museen und im Bewußtsein einer Nation, die einen Feind besiegte, den sie trotzdem bewunderte.

Der letzte Scout der Apachen: Am 30. Januar 1988 kamen Trauergäste auf den alten Soldatenfriedhof von Fort Apache in Arizona, um Julius Colelay, dem letzten Apachenscout, das letzte Geleit zu geben. Unter der hellen Wintersonne versammelten sie sich inmitten von Yuccas und Feigenkakteen. Soldaten aus Fort Huachuca trugen nach ihrem Salut den Sarg langsam zum offenen Grab. Gewehrfeuer zerriß die Stille, und die Todesklagen der Apachenfrauen stiegen zu den heiligen Bergen auf. Verwandte Frauen legten Grabbeigaben in den Sarg: Eßwaren, eine zeremonielle Decke, einen schwarzen Filzhut. All diese Dinge würde der Verstorbene auf dem Weg in die Geisterwelt brauchen, wo er seine alten Waffengefährten, die legendären Apachenscouts, wiedertreffen würde.

Schon 1866 ermächtigte der Kongreß die Armee, Indianer als Kundschafter anzuwerben. Doch die ersten Apachenscouts traten erst 1871 in die Armee ein. Freiwillige vom White Mountain- und San Carlos-Stamm folgten ihrem Beispiel. Sie wurden Führer, sammelten Informationen über die Bewegungen feindlicher Truppen und Stämme, nahmen an Kämpfen teil und halfen, die Ordnung in den Reservaten zu erhalten. Die letzten Apachenscouts wurden 1947 in den Ruhestand entlassen.

Der Apachenveteran Broadus Bones erklärt den Ruhm der Scouts wie folgt: „Ein Apachenscout nahm beim Blick auf Berge und Bäume Zeichen wahr, die kein anderer erkannte. Er wurde zu Pferde fortgeschickt, um Dinge auszukundschaften und sie dem Kommandanten zu berichten. Er kannte die Sprache des Feindes, seine Bewegungen, die Lager, Jagdgründe und Wasserplätze. Doch überbrachte er den Feinden auch Friedensangebote. Seine Rolle als Friedensstifter wird oft vergessen."

Julius Colelay, der letzte Apachenscout, bleibt seinem Stamm ebenso als Ehemann, Vater, Freund und Medizinmann in Erinnerung. Auf seinen Stock gestützt, ging er durch die Straßen von Whiteriver und sang die traditionellen

Vorherige Seiten: Der Colorado River durchzieht den Grand Canyon. **Links**: Cienega Falls im Salt River Canyon des Reservats von San Carlos. **Rechts**: Apachenkrieger Nethla, um 1904.

Land der Apachen 271

Lieder. Ein Zeuge berichtet: „Dieser Mann stand vor Sonnenaufgang auf, um den Großen Geist zu bitten, uns wieder einen schönen Tag zu schenken und uns zu segnen und zu schützen. Als ich einst im Spätherbst nach Vietnam aufbrach, steckte er mir Adlerfedern an und betete für mich."

Die Apachen waren große Krieger, doch nicht aus Liebe zum Kampf, sondern weil sie ihre Familien und ihr Land liebten und zur Verteidigung entschlossen waren. Die White-Mountain-Apachen sind die einzige Stammesgruppe, die niemals ihre Heimat verlassen hat. Seit etwa 500 Jahren leben sie in den Bergen östlich von Zentralarizona.

Ein herzlicher Empfang: Bevor die Weißen kamen, zogen diese südlichen Athabascanindianer in kleinen Gruppen als Jäger und Sammler umher. Nach Ankunft der Spanier wurden die Apachen zu Reitern und dehnten ihr Gebiet aus: Nun bewegten sie sich zwischen den Prärien Nebraskas, den Bergen von Durango in Mexico, den Staked Plains in Texas und dem Colorado River. Angehörige der Apachenstämme vermischten sich miteinander und mit Navajos, ihren Sprachvettern. Zu dieser Zeit waren die westlichen Apachen in fünf unterschiedliche Gruppen unterteilt. Die White-Mountain- und die Cibecue-Apachen lebten schon damals in ihrem heutigen Gebiet und trieben Handel mit den Zuni, ihren ehemaligen Feinden. Die Tonto im Norden und die San Carlos im Süden hatten mehr Kontakt mit den Yavapai.

Die Bewohner dieser Region kamen erst spät mit der US-Regierung in Berührung. Viele Stämme hatten schon bittere Erfahrungen gemacht. 1859 schrieb der Indianeragent Michael Steck in seinem Jahresbericht: „In ihrem Verhalten gegenüber der Regierung und ihrem Umgang mit Händlern und Reisenden haben sie (die White-Mountain- und Cibecue-Apachen) sich als verläßlichste aller Apachengruppen erwiesen."

1869 entsandte die amerikanische Armee Major John Green, mit dem Auftrag, herauszufinden, ob die White-Mountain-Apachen wirklich freundlich gesinnt waren. Green hatte Order, nötigenfalls die Ernte, die Dörfer und sogar die Menschen zu vernichten. Als seine Expedition sich nördlich von Camp Grant den White Mountains näherte, stiegen jedoch Rauchzeichen des Willkommens über den Felsen auf. Daraufhin ließ der Major seine Truppen auf einer Fläche von 40 Hektar Maisfelder des Chief Pedro niederbrennen. Doch anstelle von Widerstand wurde dem verblüfften Major ein herzlicher Empfang zuteil. Der Häuptling entschuldigte sich sogar angeblich mit den Worten: „Der Mais hätte auch nicht hier stehen sollen."

Green war von den White-Mountain- und den Cibecue-Apachen und ihren Häuptlingen Miguel, Pedro, Diablo und Capitan Chiquito so beeindruckt, daß er die Gründung eines Militärpostens am Zusammenfluß des östlichen und nördlichen Nebenflusses des White Mountain River empfahl. Er schrieb: „Ich habe für einen Militärstützpunkt am White Mountain River einen der schönsten Plätze ausgesucht, die ich jemals gesehen habe. Das Klima ist herrlich und soll sehr gesund und frei von Malaria sein. Diese Ecke Arizonas wirkt durch ihre Wasser-

Alte Indianerin vom White-Mountain-Stamm.

läufe und ihre üppige Bewaldung wie ein Staatspark, und die Schönheit der Landschaft, der fruchtbare Boden und die Bewässerungsmöglichkeiten sind, nach meiner Erfahrung, unübertroffen."

Der von den White Mountains faszinierte Green schrieb seinem Vorgesetzten, ein Militärposten wäre ein guter Ausgangspunkt zum Auskundschaften feindlicher Stämme. Auch würde man hiermit die White-Mountain-Indianer zwingen, in ihrem Reservat zu leben, wollten sie nicht aus ihrem schönen Land vertrieben werden. Überraschenderweise stieß Greens Plan auf Zustimmung, und Washington genehmigte ein Reservat für die White-Mountain-Apachen. Es sollte weniger Siedler vor den Indianern schützen als vielmehr die Apachen vor der Habgier der Weißen nach Mineralien, Wald und Weideland.

Zwischen dem Eintritt der ersten Apachenscouts in die Armee im Jahr 1871 und dem Abzug des Militärs 1922 bestanden Beziehungen zwischen Soldaten und Indianern, die in der Geschichte des amerikanischen Westens einmalig waren. Oft nahmen Soldaten an Apachenzeremonien teil, einige von ihnen gründeten mit Apachenfrauen Familien. Indianerscouts in Armeediensten bezogen Sold und wurden mit Waffen und Munition versehen. Sie erledigten ihre Aufträge als Einzelgänger, ohne genaue Anweisungen.

General George Crook, der 1871 und 1872 Fort Apache befehligte, mußte den Widerstand seiner Vorgesetzten überwinden, um die Scouts für die Armee zu gewinnen. Für ihn waren die fähigen, intelligenten Apachenscouts „perfekte, ideale Kundschafter, wie man sie auf der ganzen Welt nicht besser finden könnte."

Feste: Die heutigen Nachkommen der Apachenscouts sind durch und durch *outdoorsmen*. Außer dieser Liebe zum Leben in freier Natur zeichnet sie ihre Neigung zum Sport aus. Apachen sind Basketballfanatiker, und viele von ihnen beginnen den Tag mit Jogging. Ein Großteil ihrer Kindheit findet unter freiem Himmel statt, wo Jungen wie Mädchen im Fluß schwimmen, in den Bergen reiten und im See fischen. Besonders vergnüglich sind für die Apachen Fami-

Häuptling Alchesay und Scouts von den Apachen, um 1886.

lienausflüge zum Picknick oder zum Holz- und Beerensammeln.

Die Alten nehmen in der traditionellen Apachenkultur einen Ehrenplatz ein, denn sie gelten als Bewahrer von Weisheit und Stammeskultur. Die Apachengesellschaft, die stark an traditionellen Werten festhält, wird vom Clansystem zusammengehalten. Die vier Hauptsippen *Roadrunner*, *Bear*, *Eagle* und *Butterfly* spielen als Abstammungsnachweis eine große Rolle bei Hochzeiten und bei andern sozialen Angelegenheiten. Die „richtige" Abstammung hat auch für die persönliche Identität und bei Familienverpflichtungen große Bedeutung.

Vielleicht haben die Apachen von allen Einwohnern Nordamerikas das schärfste Bewußtsein vom Wert ihres Landes, ihrer Traditionen und ihrer Ressourcen. Sie sind besonders entschlossen, all dies für zukünftige Generationen zu bewahren. Junge Apachen müssen bei allem Festhalten an alten Werten aber auch den Anforderungen der hochtechnisierten, schnellebigen amerikanischen Gesellschaft gerecht werden. Zähigkeit, Einfallsreichtum und Scharfsinn sind die Eigenschaften, die den Apachen im vergangenen Jahrhundert den Respekt der Nation eintrugen. Mit ihnen sind sie gut gerüstet für den Weg ins 21. Jahrhundert.

Die Apachen Arizonas verfügen über reiche Bodenschätze. Jedoch drohte ihre Wirtschaftsweise, deren Grundlage weitgehend natürliche Ressourcen wie Holz oder Mineralien waren, unzeitgemäß zu werden. Heute hat der Tourismus auch hier eine Schlüsselfunktion.

Für Touristen zugängliche, interessante Freiluftveranstaltungen beginnen im April mit dem **Spring Roundup All-Indian Rodeo** in San Carlos. Im Mai gibt es in White Mountain die **Head Start Parade and Rodeo**. Im Juni versammeln sich Stammesälteste aus ganz Arizona in Whiteriver zum *Shiwoye* oder **Elderfest**. Dabei werden die Alten mit ganztägigen Darbietungen, Tänzen und Kunsthandwerksausstellungen geehrt. Der amerikanische Unabhängigkeitstag **Fourth of July** wird ganz nach Cowboymanier mit einem Rodeo, Feuerwerk und Westernmusik und -tänzen begangen. Eines der

Sättel für ein indianisches Rodeo.

wichtigsten Ereignisse im Südwesten findet auch im Juli statt, nämlich das **Native American Art Festival** in der Gemeinde Pinetop-Lakeside. Zwei Tage lang treten hier Künstler, Tänzer, Sänger und Geschichtenerzähler auf, und indianische Speisen können gekostet werden.

Am Labor Day weekend (1. Wochenende im September) wird in Whiteriver der Markt **White Mountain Tribal Fair and Rodeo** veranstaltet. Alle Stammesbüros sind dann geschlossen. Auch eine Parade findet statt, sowie ein Rodeo, nächtliche Tänze und ein Festspiel. Im November veranstalten San Carlos und Cibecue ein **Veteran's Day Rodeo**.

Das traditionelle Apachenkunsthandwerk ist keine Massenware, und die Produkte sind nicht immer leicht zu bekommen. Unter anderem gibt es Perlstickereien, Lederarbeiten, Schnitzereien, Körbe und Puppen. Einige Künstler stellen noch die sogenannte „Apachenvioline" her; unter ihnen sind Philip Titla aus San Carlos und Michael Lapaca von White Mountain besonders bekannt. Perlstickereien und andere Kunsthandwerksprodukte kann man beim Forestdale Trading Post westlich Show Low, beim Whiteriver Restaurant und dem Apache Cultural Center bei Fort Apache bekommen.

Ein Paradies für Sportler: Sportlich interessierten Touristen bietet das Reservat 26 Seen, 480 Flußkilometer für Forellenliebhaber und über 1000 Campingplätze. Outdoorsportarten wie Wandern, Skifahren, Angeln und Wildwasserfahren sind hier die größte Attraktion und ziehen jährlich Tausende von Touristen an. Naturfotografen und Vogelliebhaber finden für ihr Hobby kilometerweite Wildnis vor, und prähistorische Ruinen laden zur Beschäftigung mit der Geschichte ein. Für all diese Aktivitäten werden geringe Gebühren gefordert. In einigen Gebieten braucht man auch eine Sondererlaubnis, und andere sind Nicht-Apachen nicht zugänglich. Bevor Sie sich in ein Abenteuer stürzen, fragen Sie also vorher beim *White Mountain Apache Game and Fish Department* (Jagd- und Fischereibehörde) nach.

Hauptattraktion des Whiteriver-Reservats ist die „Tribal Trophy Elk Hunt", die

Die *Ga'an*-Berggeister bringen den Apachen ihren Segen.

Großwildjäger aus der ganzen Welt anzieht und dem Stamm jährlich $ 500 000 einbringt. Für $10 000 Gebühr leben die Jäger eine Woche lang mit Apachenführern, genießen die Abgeschiedenheit und das einfache Essen und freuen sich auf die zu 99 Prozent garantierten Jagdtrophäen. Durch diese Jagd sollen die alten, männlichen Tiere, die nicht mehr lange zu leben haben, von der Wapitiherde abgesondert werden. Diese Maßnahme beschert Arizona eine gleichbleibend hohe Wapitipopulation und hat den Apachen hohe Anerkennung von Forschern der Harvard University eingetragen.

Ebenso erfolgreich waren Versuche, die bedrohte einheimische Apachenforelle (*Apache trout*) zu vermehren. *Salmo Apache* ist ein kleiner, scheuer Fisch mit schillernden, goldenen Seiten und olivgrünem, schwarz getupftem Rücken. Neben der Regenbogen-, Bach- und anderen Forellenarten gibt es sie hier millionenfach in Brutplätzen.

Die White Mountains waren fast 100 Jahre lang Zuflucht für die Wüstenbewohner Arizonas. Heute ist das Reservat eher für Wintersport bekannt. Auch bei schlechtem Wetter sorgen Schneepflüge auf dem Highway 260 für freie Fahrt zu einem der Hauptskigebiete des Südwestens, der **Sunrise Ski Area**. Auf drei Bergen liegen 400 Hektar Pistenfläche, und insgesamt acht Skilifte bringen täglich 13 000 Skiläufer an den Ort ihres Vergnügens. Sunrise hat neben einer Berg- und einer Talhütte ein ganzjährig besuchtes Erholungshotel mit Tagungszentrum. Die Skisaison beginnt im späten November und endet Anfang April.

Wenn eine neue Skipiste eingeweiht wird, dann sind auch Medizinmänner der Apachen dabei, die ihr den Segen geben. Alle Berge des Südwestens sind für die Apachen heilig, und der heiligste unter ihnen ist der 3500 Meter hohe **Mount Baldy**, der von den Apachen Dzil Ligaye oder White Mountain genannt wird. Seine kahler Gipfel ist die Quelle von Wasser und Leben, und von hier kommen der Wind und die *Ga'an*-Berggeister, die dem Stamm Segen bringen. Der stille Bergriese symbolisiert das ewige Band zwischen dem Schöpfer und den White-

Wickelbretter und Tragekörbe sind Dinge von hohem Wert.

Mountain-Indianern. Heute noch pilgern alte und junge Stammesangehörige zu seinem stürmischen Gipfel, um dort für die Schönheit ihres Landes und für die genossenen Wohltaten zu danken.

San Carlos Apache Reservation: Sollten Sie einmal einen San Carlos Apachen nach dem Unterschied zwischen ihm und einem Apachen vom White-Mountain-Stamm fragen, so wird er Ihnen wohl antworten: „Es ist der Ort, an dem wir leben." Zwar werden die beiden Stämme von ihrem jeweiligen Stammesrat als unabhängige Einheiten verwaltet, aber sie teilen dieselbe Sprache und Kultur.

Das San-Carlos-Reservat ist größer als das benachbarte White-Mountain-Reservat. Campingplätze findet man an den Seen San Carlos Lake, Talkalai Lake, Seneca Lake und am Point of Pines. Obwohl es im Reservat große Flächen Wüstenland mit Chaparral- und Mesquitebewuchs gibt, finden sich Flüsse mit Forellen und Gewässer, wo sich Barsche und Welse tummeln.

Man erreicht das Reservat auf dem Highway 60 von Phoenix in Richtung Globe. Nach Osten biegt man auf den Highway 70 nach Peridot. Wenn man von Norden kommt, kann man als abenteuerlustiger Tourist den Weg ausprobieren, den Coronado auf seiner Suche nach den legendären „Sieben Städten von Cibola" genommen haben soll. Besser ist es, von Fort Apache Junction zu starten, denn von hier geht es nur bergab. Die Tribal Road 9 ist bei trockenem Wetter am besten, und am leichtesten in einem Fahrzeug mit Allradantrieb zu befahren.

In dieser geschichtsträchtigen Gegend fällt es nicht schwer, sich in die Vergangenheit hineinzuversetzen. Man stelle sich nur Coronados Truppe vor, wie sie mit ihrer Viehherde und ihren erschöpften Pferden durch diesen Paß zog. Oder Major Green, wie er argwöhnisch die Rauchsignale des Willkommens der White-Mountain-Apachen sah. Am leichtesten kann man vielleicht die Gefühle der Pioniere nachempfinden, die in einem klapprigen Ford-T-Modell die Straße über Black River Crossing bewältigten, die früher der einzige Weg von Phoenix nach Nordostarizona war.

Silver Butte.

Black River ist ein dunkler Fluß voller schnell vorbeiziehender Fische. Auf der anderen Seite grasen reinrassige Hereford-Rinder aus dem Besitz der *San Carlos Livestock Association*. Beim weiteren Anstieg strömt einem der frische Geruch von Pinien und Fichten entgegen. Auf der anderen Seite des parkähnlichen Waldes liegt das romantische **Hilltop**, wo es eine Bergquelle gibt. Dort steht ein reizendes, kleines Haus, das vor kurzem für die Wildhüter renoviert worden ist. Bei Hilltop führt eine Straße in westlicher Richtung zum Seneca Lake. Der Bergrücken unterhalb von Hilltop bietet eine Aussicht auf das Gila River Valley und den Mount Graham. Der eher stechende Piniengeruch aus dem Hochland weicht dem seifigen Aroma des Chaparralbusches. Ein steiles Gefälle führt durch das Mesquitedickicht zu den Feigenkakteen des Wüstenlands. Auf dem Weg hinab wird es immer wärmer.

Die Rückfahrt von San Carlos durch Globe nach Show Low verläuft durch den **Salt River Canyon**. Der Salt River, der auf Mount Baldy entspringt, ist für die Apachen zu einem Streitobjekt geworden. Sie verteidigen ihre Wasserrechte gegen Bestrebungen, den Fluß nach Phoenix und anderen Orten umzuleiten.

Wenn Sie ein wenig Zeit haben, unternehmen Sie einen Abstecher nach **Cibecue**, das rund 20 Kilometer (12 Meilen) nördlich des Highway 260 liegt und auf der Tribal Road 12 zu erreichen ist. Dieser Ort hat neben einer Sägemühle auch ein modernes Shopping Center, wo man Lebensmittel und Benzin bekommen kann. Lohnenswert ist auch ein Ausflug in das Gebiet nördlich Cibecue, wo man die **Grasshopper Prehistoric Site** besichtigen oder im Cibecue Creek deutsche Forellen fangen kann. Hierfür ist eine Sondererlaubnis nötig.

Die Streifengebilde des Gesteins im Salt River Canyon zeigen es ebenso wie das Blau des San Carlos Lake: Das „Kapital" des Apachengebiets ist seine Landschaft. Seine Bewohner, die Whiteriver- und San-Carlos-Stämme, ermöglichen Besuchern einen wunderbaren Aufenthalt. Dafür erwarten sie von den Touristen Respekt vor Natur und Menschen.

Salt River Canyon.

DIE SONNENAUFGANGSZEREMONIE DER APACHEN

Aus dem Lagerfeuer stieben Funken und steigen zum Sternenhimmel hinauf. Rhythmische Trommelschläge begleiten den Klang tiefer Männerstimmen, die die Berggeister rufen. Schreie hallen durch die Dunkelheit, wie sie kein Mensch und kein Tier ausstößt – die *Ga'an* treten in das hell erleuchtete Rund. Es sind schwarz verhüllte, geisterhafte Gestalten mit bemalten Gesichtern und phantastischem Kopfschmuck, die da mit ruckartigen Bewegungen tanzen.

Dies ist die zweite Nacht der viertägigen *Sunrise Ceremony*. Eine junge Frau wird anläßlich ihrer ersten Menstruation von den *Ga'an* gesegnet. Sie feiert ihre Weiblichkeit im Kreis ihrer Familie, ihres Clans und des Stammes. Vier Tage lang verkörpert sie die *White Painted Woman*, die heilige Frau der Apachen, und in diesem Zustand hat sie die Macht, ihren Clan zu segnen und zu heilen.

Die Frauen genießen als Quellen menschlichen Lebens in der traditionellen Kultur der Apachen hohes Ansehen. Die älteste und heiligste Zeremonie ist daher auch das Pubertätsritual der Mädchen. Eine Apachenfrau muß stark, geduldig, weise und fleißig sein. Ihre Patin und ihre weiblichen Verwandten lehren sie, was eine gute Hausfrau und Mutter können muß.

Vor etwa zehn Jahren wurden nur noch einige wenige Sonnenaufgangszeremonien im Jahr abgehalten; heute finden diese komplizierten und teuren Feierlichkeiten zwischen April und Oktober an fast jedem Wochenende irgendwo im Reservat statt. Eltern und Paten des Mädchens müssen viel Zeit und Geld für die *Sunrise Ceremony* aufbringen; die Paten werden dabei besonders beansprucht, doch ist es für traditionsbewußte Apachen auch eine große Ehre, zu Paten ausgewählt zu werden.

Sechs Monate vor der Zeremonie besuchen die Eltern des Mädchens frühmorgens die Paten, und der Vater bietet der Patin eine Adlerfeder (ein Symbol für Reinheit und Macht) und einen Türkisstein an. Nehmen die Paten an, so gibt der Vater des Mädchens ihnen zu Ehren ein großes Fest.

Die Zeremonie beginnt gewöhnlich an einem Freitag, denn die meisten Leute arbeiten an den Wochentagen. Am Freitagabend werden dem Mädchen öffentlich der rituelle Umhang aus Wildleder und ein Perlenhalsband angelegt. Ein Perlmuttanhänger ziert ihre Stirn und eine gelbe Feder ihr Haar. Nun singt ein Medizinmann die ersten vier der 32 Gesänge dieses Rituals. Das Mädchen darf sich bis zum Ende der Zeremonie nur mit einem „Kratzstöckchen" selbst berühren und nur aus einem Schilfrohr trinken. Diese beiden Dinge sind an einem Zeremonienstock befestigt.

Sobald am nächsten Morgen die ersten Sonnenstrahlen auf den Stirnschmuck fallen, ist das Mädchen rein und verfügt über übernatürliche Heilungskräfte. An diesem Tag kniet sie auf einem Stapel Decken und „tanzt" auf ihren Knien. Von ihrer Patin wird sie massiert, damit ihr Körper stark wird. Am Ende dieses anstrengenden Tages rennt das Mädchen in immer größer werdenden Kreisen in die vier Himmelsrichtungen, woraufhin sie mit gelbem Blütenstaub gesegnet wird. In der folgenden Nacht kommen die Menschen zusammen, um zu essen und die *Ga'an* tanzen zu sehen.

Bei Tagesanbruch muß das Mädchen eine weitere, 8 Kilometer (5 Meilen) lange Laufstrecke bewältigen. Später bemalt man in einem *wickiup* – einem leichten Zelt aus Buschwerk – ihren Kopf mit Blütenstaub. Nachdem auf diese Weise ihr Körper und ihre Seele gereinigt wurden, tanzt sie mit ihrem Paten. Und schließlich kommen all jene zu ihr, die ihren Segen empfangen wollen.

Am vierten Tag beendet der Medizinmann die *Sunrise Ceremony*, indem er vom Zeremonienstock die zwei Hilfswerkzeuge entfernt. Den Stirnschmuck und die Feder aber trägt das Mädchen weitere vier Tage lang.

Das Apachenmädchen ist nun eine Frau geworden. Doch wird sie weiterhin das Leben amerikanischer Teens führen, in dem Rockmusik, Videofilme, Tanzen und Sport die Dinge sind, die wirklich zählen. Niemals aber wird sie vergessen, was sie von ihren Paten und Verwandten nach traditioneller Apachenart gelernt hat, und ihr bleibt die Erinnerung an diese vier Tage, an denen sie die *Holy Woman* der Apachen verkörperte.

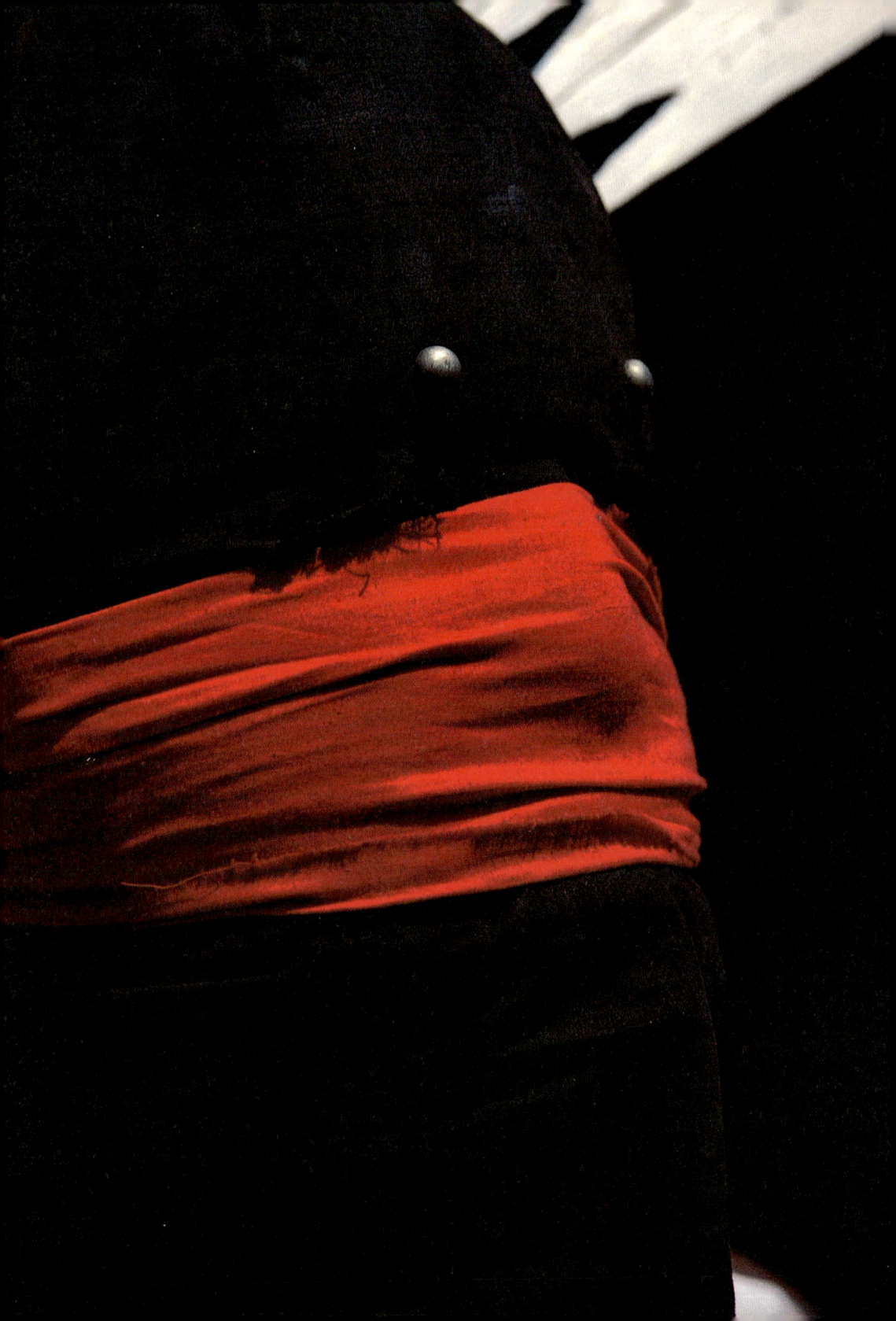

DIE APACHEN IN NEW MEXICO

In New Mexico gibt es zwei Apachenreservate: Das Jicarilla-Reservat in den San Juan Mountains von Nord-New-Mexico und das Mescalero-Reservat in den Sacramento Mountains im Süden. Beide sind landschaftlich besonders schön gelegen, und ihre Bewohner geben sich viel Mühe, Touristen für ihr Gebiet zu interessieren und ihnen Unterkunft zu bieten.

Die Jicarilla und die Mescalero gehören – wie ihre Vettern in Arizona – zu den Athabascanindianern, die vor etwa 600 Jahren in den Südwesten einwanderten. Sie waren vorwiegend Jäger und Sammler, wenn auch zur Zeit der Ankunft der Spanier einige von ihnen schon etwas Landbau betrieben. Da sie am Rand der Great Plains lebten, waren sie stark von der Kultur der reitenden und Bison jagenden Southern-Plains-Stämme beeinflußt und wurden immer wieder von ihren langjährigen Erzfeinden, den Komantschen, schikaniert. Sie verkehrten auch regelmäßig mit den Puebloindianern, besonders mit den Taos und den Picuris, und nahmen am alljährlich stattfindenden Markt in Taos Pueblo teil.

Der Zuzug der Amerikaner setzte den östlich lebenden Apachen hart zu. Der *Santa Fe Trail* schleuste Tausende von Goldgräbern und Farmern durch ihr Gebiet hindurch in den Norden des Staates. Um 1870 waren die Bisons im Süden ausgerottet und das beste Land war von weißen Siedlern besetzt. Die Apachen wurden von der US-Armee unter Druck gesetzt und mußten, von Hunger und Krankheiten geschwächt, das Leben in Reservaten akzeptieren.

Die Jicarilla und die Mescalero brauchten Jahre, um sich zu erholen. Nach anfänglichen Schwierigkeiten schafften sie es aber, sich aus eigener Kraft zu zwei der heute fortschrittlichsten Stämme zu entwickeln. Inzwischen haben sie sich in den Bereichen Holzhandel, Viehzucht, Öl und Tourismus als geschickte und zähe Geschäftsleute erwiesen. Einem ihrer Funktionäre fällt dazu ein Vergleich ein, der etwas von einem Werbeslogan hat: „Die Navajo machen Decken, die Pueblo machen Töpferware und die Apachen machen Geld!"

Die Mescalero: Ursprünglich bewegten sich die Mescalero in einem Gebiet zwischen dem Rio Grande und den Staked Plains in Texas bis hinunter in die mexikanischen Provinzen Chihuahua und Coahuila. Die landschaftliche Vielfalt dieses Territoriums dokumentieren die bis zu viertausend Meter hohen Berge der Sacramento und San Andres Mountains inmitten dürren Prärielandes.

Als im späten 17. Jahrhundert die Spanier nach New Mexico kamen, ermutigten sie ihre Siedler, sich überall auf Indianerland niederzulassen. Die Spanier tolerierten, daß ihre Leute unter den Mescalero Sklaven nahmen und unter „feindlichen" Apachen Blutbäder anrichteten. Die Apachen ihrerseits versuchten sich im Guerillakampf: Blitzartig überfielen sie Ansiedlungen, um sich danach ebenso schnell in Bergverstecke zurückzuziehen. Auf diese Weise gelang es den Mescalero, dem spanischen Einfluß über hundert Jahre lang zu widerstehen.

Bei der Annexion New Mexicos durch die Vereinigten Staaten im Jahr 1848 kamen die Mescalero nicht sehr gut weg. Eine Welle angloamerikanischer Pioniere rollte über das Land der Apachen. Die einen hatten die Goldfelder Kaliforniens zum Ziel, andere ließen sich als Rancher nieder. Raubbau wurde mit Mescaleroland betrieben, und die Indianerüberfälle entlang des Santa Fe Trails und auf Viehfarmen häuften sich. Es dauerte nicht lange, bis Soldaten der US-Army anrückten, um das Land zu „befrieden".

Der Befehlshaber dieser Truppen war General James H. Carleton, der auch die Chiricahua-Apachen in Südarizona aufgerieben hatte und später die Navajo aus ihrem Heimatland vertreiben sollte. Sein Stabsoffizier wurde Christopher „Kit" Carson, ein ehemaliger Händler und Armeescout. Mit einer Strafexpedition im Jahr 1863 zwang Carson die erschöpften und ausgehungerten Mescaleros binnen neun Monaten zur Kapitulation.

General Carleton ließ die Mescaleros in ein Lager bei Bosque Redondo (Fort Sumner) bringen, wo sie sich ausschließlich in einer trockenen, staubigen Ebene am Pecos River bewegen durften. Dies

Verborgener *Ga'an*.

war für die Apachen, die Freizügigkeit gewohnt waren, eine Qual. Vollends überwältigt wurden die 500 Apachen, als Carleton noch zusätzlich 9000 Navajo in das Lager pferchte. Pockenepidemien, Mißernten und Feindseligkeiten mit den Navajo minderten die Zahl der Mescalero. Nach zwei Jahren des Elends hielten sie es nicht mehr aus und flohen in ihr altes Land zurück. Dort blieben sie fünf Jahre lang und verhandelten mit der Regierung, um ein anderes Reservat zu bekommen. 1873 bekamen sie eine neue Heimat in den Sacramento Mountains, die nicht gerade ihr Traumland waren. Doch angesichts der bitteren Erfahrung von Bosque Redondo nahmen die Mescalero damit vorlieb.

In den ersten Jahren war das Leben im Reservat kaum besser als im Lager. Die Pocken wüteten weiter, weiße Rancher drängten sich an den Reservatsgrenzen, und Lebensmittel waren knapp. Zu allem Überfluß wurden die Mescalero ein weiteres Mal gefangengenommen, als eine Gruppe von Chiricahuaflüchtlingen ihre Hilfe beanspruchte.

Die Verwandten bei den Chiricahua: Während die Mescalero in Gefangenschaft waren, wurden ihre nächsten Verwandten, die Chiricahua, gnadenlos von amerikanischen Soldaten verfolgt. 10 Jahre zuvor hatten unter Cochise die Feindseligkeiten begonnen, und seitdem waren die Chiricahua fast ständig auf der Flucht. Nach Cochises Tod im Jahr 1874 nahm eine jüngere Generation den Kampf auf, die von Geronimo, Naiche (Cochises Sohn) und Victorio geführt wurde. Sie flüchteten immer wieder aus dem San-Carlos-Reservat und leisteten mit blutigen Überfällen und Kämpfen Widerstand. 1882 endete ihr Kampf: Geronimo ergab sich.

Nach 27 Jahren Gefangenschaft in Florida und Oklahoma wurden die Chiricahua vor die Wahl gestellt, im Mescaleroreservat zu leben oder in Oklahoma zu bleiben. Im Jahr 1913 zogen 187 Chiricahuaindianer zu den Mescalero, und die restlichen 84 blieben in Oklahoma. Den Mescalero schloß sich auch eine kleine Gruppe Lipanindianer an, die in Mexiko Zuflucht gefunden hatten. An-

Das Skigebiet *Ski Apache* in den Sacramento Mountains.

GERONIMO

Als Kriegsgefangener in Fort Sill, erzählte Geronimo im Jahr 1905 die Schöpfungsgeschichte der Apachen: „Am Anfang lag die Welt in Dunkelheit, und es gab weder Sonne noch Tag. In der immerwährenden Nacht leuchteten weder Mond noch Sterne. Doch gab es alle Arten von Tieren auf der Welt, darunter auch schreckliche, namenlose Ungeheuer. In dieser Welt konnten keine Menschen leben, weil ihre Nachkommen sofort von Schlangen und anderen Tieren vernichtet wurden.

Ein Kind gab es jedoch, das von keinem Ungeheuer gefressen wurde; seine Mutter, *White Painted Woman*, hatte es vor einem menschenfressenden Drachen versteckt. Als der Junge größer wurde, ging er auf die Jagd. Eines Tages stellte sich ihm in den Bergen der Drache entgegen. Der Junge schoß drei Pfeile durch seinen Schuppenpanzer und durchbohrte mit einem vierten sein Herz. Der Name dieses Jägers war Apache."

Die Männer, welche dies hörten, muß es verwundert haben, daß der Erzähler einst der gefürchtetste Krieger im Südwesten Nordamerikas gewesen war. *Goyathlay* (Der, der gähnt), bei den Weißen als Geronimo bekannt, war ein Kriegshäuptling der Chiricahua-Apachen, welche die wildesten und grausamsten unter den Apachenindianern waren.

Zwischen 1876 und 1886 terrorisierten Geronimo und seine Krieger Siedler und entmutigten Soldaten. Nach Blitzüberfällen zogen sie sich so schnell zurück, daß niemand sie fassen konnte.

Geronimos Jugend war geprägt von Überfällen und Kampfhandlungen. Als junger Mann heiratete er und gründete eine Familie. Mexikanische Kavalleristen brachten seine Frau und seine Kinder um, und Geronimo nahm Rache an den Mexikanern. Er wurde ein Kriegshäuptling, der später mit Cochise und Mangas Colorado gegen amerikanische und mexikanische Soldaten kämpfte und Farmen, Armeetrosse und Dörfer plünderte.

Im Jahr 1874 schloß sich Geronimo Cochise im neuen Chiricahuareservat an. Als zwei Jahre später das Reservat aufgelöst wurde, floh er und begann wieder, das Land mit Überfällen zu terrorisieren. 1877 wurde er in New Mexico gefangengenommen und nach San Carlos gebracht. Dort versuchte man, die Apachen zu Ackerbauern zu machen. Geronimo konnte sich mit diesem Leben nicht anfreunden; 1881 brach er aus San Carlos aus und begann von neuem mit Überfällen.

Noch zweimal kehrte Geronimo nach San Carlos zurück, jedesmal floh er von dort. Seine endgültige Niederlage erlebte der rastlose Krieger im Jahr 1886. 5000 Soldaten und 500 Indianerscouts jagten ihn und seine 24 Kämpfer, bis er aufgab.

In Arizona sollte er von Weißen des Mordes angeklagt und hingerichtet werden. Zeitungen nannten ihn einen brutalen Mörder, und sogar Präsident Grover Cleveland wollte ihn hängen sehen. Was folgte, war wohl noch schlimmer: Zusammen mit den Chiricahua – darunter sogar viele, die als Armeescouts gedient hatten – wurde er in Ketten in ein Lager in Florida gebracht, von wo aus sie ein Jahr später nach Alabama verlegt wurden. Tuberkulose, Heimweh und Verzweiflung ließen binnen weniger Jahre 100 von ihnen sterben.

Mit Hilfe einflußreicher Freunde kehrten Geronimo und seine Leute im Jahr 1894 nach Fort Sill zurück. Voller Bitterkeit waren seine Gedanken über das Schicksal seines Volks: „Obwohl wir von der Erde verschwinden, kann ich nicht glauben, daß wir nutzlos sind; hätte *Usen* (Gott) uns dann erschaffen? Usen schuf für jeden der von ihm erschaffenen Stämme eine Heimat. Als er die Apachen erschuf, gab er ihnen im Westen eine Heimat. Wenn die Apachen von ihrer Heimat vertrieben werden, werden sie krank und sterben. Wie lange wird es dauern, bis man sagen wird, es gibt keine Apachen mehr?"

Während seiner Gefangenschaft bat Geronimo immer wieder darum, daß man ihn nach Hause gehen lasse. Zu Präsident Roosevelt sagte er: „Andere Indianer haben eine Heimat, in der sie leben und glücklich sein dürfen. Mein Volk und ich haben keine Heimat…Laßt mich in meinem eigenen Land sterben." Seine Bitte wurde nicht erfüllt. 1909 starb er als Kriegsgefangener in Fort Sill.

27 Jahre später wurden die Chiricahua in die Freiheit entlassen, aber ihnen wurde nicht erlaubt, in die Heimat nach Arizona zurückzukehren.

fangs kamen diese drei Stämme nicht gut miteinander aus, aber nach und nach entstanden durch Heirat und Freundschaft enge Verbindungen. Schließlich wurden 1964 alle Apachenindianer des Reservats ungeachtet ihrer Herkunft offiziell als Mescalero anerkannt.

Heute sind die Mescalero einer der fortschrittlichsten und wirtschaftlich am besten abgesicherten Indianerstämme in den Vereinigten Staaten. Unter anderem betätigen sich sich erfolgreich als Vorreiter des Tourismus. **Ski Apache**, das Skigebiet des Stammes, bietet international erstklassige Wintersportbedingungen auf dem Viertausender **Sierra Blanca Peak**. Acht Skilifte sind hier in schneesicherem Gebiet in Betrieb. Im Besitz des Stammes befindet sich auch das Luxushotel **Inn of the Mountain Gods**, das versteckt an einem See gelegen ist und über ein ausgezeichnetes Restaurant und ein Tagungszentrum verfügt. Ein riesiges Sportangebot trägt zur Attraktivität des Ortes bei: Ob Golf, Tennis, Schwimmen oder Rudern, Reiten, Angeln und Skeetschießen, hier kommt jeder auf seine Kosten. Bei **Ruidoso Downs**, das ca. 24 Kilometer entfernt liegt, werden Pferderennen veranstaltet.

Das Hotel ist auch ein guter Ausgangspunkt für Ausflüge in die **White Mountain Wilderness Area**, ein ausgedehntes Bergland, welches von Wander- und Skiwegen durchzogen ist. Unterhalb der steil abfallenden Berge befindet sich die weite Wüstenebene **Jornada del Muerto**. Das schwarze Geröll alter Lavaströme und die rasiermesserscharfen Yuccas machen aus ihr eine bedrohlich und furchterregend wirkende Landschaft.

Etwa 56 Kilometer südwestlich des Reservats wandern die Dünen des **White Sands National Monument** über das Wüstenland. Diese Dünen bestehen aus Gips und sind durch Erosion der nahen Sacramento und San Andres Mountains entstanden. Sie werden bis zu 10 Meter hoch. Man fühlt sich wie in einem Riesensandkasten, in dem der Wind die geriffelten Dünen in Bewegung hält.

Das größte Fest der Mescalero wird am Wochenende des Unabhängigkeitstags, dem **Fourth of July**, gefeiert. Zentrales

Dünen des White Sands National Monument.

Ereignis dieses Fests ist die *Sunrise Ceremony*, das Ritual eines erwachsen werdenden Mädchens, bei dem die *Ga'an*, maskierte Berggeister, mit phantasievollem Kopfschmuck Tänze aufführen. Die Mythologie sagt, daß diese Geister bei der Schöpfung zu den Apachen gekommen sind und sie gelehrt haben, in Harmonie miteinander und mit der Erde zu leben. An diesem Wochenende finden auch ein Powwow, ein Rodeo und ein Kunsthandwerksmarkt statt.

Die Jicarilla: Wie die Mescalero, so erlebten auch die Jicarilla während der Kolonialzeit viel Not und Elend. Schuld daran hatten nicht nur die Spanier, sondern auch die Komantschen, die von französischen Händlern mit Waffen ausgerüstet wurden. Das Land der Jicarilla erstreckte sich ursprünglich von den Bergen im Nordosten New Mexicos zu den Prärien Colorados und Oklahomas, wo sie regelmäßig auf Bisonjagd gingen. Als die Komantchen mit Krieg drohten, wandten sie sich an die Spanier und die Puebloindianer von Taos und Picuris, von denen sie sich Schutz erhofften.

Nachdem im Jahre 1848 New Mexico amerikanisches Gebiet geworden war, vertrieben weiße Siedler den Stamm. Die Jicarilla reagierten darauf wie andere Apachenstämme auch: Sie gingen auf den Kriegspfad und überfielen Farmen und Wagenzüge des Santa Fe Trail. Zwischen 1851 und 1880 unterschrieben sie Verträge, die aber von landgierigen Weißen gebrochen wurden. Die Jicarilla wurden sogar für Jahre in das Reservat der Mescaleros gesteckt, wo sie aber so unglücklich wurden, daß sie flohen.

Schließlich richtete man ihnen im Jahr 1887 in den San Juan Mountains im Norden New Mexicos ein Reservat ein. Der Stamm drohte durch Armut und Krankheit auszusterben. Dann, im Jahr 1930, bildete sich eine autonome Stammesregierung und brachte eine Wende zum Besseren. Inzwischen verfügen die Jicarilla über eigene Einnahmequellen wie Öl, Mineralien, Holz und Viehzucht. Heute ist das Reservat eine Oase für Sportler und Naturliebhaber, die gerne jenseits der großen Touristenströme die Schönheit des Hochlands von New Mexico genießen wollen. Zwischen den bewaldeten *Mesas* (Hochebenen) liegen Seen, an denen man gut Forellen fangen kann. Hier haben auch Großwildjäger Gelegenheit, ihrem Hobby nachzugehen. Apachenführer vermittelt das *Game and Fish Department* der Jicarilla.

Im neu angelegten **Horse Lake Mesa Game Park** gibt es unter anderem Wapitis, Bären und wilde Truthähne. Für eine Jagdexpedition muß man sich einen Führer nehmen, wobei die Preise je nach Jagd und Service variieren. Im Reservat gibt es einfache Zeltplätze, und in **Dulce**, dem Hauptquartier des Stammes und Hauptort des Reservats, kann man in einem der zwei Motels übernachten. Auch für Wanderer und Camper ist das Reservat ein herrlicher Ort, um Erkundungstouren in die Wildnis zu unternehmen. Zwei alte indianische Ruinen sind weitere Attraktionen in diesem Gebiet. Lohnenswert ist der Besuch einiger besonderer Veranstaltungen, wie z.B. des **Little Beaver Roundup**, das am dritten Juliwochenende abgehalten wird. Hier können Sie traditionelle Tänze sehen, ein drei Tage dauerndes Rodeo verfolgen und einen Kunsthandwerksmarkt besuchen. Im September wird die **Stone Lake Fiesta** gefeiert, ein Apachenzeltlager mit Festmahl, Kunsthandwerk, Tänzen und dem traditionellen Staffellauf zwischen den *Llaneros* (Präriebewohnern) und den *Olleros* (Bergbewohnern), welches die beiden Hauptgruppen der Jicarillaindianer sind. Die beiden Mannschaften symbolisieren auch die Sonne und den Mond und das legendäre Rennen auf der Flucht aus der Unterwelt.

Wie die Mescalero, so haben die Jicarilla ihre eigene Version der Sunrise Ceremony. Ohne ausdrückliche Einladung sollte man jedoch nicht hingehen.

Im **Tribal Arts and Crafts Shop and Museum** in Dulce finden Sie neben den berühmten Korbarbeiten des Stammes (*Jicarilla* bedeutet „kleiner Korb") auch Perlstickereien, Schmuck und Bilder.

Viele Jahre lang haben die Mescalero und die Jicarilla in Not gelebt. Entschlossen, und mit geschäftlichem Geschick machen sie nun ihren Weg. Ein Besuch ihres Landes und ein Einblick in ihre Kultur gehören zu den Erfahrungen, die ein Reisender niemals vergißt.

DIE VÖLKER DER WÜSTE

Sie sagt ihren Nachnamen. Aber damit können ihre Gesprächspartner nichts anfangen. Es fallen ihnen dazu keine Ortsnamen ein. Die Indianer fragen:
„Woher kommst du?"
„Aus Casa Grande."
Das ist eine Ortschaft außerhalb des Reservats; sie liegt in einem Gebiet, in dem Baumwolle angebaut wird. Die meisten Tohono O'odham (oder Papago), die dort leben, stammen aus anderen Gebieten. So lautet die nächste Frage:
„Woher stammen deine Eltern?" „Sie kommen von der anderen Seite, aus Quitovac." „Ach, ja. Das ist doch der Ort, wo sie die Regenzeremonie begehen. Ja, das ist ein alter Ort. Früher hatten sie auf unserer Seite auch diese Zeremonie, doch irgendwann einmal hörten sie damit auf, ich weiß nicht, warum. Ja, jetzt kenne ich dich. Meine Mutter stammt auch von der anderen Seite; sie ging früher jedes Jahr zur Regenzeremonie. Wahrscheinlich kennt sie sogar deine Familie, und ihr seid bestimmt miteinander verwandt. Alle Leute, die dort herstammen, sind miteinander verwandt. Doch, ich glaube, ich weiß jetzt genau, wer du bist."

Jetzt haben die Indianer zu ihrem Namen auch einen Ort. Der Ort ist eine alte Siedlung der Tohono O'odham und hat eine lange Geschichte und ein vielfältiges kulturelles Leben.

Tohono O'odham – Die Wüstenbewohner: Das Dorf ist eines von den vielen, die über das 1 Million Hektar große Reservat der Tohono O'odham verstreut liegen. Diese Wüstenbewohner leben auch in den angrenzenden Indianerreservaten Ak Chin und San Xavier. Der Lebensraum dieses Stammes ist das Gebiet südlich von Phoenix in Arizona. Ihre Orte tragen so „sprechende" Namen wie *Sil Naggia* (Hängender Sattel), *Hawan Naggia* (Hängende Krähe), *Hodai Son Wo'o* (Wasserbecken im Fels) oder *Gogs Mek* (Verbrannter Hund).

Sie liegen vereinzelt im nördlichen Teil der Wüste von Sonora. Es ist eine heiße, dürre Ebene, die von Bergketten unterbrochen ist und in der Creosote, Mesquite und Kakteen wachsen. Die herbe Schönheit und großartige Flora dieser Wüstengegend zeigen sich in besonderer Pracht im **Organ Pipe National Monument** am Westrand des Tohono O'odham-Reservats und im **Saguaro National Monument**, das etwas weiter östlich liegt.

Die größte Stadt des Reservats ist **Sells**, das in den vergangenen zehn Jahren zu einem Schmelztiegel geworden ist. Die Tohono O'odham, die dort wohnen, sind „Zugereiste", von denen die meisten Arbeitsmöglichkeiten beim *Bureau of Indian Affairs* suchen. Auch die mit Regierungsmitteln gebauten Wohnungen, die inzwischen in den meisten Orten des Reservats zu finden sind, ziehen viele an. Interessant ist auch das **Arts and Crafts Center**, wo unter anderem die hochwertigen Korbmacherarbeiten der Tohono O'odham ausgestellt und zum Verkauf angeboten werden.

Sells ist ein großflächiger Ort und liegt am Fuß des heiligen Bergs *Waw Giwulk* (oder *Baboquivari*), auf welchem der Beschützer der Tohono O'odham wohnt.

Links: Yaqui-Hirschtänzer. **Rechts:** Stachelige Bewohner des *Saguaro National Monument*.

Völker der Wüste 287

Trotz der eher modernen Wohnhäuser nennen viele der Wüstenindianer die Stadt ihre Heimat. Heimat ist aber auch das gesamte Reservat, weil es das Ursprungsland der O'odham ist. Die mündliche Überlieferung dieser Indianer enthält als zentrales Ereignis ihr Auftauchen aus der Erde, das als ein heiliger Moment in ihrer Schöpfungsgeschichte gilt. Im Reservat gibt es Stellen, an denen ein Tohono O'odham sagen kann: „Hier kommen wir her." Eine dieser Stellen befindet sich nur wenige Meter von einer befestigten Straße entfernt, was Anlaß zu diesem Witz gibt: „Als wir aus der Erde auftauchten, kam ein Stammeslastwagen, und schon fuhren wir damit weg."

Heute verwenden diese Leute die Tohono O'odham-Namen auch für Städte, die außerhalb des Reservats liegen und zeigen damit ihre besondere Bindung zu diesen Orten. So ist der Name des Ortes Tucson (im Osten) eine Verballhornung von *Cuk Son*, was Schwarzfüßiger Berg bedeutet. Die im Westen gelegene Stadt Ajo heißt bei den Tohono O'odham *Moik Wahia*, Weicher Brunnen. Im Süden liegt Sonoita, das sie *Son Oidag* (das Feld der Quellen) nennen, und Poso Verde in Mexiko heißt in der Stammessprache *Cedagi Wahia*, Grüner Brunnen.

Die Pima-Flußleute: 80 Kilometer weiter nördlich liegt die **Gila River Indian Reservation**, die Heimat des Stammes. Von einem Alten erfahren wir etwas über seine Alltagsgeschichte:

„Die Leute arbeiteten gerne zusammen. Wenn der Weizen gereift war, kamen sie alle zusammen, um ihn zu ernten. Dann schnitten sie ihn von Hand und warteten auf Wind. Sobald er gekommen war, warfen sie den Weizen in die Luft, so daß Gras und andere störende Dinge vom Wind weggeweht wurden. Die beste Zeit dafür war eine windige Vollmondnacht; dann arbeiteten die Leute die ganze Nacht lang."

In dem ca. 1200 Hektar großen Reservat leben neben den rund 10 000 Pima auch noch einige hundert Maricopaindianer. Sie gehören zur Sprachfamilie des Yuma und sind nicht mit den Pima verwandt. Beiden Stämmen gehört das **Gila River Arts and Crafts Center**, wo man

O'odham-Schuljungen streifen durch Sells.

vor allem ausgezeichnete Töpfer- und Korbmacherarbeiten findet. Nicht weit davon ist das **Gila Heritage Village and Museum**, wo ein Dorf aus traditionellen Häusern der Pima, Maricopa, Tohono O'odham und Apachen rekonstruiert wurde. Eine lohnenswerte Veranstaltung ist die **Mul-Cha-Ta** (Versammlung der Leute), die im März in **Sacaton** stattfindet und ein Rodeo, eine Kunstausstellung sowie Korb- und Regentänze bietet.

Es gibt anthropologisches Beweismaterial für die These, daß die Pima und die Tohono O'odham einst ein Volk waren. Man hält sie für Nachkommen der Hohokam oder *Huhukam* („Die, die nun verschwunden sind"), wie die Einheimischen sagen. Linguistisch gesehen sind diese beiden Gruppen eng verwandt. Angehörige des einen Stammes verstehen die Sprache des jeweils anderen, und auch das Sozialleben der Stämme ist ähnlich. Darüber hinaus gleichen sich Rituale, Geschichten und Lieder.

Wer sich für die Hohokam interessiert, sollte nicht versäumen, zwei ihrer ehemaligen Siedlungen zu besichtigen, **Casa Grande Ruins** südlich der Gila River Reservation und eines im **Pueblo Grande Museum** in Phoenix. Hier sieht man Ruinen alter Hohokamdörfer mit ihrem ausgeklügelten Bewässerungssystem. Westlich des Reservats, gut 30 Kilometer (20 Meilen) von **Gila Bend** enfernt, gibt es Felsmalereien der alten Hohokam im **Painted Rocks State Park**.

Die Tohono O'odham und die Pima unterscheiden sich durch ihren Standort. Die ersteren heißen Wüstenbewohner, denn sie haben schon immer im ausgedörrten Flachland der Sonoran Desert gelebt. Die Pima nennen sich *Akimel O'odham* oder Flußbewohner, weil sie an Flußufern in den Tälern des südlichen Zentralarizona ihre Siedlungen hatten.

Wie schon die Spanier und nach ihnen die Amerikaner beschrieben, bildeten die Pima eine blühende Agrargesellschaft. Ein häufiges Bild jener Zeit war der Anblick Hunderter Pimas, wie sie in einer Vollmondnacht Weizen in die Luft warfen. Dieser Brauch ist allerdings schon lange Vergangenheit. Als die Amerikaner kamen, hatten die Pima alle Hände voll damit zu tun, den Kampf um die Herrschaft über das Wasser des Gila River zu führen.

Zwar heißen die Pima noch heute *River People,* doch führt der Fluß ihres Reservats kein Wasser mehr. Das staubige Flußbett beherbergt in seinen Spalten nun Echsen, Kröten und Klapperschlangen. Herkömmlicher Landbau ist nicht möglich: Das Wasser muß in Kanälen hierher geleitet oder aus tiefen Brunnen heraufgepumpt werden. Trotz allem ist dieser ausgetrocknete Fluß doch eine Heimat. Es gibt auch noch andere Gebiete, in denen Pima wohnen, wie zum Beispiel die Salt River Indian Reservation am Ostrand von Phoenix, aber sie bilden nur einen kleinen Teil des ursprünglichen Stammesgebiets. Ak Chin, die „Flußmündung", ist ein anderes dieser kleinen Landstücke.

Keiner der Indianerstämme des Südwestens war den religiösen und kulturellen Einflüssen der spanischen Missionare gegenüber so aufgeschlossen wie die O'odhamindianer (also Pima und Tohono O'odham). Zwar waren diese Indianer womöglich stärker am Vieh der Spanier

Steinkapelle im Reservat der Tohono O'odham.

als an ihrer Religion interessiert, doch wurden hier mehr Missionare gebraucht als die Jesuiten schicken konnten. Dieser frühe kulturelle Anpassungsprozeß wurde durch den gemeinsamen Feind, die Apachen, gefördert und ging mit dem Kommen der amerikanischen Truppen weiter. Die Forts der Amerikaner waren eine willkommene Zuflucht vor Überfällen der Apachen, und die O'odhamindianer bildeten ein stehendes Heer, das die US-Truppen verstärkte.

Wahrscheinlich beginnt die schriftliche Überlieferung der O'odham mit ihrem Zusammentreffen mit den Spaniern und ihrer Einführung in den Katholizismus. Nicht nur die Aufzeichnungen der Missionshistoriker dokumentieren ihre Geschichte, sondern auch die Häuser, welche sie für ihre neue Religion bauten. Diese Missionshäuser liegen in Gestalt malerischer, kleiner Kirchen im gesamten Reservat verstreut; die größte unter ihnen ist die **San Xavier del Bac Mission**, ein Meisterwerk byzantinischer Baukunst des 18. Jahrhunderts, das wie ein Juwel in der Wüstensonne glänzt. Dieser Prachtbau befindet sich in der San Xavier Reservation südlich der Stadt Tucson.

Als die O'odham die christliche Religion annahmen, veränderten sie ihre Elemente. Die Vermischung von Katholizismus und Glaubenstradition des Stammes zeigt sich sogar an Feiertagen. So sprechen O'dhamindianer an Heiligabend davon, daß sie die Heilige Familie sehen; sie verhalten sich so, als besuchten sie gewöhnliche Sterbliche. Ebenso gehen sie mit dem Osterfest um. An Karfreitag, so sagen sie, geht der Teufel im Volk um, und es gibt ihn wirklich, er ist ein Mensch. Er kann dein Vater oder dein Onkel sein; er richtet Unheil an, und abends vergnügt er sich mit Kartenspiel, oder er spielt auf der Geige seine Teufelsmusik. Man warnt die Kinder davor, Wege zu gehen, von denen der Teufel sie hinabstoßen könnte. „Klettert nicht auf Bäume! Haltet Euch vom Wassergraben fern!" ruft man ihnen zu.

An diesem feierlichen Tag sind die Heiligen am Tisch des Herrn schwarz verhüllt. Die Kinder spielen leise und bewegen sich nur in sicherer Obhut. Es

Die Missionskirche San Xavier del Bac.

heißt, daß es der Brauch früher bösen Menschen gestattete, an diesem Tag an ihrem Nachbarn Missetaten zu begehen.

Die Pascua Yaqui: Ein Indianerstamm, der ebenfalls indianischen und katholischen Glauben vermischte, sind die Pascua Yaqui, Nachbarn der O'odham. Sie leben in kleinen Orten in den Gebieten um Tucson und Phoenix, wie z.B. Guadalupe, Coolidge, Florence und Chandler oder Barrio Libre und Marana. Nahe bei Tucson befindet sich auch ein kleines Reservat der Yaqui. Ihr Stamm ist linguistisch nicht mit den O'odham verwandt, doch pflegen beide gute Kontakte und nehmen an den Zeremonien und Festen der Nachbarn teil.

Seit über hundert Jahren leben die Yaqui in Arizona; ihre heiligen Berge liegen jedoch in Sonora in Mexiko, wo sie vor ihrer Wanderung nach Norden wohnten und wo noch heute die Mehrheit der Yaqui lebt. Gegenwärtig gibt es etwa 6000 Yaquiindianer in Arizona und 30 000 in Sonora.

Auch die Yaqui lernten früh den Katholizismus kennen. Nachdem sie ein Jahrhundert lang der Herrschaft der Spanier Widerstand geleistet hatten, suchten sie im frühen 17. Jahrhundert Missionen der Jesuiten auf und wurden praktizierende Katholiken. Mit der Zeit wurde die Gegenwart der Spanier zu einer Last, und im Jahre 1740 revoltierten die Yaqui. Später gerieten sie auch in Konflikt mit der mexikanischen Regierung. Die ersten Yaquiflüchtlinge kamen nach 1880 in das heutige Arizona.

In der Religion der Yaqui treten neben Elementen des Katholizismus auch deutlich Traditionen ihres ursprünglichen Glaubens zutage. In vielen der Yaquizeremonien spielen Zauberwelten – die *Wilderness World* und die *Flower World* – eine wichtige Rolle. Die *Deer Songs* und *Deer Dances*, also Hirschgesänge und Hirschtänze, die in den Ritualen des Stammes ihren Platz haben, drücken die Bitten des Jägers aus, einem Tier sein Leben nehmen zu dürfen. Eine zentrale Figur ist der *Pascola*-Tänzer, der zugleich Zeremonienmeister und Clown ist und zu glücklichen wie traurigen Anlässen seine Tänze aufführt. Gelegentlich werden diese Tänzer auch von den O'odham engagiert, obwohl diese doch ihre eigenen *Pako'ola* Dancers haben. Der Grund ist einfach: Die Yaquitänzer sollen die besten sein.

Die bekannteste und spannendste Zeremonie der Yaqui ist ein am Ostersamstag stattfindendes Passionsspiel, dem die O'odham den Namen *Mat o wop g jijiawul* oder „Jagd auf die Teufel" gegeben haben. Es ist ein Kampf zwischen Gut und Böse, in dem Blumen (die das Blut Jesu symbolisieren) auf die in Schwarz gehüllten Teufel geschleudert werden, um diese zu vertreiben. Am Ende werden die Kräfte des Guten die Oberhand behalten und ein weiteres Jahr lang triumphieren, und alle Teilnehmer werden mit Weihwasser oder Konfetti aus *Kaskalones*, bemalten Eierschalen, gesegnet. In der Nacht wird getanzt.

Wenn Sie mehr über die Yaqui, die O'odham oder andere Indianerstämme des Südwestens erfahren wollen, besuchen Sie das **Heard Museum** in Phoenix oder das **Arizona State Museum** in Tucson, das auf dem Campus der University of Arizona steht.

Flötenspieler vom Yaqui-Stamm.

DIE VIER WINDE

Die vier Winde sind die vier Himmelsrichtungen: Osten, Westen, Norden und Süden. Mit dem Vater Himmel oben und der Mutter Erde unten bilden sie das indianische Universum.

Mit den „vier Winden" reisen wir in jeden Winkel des indianischen Amerika. Wir beginnen in den Waldländern des Nordostens, wo das Volk der Chippewa in der Seenlandschaft von Minnesota, Wisconsin, Michigan und Ontario gemeinsam mit den Menominees, Winnebagos, Potawatomis, Oneidas und anderen Stämmen wohnt, und wo die Nachkommen des einst mächtigen Fünf-Völker-Bundes der Irokesen noch immer in den dichten Wäldern von Ontario, Quebec und dem nördlichen Teil des Staates New York siedeln.

Im Südosten leben noch immer Nachkommen der Fünf Zivilisierten Stämme, die dem „Pfad der Tränen" entkamen, in dem Land, in dem das alte Volk der Mississippi Pueblos und die Heiligen Hügel errichtete. In North Carolina hat die östliche Gruppe der Cherokees ihr Zentrum am Fuße der Great Smoky Mountains. Im südlichen Florida leben die Seminoles und Miccosukees noch immer in den sumpfigen Dschungeln der Everglades. Und in Mississippi behauptet sich das Volk der Choctaws.

In Oklahoma (einst als Indianer-Territorium bekannt) leben etwa 30 einheimische und vertriebene Stämme wie auch die Cherokees, Creeks, Choctaws, Pawnees, Miamis, Shawnees, Komantschen, Kiowas und andere am Scheideweg der indianischen Völkerwanderung.

Und in Kalifornien, der am dichtesten bevölkerten und kulturell vielfältigsten Region in den USA, sorgen indianische Kalifornier – einschließlich der Pomos, Miwoks, Shoshones, Hupas und Cahuillas – sowie Einwanderer anderer Stämme für eine Wiedergeburt indianischen Lebens und seiner vielfältigen Kulturen.

Vorherige Seiten: San Xavier Mission. **Links: Beten mit einer heiligen Pfeife, Grand Portage, Minnesota.**

DIE WALDLÄNDER DES NORDOSTENS

Am Ende des 17. Jahrhunderts waren die großen nordöstlichen Waldländer eine Region im Aufruhr. Kleine Siedlungen der Europäer – nur 20 Jahre zuvor noch winzig und hilflos – hatten „Ableger" bekommen und waren gewachsen. Riesige Schiffe überquerten den Ozean und brachten eine schier endlose Masse von Siedlern ins Land. Und alle, so schien es, wollten ein Stück indianischen Landes zu ihrem Besitztum machen.

Die Indianer lernten schnell, daß nicht alle Weißen gleich waren. Französische Seefahrer errichteten ein weitverzweigtes Netz des Pelzhandels mit den Stämmen der Micmacs, Abnakis, Crees, Hurons, Ottawas und Chippewas rund um die Großen Seen und entlang des St.-Lorenz Stroms. Englische Pflanzer siedelten im Herzen der mächtigen Powhattan-Konföderation nahe der Chesapeake Bay und auf dem felsigen Boden Neu-Englands, wo die Wampanoags, Massachusetts, Pequots und Narragansets lebten. Die Niederländer bauten eine äußerst lukrative Partnerschaft mit dem mächtigen Irokesischen Bund im nördlichen Bereich des Hudson River und mit Algonquin-Stämmen rund um die Insel Manhattan auf. Etwa 100 Meilen (160 Kilometer) entfernt, im Gebiet der Delaware-Indianer, machte eine kleine Kolonie von Schweden das Land am Ufer des Delaware River urbar.

Ganze Indianerdörfer an der Küste Neu-Englands wurden durch eine neue Krankheit – die Pocken – ausgelöscht, die von den ersten Händlern und Fischern eingeschleppt wurde. Eine Gruppe Weißer, die berühmten „Pilgerväter", erbauten ihre Häuser auf den Überresten einer durch Seuchen entvölkerten Wampanoag-Siedlung. Als noch mehr Weiße kamen, wurden die Seuchen schlimmer.

Die meisten Stämme erkannten zu spät, was sich abspielte. Zuerst erhoben sich die Powhattans, dann die Wampanoags, Narragansets, Nipmucs und Delawares – alle versuchten sie, die Eindringlinge zurück zum Ozean zu drängen. Viele Weiße starben, aber noch mehr schossen zurück. Sie jagten die Indianer wie Tiere oder verkauften sie als Sklaven.

Anfang des 18. Jahrhunderts bekämpften sich die Weißen auch untereinander in der Gier nach den größten Brocken indianischen Landes. Die Stämme beteiligten sich an diesem Krieg, in der Hoffnung, einen Teil ihrer früheren Stärke zurückzugewinnen oder um einen Schlag gegen einen alten Rivalen zu führen.

Aber sogar als Sieger verloren die Indianer. Sie wurden weiter und weiter nach Westen getrieben, jenseits der Appalachen ins Tal des Ohio und zu den Großen Seen. Nacheinander organisierten charismatische Führer die geflohenen Indianerstämme in Bündnissen, die in der Lage waren, gegen die Weißen Widerstand zu leisten: zuerst (1763) Pontiac, der große Häuptling der Ottawas, dann (1790) Little Turtle, ein Miami; (1811) Tecumseh, der überragende Shawnee und (1832) der Sauk-Häuptling Black Hawk. Alle führten ihre Krieger zu einigen anfänglichen Siegen, aber keiner von ihnen konnte das Rückgrat der militärischen Macht der Eindringlinge brechen.

Links: Winnebago-Sänger mit seiner Trommel auf dem Rücken. **Rechts:** Sauk-Häuptling Black Hawk.

Gegen Ende des 19. Jahrhunderts wurden von der amerikanischen Regierung viele Stämme aus dem Nordosten ins Indianer-Territorium, das heutige Oklahoma, umgesiedelt. Viele Indianer sind aber in oder bei ihrer alten Heimat geblieben, und so ist auch im wesentlichen ihre Stammeskultur noch intakt. Unter ihnen lohnen die Chippewas und Irokesen vielleicht am meisten einen Besuch.

Das Volk der Chippewas: Wenn man mit dem Kanu die entlegenen Seen im nordöstlichen Minnesota befährt, kann man sich vorstellen, welches Leben die *voyageurs* im 17. Jahrhundert führten. Diese französischen Pelzhändler paddelten durch das Labyrinth der Wasserstrassen, die die Stämme miteinander verbanden.

Heutzutage liegt ein Großteil dieser Landschaft im **Superior National Forest** und sieht fast so aus wie vor 300 Jahren. Es gibt hier noch immer meilenweit unberührte Wildnis: dichte Baumgruppen von Birken und Fichten und riesige zerklüftete graue Felsen. Hier ist das Ursprungsland der Chippewas, die jetzt in mehrere Reservate im Gebiet der Großen Seen in den USA und in Kanada aufgeteilt sind.

Nicht weit davon, noch innerhalb des Chippewa **Grand Portage Reservats**, steht noch ein 200 Jahre altes **Fort** am **Grand Portage National Monument**. Es war einst ein wichtiger Stützpunkt für die französischen Pelzhändler, und Besucher können heute noch den Handelspfad benutzen, der sich an den Wasserfällen und Stromschnellen vorbeischlängelt.

Obwohl die Franzosen später von den Engländern nach Norden vertrieben wurden, haben sie verschiedenen Chippewa-Stämmen französische Namen hinterlassen. Da sind die *Fond du Lac* (Grund des Sees), *Lac du Flambeau* (Fackelsee), *Lac Courte Oreilles* (Kurze-Ohren-See), im ganzen 10 Stämme in ihren eigenen kleinen Reservaten. Auch „Chippewa" ist vom Französischen abgeleitet. In ihrer eigenen Sprache nennen sie sich *Anishinabe*, das ursprüngliche Volk.

Beste Zeit, diese Reservate zu besuchen, ist während der Powwow-Saison, wenn die einzelnen Gemeinden ihre Tore für Festbesucher aus ganz Nordamerika

Chippewas Seenlandschaft.

Grand Portage Powwow.

öffnen. In Minnesota werden Powwows in den Leech Lake, Fond du Lac, Nett Lake und den White Earth Reservaten abgehalten; in Wisconsin in den Lac du Flambeau, Lac Courte Oreilles und den Red Cliff Reservaten (eine komplette Liste: siehe *Kurzführer*).

Die schönste Lage hat vielleicht das Grand Portage Reservat. Es erstreckt sich am Ufer des Lake Superior am östlichsten Ausläufer von Minnesota und ist vom Rest der Welt wie abgeschnitten durch den Superior National Forest und den **Quetico Provincial Park**. **Grand Portage Inn**, ein luxuriöses Jagdhaus und Hotel, das der Grand Portage Chippewa-Gruppe gehört, eignet sich bestens für Expeditionen in die Wildnis, ob zu Fuß, mit Kanus oder im Winter mit Skiern auf 70 Meilen langen Loipen quer durch die Landschaft.

Wilder Reis – eine der indianischen Spezialitäten der Gegend – wird im September geerntet. Die Bad River Chippewas im nördlichen Wisconsin feiern am *Labor Day* (Tag der Arbeit, 1. Montag im September) ein Fest zu Ehren des Wilden Reis mit Essen, Tänzen, Kunstgewerbe und traditionellen Spielen. Im August veranstaltet die Fond-du-Lac-Gruppe ihre alljährliche **Ni-mi-Win Feier** am **Spirit Mountain** Ski-Zentrum in der Nähe von Duluth. Dort treffen sich Chippewa-Gruppen und Besucher zu interessanten Unterhaltungs- und Vortragsveranstaltungen von Historikern, Anthropologen, Geistlichen Führern, Trommlern, Tänzern und Künstlern.

In Kenora, Ontario, koordiniert das **Lake of the Woods Ojibwa Center** Ausstellungen, Powwows und andere kulturelle Ereignisse. In dieser Gegend findet im Sommer und Frühherbst fast jedes Wochenende ein Powwow statt. Aktuelle Auskünfte erteilt das Center.

Streit um die Fischereirechte: Seit kurzem gibt es einen heftigen Streit der umliegenden weißen Siedlungen mit den Chippewa-Gemeinden um vertraglich garantierte Rechte. Der Grund: die Chippewa fischen traditionell mit Speeren, meist bei Nacht mit Fackeln und neuerdings mit starken Scheinwerfern. Wütende, weiße Anwohner beschweren sich,

Waldländer des Nordostens

daß die Chippewas die Bestände der berühmten Glasaugen-Hechte und Muskalungen dezimieren, für deren Fang Angelfreunde sonst von weit her anreisen.

Jedoch bestätigen Verträge aus dem 19. Jahrhundert, daß die Chippewas die Rechte zum Fischen und Jagen in ihrer traditionellen Form innerhalb und außerhalb ihrer Reservate erhielten. Obwohl ein Bundesgericht diese Rechte 1983 bestätigte, werden die Proteste gegen die Speerfischerei immer heftiger, es kam sogar zu Drohungen und rassistischen Ausschreitungen. Obgleich es keine handfesten Beweise für eine Dezimierung der Fischbestände durch das Speerfischen gibt, haben einige Abteilungen des Stammes vorläufig diese Art der Fischerei aufgegeben, um einen Kompromiß auszuhandeln.

Einwanderer und Eingeborene: Im Gebiet der Großen Seen gibt es neben den Chippewas auch einige andere Indianergemeinden. Manche bestehen seit Urzeiten, andere wurden von Einwanderern gegründet, die mit der europäischen Invasion nach Westen gekommen waren.

Unter den Einwanderer-Gruppen befindet sich der Stamm der Oneidas, Teil des einst mächtigen Verbandes der Irokesenvölker, die ursprünglich zwischen dem Hudson River und dem Ontario-See lebten. Die Oneidas wurden nach dem Unabhängigkeitskrieg aus ihrer Heimat vertrieben, obwohl sie sich mit den amerikanischen Rebellen verbündet hatten. Ihr 2000 Hektar großes Reservat befindet sich 16 Kilometer (10 Meilen) entfernt von **Green Bay**, Wisconsin. Der Stamm betreibt einen Spielsalon, aber auch das **Oneida Nation Museum**, mit seiner Sammlung von Kunstwerken, Handarbeiten, historischen Schaustükken und einem rekonstruierten Indianerdorf mit einem authentischen Langhaus aus Birkenstämmen.

Unweit davon liegt das **Stockbridge-Munsee-Reservat**, in dem zwei Algonquin-Stämme, ebenfalls aus dem Osten, leben: die Munsee, ein Stamm der Delawaren, und die Stockbridge oder Mohikaner, ursprünglich aus dem Gebiet Neu-Englands. Diese Stämme haben das **Stockbridge-Munsee Historical Mu-**

Chippewas bei der Ernte von wildem Reis.

seum eingerichtet und halten alljährlich ein Powwow im August ab.

Zu den Stämmen, die länger in dieser Region beheimatet sind, gehören die Potawatomis, die Winnebagos (die nicht in einem Reservat leben), ein Zweig der östlichen Sioux und die Menominees, die für Reisende am interessantesten sind. Obwohl sie durch die *termination*-Politik der Bundesregierung in den fünfziger Jahren in in alle Winde verstreut wurden, gelang es den Menominees, ihren Stammeszusammenhalt und einen Teil ihres Landes zu bewahren. Neben anderen Unternehmungen betreibt der Stamm einen Laden mit Ausrüstung für Wildwasser- und Floßfahrten, ein eindrucksvolles **Logging Camp Museum** und das **Menominee Nation Casino** – ein kleines Las Vegas im nördlichen Wisconsin. Die anderen Stämme sind weniger am Tourismus orientiert, obwohl sie Spielhallen betreiben und Powwows abhalten.

In der gleichen Region, im Südwesten Minnesotas am **Pipestone National Monument**, sind jene Steinbrüche erhalten, die Generationen von Indianern wegen des *Catlinit* aufsuchten, dem weichen roten Stein, aus dem die heiligen Pfeifen geschnitten wurden. Pfeifenmacher und andere Handwerker zeigen in den Sommermonaten ihre Arbeit.

Im Landesinneren lohnt es sich, die Plätze aufzusuchen, wo vor Jahrhunderten die *mounds* (Heilige Hügel) errichtet wurden. Die eindrucksvollsten sind: **Effigy Mounds National Monument** in Marquette, Iowa; **Serpent Mound State Memorial and Museum** in Locust Grove, Ohio; **Mound City Group National Monument** in Chillicothe, Ohio; und **Cahokia Mounds State Historic Site** in Collinsville, Illinois. Alle wurden von den Adena oder Hopewell vor 1000 bis 2000 Jahren errichtet. Einige dieser *mounds* haben die Form riesiger Bären, Vögel oder Schlangen. Andere, wie Monks Mound bei Cahokia, erreichen eine Höhe von 100 Fuß (ca. 30 Meter). Diese Hügel sind um so erstaunlicher, bedenkt man, daß die Andena- und Hopewell-Indianer weder Räder kannten noch über Lasttiere verfügten.

Moderne Krieger: Begibt man sich weiter nach Osten, werden indianische Siedlungen immer seltener. Es ist dies natürlich ein Resultat der Vertreibung und der vielen Kolonialkriege zwischen Franzosen, Engländern und Amerikanern in der Nähe der heutigen amerikanisch-kanadischen Grenze. Hier war einst die Heimat der mächtigen Irokesen-Liga, die aus 6 Nationen bestand: Mohawk, Seneca, Oneida, Onondaga, Cayuga und Tuscarora. Immer noch gibt es hier eine lebendige – und militante – Präsenz der Irokesen, und in jüngster Zeit haben sie es verstanden, internationale Aufmerksamkeit auf die Fragen der indianischen Souveränität, der Landrechte und die Lage der Stämme zu lenken.

Der Konflikt zwischen Stammesmitgliedern und der kanadischen Regierung – aber auch zwischen militanten und traditionellen Stammesführern – gipfelte im Jahr 1990 in einer Schießerei zwischen Mohawks und der Provinz-Polizei von Quebec, die einen Polizisten das Leben kostete.

Auslöser des Konflikts war der Plan, einen Golfplatz auf einem Gebiet zu bauen, das von den Mohawks beansprucht

Wasserfall am Pipestone National Monument.

wird. Die Reaktion der Mohawks zeigte aber auch, daß es um schwerwiegendere Probleme ging. Die Proteste steigerten sich über gewalttätige Demonstrationen und Straßenblockaden schließlich zu einer zweimonatigen Belagerung bei Oka, Quebec, in der Nähe von Montreal. Dort wurden 20 schwerbewaffnete Mitglieder der *Mohawk Warrior Society* von 400 Kanadischen Soldaten eingekesselt.

Die Auseinandersetzung wurde zwar mit dem Versprechen auf Verhandlungen, aber mit wenig konkreten Lösungsvorschlägen für die Mohawks beendet. Jedenfalls war klar geworden, daß die Ereignisse von Oka ein Echo in den indianischen Gemeinden der USA und Kanadas gefunden hatten und ein Vorzeichen für weitere militante Aktionen in den Indianergebieten waren.

Es ist also eigentlich unnötig zu sagen, daß ein Besuch von Irokesen-Dörfern in diesem Gebiet für Weiße gelegentlich problematisch sein könnte. Es gibt jedoch eine Anzahl von Orten, die speziell für Touristen ausgestattet sind. Dort dürfte es kaum zu Schwierigkeiten kommen.

In Brantford, Ontario, – genannt nach dem legendären Irokesen-Häuptling Joseph (*Thayendanega*) Brant – präsentiert das **Woodland Indian Cultural Education Center** eine informative Ausstellung Irokesischer Kultur, Geschichte, Forschung und von Kunst und Handwerk dieses Jahrhunderts. In der Nähe leben Tausende von Irokesen im **Six Nations Grand River Indian Reservat**, meist Mohawks und Cayugas, die in mehreren Läden Kunsthandwerk anbieten.

40 Meilen (65 Kilometer) östlich bei Niagara Falls, New York, befindet sich **Turtle: Native American Center for the Living Arts**, mit Kunstgalerie und Werkstatt.

Weiter im Osten, im Kahnawake Indian Reservat etwa 15 Meilen (24 Kilometer) von Montreal, wird in der **St. Francois Xavier Mission** der Schrein der seliggesprochenen Kateri Tekakwitha, einer jungen Mohawk-Frau, aufbewahrt, die von französichen Jesuiten Ende des 17. Jahrhunderts bekehrt und darauf von den Irokesen verfolgt wurde.

Lebendiges Erbe: Andere indianische Gemeinden liegen verstreut im Nordosten, allerdings ist keine von ihnen so groß wie die der Chippewa oder der Irokesen. Die Stämme der Passamaquoddy und Penobscot leben in staatlichen Reservaten in Maine und veranstalten gelegentlich öffentliche Tänze. Mehrere hundert Micmac-Indianer leben in Nova Scotia und Prince Edward Island, und eine kleine Gruppe Wampanoags siedelt immer noch auf Martha's Vineyard.

Der Stamm der Nipmucs bewohnt ein kleines, staatliches Reservat in Massachusetts, wie auch die Mattaponi und Pamunkey in Virginia, beide waren früher Mitglied des Bundes der Powhattan. An der Spitze von Long Island gibt es ein Reservat der Shinnecock, die jedes Jahr ein Powwow veranstalten. Die Delawaren von Pennsylvania, New Jersey und Delaware versammeln sich alljährlich zu einem Powwow, meist in Philadelphia.

Im Nordosten leben noch einige andere Stämme. Manche bestehen nur noch aus wenigen Personen gemischter Abstammung. Ihr Erbe lebt dennoch weiter, wenn auch nur noch als Erinnerungen ihrer verstreuten Nachkommen.

**Links: Zauberbaum am Ufer des Lake Superior, Grand Portage.
Rechts: Indianischer Ballspieler.**

DER SÜDOSTEN

Als Hernando de Soto 1539 mit 550 Konquistadoren an der Westküste Floridas landete, begenete ihm ein Land von wilder Schönheit. Es gab ausgedehnte Salzwasser-Sümpfe, strahlend weiße Strände, dichte Zypressen- und Kiefernwälder und sanfte, nebelverhangene Hügel.

Die Menschen, die er im Landesinneren traf, waren Bauern, die in kleinen Dörfern lebten, meist untereinander verwandt, mit gleicher Sprache und Kultur. Es gab die Tinucuas und Apalachees an der Küste, die wilden Caddos am Mississippi, die mächtigen Creeks und Choctaws in den Wäldern von Georgia und Alabama, und die Cherokees in den Bergen und Flußtälern von Carolina.

Zu der Zeit, als de Soto eintraf, waren die einstigen *Temple-Mound*-Erbauer – die Mississippi-Kultur – fast verschwunden. Die einzigen Überreste dieser Kulturform bestanden in überwachsenen Tempelhügeln und in den Bräuchen ihrer verstreut lebenden Reste. Eine Ausnahme bildeten die Natchez, deren hierarchische und theokratische Gesellschaft bis ins 18. Jahrhundert hinein existierte.

Wie so viele spanische Entdecker sah sich de Soto von Anfang an als Eroberer. Er zog mit seiner kleinen Armee zwei Jahre lang von Dorf zu Dorf, tötete oder verschleppte Hunderte von Indianern und raubte, was immer er an Schätzen nur finden konnte.

Die amerikanische Regierung vollendete de Sotos grausames Werk etwa 300 Jahre später. 1830 unterzeichnete Präsident Andrew Jackson das „Umsiedlungsgesetz" für Indianer, das die Verlagerung der östlichen Stämme ins Indianer-Territorium westlich des Mississippi verlangte. Die Fünf Zivilisierten Stämme – Cherokee, Choctaw, Chickasaw, Creek und Seminole – waren das Hauptziel von Jacksons neuem Gesetz. Ihr verzweifelter Marsch – der Exodus aller östlichen Stämme ins Indianergebiet – wurde als der „Pfad der Tränen" bekannt.

Aber die indianischen Völker des Südostens sind nicht verschwunden. Die Gemeinden in Reservaten in Florida, North Carolina und Mississippi, sowie Tausende Menschen indianischer Abstammung identifizieren sich noch immer mit ihrer Stammestradition. Die Temple Mounds der alten Mississippi-Kultur sind Zeugen der Vielfalt und des Reichtums des Volkes, das sie erbaute.

Die Östlichen Cherokees: Im Westen North Carolinas, eingebettet in die dicht bewaldeten, blau-grünen Hügelketten des **Great Smoky Mountains National Park**, befindet sich das **Qualla-Reservat** des Cherokee-Stammes. Es ist die Heimstatt der östlichen Abteilung der Cherokees. Hier leben Nachkommen der Verfolgten, die dem „Pfad der Tränen" entkamen und sich jahrelang in den dichten Hinterwäldern im Hochland von Carolina versteckt hielten.

Es ist kein Wunder, daß die Cherokees ihre Heimat nicht aufgeben wollten. Das Land ist überwältigend schön, bedeckt mit Eichen- und Kiefern-Wäldern und gefärbt vom Rosa, Rot und Weiß des blühenden Berglorbeer und des wilden Rhododendron. Die Smoky Mountains wurden das „Land des Fließenden Was-

Vorherige Seiten: Choctaw-Frau. **Links**: Stammesältester bei einem Choctaw-Markt. **Rechts**: Sequoyah mit dem Silbenalphabet der Cherokees.

sers" genannt, und überall kann man kalte, klare Bäche über felsige Hänge stürzen sehen. Rotwild, schwarze Bären und Wildschweine ziehen durch die Wälder. Falken und Eulen beherrschen den Himmel; und natürlich ist da der namensstiftende milchig-blaue Nebel (engl: *smoke* = Rauch) – eine Mischung aus Feuchtigkeit und Kiefernharz, der entlang den Abhängen und in den Tälern treibt.

Diese spektakuläre Landschaft hat die Great Smoky Mountains zum meistbesuchten Nationalpark im Lande gemacht. Etwa zehn Millionen Menschen besuchen das Gebiet im Jahr, und das Ergebnis ist eine Hochkonjunktur der Tourismus-Industrie. Wie die meisten Menschen, die im Park oder in der Nähe leben und arbeiten, sind die Cherokees von den Tourismus-Dollars abhängig.

Für viele Reisende bedeutet dies, daß das Qualla-Reservat nicht etwa das entrückte Schutzgebiet in den Bergen ist, das sie erwartet haben. Die Verehrung und Achtung der Natur, die gemeinhin mit der Haltung der Indianer verbunden wird, hält einige Cherokee nicht davon ab, das unendliche Bedürfnis der Menschen nach Schmuckgegenständen und Unterhaltung auszunutzen. Es ist hier gut möglich, daß man am Straßenrand einen Indianer mit Federschmuck und Wildlederkleidung (eigentlich die Bekleidung der Prärie-Indianer) entdeckt, der mit Touristen für ein Foto posiert. In den Geschenkläden tragen Spielzeug-Tomahawks und Friedenspfeifen das verwirrende Etikett „Made in Taiwan". Die Cherokees haben offensichtlich die Lehren der Marktwirtschaft begriffen: Gib dem Konsumenten, was er will.

Aber abgesehen von derartigen Äußerlichkeiten gibt es noch vieles, das eine Besichtigung lohnt, wenn man wirklich an Kultur und Geschichte der Cherokees interessiert ist. In **Ocanaluftee Indian Village**, einem Dorf des 18. Jahrhunderts, das von Stammesmitgliedern rekonstruiert wurde, finden informative Führungen über die traditionelle Lebensweise statt. Korbflechter fertigen wunderschöne Gefäße aus weißer Eiche und Schilf, Kanubauer zeigen die Herstellung eines traditionellen Einbaums und Töp-

Die Great Smoky Mountains in North Carolina.

fer und Weber führen ihr Handwerk vor. Viele ihrer Arbeiten und die anderer Künstler der Cherokees sind im **Qualla Arts and Crafts Store** erhältlich. Während des Sommers wird ein Theaterstück über die Geschichte der Cherokees, *Unto These Hills*, in einem Freiluft-Theater aufgeführt. Im nahegelegenen **Museum of the Cherokee** wird ein detaillierter Überblick über Geschichte, Leben und Kultur der Cherokees gegeben.

Etwa 60 Meilen (95 Kilometer) südlich von Cherokee, am Stadtrand von Calhoun, Georgia, liegt das **New Echota State Historic Site**, die ursprüngliche Hauptstadt des Cherokee-Volkes. Hier lebte John Ross, gewählter Häuptling des Cherokee-Stammes und Vorsitzender des Rates der Cherokees zur Zeit der Umsiedlung.

Als die berüchtigte *Georgia-Guard* die Pflanzungen der Cherokees verwüstete, wandte er sich mit Bittschriften an den Gesetzgeber in Washington. Nach monatelangen Rechtsstreitigkeiten verkündete 1832 der Oberste Gerichtshof im Grenzstreit Worcester gegen Georgia, daß „die Nation der Cherokees… eine selbständige Gemeinschaft ist, die auf ihrem eigenen Territorium in genau definierten Grenzen lebt, die die Bürger von Georgia nicht übertreten dürfen, es sei denn mit der Genehmigung der Cherokees…" Obwohl diese Entscheidung das Prinzip der Stammessouveränität unterstützte, half sie den Cherokees nicht. Präsident Jackson ignorierte die Entscheidung und ermutigte Georgia und andere Staaten, die Politik der Vertreibung fortzusetzen.

Ebenfalls in Echota begann *Sequoyah*, ein früherer Krieger der Cherokees, eine Cherokee-Schrift auszuarbeiten, die erste indianische Schriftsprache nördlich von Mexiko. „Es kam mir vor, als ob ich ein wildes Tier fangen und zähmen würde", sagte Sequoyah später. Innerhalb von Monaten lernte der Stamm, seine eigene Sprache zu lesen und zu schreiben und gab eine eigene Zeitung heraus, den *Cherokee Phoenix*.

Ganz in der Nähe laden mehrere der alten *Mounds* zu einem Umweg ein. Die bekanntesten Hügel sind **Etowah Indian Mounds Historic Site** in Cartersville,

Alligatoren-Kampf der Miccosukees.

Georgia; **Ocmulgee National Monument** in Macon, Georgia; und **Kolomoki Indian Mounds State Park** in Blakely, Georgia. Nicht weit entfernt sind **Mound State Monument** in Moundville, Alabama; **Chucalissa Indian Museum and Moundbuilder Site** in Memphis, Tennessee, und **Eva Archaelogical Site** bei Knoxville, Tennessee. An allen diesen Orten findet man rekonstruierte Tempel, Ausgrabungen und gut erhaltene Gegenstände aus Leben, Kunst und Kultur des alten Mississippi-Volkes.

Seminoles und Miccosukees: Obwohl der Pfad der Tränen der Cherokees als das Symbol für das tragische Schicksal der Fünf Zivilisierten Stämme steht, waren es der Stamm der Seminoles und die von ihnen abstammenden Miccosukees, die am meisten unter der Verteibungspolitik von Andrew Jackson zu leiden hatten.

Als Jackson Präsident wurde, gab es bereits seit langem böses Blut zwischen ihm und den Seminoles. Schon im Jahr 1818, als er noch Offizier war, führte er Truppen gegen die Seminoles und versuchte, sie aus dem nördlichen Florida zu vertreiben, um Land für die US-Regierung zu gewinnen. Der Erste Seminolenkrieg, wie der Feldzug genannt wurde, war ein vernichtender Schlag für die Indianer. Obwohl die Krieger der Seminoles Jacksons Armee ausweichen konnten, wurden sie in die Dschungel südlich von Tampa Bay getrieben und zur Preisgabe eines Großteils ihres Stammesgebiets gezwungen.

Im Jahr 1835, fünf Jahre nachdem Jackson das Indianer-Umsiedelungs-Gesetz unterzeichnet hatte, hielten sich die Seminoles noch immer in ihrem Dschungelversteck in Florida. Zwar akzeptierten einige Sprecher der Seminoles die Umsiedelung, aber die Mehrheit des Stammes – unter der Führung von Kriegern wie Osceola, Alligator und Billy Bowlegs – weigerten sich standhaft zu gehen. Jackson schickte Truppen, um die widerspenstigen Indianer zu vertreiben, aber die Seminoles führten einen zermürbenden Guerilla-Krieg.

Der zweite Seminole-Krieg dauerte sieben Jahre und kostete die US-Regierung 20 Millionen Dollar. Aber nach und

Stammesältester der Miccosukees.

nach wurden die Seminoles immer tiefer in die Everglades von Florida getrieben, kleinere Gruppen kapitulierten oder wurden, wie Osceola, durch Verrat gefangengenommen.

Dann, im Jahr 1842 entschied die Regierung, daß der Krieg mehr kostete als er wert war, und rief die Armee zurück. Zuletzt waren 3000 Seminoles ins Indianerterritorium verschifft worden, auf zwei von ihnen kam ein getöteter Soldat. Einige hundert Seminoles blieben in den den Sümpfen. Ihre Nachkommen verweisen stolz darauf, der einzige unbesiegte Indianerstamm in den Vereinigten Staaten zu sein.

Heute verfügen die Stämme der Seminoles und Miccosukees über vier Bundes-Reservate in Süd-Florida: das Miccosukee Indian Reservat und das Big Cypress Seminole Reservat in den Everglades, das Brighton Seminole Reservat in der Nähe des Lake Okeechobee und das winzige Hollywood Reservat im Norden von Miami.

Das **Miccosukee Indian Reservat** (zu erreichen über den *Tamiami Trail*) ist das am meisten besuchte unter ihnen, und wie Qualla ist es sehr vom Tourismus abhängig. Auch hier könnten Besucher enttäuscht über die theatralischen Darbietungen sein – Alligatoren-Kämpfe, zum Beispiel –, aber man muß wissen, daß der Tourismus seit Jahren das wirtschaftliche Rückgrat der örtlichen Industrie darstellt und einen Grad an wirtschaftlicher Unabhängigkeit garantiert, den andere Stämme noch nicht erreichen können. Das **Miccosukee Culture Center and Museum** ist informativ, und es macht Spaß, durch ein Dorf mit traditionellen, offenen „Chickee"-Hütten zu streifen. Im Culture Center kann man auch schön gefärbte Patchwork-Arbeiten und anderes Kunsthandwerk erhalten.

So abschreckend sie sein mögen, haben auch die **Everglades** einen verführischen Reiz, besonders bei Einbruch der Dunkelheit, wenn der Horizont von rosa- und orangefarbenem Licht gemustert ist, das die dahinziehenden Nebelschwaden aufleuchten läßt. Es lohnt sich auf jeden Fall, eine Fahrt mit dem propellergetriebenen *airboat* zu unternehmen,

Ein Luftkissenboot der Miccosukees jagt durch die Everglades.

die von dem Stamm angeboten werden, um die baumbestandenen Sumpfinseln (*hammocks*) aus der Nähe zu betrachten.

In der Woche nach Weihnachten veranstalten die Miccosukees alljährlich ein **Indian Arts Festival**, bei dem indianische Tänzer, Sänger, Künstler und Handwerker aus den USA, Kanada und Mexiko auftreten.

In der gleichen Gegend, in Dania (bei Fort Lauderdale) hat das **Seminole Arts and Crafts Center** eine gute Auswahl an Handwerksgegenständen, einschließlich der typischen Patchwork-Textilien. Im **Big Cypress Seminole Reservat**, etwa 60 Meilen entfernt von Fort Lauderdale, betreiben die Seminoles die womöglich größte Bingo-Halle der Welt.

Florida besitzt ebenfalls historische Mounds: **Madira Bickel Mound State Archaeological Site** in Bradenton (südlich von Tampa), **Turtle Mound Site** und **Green Mound State Archaeological Site** südlich von Daytona Beach, **Crystal River State Archaeological Site** bei Crystal River und das **Indian Temple Mound Museum** bei Fort Walton Beach. An allen Orten erläutern Führer die Ausgrabungen und erklären ihre Bedeutung für die indianisch-amerikanische Frühgeschichte.

Die Mississippi Choctaws: Die Choctaws sind ein weiterer Stamm der Fünf Zivilisierten Stämme, der im Südosten weiterlebt. Sie sind heute einer der wirtschaftlich erfolgreichsten Stämme der Region, nachdem zunächst nur eine kleine Gruppe der Vertreibung aus ihrer Heimat entging.

Die Choctaws zählten zu den ersten Stämmen, die von der Vertreibungspolitik Jacksons betroffen waren. Ihre tiefe Liebe zu ihrem Land wurde den Weißen sichtbar, als sie die Bäume, Felsen und Bäche ihrer Heimat zum Abschied vor ihrer Deportation berührten.

Viele der Choctaws, die in Mississippi blieben, wurden dann von Weißen aus ihren Farmen verjagt. In den zwanziger Jahren schien es, als ob sie das 20. Jahrhundert nicht überleben würden.

Heute hat sich ihre Situation verändert. Der Stamm hat mit Bundeshilfen und privaten Investoren eine Wende vollzogen, die in der jüngeren indianischen Geschichte einzigartig ist. Hauptsächlich auf Initiative ihres Häuptlings Philip Martin, der eine Kampagne für ein Engagement auswärtiger Unternehmen startete, betreiben die Choctaws heute eines der landesweit größten Unternehmen für Grußpostkarten und gehen jetzt sogar zur Produktion von Auto-Teilen über.

Beste Zeit für einen Besuch der Choctaws ist im Juli während des **Choctaw Annual Fair** im Reservat außerhalb von Philadelphia, Mississippi. Fast 20 000 Besucher kommen zu der Messe. Die Choctaws sind berühmt für ihre Bänderstickereien und Korbflechtereien. Beides kann im **Choctaw Museum of the Southern Indian** erworben werden, wo es auch eine Ausstellung zu traditioneller Kunst, Kultur und Geschichte der Choctaws gibt.

Wie die Cherokees und Seminoles sind die Choctaws ein geteiltes Volk. Ein Teil des Stammes lebt im Südosten; die anderen wurden gezwungen, ins Indianergebiet, jetzt Oklahoma, zu ziehen, wo sie ihr neues Leben nach dem „Pfad der Tränen" beginnen mußten.

Links: Verkauf von farbenprächtigen Kleidungsstücken der Miccosukees. Rechts: Sich im Einbaum durch die Everglades treiben lassen.

OKLAHOMA

Oklahoma ist ein indianischer Schmelztiegel. Es ist das Indianer-Territorium, kläglicher Rest des angeblich „unantastbaren Landes", begründet von Präsident Andrew Jackson, „vorbehalten den indianischen Stämmen, solange sie es besetzen". Es war das Land des indianischen Exils. Für manche, wie Geronimo und die Chiricahua-Apachen, war es ein Gefängnis. Für andere, wie die Fünf Zivilisierten Stämme, war es ein letzter Zufluchtsort.

Mehr als 25 Stämme sind heute in Oklahoma vertreten, in ihrer Mehrzahl Nachkommen von Flüchtlingen, die aus ihrer Heimat vertrieben wurden. Obwohl die indianische Bevölkerung größer als in fast jedem anderen Bundesstaat ist, gibt es keine Reservate. Indianische Gemeinschaften sind verstreut über ganz Oklahoma.

Oklahomas Geschichte begann 1830, als Präsident Jackson, entschlossen, die östlichen Indianerstämme umzusiedeln, das „Indianer-Umsiedelungs-Gesetz" unterzeichnete, das eine „dauerhafte indianische Grenze" westlich des Mississippi schuf, wohin die Indianer zwangsumgesiedelt wurden. Die Fünf Zivilisierten Stämme (Cherokees, Creeks, Choctaws, Chickasaws und Seminoles) waren die ersten, die weichen mußten; sie verloren ein Viertel ihres Volkes im Elend des „Pfads der Tränen".

Aber so schmerzvoll es war, das Indianer-Territorium gehörte ihnen. Jackson unterzeichnete die Verträge, der Kongreß gab die Garantien. Dies sollte ein Land souveräner indianischer Nationen sein. „Kein Territorium oder Staat soll jemals das Recht besitzen, Gesetze für die Regierung der Choctaw-Nation zu verabschieden", besagte ein typischer Vertragstext. „Kein Teil des Landes, das ihnen zugesprochen wurde, soll jemals in ein Territorium oder einen Staat eingegliedert werden…" Aber der Vertrag mit den Choctaws wurde schnell vergessen, wie so viele Verträge, die mit indianischen Stämmen abgeschlossen wurden.

Während die Fünf Zivilisierten Stämme begannen, eine Nation aufzubauen, wurden die nordöstlichen und Präriestämme ebenfalls ins Indianer-Territorium umgesiedelt. Potawatomis, Shawnees, Kickapoos, Ottawas und andere wurden vom Gebiet der Großen Seen vertrieben. Pawnees, Iowas, Poncas und Osages wurden aus der nahegelegenen, östlichen Prärie verjagt. Direkt westlich davon lebten Stämme der Prärie, wie Cheyennes, Arapahos, Komantschen und Kiowas, noch immer frei im Gebiet des heutigen westlichen Oklahoma und der Staked Plains von Texas.

In den fünfziger Jahren des 19. Jahrhunderts, 20 Jahre nach Unterzeichnung des Umsiedelungsgesetzes, begann bereits die Reduzierung des Indianer-Territoriums, indem große Landgebiete an die Territorien von Kansas und Nebraska abgetreten wurden. Weiteres Land wurde während des amerikanischen Bürgerkriegs verloren, teilweise aufgrund des Bündnisses zwischen vielen Stämmen und der aufständischen Konföderation.

Ende der achtziger Jahre führte der Kongreß einen vernichtenden Schlag. Eisenbahngesellschaften, Händler und

Vorherige Seiten: Quapah Powwow. **Links**: Singen auf dem *Cherokee Nation Powwow*. **Rechts**: Satanta, Häuptling der Kiowas.

illegale *Boomers* – Glücksritter – hatten schon lange das Indianer-Territorium in Besitz nehmen wollen. Mit der Verabschiedung des „Allgemeinen Zuteilungsgesetzes" von 1887 erhielten sie es praktisch von der Regierung geschenkt. Das Zuteilungsgesetz löste Stammesbesitz auf und gab Teile davon direkt an einzelne Indianer, die mit Hilfe von Alkohol, Nötigung und Betrug zum Verkauf gebracht wurden. Alles Land, das nicht beansprucht oder zugeteilt wurde, wurde Siedlern zugänglich gemacht. Im Jahr 1890 wurde ein Großteil des Indianer-Territoriums Teil des Staatsgebiets von Oklahoma.

Später, als Cherokees und Choctaws sich der Zuteilung widersetzten, verabschiedete der Kongreß 1898 ein Gesetz, den *Curtis Act*, der die Stammesregierungen auflöste und alle Hoffnungen auf eine Souveränität der Stämme zerstörte. Noch einmal überfluteten weiße Siedler das Land und nahmen Besitz von dem Land, das den Stämmen versprochen worden war, „solange das Gras wächst und die Flüsse fließen." 1907 wurde Oklahoma als Staat in die Union aufgenommen. Das Indianer-Territorium hörte auf zu existieren.

Das Ende des Weges: Da die indianischen Gemeinschaften über den Staat verstreut liegen, macht man eine lange Reise, wenn man alle indianischen Orte besuchen will. Generell gibt es zwei Zentren der Indianer in Oklahoma, eines im Osten und eines im Westen des Staates. Im Osten formen Muskogee, Okmulgee und Tahlequah einen dreizackigen Anker, um den herum sich die Fünf Zivilisierten Stämme und andere eingewanderte Stämme ansiedelten. **Andarko** ist das Zentrum im westlichen Oklahoma. Hier liegen die wichtigsten Siedlungsgebiete mehrerer westlicher Stämme, einschließlich der Southern Cheyenne, der Kiowas und Komantschen, sowie eine große Zahl von Touristenattraktionen.

Nach dem Martyrium des „Zuges der Tränen" schlossen sich die Fünf Zivilisierten Stämme zusammen, bildeten Regierungen, erschlossen Farmen und bauten Gemeinden auf. Die Führer dieser Bewegung waren zweifellos die Chero-

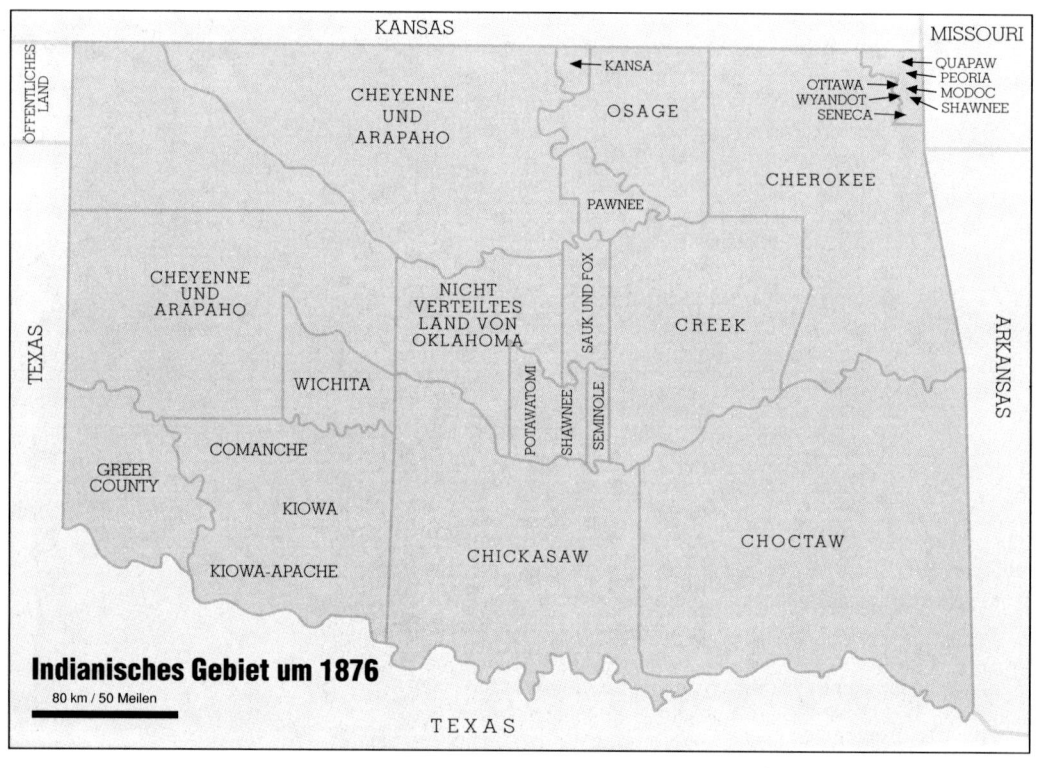

Indianisches Gebiet um 1876
80 km / 50 Meilen

kees, die unter der Führung von John Ross ihren Rat in **Tahlequa** etablierten und eine Stammeszeitung herausgaben, *The Cherokee Advocate*. Heute ist Tahlequa noch immer das Zentrum der westlichen Gruppe der Cherokees und ein unbedingtes Ziel für jeden Besucher, der sich ernsthaft für das indianische Leben in Oklahoma interessiert.

Der Stamm besitzt und betreibt das **Cherokee Heritage Center**, ein Museum mit historischen Ausstellungen und zeitgenössischer indianischer Kunst; das **Tsa-La-Gi Ancient Village**, eine detailgetreue Rekonstruktion eines traditionellen Cherokee-Dorfs; und **Adams Corner Rural Village**, eine historische Enklave, die einer Ansiedlung der Cherokees aus dem 19. Jahrhundert nachgebildet ist. Das Heritage Center inszeniert ebenfalls *Trail of Tears*, ein historisches Theaterstück über die Vertreibung der Cherokees in einem Freiluft-Theater. Hier kann man auch die Gräber von John Ross und seiner Familie sowie das Gebäude des Capitols und des Obersten Gerichtshofs der Cherokees besichtigen.

Etwa 30 Meilen (50 Kilometer) entfernt von Tahlequa liegt das **Five Civilized Tribes Museum** in **Muskogee** mit seiner Ausstellung über Geschichte und Kultur der südlichen Stämme. Außerdem veranstaltet das Museum die alljährliche **Five Civilized Tribes Art Show**, eine der größten künstlerischen Veranstaltungen dieser Gegend.

Die Führer der Creeks versammeln sich in ihrem neuen Stammeszentrum in **Okmulgee**, etwa 30 Meilen westlich. Das alte **Creek Capitol Building**, eines der ältesten und schönsten Gebäude in Oklahoma, befindet sich ebenfalls hier. Heute beherbergt es das **Creek Council House Museum**, das die Geschichte der Creeks aus der Zeit vor dem ersten Kontakt mit den Europäern bis zum heutigen Tag dokumentiert. Es besitzt einen Andenkenladen, in dem Kunst und Handwerk der Creeks verkauft werden. In Okmulgee findet auch das jährliche **Muskogee Creek Festival** statt, mit seinen künstlerischen und handwerklichen Vorführungen, einem Rodeo, Tänzen und Musik der Creeks.

Cherokee Powwow, Tahlequa.

Die ursprünglichen Hauptorte der anderen drei Zivilisierten Stämme liegen in der südwestlichen Ecke Oklahomas. Die Seminoles, die heute in ihrer Mehrzahl eher in Oklahoma als in Florida leben, unterhalten das **Seminole Nation Museum** in **Wewoka**, wo sich auch ihr historisches Capitol befindet. In **Tuskahoma**, weiter im Süden, befindet sich heute im alten **Choctaw Council** ein Museum und Verkaufsladen. Hier finden auch die **Choctaw Nation Labor Day Festivities** statt. In **Tishomingo**, 30 Meilen von Durant, haben die Chickasaws ein Museum im **Council House** eingerichtet.

Eine ganze Reihe von Museen, Kulturzentren und Powwows werden von Einwandererstämmen, meist von den Grossen Seen oder der östlichen Prärie, an verschiedenen Orten im östlichen Oklahoma durchgeführt. In Miami, im äußersten Nordosten des Staates, präsentieren sich im **Inter-Tribal Council Building** acht Stämme: die Ottawas, Miamis, Wyandots, Peorias und Seneca-Cayugas aus dem Nordosten, die östlichen Shawnees und Quapaws aus der östlichen Prärie und die Modocs vom Pazifischen Nordwesten. Der Inter-Tribal-Council veranstaltet die jährlichen **Oklahoma Indian Heritage Days** und Quapaws und Ottawas feiern ihre Powwows im Sommer.

Etwa 95 Kilometer (60 Meilen) westlich der Miami betreibt der Stamm der Osages – die auch ursprünglich in dieser Gegend lebten – das **Osage Museum** in Pawhuska, wo auch ihr jährliches Powwow stattfindet. Die Pawnees, die ebenfalls aus der östlichen Prärie stammen, veranstalten ihr weithin bekanntes Powwow in der Stadt **Pawnee** in der Nähe ihrer Verwaltungsgebäude. Vor den Toren der Stadt präsentiert das **Pawnee Bill Museum** eine interessante Sammlung von Kunstgegenständen und Werkzeug. Im nahen **Ponca City** führen die Poncas ihr jährliches Powwow durch. Hier befindet sich auch das **Indian Museum of the Ponca City Cultural Center**, mit einer ausgesuchten Sammlung von indianischem Werkzeug aus mehreren Stämmen Oklahomas, unter ihnen die Poncas, Tonkawas, Otoes und Osages.

Weiter im Süden liegt die **Sac and Fox Library** und Galerie in **Stroud**, etwa 80 Kilometer (50 Meilen) von Tulsa am Highway 44. Die Ausstellungen erinnern an berühmte Stammesangehörige, wie Black Hawk, Anführer des Aufstands von 1832; Keokuk, Häuptling der Sauks; und Jim Thorpe, den Olympischen Goldmedaillen-Gewinner. Außerhalb von Oklahoma City liegt **Shawnee**, Hauptquartier der Stadtbewohner des Potawatomi-Stammes, die ursprünglich aus dem Gebiet der Großen Seen kamen, wo ein großer Teil des Stammes immer noch lebt. Er veranstaltet ein Powwow im Sommer mit Prärie- und traditionellen Potawatomi-Tänzen und hat ein Museum und ein Archiv mit einer Chronik der Geschichte und Kultur des Stammes aufgebaut. Kulturveranstaltungen gibt es ebenfalls in Potawatomi-Gemeinden in Kansas, Michigan und Wisconsin.

Im Osten Oklahomas findet sich auch eine Stätte mit *mound*-Skulpturen. **Spiro Mounds Archaelogical State Park** liegt bei **Poteau** in der Nähe der Grenze zu Arkansas. Kunstwerke, die bei *mounds* gefunden wurden, sind im **Kerr Museum** außerhalb von Poteau ausgestellt.

Patriotische Perlenstickerei beim Cherokee Powwow.

Die Zentren des Westens: Andarko ist das indianische Zentrum im westlichen Oklahoma und ein wichtiges Ziel für jeden, der an der historischen und zeitgenössischen indianischen Kultur interessiert ist. In jedem Jahr kommen Tausende indianischer und weißer Besucher nach Andarko, um die **American Indian Exposition** zu sehen, eine der größten indianischen Zusammenkünfte im Lande. Die Ausstellung, eine einwöchige Feier indianischer Kultur, präsentiert Trommeln, Tänze, Handwerker, Künstler und Zuschauer aus USA und Kanada. Selbstverständlich kommen viele Teilnehmer aus Stämmen der Region, wie zum Beispiel die Southern Cheyennes, Arapahos, Komantschen, Apachen, Kiowas, Delawares, Wichitas und Poncas, um nur einige zu erwähnen. Außer der Eröffnungs- und Schlußparade präsentiert die Ausstellung das *pageant*, eine unvergeßliche Prozession traditioneller Tänzer und Sänger.

Es gibt eine Reihe anderer Attraktionen, die das ganze Jahr über besichtigt werden können. **Indian City**, USA, bietet einen Gang durch mehrere rekonstruierte indianische Dörfer, *wickiups* der Apachen, *hogans* der Navajos, *tepees* der Kiowas und Grashütten der Wichitas, die alle durch indianische Führer erläutert werden. Es gibt darüber hinaus ein Museum mit Andenkenladen sowie Musik- und Tanzdarbietungen, Kunstausstellungen und Vorträge. Eine aktuelle Zusammenstellung der Darbietungen erhält man direkt in Indian City.

Auf der anderen Seite des Highways präsentiert die **National Hall of Fame for Famous American Indians** einige berühmte und weniger bekannte Gestalten der indianischen Geschichte. Auch in Andarko zeigt das **Southern Plains Indian Museum** eine Sammlung historischer Werkzeuge und zeitgenössischer Kunstgegenstände und Handwerksprodukte. Am Stadtrand betreiben die Wichitas und Kiowas weitere Museen. Die Wichitas halten ihr Powwow im August ab. Die Kiowas veranstalten einen jährlichen *Gourd Dance* am Wochenende um den 4. Juli.

35 Meilen (55 Kilometer) südlich von Andarko liegt das **Fort Sill Reservat**.

Tänzer der Iowa-Indianer.

Einst ein Grenzposten und Internierungslager für Indianer, befindet sich hier heute eine moderne Militärbasis, aber einige der alten Gebäude sind erhalten geblieben, einschließlich des Gefängnisses, in dem Geronimo zusammen mit anderen Gefangenen der Chiricahua-Apachen festgehalten wurde. Obwohl viele der Chiricahuas schließlich in das Reservat der Mescalero-Apachen in New Mexico gebracht wurden, wollten doch einige in Oklahoma bleiben. Ihre Nachkommen leben noch heute in der Region. Geronimo jedoch wurde niemals aus der Verbannung befreit. Er starb und wurde 1909 in Fort Sill begraben, als er bereits ein Teil des Mythos des Wilden Westens geworden war. Seine Grabstätte und das Grab des Komantschen-Häuptlings Quanah Parker befinden sich in der Militärbasis. Im **Fort Sill Museum** erhalten Sie dazu nähere Auskünfte.

Sind Sie in dieser Gegend, lohnt sich ein Umweg zum **Wichita Mountains National Wildlife Refuge**, wo heute wieder Bisonherden durch die Graslandschaft der südlichen Prärie ziehen.

Die Tragödie der Southern Plains wird im **Washita Battleground Historic Site** dargestellt; es befindet sich etwa 120 Meilen entfernt von Oklahoma City im **Black Kettle National Grassland**. Hier überfiel 1868 ein junger ruhmsüchtiger Offizier namens George Armstrong Custer ein Cheyenne-Dorf, das von Häuptling Black Kettle geleitet wurde. Nur drei Jahre zuvor hatte Black Kettle das Sand-Creek-Massaker überlebt und seit dieser Zeit dafür gewirkt, den Frieden zwischen Indianern und Weißen zu erhalten.

Über hundert Cheyennes wurden damals ermordet, nur elf der Toten waren Krieger. Nach seiner Rückkehr wurde Custer öffentlich durch seinen Kommandeur für seinen „effizienten und tapferen Einsatz" belobigt.

Ursprünglich ein Land der Verbannung, ist Oklahoma heute die Heimat von mehr als 25 indianischen Stämmen und eine Wiege des Lebens und des neuen Indianerbewußtseins. Der Name wurde geändert, das Land wurde ihnen genommen, dennoch bleibt Oklahoma das Indianer-Territorium.

Reiterkunststücke der Komantschen **von George Catlin.**

Quanah Parker und die Komantschen

Sie wurden die „Herren der Südlichen Prärie" genannt. Und in der Tat: Die Komantschen beherrschten die unendlichen Graslandschaften mit ihren Büffelherden im Norden von Texas, im westlichen Oklahoma und östlichen New Mexico. Über ein Jahrhundert lang kontrollierten sie die spanische Grenze als geschickte Reiter und tapfere Krieger. Als die weißen Amerikaner über die Santa-Fe- und Butterfield-Trails in ihr Gebiet einzuwandern begannen, überfielen sie Reisende, plünderten Siedlungen und lieferten sich einen 20 Jahre dauernden Kampf mit den Texas Rangers.

Zusammen mit ihren langjährigen Verbündeten, den Kiowas, führten sie den letzten großen Krieg der Südlichen Prärie, den *Red River War*. Auf der Versammlung von Medicine Lodge, 1867, kamen die Führer der Kiowas und Komantschen dann überein, ihre Stämme in ein Reservat im Indianer-Territorium zu führen. Dennoch gab es Abteilungen, die sich weigerten, ihre Lebensweise aufzugeben, und weiter durch die letzten freien Prärien streiften.

Der mächtigste dieser „wilden" Stämme waren die Kwahadi-Komantschen. Ihr Führer war ein junger Mann von außergewöhnlicher Kraft und Intelligenz, von den Komantschen *Quanah*, der Adler, genannt und unter Weißen als „Quanah Parker" bekannt. Der Nachname stammte von seiner Mutter, einer Weißen, die als Kind von den Komantschen geraubt, vom Stamm aufgenommen worden war und später einen Häuptling der Komantschen heiratete.

In den siebziger Jahren des 19. Jahrhunderts, nach Jahrzehnten der Kämpfe mit weißen Amerikanern, sahen die Indianer sich einer neuen Bedrohung ihrer Lebensweise gegenüber. Bisonjäger drangen in das Gebiet der Komantschen ein, schlachteten die großen Tiere zu Hunderten dahin und überließen ihre nutzlosen Körper der Verwesung in der Prärie. Empört organisierte Quanah einen Feldzug von Kriegern der Cheyennes, Kiowas und Komantschen gegen eine Gruppe von Jägern bei Adobe Walls, einem verlassenen Handelsposten im Texas Panhandle. Isatai, ein Seher der Komantschen, prophezeite den Kriegern Erfolg. Er behauptete, er habe die Welt der Geister besucht und seine Medizin werde sie vor den Kugeln der Jäger schützen.

Aber weder Quanahs Zorn noch die Magie des Sehers konnten den Gewehren der Jäger widerstehen. Nach mehreren erfolglosen Versuchen zogen sich die Indianer zurück. Amerikanische Truppen kreisten die Indianer in der texanischen Prärie ein. Nach einigen Scharmützeln trafen die Soldaten auf ein großes Lager der Komantschen und Kiowas am Palo Duro Canyon. Nur wenige Indianer wurden getötet, jedoch ihre Pferde gefangen und ihr Dorf in Brand gesetzt.

Ausgehungert und zerschlagen, gaben die letzten freien Indianer der Südlichen Prärien im Jahr 1875 auf.

Aber Quanah paßte sich außergewöhnlich gut an das Reservat an. Während eines Aufenthalts bei seinen weißen Verwandten in Texas eignete er sich Kenntnisse in der Viehzucht an. Nach seiner Rückkehr baute er eine eigene Ranch auf und war binnen kurzem einer der reichsten Viehzüchter der Gegend.

Dennoch gab er nicht alle indianischen Bräuche auf. Den Drohungen der Regierung und der Kirchen trotzend, blieb er ein Verfechter der Polygamie, wie sie bei den Komantschen Sitte war. Er lebte gleichzeitig mit fünf Frauen zusammen. Jede hatte ein eigenes Zimmer in seinem „großen weißen Haus". Er selbst jedoch wohnte in einem Zelt im Hof des Hauses.

Quanah lernte noch etwas bei seinen weißen Verwandten. Kurz nach seiner Ankunft erkrankte er schwer und bat um einen Medizinmann. Aber seine Familie konnte nur eine mexikanische *Curandera* finden. Die heilkundige Frau gab Quanah Tee des Peyote-Kaktus zu trinken, ein natürliches Halluzinogen. Während sich Quanah erholte, erlernte er die Peyote-Zeremonien. Als er wieder ins Indianer-Territorium zurückkehrte, brachte er seinen Freunden und seiner Familie diese Zeremonien bei. Die neue Peyote-Religion verbreitete sich schnell und wurde schließlich zur Grundlage der *Native-American-Church*.

Der reichste Indianer Amerikas starb am 22. Februar 1911 an den Folgen einer Pneumonie.

KALIFORNIEN

In der alten Mission von San Juan Bautista bei San Jose, Kalifornien, findet zweimal im Jahr ein indianischer Markt statt, der indianische Künstler bis aus Oklahoma, Washinghton, New Mexico, ja sogar Guatemala und Peru, und natürlich aus Kalifornien anzieht. Ein solches Aufeinandertreffen indianischer Völker ist in Kalifornien nicht ungewöhnlich. Die reiche und vielfältige Umgebung der Region hat Indianer seit Tausenden von Jahren angezogen. Als die ersten weißen Forscher das Gebiet im 18. Jahrhundert erreichten, trafen sie auf eine verwirrende Vielfalt indianischer Völker mit etwa 65 verschiedenen Sprachen. Noch heute ist die Situation ähnlich. Kalifornien besitzt die größte und vielfältigste indianische Bevölkerung.

Steinwerkzeuge, die am **Calico Early Man Site** (Besucher sind hier willkommen), etwa 15 Meilen östlich von Barstow, gefunden wurden, datieren die indianische Ansiedlung in Kalifornien 15 000 Jahre zurück. Athabascas kamen etwa 3000 Jahre vor Christus und vertrieben die Ureinwohner der Hokans. Penutians und Shoshonen kamen einige Zeit später in die Gegend und siedelten sich zu beiden Seiten der Sierra Nevada an.

Obwohl die Europäer relativ spät nach Kalifornien kamen, war die Vertreibung schnell und vernichtend. Der erste grössere Einfall fand im Jahr 1769 statt, als Padre Fray Junípero Serra und Kapitän Gaspar de Portola die erste von etwa 20 Missionen entlang des *Camino Real* gründeten. Der Weg erstreckte sich bald über 500 Meilen (800 Kilometer) von San Diego bis nach San Francisco.

Die meisten dieser Missionen florierten dadurch, daß den Indianern spanische Landwirtschaft, Viehzucht, Webereien und andere Fertigkeiten beigebracht wurden, während das Militär immer neue Gruppen von „Bekehrten" lieferte. Seuchen grassierten und rafften mit jedem Ausbruch Hunderte von Indianern dahin. Die Unterdrückung durch die spanische Gesetzgebung war so hart, daß in nahezu jeder Mission ein Aufstand ausbrach.

Heute wissen nur wenige Besucher, daß die lieblichen alten Kirchen von der Hand indianischer Sklaven gebaut wurden, und daß Tausende namenloser Indianer auf ihren Friedhöfen begraben liegen.

So schlimm aber das Leben in den Missionen war, so verblaßt es doch gegen den Massenmord, den weiße Amerikaner an den Indianern verübten. Als 1849 bei *Sutter's Mill* Gold gefunden wurde, waren damit die Schleusen für die amerikanische Einwanderung geöffnet. Tausende Bergleute und Siedler strömten nach Kalifornien und nach 25 Jahren war die indianische Bevölkerung nahezu ausgelöscht. Bestenfalls wurden sie mit Waffengewalt in heruntergekommene Reservate getrieben, schlimmstenfalls wurden die Indianer wie Tiere gejagt.

Sieben große Reservate wurden zwischen 1853 und 1887 geschlossen, vier sind teilweise noch erhalten. Anfang des 20. Jahrhunderts wurden kleine Gebiete hinzugefügt, die jedoch in den sechziger Jahren wieder „geschlossen" wurden. Heute umfaßt das indianische Gebiet über 2000 Quadratkilometer mit einer Bevölkerung von 300 000 registrierten Stammesangehörigen.

Aber die alten Gebräuche der meisten Stämme gerieten nicht völlig in Vergessenheit. Die Älteren erinnerten sich, gaben sie an die Jüngeren weiter, und der Kreislauf wurde erneuert. Menschen- und Bürgerrechte wurden langsam und in einem schmerzlichen Prozeß zurückgewonnen. Gesundheits- und Bildungswesen wurden verbessert. Die Familien begannen zu wachsen. Heute erleben die Indianer Kaliforniens eine kulturelle Erneuerung.

Süd-Kalifornien: Im Wüstengebiet der südöstlichen Ecke Kaliforniens erstreckt sich das **Fort Yuma Reservat** der Quechan-Indianer zu beiden Seiten des Colorado. Das erste sichtbare Gebäude des Reservats ist die **St. Thomas Catholic Church** (1922), am Ort der ursprünglichen Misión Purísima Concepción, die von Fray Junípero Serra gegründet, aber von den Quechans bereits ein Jahr später zerstört worden war. Ein Teil des alten US-Army Forts steht noch immer auf demselben markanten Hügel und enthält ein hervorragendes Museum jener Zeit.

Vorherige Seiten: Indianischer Büffelreiter. **Links:** Tänzerin der Maidus.

Etwa 80 Meilen nördlich von Fort Yuma befindet sich das riesige **Colorado River Indian Reservat**. Dieses Reservat zweier Staaten ist die Heimat der Chemehuevi-Indianer, aber Mohaves, Navajos und Hopis leben ebenfalls hier. Ein Besuch des **Colorado River Reservation Museum** in **Parker** ist sehr zu empfehlen; es ist das einzige indianische Museum in der Gegend, das lebendige Kunst präsentiert. Die Chemehuevi leben ebenfalls in dem weitgehend unfruchtbaren **Chemehuevi Reservat**, einige Meilen nördlich am Ufer des Lake Havasu. Östlich des Colorado River Reservats, 18 Kilometer (13,5 Meilen) nördlich von **Blythe** am Highway 95, findet man eines der eindrucksvollsten Felsen-Kunstwerke in Kalifornien, die **Desert Intaglios**, mit Statuen von Tieren und Jägern, zwischen 30 und 60 Meter lang, die aus dem Wüstenboden herausgearbeitet wurden.

Weiter nördlich am Highway 95 liegt das von drei Staaten eingerichtete **Fort Mojave Reservat**, Heimstatt des Volks der *Hamákhava* (Mojave). Der größte Teil des indianischen Gebiets befindet sich in Arizona und ist in Ein-Meilenlangen Quadraten schachbrettartig angeordnet (eine der Besonderheiten mancher Reservate in Süd-Kalifornien). In der Stammesverwaltung in **Needles** können Sie nach Führungen zum **Rock Maze** fragen, der immer noch für Zeremonien benutzt wird, um die bösen Geister davon abzuhalten, den Seelen der Verstorbenen ins Jenseits zu folgen. Das Reservat grenzt an die **Havasu National Wildlife Preserve**, ein abgelegenes Schutzgebiet.

In der Nähe der mexikanischen Grenze befinden sich eine Reihe dünn besiedelter Kamia-Reservate, eingebettet in das hügelige Plateau der Southern Coast Range westlich von San Diego. Hier liegen die Reservate von Campo, La Posta und Manzanita, meist unzugänglich für Besucher. Im Norden liegen die Reservate von Viejas und Barona in den grünen Hochtälern des Küstengebirges. In **San Diego** selbst befindet sich die älteste indianische Mission Kaliforniens, **San Diego de Alcalá** von 1769, die heute sehr gut restauriert ist. Im hervorragenden **Museum of Man** im Balboa Park

Shake-Head-Tanz, Nordkalifornische Küste.

wird eine gute Ausstellung der Lebensweise der frühen Kamia-Indianer sowie von anderen indianischen Kunstgegenständen gezeigt.

Nördlich von San Diego, beginnend mit der historischen und farbigen **Santa Ysabel Mission Asistencia** (ein Ableger der Misión San Diego), liegt eine ganze Reihe kleiner Reservate wie Santa Ysabel, Mesa Grande, Los Coyotes, Rincon, La Jolla, Pauma und Pala. Mehrere, unter ihnen besonders **Mesa Grande** und **Los Coyotes**, sind in einer eindrucksvollen Hochlandschaft innerhalb eines natürlichen Schutzgebiets gelegen, das in der Ferne vom heiligen Mount Palomar überragt wird. Das **La Jolla Reservat** ist bemerkenswert, nicht nur wegen seines Wasser-Parks und seines bestens ausgestatteten Campingplatzes, sondern vor allem wegen seines kleinen Bergdorfs mit der pittoresken Kapelle und den von Kakteen gesäumten Ziegelhäusern.

Den größten Eindruck hinterläßt wohl das **Pala Reservat**. Die Kapelle von **Pala Asistencia** (1816) ist die ergreifendste indianische Mission – mit ungewöhnlichen Grabsteinen und seltsamen, indianisch gefärbten Gesichtern auf den Mauern. Angehörige dreier indianischer Kulturen leben hier – Luiseno, Cupa und Ipai. Obwohl kulturell verwandt, achten sie dennoch bis heute auf bestimmte Unterschiede. Erwähnenswert sind auch die Zeremonien an Fronleichnam, Ostern und Weihnachten. Ein Aufenthalt auf dem generalüberholten und sehr gut ausgestatteten Campingplatz des Stammes bietet Gelegenheit, dieses harmonische Aufeinandertreffen indianischer Kulturen zu erleben.

Halb **Palm Springs** in Kalifornien besteht aus dem **Agua Caliente Reservat** des Cahuilla-Stammes. Die Bundesregierung teilte das Land in schachbrettartige Quadrate auf, als sie es 1896 zum Reservat erklärte. Jede zweite Quadratmeile gehört den Indianern, ein großer Teil davon ist als Bauland verpachtet, was die Indianer von Agua Caliente zum wohlhabendsten Stamm in den USA gemacht hat. Sie pflegen und bewahren die einzigartigen Palmen-Canyons sorgfältig. Nähere Informationen sind bei der

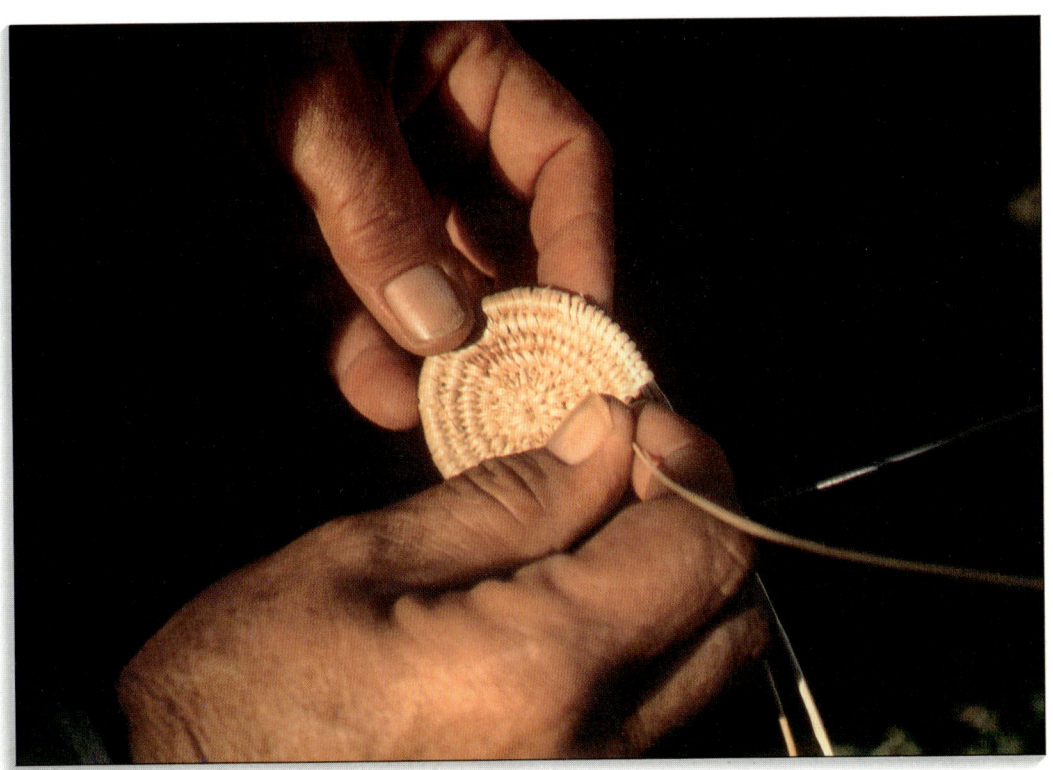

Korbflechten.

Stammesverwaltung oder im informativen **Desert Museum** erhältlich. Der **Indian Market** von Agua Caliente findet Ende März statt.

Westlich von Palm Springs liegt das **Morongo Reservat** und sein kleines, aber interessantes **Malki Museum**. Ungewöhnlich ist die **Moravian Church** von 1890, ein Überbleibsel aus Zeiten, da die Regierung christliche Organisationen benutzte, um Reservate zu überwachen.

Weiter westlich, in Los Angeles County, betreibt das **San Manuel Reservat** in San Bernadino den großartigsten Spielpalast des Staates.

In der Gegend von Los Angeles gibt es nur noch einen weiteren indianischen Ort – **Satwiwa**, an der Stelle eines alten Dorfes, inmitten der ausgedehnten **Santa Monica Mountains National Recreation Area**. Dieser unwegsame Bergort wird von den Gabrielo-(*Tóngva*) Indianern aus dem Becken von Los Angeles und von den Chumash-Indianern im Westen für Zeremonien, jeden Sonntag für Erzählungen und für öffentliche, historische Ausstellungen genutzt.

Zehntausende Indianer aus allen Gegenden des Kontinents leben im Gebiet von Los Angeles. Selbstverständlich finden jeden Samstag Powwows irgendwo in diesem Gebiet statt. Eine Aufstellung erhält man im örtlichen *American Indian Center*. Es gibt ebenfalls drei exzellente Museen: das **Los Angeles Museum of Natural History**, das **Bowers Museum** in Santa Ana und das eindrucksvolle **Southwest Museum** in Pasadena, das nur den südwestlichen Stämmen gewidmet ist. Eine große Anzahl von Kunstgegenständen aus der Kolonialzeit findet man ebenso in der **San Fernando Mission** und der **San Gabriel Mission**.

Zentral-Kalifornien: Die Kette der Missionen setzt sich nördlich von Los Angeles mit der **Misión Santa Barbara**, einem imposanten Bau der Chumash-Indianer, fort. Das nahegelegene **Santa Barbara Museum of Natural History** bietet eine außergewöhnliche Sammlung von Kunstgegenständen der Chumash. Die Angestellten des Museums erteilen auch Auskünfte über den Weg zur **Chumash Painted Cave**, der großartigsten, prähistorischen Malerei von Indianern in Kalifornien. **Misión Purísima Concepción** liegt in Lompoc etwa 50 Meilen die Küste aufwärts, und **Misión San Miguel**, wo früher Hunderte von Salina-Indianer lebten, befindet sich weitere 130 Kilometer (80 Meilen) nördlich am Highway 101. Einige übriggebliebene Angehörige dieses kleinen Stammes gehören immer noch zur Gemeinde der **Misión San Antonio de Padua**, etwa 30 Kilometer (20 Meilen) nordwestlich.

Weiter im Norden kreuzt man die Straße zur berühmten **Carmel Mission**, einem außergewöhnlichen Ort, dessen Friedhof der Esselen- und Rumsen-Indianer einen ganz besonderen Reiz ausübt. Am besten, man fährt dann noch ein Stück weiter zu der schon erwähnten **Misión San Juan Bautista**.

Weiter im Central Valley liegt das **Tule River Reservat**, hauptsächlich der Yokut-Indianer, mit seinem weiten Ausblick auf die Sierra Nevada und seiner ländlichen Atmosphäre. Hier findet man auch ein erstaunliches Felsengemälde. Führer zu diesem **Painted Rock** werden von der Stammesverwaltung vermittelt.

Yurok Tänzer, nordwestliches Kalifornien.

Weiter östlich hat sich die hartnäckige Gruppe der Timbi-Sha-Shoshonen an einem höchst unwirtlichen Ort behauptet, der den treffenden Namen Furnace Creek trägt: inmitten des **Death Valley National Monument**.

Andere Shoshonen- und Paiute-Stämme leben in Owens Valley, tief eingebettet zwischen der Sierra Nevada und den Inyo- und White-Mountains. Das größte von etwa fünf Reservaten ist das **Bishop Reservat**, ein 350 Quadratkilometer umfassender Flecken Land, der schaurigschön an den Hängen steil abstürzender Berge gelegen ist. Ein architektonisch schönes Museum präsentiert Dioramas, Kunstgegenstände und Handwerksprodukte (einige verkäuflich).

Weiter nördlich bei **Ahwahnee** findet sich die erste Gelegenheit, ein typisches „Rundhaus", das **Wassama Roundhouse**, zu besichtigen. Die zentral- und nordkalifornischen Indianer benutzen die Rundhäuser für zeremonielle Tänze. Diese Tanzhäuser Kaliforniens sind ähnlich den *kivas* der Hopi-Indianer, mit dem Unterschied, daß sich die Feuerstelle in der Mitte befindet und das Haus durch einen im Osten gelegenen Alkoven betreten wird. Die meisten Rundhäuser sind halb in der Erde gelegen, das Rundhaus von Ahwahnee allerdings nicht. Rundhäuser sind geheiligte Orte, und die meisten dürfen nicht betreten werden. Die Tänze fordern die Geister auf, für das Wohlergehen der Tänzer und der anderen Teilnehmer zu sorgen. Gelegentlich ist die Öffentlichkeit zugelassen. Nähere Auskünfte erteilt die Park-Verwaltung.

Außerhalb des Rundhauses liegen altertümliche Schleifsteine, mit denen Eicheln gemahlen wurden. Ein Gebäude mit Schwitzraum, das für Gebete und religiöse Reinigung benutzt wurde, befindet sich ebenfalls in der Nähe.

Wie im Death Valley gibt es auch im **Yosemite National Park** eine indianische Gemeinde. Es sind Nachkommen der Miwoks und Shoshonen, die früher in diesem Tal lebten. Am Besucherzentrum ist ein originalgetreues Indianerdorf aufgebaut. Obwohl die Rindenhütten unbewohnt sind, werden das Rundhaus und das Schwitzhaus am dritten Wochen-

Death Valley, die öde Heimat der Timbi-Sha Shoshonen.

Kalifornien

ende im Juli benutzt. Auf Anfrage kann man sich von einem der dort wohnenden indianischen Führer das Dorf zeigen lassen. Besonders zu beachten sind die Korbflechtereien. Indianische Körbe aus Kalifornien sind weltberühmt für ihre Schönheit.

Von **Yosemite** über den Highway 49 erreicht man **Tuolumne Rancheria** und **Chaw-Se Indian Grinding Rocks and State Park** mitten im früheren Goldland. Tuolumne ist eine der typischen Rancherias in Zentral- und Nord-Kalifornien. Direkt neben der Verwaltung befinden sich ein Rundhaus mit Tanzplatz. Am Wochenende nach *Labor Day* wird ein **Acorn Festival** veranstaltet. In **Chaw-Se** gibt es historische Mahlsteine, die mit religiösen Gravuren verziert sind. Hier befindet sich auch das älteste Rundhaus Kaliforniens, ein Museum über die Sierra-Miwoks und ein Campingplatz.

Das **State Indian Museum** in Sacramento besitzt eine kleine, aber gut sortierte Sammlung von Ausstellungsstücken, die speziell den „Kalifornischen Kulturen" gewidmet ist. Darüber hinaus gibt es in der **California Academy of Sciences** in San Francisco und im **Lowie Museum of Anthropology** in der University of California in Berkeley jeweils eine kleine Abteilung, die sich mit indianischer Kultur in Kalifornien beschäftigt.

Nord-Kalifornien: Im Norden von San Francisco liegt **Kule Loklo Coastal Indian Village** inmitten des **Point Reyes National Seashore**. Obgleich ein „junger" Ort, wurde er doch von der örtlichen indianischen Gemeinde angenommen. Während der Einweihungszeremonien geschah etwas Erstaunliches: Es erschienen Angehörige der „untergegangenen" Stämme der Gegend (Wappo und Coastal Miwok). Besucher, ganz gleich ob indianischer oder nicht-indianischer Abstammung, sind immer eingeladen.

Weiter im Norden ist das Gebiet um **Clear Lake** übersät mit vielen Rancherias, die den Pomos, Nomlakis, Wintuns und Miwoks gehören. Im Umkreis von 40 Meilen rund um den See existieren fünf Rundhäuser und mehrere Tanzgruppen. Die meisten Tänze sind nicht öffentlich, aber im **Pomo Museum** am Lake

Half Dome, Yosemite National Park.

Unten: Ein restauriertes Haus der Hupas. **Nächste Seite:** Ein Stammesältester aus dem Pueblo von Taos.

Mendocino (Ukiah), das von örtlichen Pomo-Indianern betrieben wird, finden ab und zu öffentliche Vorführungen statt.

Wer einen besonderen Sinn für Abenteuer hat, fährt am besten auf dem Highway 101 nach Norden zum malerischen Eel River und dem **Round Valley Reservat**, wo fünf verschiedene indianische Gruppen leben, die in den fünfziger Jahren des 19. Jahrhunderts in einem kalifornischen „Pfad der Tränen" dorthin gebracht wurden. Noch weiter nördlich an der Küste, einige Meilen östlich von **Eureka**, liegt das **Hoopa Reservat**, mit 12 Quadratmeilen das größte des Staates, in der überwältigenden Felsschlucht des **Trinity River**. Zehn der ursprünglichen 13 Hupa-Dörfer, unterschiedlich gut erhalten, befinden sich noch immer innerhalb des Reservates. In einigen der alten Dörfer wurden die traditionellen, halb in den Erdboden versenkten quadratischen Häuser wiederaufgebaut. Der 4. Juli ist hier ein großer Festtag: Den ganzen Tag über findet ein Rodeo statt und abends beginnt der zeremonielle *Brush Dance*, der sich über die ganze Nacht hinziehen kann. Die Versammlungshalle des Stammes ist als riesiges Rundhaus gebaut und ein Juwel umweltgerechter Architektur. In der Nähe befinden sich das Stammesmuseum und ein altes Fort der Armee.

Will man eine Reise in die wirkliche Wildnis machen, so empfiehlt sich **Lava Beds National Park** an der Grenze zu Oregon. Hier findet sich die größte Ansammlung historischer Steinreliefs – eine ganze Steilküste ist mit Skulpturen ausgestaltet. Auf den Lava-Ablagerungen selbst verteidigten sich im Jahre 1872 60 Modoc-Indianer, angeführt von Häuptling Kintpuash oder „Captain Jack", vier Monate lang gegen 600 Soldaten. Nach ihrer Niederlage wurde Kintpuash gehängt und die meisten der Modocs wurden nach Oklahoma verschleppt. Im Jahr 1990 wurde eine Gedenkfeier zu Ehren der Modocs abgehalten. 200 Mitglieder des für „ausgestorben" geltenden Stammes nahmen daran teil.

Dieses Ereignis hatte Symbolkraft. Die indianischen Völker Kaliforniens gewinnen Stärke zurück. Ihre Wiedergeburt scheint unmittelbar bevorzustehen.

Kalifornien

KURZFÜHRER

Anreise

- 338 Mit dem Flugzeug
- 338 Mit dem Zug
- 339 Mit dem Bus
- 339 Mit dem Auto
- 339 Mietwagen

Reiseinformationen

- 340 Paß und Visum
- 340 Geldangelegenheiten
- 340 Zoll

Kleine Landeskunde

- 341 Im Indianerland
- 341 Zeitzonen
- 342 Feiertage

Nachrichtenwesen

- 342 Post
- 342 Telefon
- 343 Telegramme, Fax
- 343 Zeitschriften, Magazine

Für den Notfall

- 344 Sicherheit
- 344 Gerichtsbarkeit
- 345 Alkoholvorschriften

Unterkunft

- 345 Stammeseigene Quartiere

Erkundungen

- 347 Einkaufstips
- 348 Echtheit
- 349 Qualität
- 349 Kunstmessen, Ausstellungen
- 350 Museen, Kunsthandlungen
- 353 Bedeutende Sammlungen
- 355 Parks, Monumente
- 359 Veranstaltungskalender
- 370 Jagen und Fischen
- 370 Glücksspiel

Nützliche Adressen

- 372 Registrierte Stämme
- 383 Nichtregistrierte Stämme
- 383 Botschaften
- 384 Einreise, Zoll
- 384 Reiseveranstalter

Literaturhinweise

- 385 Deutschsprachig
- 385 Englisch

Visuelle Beiträge

- 387

Index

- 388

ANREISE

MIT DEM FLUGZEUG

Wegen der großen Entfernungen ist die Anreise mit dem Auto sehr unpraktisch. Am besten, man fliegt in die nächstgelegene Stadt und nimmt dort einen Mietwagen.

Great Plains: Billings-Logan International, Denver-Stapelton International, Great Falls International, Rapid City Regional, Winnepeg International.

Nordwesten: Calgary International, Portland International, Seattle-Tacoma International, Spokane International, Vancouver International.

Südwesten: Albuquerque International, Las Vegas-McCarran International, Phoenix Sky Harbor International, Tucson Internat.

Nordosten: Chicago-Midway International, Chicago-O'Hare International, Minneapolis-St Paul International, Montreal-Dorval International, Montreal-Mirabel International, Newark International, New York-LaGauardia International, New York-Kennedy International, Toronto-Pearson International.

Oklahoma: Oklahoma City-Will Rogers International.

Kalifornien: Los Angeles International, Oakland International, San Francisco International, San Diego International, San Jose International.

NATIONALE FLUGLINIEN

Air Canada	Tel.: 800-776-3000
American Airlines	Tel.: 800-433-7300
Continental Airlines	Tel.: 800-525-0280
Delta Airlines	Tel.: 800-221-1212
Midway Airlines	Tel.: 800-866-9000
Northwest Airlines	Tel.: 800-225-2525
Pan Am Airlines	Tel.: 800-221-1111
TWA	Tel.: 800-221-2000
United Airlines	Tel.: 800-241-6522
US AIR	Tel.: 800-428-4322

MIT DEM ZUG

Amtrak nennt über 500 Zielbahnhöfe in den USA. In diesem Land mit der Eisenbahn zu fahren, ist wirklich etwas Besonderes. Amtrak macht die Fahrt durch Gesellschaftsräume, Restaurants und Snackbars noch besonders komfortabel. In einigen Zügen gibt es Filme oder sogar ein Live-Unterhaltungsprogramm.

Verschiedene Linien durchqueren das Indianerland im US-Westen. Amtraks „Southwest Chief" fährt von Chicago nach Los Angeles mit Zwischenstopps in Kansas City (Missouri), Topeka und Dodge City (Kansas), in Albuquerque und Gallup (New Mexico) sowie in Flagstaff (Arizona). Die Strecke folgt dem alten Santa-Fe-Trail, der von Indianern angelegt worden war, dann aber auch von den spanischen Konquistadoren und später von den amerikanischen Pionieren benutzt wurde. Zwischen Albuquerque und Gallup macht ein spezieller Reisebegleiter auf besondere landschaftliche Attraktionen aufmerksam und informiert über die regionale Geschichte, Kultur und Folklore.

Der „Sunset Limited" fährt von New Orleans nach Los Angeles mit längeren Aufenthalten in Houston, San Antonio und El Paso (Texas), in Deming und Lordsburg (New Mexico) sowie in Tucson und Phoenix (Arizona).

Der „California Zephyr" fährt von Chicago nach San Franciso mit längeren Stops in Omaha (Nebraska), Denver (Colorado), Salt Lake City (Utah), Reno (Nevada) und Sacramento (Kalifornien).

Der „Pioneer" folgt dem Oregon Trail von Chicago nach Seattle, mit Zwischenstops in Omaha (Nebraska), Denver (Colorado), Salt Lake City (Utah), in Pocatello und Boise (Idaho) sowie in Portland, Oregon und Tacoma (Washington).

Der „Empire Builder" fährt ebenfalls von Chicago nach Seattle, mit Stops in Minneapolis (Minnesota), Minot (North Dakota), Whitefish und Havre (Montana) und in Spokane (Washington).

Informieren Sie sich über alle Sonderangebote (Tel.: 1-800-USA-Rail).

MIT DEM BUS

Eine der preiswertesten Alternativen, das Land kennenzulernen, ist die Fahrt mit dem Bus. Das größte Unternehmen ist Greyhound (Tel.: 800-528-0447), das 1987 Trailways Lines übernommen hat. Dieses Unternehmen offeriert regelmäßig Sonderangebote wie z. B. „Freie Fahrt überallhin für $ 99" und ein Ein-Dollar-Ticket für Mütter am Muttertag. Rufen Sie das Greyhound/Trailways-Büro für nähere Informationen an. Greyhound fährt allerdings nicht entlegene Reservatsgebiete an. Man nimmt dafür vom nächsten Busbahnhof einen Mietwagen oder ein anderes Verkehrsmittel.

MIT DEM AUTO

Mit dem Auto kann man sich in den Indianergebieten am besten bewegen. Die großen Straßen der meisten Reservate sind in einem guten Zustand, wenn man auch manchmal auf weniger gut erhaltene Abschnitte trifft. Beabsichtigen Sie, in abgelegene Landstriche zu fahren, oder ist Schnee, Matsch oder schlechtes Wetter angesagt, sollten Sie einen Wagen mit Vierrad-Antrieb und viel Bodenfreiheit mieten.

Am wichtigsten ist allerdings eine gute Landkarte. Man bekommt sie in den staatliche Fremdenverkehrsämtern, Tankstellen und Warenhäusern. Es kann sein, daß einige geographische Angaben fehlen oder der Straßenzustand nicht genau wiedergegeben ist. Auch stehen nicht alle Straßen in den Reservaten den Touristen offen. Befahren Sie kein Gebiet, daß als Sperrzone gekennzeichnet ist!

Obwohl auch die Straßen in entlegenen Regionen kontrolliert werden, ist angeraten, das lokale Radioprogramm zu verfolgen und sich bei der Straßenverwaltung über den gegenwärtigen Straßenzustand zu informieren, vor allem, wenn man die befestigten Straßen verlassen will. Die Fahrmöglichkeiten hängen natürlich von der Höhenlage ab. Im Herbst und Winter sollte der Wagen mit Winterreifen und Schneeketten ausgerüstet sein. Zudem muß man mit längeren Fahrzeiten rechnen.

Wenn Sie Wüstenabschnitte durchfahren wollen, brauchen Sie einen zusätzlichen Wasservorrat (wenigstens vier Liter pro Person). Außerdem sollte für ausreichend Verpflegung gesorgt sein. Sturzbäche sind in der Regenzeit (Sommer und Herbst) sehr häufig. Meiden Sie Bach- und Flußläufe!

Tankstellen gibt es nur sehr vereinzelt in den Reservaten. Nicht jede Stadt hat eine, und wenn, dann machen sie schon früh zu. Man kann also nie genug Reserven mit sich führen.

Eine wichtige Vorsichtsmaßregel: Sollten Sie auf einem einsamen Abschnitt eine Panne haben, versuchen Sie nicht, zu Fuß weiterzukommen, auch wenn Sie genügend Wasser dabeihaben. Einen Wagen findet man leichter als eine Einzelperson. Bleiben Sie ruhig, und warten Sie, bis man Sie findet.

Grundsätzlich ist es gut, der American Automobile Association (AAA) beizutreten. Dieser Automobilklub bietet Pannenhilfe, Landkarten (fragen Sie nach der *Indian-Country*-Karte), Versicherung und Hilfe bei Kautionsstellungen.

MIETWAGEN

Nationale Mietwagenvertretungen gibt es in allen Flughäfen und größeren Städten. Meistens ist ein Mindestalter von 21 Jahren vorgeschrieben, zudem muß man eine der größeren Kreditkarten besitzen. Sorgen Sie für ausreichenden Versicherungsschutz. Nicht immer ist eine Versicherung im Mietpreis inbegriffen.

Zusätzliche Kosten hängen von Wagenklasse und -typ ab, aber in der Regel beträgt die Mietgebühr $10 - $20 pro Tag. Zu empfehlen ist eine unbegrenzte Kilometerpauschale. Falls diese nicht zu bekommen ist, zahlt man einen Aufschlag von 10 - 25¢ pro Meile ab einer bestimmten Distanz. Die Mietwagengebühren hängen auch davon ab, zu welcher Jahreszeit man reisen will, wie lange man im voraus gebucht hat und ob man an Wochentagen oder am Wochenende fährt. Erkundigen Sie sich auch hier nach Sonderangeboten und Preisnachlässen.

Alamo	Tel.: 800-327-9633
America Internat.	Tel.: 800-331-1212
Budget	Tel.: 800-527-0700
Dollar	Tel.: 800-421-6868
Enterprise	Tel.: 800-325-7607
General	Tel.: 800-327-7607
Hertz	Tel.: 800-654-3131
National	Tel.: 800-227-7368
Thrifty	Tel.: 800-331-4200

REISEINFORMATIONEN

PASS UND VISUM

Die US-Regierung hat vor nicht langer Zeit in Form eines Pilotprogrammes den Visumzwang für folgende Länder aufgehoben: Deutschland, Frankreich, Großbritannien, Italien, Japan, Schweden und die Schweiz. Reisende aus diesen Ländern brauchen bei der Ankunft nur einen gültigen Reisepaß vorzuzeigen. Alle anderen Staatsangehörigen brauchen ein Visum von einem US-Konsulat in ihrem Land. Zwei Ausnahmen: Kanadier, die aus einem westlichen Land einreisen, und Mexikaner mit einem Grenzpaß. Beide benötigen weder Paß noch Visum.

Einmal in den USA, kann man auch Kanada und Mexiko besuchen. Die Aufenthaltsdauer beträgt dort 30 Tage, und man kann in die USA ohne ein neues Visum wieder einreisen. Sollten Sie Ihren Paß verlieren, lassen Sie sich einen neuen durch Ihre Botschaft ausstellen (Adressen S. 383 f.). Visaverlängerungen erhält man beim

Immigration and Naturalization Service
2401 E St
Washington, DC 20520
Tel.: 202-514-4330.

GELDANGELEGENHEITEN

Ausländische Währung wird in den USA kaum akzeptiert. Geld kann man in einigen besonderen Banken in den größeren Grenzstädten tauschen, in den großen Banken und Hotels der Großstädte sowie an den internationalen Flughäfen. Die besten Kurse bieten die Banken.

Es empfiehlt sich, bei der Anreise schon 100 Dollar in kleinen Scheinen bei sich zu haben, um den Transport und andere anfallenden Kosten begleichen zu können. Besser aber als Bargeld sind Reiseschecks. Eine große Hilfe sind auch Scheckkarten der großen Unternehmen wie American Express, Visa, Mastercard, Diners Club, Discover usw. Wenn man ein Auto mieten will, braucht man sie auf jeden Fall. Reiseschecks und Kreditkarten werden von fast allen Tankstellen, Handelsposten und Motels akzeptiert, sogar in den abgelegenen Regionen.

Das US-Geld basiert auf dem Dezimalsystem. Die Grundeinheit ist der Dollar ($1.00) und entspricht 100 cents (¢). Es gibt vier Münzarten, jede unter einem Dollar: ein Penny (1 ¢), ein Nickel (5¢), ein Dime (10¢) und ein Quarter (25¢).

Daneben gibt es noch reichlich Banknoten, und zwar in $1-, $5-, $10-, $20-, $50-, und $100-Scheinen. Der $2-Schein ist sehr selten. Jede Banknote gleicht der anderen in Farbe, Größe und Form. Man muß sich also schon jede Banknote genau anschauen, bevor man sie ausgibt.

ZOLL

Jeder Einreisende muß durch den Zoll. Halten Sie Ihr Gepäck bereit, und beachten Sie folgende Regeln:

1. Bargeld kann in unbeschränkter Höhe eingeführt werden, übersteigt es jedoch den Betrag von $10 000, muß es besonders deklariert werden.

2. Alle Artikel, die für den persönlichen Gebrauch bestimmt sind, können zollfrei eingeführt werden.

3. Erwachsene dürfen 200 Zigaretten oder 50 Zigarren oder drei Pfund Tabak und/oder einen Liter Alkohol einführen.

4. Geschenke bis zu einem Wert von $400 können zollfrei eingeführt werden; unter $100 muß man sie nicht deklarieren.

5. Agrarprodukte, Fleisch und Tiere unterliegen besonderen Beschränkungen. Um ärgerliche Verzögerungen zu vermeiden, lassen Sie diese Dinge am besten zu Hause, wenn sie nicht unbedingt benötigt werden. Nähere Informationen erhält man bei

US Costums
1501 Constitution Ave
Washington, DC 20229
Tel.: 202-566-8195.

KLEINE LANDESKUNDE

IM INDIANERLAND

Wer die Siedlungsgebiete der Indianerstämme besuchen will, muß ein besonderes kulturelles Einfühlungsvermögen mitbringen. Da sich viele ihrer Angehörigen in Gegenwart von Fremden unbehaglich fühlen, sollte jeder Besucher sich zurückhaltend benehmen. Einige Verhaltenstips:

1. Vermeiden Sie alle Ausdrücke und Wendungen, aus denen man einen rassistischen Unterton heraushören könnte. Einen Indianer mit „Häuptling", „Rothaut", „Squaw" oder ähnlich zweideutigen Bezeichnungen zu titulieren, könnte als eine schwere Beleidigung aufgefaßt werden.

2. Beachten Sie alle Vorschriften und Reglementierungen, die in den Gebieten der Indianer und bei ihren Festlichkeiten gelten. Diese betreffen z.B. das Fotografieren, Zeichnen, Notizenmachen sowie Tonband- und Video-Aufzeichnungen. In machen Fällen muß fürs Fotografieren eine Gebühr entrichtet werden. Möchte man ein Einzelporträt machen, muß zuerst um Erlaubnis gebeten werden (eine Entschädigung von zwei oder drei Dollar erscheint auf jeden Fall angemessen).

3. Respektieren Sie alle Sperrzonen. Gewöhnlich sind diese gekennzeichnet, aber es empfiehlt sich auch, vor Abstechern in die Wildnis oder archäologische Regionen, vor dem Befahren abgelegener Straßen oder dem Wandern abseits der Dörfer um Erlaubnis zu fragen. Das gleiche gilt auch für den Besuch von Kirchen, Tempeln oder anderen zeremoniellen Orten.

4. Treten Sie immer möglichst zurückhaltend auf. Denken Sie daran, daß Sie Gast einer indianischen Gemeinschaft und ihrer Festlichkeiten sind. Seien Sie freundlich und entgegenkommend. In der Regel ist es besser, sich mehr förmlich als zu ungezwungen zu benehmen.

5. Unterbrechen Sie keine Zeremonie und keinen rituellen Tanz durch Fragen oder Erklärungen. Auch wenn eine Veranstaltung nicht ausgesprochen religiös ist (z. B. ein *powwow*), hat sie doch eine spirituelle Bedeutung. Zeigen Sie gegenüber einer indianischen Zeremonie die gleiche Ehrerbietung, die Sie auch gegenüber anderen Gottesdiensten an den Tag legen würden. Halten Sie sich bei allen Ereignissen dieser Art möglichst im Hintergrund. Sprechen Sie nicht laut; versuchen Sie nicht, sich in die erste Reihe zu drängen; nehmen Sie niemandem die Sicht, und besetzen Sie keinen Stuhl, der Ihnen nicht zusteht.

6. Tragen Sie in den Reservaten normale, aber ordentliche Freizeitkleidung. Die indianische Bevölkerung ist eher konservativ, was die Kleidung angeht. Kleiden Sie sich bequem, aber den zeremoniellen Anlässen angemessen. Shorts, freie Oberteile oder sonstige knappe Bekleidungsstücke sind unangemessen, selbst wenn es sehr heiß ist.

7. Denken Sie daran, daß die indianische Bevölkerung ein weniger ausgeprägtes Zeitempfinden besitzt als Angehörige anderer Kulturen. Oft genug hört man Witze über die „Indianer-Zeit". Wundern Sie sich nicht über den verspäteten Beginn von Zeremonien, *powwows* usw.

ZEITZONEN

Die USA sind in vier Zeitzonen untergliedert, und zwar von Osten nach Westen in Eastern, Central, Mountain und Pacific Time. Zwischen den Zonen liegt jeweils ein Zeitunterschied von einer Stunde. Wenn es also in New York 15.00 Uhr ist, ist es in Chicago 14.00 Uhr, in Denver 13.00 Uhr und in Los Angeles 12.00 Uhr. In Frühjahr stellen viele Staaten die Uhr um eine Stunde vor, um das Tageslicht besser zu nutzen. Im Herbst wird dann die Uhr wieder zurückgestellt.

Eine Besonderheit gilt es dabei noch zu beachten: Der Staat Arizona stellt seine Uhr nicht vor, dafür aber die Navajoindianer. Daher befindet sich im Frühjahr und Sommer die „Arizona Time" eine Stunde hinter der „Navajo Time".

FEIERTAGE

Während der Feiertage sind alle Behörden, Banken und Postämter geschlossen. Außerdem ist der öffentliche Verkehr vielfach eingeschränkt. Viele Staaten und Stämme haben noch jeweils eigene Feiertage.

1. **Januar:** Neujahr
15. **Januar:** Martin-Luther-King-Tag
12. **Februar:** Lincolns Geburtstag
3. **Montag im Februar:**
   Washingtons Geburtstag
März/April:
   Ostersonntag
Letzter Montag im Mai:
   Heldengedenktag
   (Memorial Day)
4. **Juli:** Unabhängigkeitstag
1. **Montag im September:**
   Tag der Arbeit (Labor Day)
2. **Montag im Oktober:**
   Kolumbus-Tag
11. **November:** Veteranen-Tag
   (Veteran's Day)
4. **Donnerstag im November:**
   Erntedankfest
   (Thanksgiving Day)
25. **Dezember:** 1. Weihnachtstag

NACHRICHTENWESEN

POST

Selbst die abgelegenen Gebiete in den Reservaten werden von der US-Post versorgt. Kleine Postämter haben in der Regel von Montag bis Freitag zwischen 9 und 17 Uhr geöffnet, größere gewöhnlich etwas länger und auch am Samstagmorgen.

Wenn Sie Ihren genauen Aufenthaltsort in einer bestimmten Stadt noch nicht kennen, können Sie sich Ihre postlagernde Sendung an das Hauptpostamt der Stadt über General Delivery schicken lassen. Die Adresse sollte folgendermaßen aussehen:

(Ihr Name)
c/o General Delivery
Main Post Office
(Stadt und Staat)
USA.

Postlagernde Sendungen müssen persönlich abgeholt werden; ein Paß ist also erforderlich.

Für eine Expreß-Zustellung bieten sich folgende Unternehmen an:

US Express Mail

Federal Express
Tel.: 800-238-5355

DHL
Tel.: 800-345-2727

United Parcel Service
Tel.: 800-272-4877

Weitere Unternehmen finden Sie in den Telefonbüchern.

TELEFON

Öffentliche Telefone findet man in Raststätten, Tankstellen, Bars, Motels und Restaurants. Die schnellste Verbindung bekommt man über die **Vermittlung** (*operator* – Rufnummer: 0). Die Information erreicht man unter Tel.: 555-1212 (in einigen Regionen 411). Ortsgespräche (*local calls*) kosten 25¢ und können direkt angewählt werden. Die Gebühren für Ferngespräche (*long distance calls*) richten sich nach Dauer und Entfernung. Kennt man Vorwahl und Teilnehmernummer, kann man selbst wählen. Ist das nicht der Fall, wählt man die Information oder die „0" und verlangt die Auslandsvermittlung (*international operator*).

Nutzen Sie die zahlreichen Möglichkeiten, gebührenfrei zu telefonieren. Auskunft darüber erhält man unter der Nummer 800-555-1212. Ferngespräche führt man günstiger an den Wochenenden und an Werktagen nach 17 Uhr.

In fast alle Reservate bestehen gute Telefonverbindungen. Schwierigkeiten gibt es manchmal in abgelegenen Gebieten. Wollen Sie einen Indianer anrufen, der selbst kein Telefon besitzt, versuchen Sie es über einen Verwandten oder Nachbarn. Die mündliche Übermittlung ist oft die beste, weil einzige Art der Benachrichtigung in diesen einsamen Landstrichen.

TELEGRAMME, FAX

Bei Western Union (Tel.: 800-325-6000) und International Telefon kann man Telegramme und Telexe telefonisch aufgeben. Die Nummer der örtlichen Niederlassungen bekommt man über das Telefonbuch oder die Vermittlung. Fax-Geräte hat heute jedes größere Hotel. Man findet sie aber auch in Kopier- und Schreibwarenläden.

ZEITSCHRIFTEN, MAGAZINE

Etwas über indianische Veranstaltungen oder Feierlichkeiten herauszufinden, kann zu einem mühevollen Unterfangen werden. Viele Stämme geben eigene kleine Informationsbroschüren heraus, aber diese beziehen sich nur auf die örtlichen Ereignisse und sind überregional kaum erhältlich. Informationen über Ereignisse auf regionaler oder nationaler Ebene erhält man über folgende Publikationen:

American Indian Art
7314 E. Osborn Dr.
Scottsdale, AZ 85251
Tel.: 602-994-5445

Arizona Highways
2039 W. Lewis Ave
Phoenix, AZ 85009
Tel.:800-543-5432

Gallup Independent
500 N. Ninth St
Gallup, NM 87305
Tel.: 505-863-6811

Indian Trader
PO Box 1421
Gallup, NM 87305
Tel.: 800-748-1624

Native Peoples
PO Box 36820
Phoenix, AZ 85067-6820
Tel.: 62-277-7852

New Mexico Magazine
1100 Saint Francis Dr.
Joseph Montoya Bldg
Santa Fe, NM 87503
Tel.: 505-827-0220

News of Native California
2054 University Ave #403
Berkeley, CA 94704
Tel.: 415-549-3564

Akwesasne Notes
Mohawk Nation of Akwesasne
Via Rooseveltown, NY 13683

Apache Scout
PO Box 898
Whiteriver, AZ 85941
Tel.: 602-338-4813

Hopi Tribal News
PO Box 123
Kykotsmovi, AZ 86039
Tel.: 602-734-2401

The Lakota Times
1920 Lombardy Dr.
Rapid City, SD 57701
Tel.: 605-341-0011

Navajo Nation Today
PO Box 2466
Window Rock, AZ 86515
Tel.: 602-871-4289

News From Indian Country
Rt. 2, Box 2900-A
Hayward, WI 54843
Tel.: 715-634-5226

Sho-Ban News
PO Box 306
Fort Hall, ID 83203
Tel.: 208-238-3700

Yakima Nation Review
PO Box 151
Toppenish, WA 98948
Tel.: 509-865-5121

FÜR DEN NOTFALL

SICHERHEIT

Im allgemeinen reist man in den Indianergebieten sicher. Allerdings sollte man einige Vorsichtsmaßregeln im Auge behalten.

1. Obwohl in vielen Reservaten striktes Alkoholverbot gilt, ist Trunkenheit immer noch ein großes Problem. Halten Sie sich von allen Veranstaltungen fern, bei denen illegaler Alkohol ausgeschenkt oder allzu ausgiebig getrunken wird. Gleiches gilt für alle Bars in der Nähe der Reservate, in denen es gewöhnlich sehr rauh zugeht. Für eine Reihe von Städten an den Reservatsgrenzen bildet der Alkoholausschank die wichtigste Einkommensquelle.

2. Aus dem gleichen Grund muß man vor betrunkenen Fahrern ständig auf der Hut sein. Wenn Sie jemanden unsicher oder zu schnell fahren sehen – in oder auch außerhalb der Reservate –, halten Sie an und lassen Sie ihn vorbeifahren. Vorsichtig sollte man auch auf kurvenreichen Strecken und Bergstraßen fahren. Die Hauptstraßen sind gewöhnlich in gutem Zustand, doch fehlen unter Umständen Schutzgeländer oder Leitplanken. Auch werden sie nicht immer ordentlich von Schnee und Eis geräumt.

3. Die Rate der Gewaltkriminalität ist in den Reservaten doppelt so hoch wie der nationale Durchschnitt. Entsprechendes gilt für Raub, Einbruch und Diebstahl. Man muß also auf der Hut sein. Noch einmal: Meiden Sie alle Orte, an denen illegal oder ausschweifend getrunken wird! Schließen Sie den Wagen ab, und halten Sie alle Wertsachen unter Aufsicht oder Verschluß. Sind Sie von einem Indianer oder einer anderen Person auf dem Gelände eines Reservates belästigt, beraubt oder überfallen worden, wenden Sie sich bitte sofort an die Stammesbehörden und an die nächstgelegene Polizeistation. Wenn Sie selber nicht zurechtkommen, bitten Sie darum, zur nächsten Behörde gebracht zu werden. Je nach der Art des Verbrechens und den beteiligten Personen wird dies entweder die Stammespolizei, das BIA (Bureau of Indian Affairs), das FBI, die Staatspolizei oder aber der örtliche Sheriff sein.

Viele Reservate haben staatlich unterstützte Krankenhäuser und Kliniken (Indian Health Service). Die Aufnahmebedingungen sind von Stamm zu Stamm verschieden; in der Regel muß man selbst Stammesangehöriger oder dessen Gatte sein, um dort auch über Notfallmaßnahmen hinaus behandelt zu werden. Brauchen Sie in Notfällen medizinische Behandlung, werden Sie ins nächste Hospital gebracht, in oder außerhalb des Reservats.

GERICHTSBARKEIT

Das Oberste Bundesgericht der USA hatte es in jüngster Zeit mehrfach mit Fällen zu tun, in die auch die Stammesgerichtsbarkeit der Reservate verwickelt war. Es gibt keine Generalklausel, nach der entschieden werden könnte, nach welchem Gesetz (Bundes-, Staats-, Kreis- oder Stammesgesetz) ein im Reservat anhängiger Rechtsfall zu beurteilen sei. Jeder Staat hat seine eigenen Richtlinien. Ganz allgemein läßt sich sagen: Bei den Stammesbehörden liegt die Jurisdiktion nur in Fällen von kleinen Delikten, an denen Stammesangehörige beteiligt sind. Kompliziert wird es, wenn Nicht-Indianer oder Nicht-Indianer und Indianer oder auch Indianer verschiedener Stämme beteiligt sind. Die Indianerbehörden bemängeln immer häufiger, daß die zahlreichen Gesetzeslücken dazu beitragen, daß nur ein geringer Teil der Delikte in den Reservaten verfolgt und aufgeklärt wird und demzufolge auch die Kriminalitätsrate so erschreckend hoch bleibt.

Um sicher zu gehen, empfiehlt das BIA, die staatliche Indianerbehörde über den Besuch eines Reservates zu informieren. In vielen Fällen können auch die regionalen BIA-Niederlassungen direkt weiterhelfen. Zwei Dinge gilt es aber unbedingt zu beachten:

1. Wer im Reservat die Verkehrsregeln verletzt, wird dem nächsten Gericht außerhalb des Reservats zugeführt.

2. Im Reservat sind alle Stammesgesetze und -vorschriften strikt zu befolgen; den Anweisungen der Stammesbehörden muß man Folge leisten.

ALKOHOLVORSCHRIFTEN

Viele Stämme verbieten den Besitz, den Konsum und den Vertrieb von Alkohol auf ihrem Gebiet. Ebenso ist Alkohol bei den meisten ihrer Festlichkeiten verboten. Es ist unbedingt notwendig, diese Vorschriften zu beachten, auch wenn sich einige Stammesangehörige selbst nicht darum zu scheren scheinen. Wo Alkohol erlaubt ist, muß man wenigstens 21 Jahre alt sein, um ihn kaufen oder trinken zu dürfen.

UNTERKUNFT

STAMMESEIGENE QUARTIERE

Zusätzlich zu Campingplätzen und anderen Übernachtungsmöglichkeiten offerieren viele Stämme eigene Unterkünfte. Sie reichen von einfachen Motels bis zu Luxusquartieren mit einer Vielzahl an Erholungsangeboten. Die folgenden sind selbstverwaltet.

APACHEN

Best Western Jicarilla Inn
US 64 and Jicarilla Blvd
Dulce, NM 87528
Tel.: 505-759-3663
Schönes Motel mit Restaurant und Souvenir-Shop. Wird von Jicarilla-Apachen betrieben.
Übernachtung: $45 EZ, $55 DZ.

Inn of the Mountain Gods
PO Box 269
Mescalero, NM 88340
Tel.: 800-545-9011
Eine Luxus-Lodge mit 250 Räumen, die von den Mescalero-Apachen verwaltet wird. An einem herrlichen Gebirgssee in den Sacramento Mountains gelegen. Gutes Restaurant, Tagungszentrum, Golf, Segeln, Tontaubenschießen. Zugang zum Apachen-Skigebiet und zum White Sands National Monument.
Übernachtung: $110 EZ/DZ, $120 Suite.

White Mountain Apache Motel
PO Box 1149
White River, AZ 85941
Tel.: 602-338-4927
Einfache, aber bequeme Unterkunft mit 20 Betten und Restaurant.
Übernachtung: $30 EZ/DZ.

CHICKASAW

Chickasaw Motor Inn
West First and Muscogee
Sulphur, OK 73086
Tel.: 405-622-2156
Einfaches, aber bequemes Motel mit Restaurant und Swimmingpool.
Übernachtung: $34 EZ, $39 DZ.

CHIPPEWA

Grand Portage Lodge
PO Box 248
Grand Portage, MN 55605
Tel.: 218-475-2401
Luxus-Lodge am Lake Superior, Eigentum des Stammes der Grand Portage Chippewa. 100 Zimmer, Konferenzräume, Restaurant, Swimmingpool, Wanderwege, Ski-Wege, Segelboote. Zugang zum Isle-Royale-Nationalpark und zum Quetico-Provincial-Park.
Übernachtung: $69 - 65 EZ.

HAVASUPAI

Havasupai Lodge
General Delivery
Supai, AZ 86435
Tel.: 602-448-2111
Einfache Unterbringung, am Fuß des Havasupai Canyon, einem Nebenarm des Grand Canyon. Ein herrliches Anwesen, acht Meilen von der nächsten Straße.
Übernachtung: $45 EZ, $50 DZ.

HOPI

Hopi Cultural Center Motel
PO Box 67
Second Mesa, AZ 36039
Tel.: 602-734-2401
Motel mit 33 Einheiten, im Zentrum des Hopi-Reservats. Laden mit Kunsthandwerk, Restaurant. In der Nähe des Stammesmuseums.
Übernachtung: $52 EZ, $58 DZ.

NAVAJO

Kayenta Holiday Inn
PO Box 307
Kayenta, AZ 86033
Tel.: 602-697-3221
Komfortables Hotel mit 160 Zimmern, in der Nähe des Monument Valley und des Navajo National Monument.
Übernachtung: $90 EZ, $100 DZ.

Navajo Nation Motor Inn
PO Box 1687
Window Rock, AZ 86515
Tel.: 602-871-4108
56-Zimmer-Motel mit Restaurant, im Verwaltungszentrum der Navajo-Nation. In der Nähe des Canyon de Chelly.
Übernachtung: $55 EZ, $60 DZ.

Tuba Motel
PO Box 247
Tuba City, AZ 86045
Tel.: 602-283-4545
80 Zimmer-Motel mit Restaurant. Angemessene Preise, einfache Unterbringung. Lake Powell, Grand Canyon und Painted Desert sind mit dem Auto gut zu erreichen.
Übernachtung: $45 EZ $55 DZ.

UTE

Bottle Hollow Inn
PO Box 190
Fort Duchesne, UT 84026
Tel.: 801-722-3941
Einfaches Motel im Reservat der Uintah und Ouray. 18 Einheiten, Restaurant, Swimmingpool, Tennis. In der Nähe des Dinosaur National Monument.
Übernachtung: $21 EZ; $25 DZ.

Sky Ute Lodge
PO Box 550
Ignacio, CO 81137
Tel.: 303-563-4531
36-Zimmer-Lodge im Südlichen Ute-Reservat. Restaurant, Swimmingpool und Schwimmhalle. In der Nähe des Mesa-Verde-Nationalparks.
Übernachtung: $35 EZ, $42 DZ.

WARM SPRINGS

Kah Nee Ta Vacation Resort
PO Box K
Warm Springs, OR 97761
Tel.: 503-553-1112
Luxus-Lodge mit 300 Zimmern, die dem Stamm der Warm Springs gehört. Daneben Unterbringung in Cottages und Tipis. Zwei Swimmingpools (einer aus den warmen Quellen gespeist), zwei Golfplätze, Tennisplätze, Reiten, Fahrradverleih.
Übernachtung: $80-90 EZ, $150 Suite, $75 Cottage.

YAVAPAI-APACHEN

Cliff Castle Lodge
Highway 17 & Middle Verde Rd
Camp Verde, AZ 86322
Tel.: 602-567-6611
Gut geführte, komfortable Lodge. Restaurant, Swimmingpool und Volleyballplätze. Verbindung nach Sedona, zum Oak Creek Canyon, Montezuma's Castle und Walnut Canyon.
Übernachtung: $61 EZ, 63 DZ.

ERKUNDUNGEN

EINKAUFSTIPS

Indianische Kunst und kunsthandwerkliche Produkte können an zahlreichen Verkaufsständen erworben werden. Es lohnt sich aber, sie auch direkt vom Hersteller zu beziehen. Man kann zusehen, wie die Artikel hergestellt werden, und kauft zudem noch günstiger ein. Die indianischen Künstler und Handwerker erwarten, daß man feilscht, also tun Sie sich keinen Zwang an. Über's Ohr wird man dabei sowieso niemanden hauen können, denn die Hersteller wissen genau, was ihre Ware wert ist. In der Regel verkaufen die Künstler ihre Werke bei *powwows,* Kunstausstellungen, Flohmärkten und großen Festen oder bei den Wochenmärkten auf der Haupt-Plaza von Santa Fe und der Altstadt-Plaza von Albuquerque. Einige Künstler arbeiten unter freiem Himmel und freuen sich über jeden Besucher. Halten Sie nach Hinweisschildern Ausschau, oder fragen Sie bei einem Kulturzentrum bzw. den Stammesbehörden nach.

Die zweitbeste Gelegenheit, indianische Produkte zu erstehen, bilden die Handelsstationen. Die herkömmlichen Handelsstationen sind zwar im Aussterben begriffen, doch gibt es noch immer einige florierende Unternehmen, vor allem im Südwesten. Viele Händler arbeiten mit der indianischen Bevölkerung schon sehr lange zusammen. Sie können einem viel über Kultur und Geschichte des örtlichen Stammes erzählen. In der Regel sind sie auch über die indianischen Handwerker und Künstler in der näheren Umgebung gut unterrichtet. Wenn Sie jemanden oder etwas bestimmtes suchen, sind Sie bei ihnen an der richtigen Adresse.

Darüber hinaus sind sie auch preisgünstiger als andere Geschäfte. Man kann es zwar auch bei ihnen mit Feilschen versuchen, doch auch sie wissen genau, was ihre Ware wert ist. Unter eine bestimmte Grenze werden Sie sie nicht drücken können.

Durchstreifen Sie gerne Secondhandläden, dann versuchen Sie es doch einmal bei einem Pfandleiher. Grundsätzlich gilt, daß Pfandleiher nur Ware als Sicherheit für einen Kredit annehmen. Wird dieser Kredit nicht zurückgezahlt, kommt die Ware in den Verkauf. Häufig machen diese Pfandhäuser einen etwas schäbigen Eindruck. Man selbst wird auch das Gefühl nicht los, aus dem Unglück anderer Leute noch einen persönlichen Vorteil zu ziehen, besonders an den Reservatsgrenzen, wo der Alkoholismus ein großes Problem darstellt. Zudem ist nicht gesagt, daß man beim Pfandleiher immer nur gute Geschäfte macht. Man muß schon genau wissen, was man will.

Natürlich gibt es auch reguläre Geschäfte, die Kunst und kunsthandwerkliche Erzeugnisse verkaufen, sowie spezielle Kunstgalerien. Die meisten findet man in den großen indianischen Kunstzentren wie Santa Fe, Taos und Gallup in New Mexico, Sedona, Flagstaff und Phoenix in Arizona, Jackson in Wyoming, Vancouver in British Columbia sowie Anadarko und Oklahoma City in Oklahoma. Qualität und Preise sind von Geschäft zu Geschäft recht unterschiedlich, aber wenn man sich in Ruhe umsieht, findet man bestimmt etwas für jeden Geschmack und Geldbeutel. In Santa Fe, Sedona oder Jackson hat man eine wirklich erstaunliche Auswahl. Wer darauf aus ist, kann hier Tage damit verbringen, einen Laden nach dem anderen zu durchstöbern. Vergessen Sie nicht, nach Preisnachlässen zu fragen. Obwohl es einige wirklich preisgünstige Läden gibt, kann man doch im allgemeinen mit Preisabschlägen zwischen 10 und 60 Prozent rechnen.

Viele Indianer sind heute heute selbst Besitzer von Geschäften und Galerien. Eine entsprechende Adressenliste verlegt das **Indian Arts and Crafts Board**. Ein kostenloses Exemplar bekommt man über das

US Bureau of Indian Affairs
1849 C St NW, Mail Stop 400
Washington, DC 20240
Tel.: 202-208-3773.

ECHTHEIT

Leider hat die starke Nachfrage nach indianischen Erzeugnissen auch die Produktion von Imitationen angeregt. Manchmal werden Massenprodukte als handgefertigte Stücke ausgegeben. Es kommt aber auch vor, daß Nicht-Indianer ihre Erzeugnisse als echte indianische Artikel verkaufen.

Das Indian Art and Crafts Board empfiehlt bei größeren Einkäufen folgende Vorsichtsmaßnahmen:

1. Kaufen Sie nur bei jemandem, der ein etabliertes Geschäft besitzt.
2. Verlangen Sie immer eine Rechnung, auf der die Gegenstände beschrieben und möglichst auch die Namen der Hersteller aufgeführt sind.

Nehmen Sie sich besonders in acht, wenn Ihnen ein antiker Kunst- oder Kultgegenstand (Masken, Gebetsstöcke, Keramik) angeboten wird. Die Grabräuberei ist ein Problem, vor allem im Südwesten. Beachten Sie unbedingt, daß das Ausgraben oder das Entfernen von Kunstgegenständen sowohl auf Bundes- als auch auf Staats- oder Stammesgelände gesetzlich verboten ist. Schon zu viele Zeugnisse der indianische Kultur sind auf dem Schwarzmarkt verschwunden.

QUALITÄT

Die Qualität des indianischen Kunsthandwerks unterscheidet sich von Künstler zu Künstler und von Stück zu Stück. Natürlich hängt der Preis in erster Linie von der Qualität des Materials, seiner Verarbeitung und dem künstlerischen Design ab. Da aber Schönheit bekanntlich vom Auge des Betrachters abhängt – oft sind es ja gerade die kleinen Fehler, die den Blick so anziehen –, sollte man bei der Bewertung eines Kunst- oder kunsthandwerklichen Gegenstandes zumindest einige Dinge beachten:

Schmuck. Gewöhnlich wird der indianische Schmuck aus Silber und Halbedelsteinen gefertigt. Vergewissern Sie sich, um welche Sorte Silber es sich jeweils handelt. Ist es Feinsilber, sollte es gestempelt sein. Neusilber, eine billigere Legierung, wird ebenfalls häufig verwendet. Außerdem sollte man sich genau über die verwendeten Steine informieren lassen. Bei Türkisen ist besondere Vorsicht geboten. Es gibt zahlreiche täuschend ähnliche Imitationen (gewöhnlich aus Kunststoff). Schmuck sollte immer einen klaren und vollendeten Eindruck machen. Untersuchen Sie jedes Stück nach Feilspuren, nachlässigen Lötungen und anderen Unregelmäßigkeiten. Prüfen Sie die Steine auf Sprünge, Kratzer, Farbfehler, und vergewissern Sie sich, daß die Fassungen auch stabil genug gearbeitet sind. Das letzte Urteil sollte dem Design gelten: Handelt es sich um ein Einzelstück? Gehört es zu einer limitierten Auflage? Oder ist es eine Reproduktion?

Keramik. Traditionelle indianische Keramik wird von Hand hergestellt, ohne Töpferscheibe, mit Naturfarben bemalt und auf offenem Feuer gebrannt. Zuallererst gilt also festzustellen, ob es sich um Handarbeit oder um ein Maschinenprodukt handelt. Weil die Preise für handgefertigte Keramik sehr hoch sind, ist die Massenware immer beliebter geworden. Oft wird sie nach traditionellem Muster handkoloriert und bietet einem u. U. wirklich schöne Stücke – sofern man weiß, was man da wirklich gekauft hat. Die meisten indianischen Händler machen auf den Unterschied zwischen den handgearbeiteten Stücken und den Manufakturerzeugnissen aufmerksam. In den Souvenirläden hat man meistens weniger Skrupel. Die Manufaktur-Keramik ist gewöhnlich heller im Ton und leichter; zudem ist sie gleichmäßiger in Form und Größe. Sind Sie auf der Suche nach Handarbeit, achten Sie auf graziöse, symmetrische Formen, dünne Wände und fein ausgeführte Dekorationen. Achten Sie wie bei allen kunsthandwerklichen Erzeugnissen auf Unregelmäßigkeiten: Sprünge, Farbfehler, Beulen oder Kratzer im Ton, auf ungleichmäßige oder schiefe Dekorationen. Denken Sie daran, daß Feuerspuren, die sich in Rußflecken niederschlagen, manchmal gewünscht werden, obwohl viele Hersteller sie als problematisch ansehen. Sicher ist auch interessant zu wissen, wie das Gefäß angefertigt wurde. Wurde heimischer Ton verwendet? Handelt es sich um Naturfarben oder um chemische Produkte? Wurden sie mit einem herkömmlichen oder mit einem kommerziellen Pinsel aufgetragen? Wurde das Gefäß über offenem Feuer gebrannt oder in einem Brennofen? Wichtig wäre auch, ob es von dem gleichen Künstler bemalt wurde, der es auch getöpfert hat. In manchen Pueblos ist es zum Beispiel üblich, daß die Frauen töpfern und sich die Männer ausschließlich um die Bemalung kümmern.

Korbwaren. Schöne, handgearbeitete Körbe sind heute rar geworden, auch wenn immer noch einige Indianerstämme ausgezeichnete Arbeiten nach herkömmlichem Muster herstellen. Vergewissern Sie sich zunächst, ob es sich auch wirklich um einen indianischen Korb handelt, den sie kaufen wollen. Importe aus Afrika, Asien und Lateinamerika tauchen inzwischen auch im Südwesten auf und finden sich sogar in den indianischen Geschäften, ohne daß auf ihre Herkunft ausdrücklich hingewiesen würde. (Selbst Indianer kaufen diese Körbe und verwenden sie u. a. sogar für zeremonielle Zwecke.) Es gibt grundsätzlich zwei Korbtypen: gewickelt oder geflochten. Achten Sie in beiden Fällen auf eine dichte, gleichmäßige und robuste Struktur, auf eine ansprechende Form und ein einfaches und klares Design. Die Dichte des Geflechts prüft man, indem man den Korb gegen das Licht hält. Man sollte auch den Ausgangspunkt der Flechtarbeit in Augenschein nehmen. Die erste Wicklung sollte nicht hervorstehen oder lose sein.

Weberei. Auch hier sollten Sie unbedingt darauf achten, daß Sie wirklich indianische Ware kaufen. Die Nachfrage nach Navajo-Textilien hat nämlich einen ganzen Industriezweig für Imitationen entstehen lassen. Die meisten kommen aus Mexiko. Verwechseln Sie auch nicht die Navajo-Stoffe mit den hispanischen Stoffen aus dem nördlichen New Mexico (vor allem aus Chimayo). Einige der noch nach herkömmlichen Methoden arbeitenden Navajo-Webern besorgen das Waschen, Krempeln, Färben (mit biologischen Farbstoffen) und Spinnen noch selbst, doch die meisten kaufen inzwischen industrielle Wolle. Die Teppiche oder Decken sollten eine glatte Textur aufweisen, und die Ecken sollten sich nicht kräuseln. Sie sollten zudem glatte Ränder haben, so daß sich alle Ecken decken, wenn sie gefaltet werden. Einige Weber verwenden zusätzlich Baumwolle oder künstliche Fäden. Wichtig wäre auch zu wissen, ob die Farben biologisch oder industriell oder beides sind. Industriefarben liefern hellere, gesättigtere Farben; die Naturfarben gelten als feiner und reicher und werden per Hand hergestellt.

Kachina-Schnitzereien. Zwar werden sie in der Regel mit den Hopis in Verbindung gebracht, doch verstehen sich auch die Zunis und andere Puebloindianer sowie die Navajos auf ihre Herstellung. Die wertvollsten Kachina-Puppen werden aus einer einzigen Pappelwurzel herausgeschnitzt. Die weniger wertvollen Stücke haben gesonderte Arme und Beine und möglicherweise auch Federn und anderen Schmuck. Die angesehenen Händler sagen Ihnen, ob ihre Puppen auch wirklich von den Hopi stammen. Viele Menschen haben den Eindruck, daß die Navajo-Kachinas weniger authentisch wirken und daher weniger wert seien. Doch angesichts der hohen Preise einer Hopi-Arbeit (eine gute Kachina-Puppe kostet wenigstens $300) sind die Navajo-Puppen eine vernünftige Alternative. Lassen Sie Ihre Augen, Ihren Verstand und Ihre Brieftasche entscheiden.

Perlenstickereien. Das Merkmal einer feinen Arbeit sind die gleichmäßig dichten Stiche. Achten Sie auf die „faulen Stiche", bei denen mehrere Perlen auf einen Stich kommen. Je kleiner die Perlen und je komplizierter das Muster, desto mehr wird man bezahlen müssen. Achten Sie ebenso auf billige maschinelle Imitationen. Vergewissern Sie sich, daß es keine ausgefransten Ränder oder losen Ecken gibt. Beginnt sich die Stickerei einmal zu räufeln, ist sie kaum noch zu reparieren.

KUNSTMESSEN, AUSSTELLUNGEN

American Indian Intertribal Arts and Crafts Show
1713 W. Buchanan
PO Box 504
Phoenix, AZ 85007
Tel.: 602-253-1594
Die Ausstellung wird mehrmals in Jahr veranstaltet, und zwar auf der Civic Plaza in Phoenix, AZ.

Native American Arts and Crafts Market
Native American Tourism Center
4130 N. Goldwater Blvd
Scottsdale, AZ 85251
Tel.: 602-945-0771
Der Kunst- und Handwerksmarkt wird jedes erste Wochenende in den Monaten November bis April veranstaltet.

Navajo Rug Auctions
Crownpoint Rug Weavers Association
PO Box 1630
Crownpoint, NM 87313
Tel.: 505-786-5302
Die Auktionen finden mehrmals im Jahr statt.

MÄRZ

Heard Museum Indian Fair and Market
22 E. Monte Vista Rd
Phoenix, AZ 85004
Tel.: 602-252-8848

Speelyi Mi Indian Arts and Crafts Fair
Highway 97
1 Toppenish, WA 98948
Tel.: 509-865-2800

APRIL

Native American Art Fair
Suquamish Tribal Council
PO Box 498
Suquamish, WA 98392
Tel.: 206-598-3311

MAI

Eight Northern Indian Pueblos Artist and Craftsman Show
PO Box 969
San Juan Pueblo, NM 87566
Tel.: 505-852-4265

Museum of Northern Arizona Zuni Exhibition
Ft Valley Rd
Rt. 4, Box 720
Flagstaff, AZ 86001
Tel.: 602-774-5211

JUNI/JULI

Museum of Northern Arizona Hopi and Navajo Shows
Ft Valley Rd
Rt. 4, Box 720
Flagstaff, AZ 86001
Tel.: 602-774-5211

AUGUST

Intertribal Indian Ceremonial
Red Rock State Park
PO Box 328
Church Rock, NM 87311
Tel.: 505-722-3839

Santa Fe Indian Market
Santa Fe Chamber of Commerce
PO Box 1928
Santa Fe, NM 87504
Tel.: 505-983-7317

SEPTEMBER

New Mexico State Fair
State Fairgrounds
1900 San Pedro SE
Albuquerque, NM 87108
Tel.: 505-265-1791

OKTOBER

Arizona State Fair State
Fairgrounds
19th & McDowell Rd
PO Box 6728 Phoenix, AZ 85005
Tel.: 602-252-6771

MUSEEN, KUNSTHANDLUNGEN

GREAT PLAINS

Cheyenne Arts and Crafts Shop
Northern Cheyenne Tribe
PO Box 128
Lame Deer, MT 59043
Tel.: 406-477-8283

H.V. Johnston Cultural Center
Cheyenne River Sioux Tribe
PO Box 590
Eagle Butte, SD 57625
Tel.: 605-964-2542

Three Affiliated Tribes Museum
PO Box 220
New Town, ND 58763
Tel.: 701-627-4781

NORDWESTEN

Clothes Horse Trading Post
PO Box 848
Fort Hall, ID 83203
Tel.: 208-237-8433

Colville Cultural Museum
PO Box 233
Coulee Dam. WA 99116
Tel.: 509-633-0751

Kwagiulth Museum and Cultural Center
PO Box 8
Quathiaski Cove, British Columbia VOP 1 NO
Tel.: 604-285-3733

Makah Cultural Center and Museum
Highway 112
I PO Box 95
Neah Bay, WA 98357
Tel.: 206-645-2711

Suquamish Museum
PO Box 498
Suquamish, WA 98392
Tel.: 206-598-3311

U'Mista Cultural Centre
PO Box 253
Alert Bay, British Columbia VON 1A0
Tel.: 604-974-5403

Yakima Nation Museum
PO Box 151
Toppenish, WA 98948
Tel.: 509-865-2800

SÜDWESTEN

Apache Culture Center
PO Box 507
Fort Apache, AZ 85926
Tel.: 602-338-4625

Bien Mur Indian Market Center
PO Box 91148
Sandia Pueblo, NM 87199
Tel.: 505-821-5400

Gila River Arts and Crafts Center
PO Box 457
Sacaton, AZ 85247
Tel.: 602-562-3411

Hopi Museum and Cultural Center
PO Box 67
Second Mesa, AZ 86043
Tel.: 602-734-2401

Indian Pueblo Cultural Center
2401 12th St NW
Albuquerque, NM 87102
Tel.: 505-843-7270

Jicarilla Arts and Crafts Shop/Museum
PO Box 507
Dulce. NM 87528
Tel.: 505-759-3242

Mescalero Apache Cultural Center
PO Box 176
Mescalero, NM 88340
Tel.: 505-671-4495

Navajo Tribal Museum/Arts and Crafts Enterprise
Postal Drawer A
Window Rock. AZ 86515
Tel.: 602-871-1090

O'ke Oweenge Crafts Cooperative
PO Box 1095
San Juan Pueblo, NM 87566
Tel.: 505-852-2372

San Ildefonso Pueblo Museum
Governor's Office
Rt. 5. Box 3 1 5-A
Santa Fe, NM 87501
Tel.: 505-455-3549 oder 455-2273

Southern Ute Arts and Crafts
PO Box 550
Ignacio, CO 81137
Tel.: 303-563-9466

Tigua Indian Reservation Cultural Center
122 S. Old Pueblo
El Paso, TX 79917
Tel.: 915-859-3916

Zuni Craftsmen Cooperative Association
PO Box 426
Zuni, NM 87327
Tel.: 505-782-4425

NORDOSTEN

Akwesasne Museum
Rt. 37
Hooansburg, NY 13655
Tel. 518-358-2461

American Indian Community House Gallery
708 Broadway
New York, NY 10003
Tel.: 212-598-0100

Lake of the Woods Ojibwa Cultural Center
PO Box 1720
Kenora. Ontario P9N 3X7
Tel.: 807-548-5744

Museum of the Woodland Indian
184 Mohawk St
P.O Box 1506
Brantford, Ontario N3T 5V6
Tel.: 519-759-2650

Oneida Nation Museum
PO Box 365
Oneida. WI 54155
Tel.: 414-869-2768

The Turtle: Native American Center of the Living Arts
25 Rainbow Mall
Niagara Falls, NY 14801
Tel.: 716-284-2427

SÜDOSTEN

Choctaw Museum of the Southern Indian
PO Box 6010
Philadelphia, MS 39350
Tel.: 601-656-5251 (Linie 317)

Miccosukee Cultural Center and Museum
PO Box 440021
Tamiami Trail
Miami, FL 33144
Tel.: 305-223-8380

Museum of the Cherokee Indian
US Highway 441 N.
PO Box 1599
Cherokee, NC 28719
Tel.: 704- 497-3481

Seminole Arts and Crafts Center
5847 Rt.7
Ft. Lauderdale, FL 33314
Tel.: 305-321-9655

OKLAHOMA

Cherokee Heritage Center and National Museum
PO Box 515
Tahlequah, OK 74465
Tel.: 918- 456-6007

Creek Council House Museum
106 W. 6th St
Okmulgee, OK 74447
Tel.: 918-756-2324

Five Civilized Tribes Museum
Agency Hill. Honor Heights Dr.
Muskogee, OK 74401
Tel.: 918-683-1701

Oklahoma Indian Arts and Crafts Cooperative
PO Box 966
Anadarko, OK 73005
Tel.: 405-247-3486

Osage Tribal Museum
c/o Tribal Agency Pawhuska, OK 74056
Tel.: 918-287-2495

Seminole Nation Museum
PO Box 1532
Wewoka, OK 74884
Tel.: 405-257-5580

KALIFORNIEN

Colorado River Indian Tribes Museum
Rt. 1, Box 23-B
Second and Mojave St
Parker, AZ
Tel.: 602-669-9211

Hupa Tribal Museum
PO Box 1348
Hoopa, CA 95546
Tel.: 916-625- 4110 oder 916-625- 4211

Malki Museum
11-795 Fields Rd
Banning, CA 92220
Tel.: 714-849-7289

Sacramento Indian Center
Arts and Crafts Store
261 2 K St
Sacramento, CA 95816
Tel.: 916- 442-0593

Sierra Mono Museum
PO Box 275
North Fork. CA 93643
Tel.: 209-877-2115

BEDEUTENDE SAMMLUNGEN

GREAT PLAINS

Buffalo Bill Historical Center Plains Indian Museum
PO Box 1000
Cody, WY 82414
Tel.: 307-587- 4771

Denver Art Museum
100 W. 14th Ave Parkway
Denver, CO 80204
Tel.: 303-575-2793

Denver Museum of Natural History
2001 Colorado Blvd
Denver, CO 80205
Tel.: 303-322-7009

Glenbow Museum
130 9th Ave SE
Calgary, Alberta T2G 0P3
Tel.: 403-264-8300

Museum of the Plains Indians
Highways 2 & 89
PO Box 400
Browning, MT 59417
Tel.: 406-338-2230

Sioux Indian Museum
515 West Blvd.
PO Box 1504
Rapid City, SD 57709
Tel.: 605-348-0557

W.H. Over State Museum
University of South Dakota
PO Box 414
Vermillion, SD 57069
Tel.: 605-677-5228

NORDWESTEN

Burke Museum
University of Washington
Mail Stop DB-10
17thAve NE&NE 45th St
Seattle, WA 98195
Tel.: 206-543-5590

Daybreak Star Arts Center
Discovery Park
PO Box 99100
Seattle, WA 98199
Tel.: 06-285-4425

Museum of Anthropology
University of British Columbia
6393 NW Marine Dr.
Vancouver, British Columbia V6T 1Z2
Tel.: 604-228-5087

Museum of Native American Cultures
200 Cataldo
Spokane, WA 99202
Tel.: 509-326- 4550

Portland Art Museum
1219 SW Park Ave
Portland, OR 97205
Tel.: 503-226-2811

Royal British Columbia Museum
675 Belleville St
Victoria, BC V8V IX4
Tel.: 604-387-3701

SÜDWESTEN

Arizona State Museum
University of Arizona
Park Ave and University Blvd.
Tucson, AZ 85721
Tel.: 602-621-6302

Heard Museum
22 E. Monte Vista Rd
Phoenix, AZ 85004
Tel.: 602-252-8848

Institute of American Indian Arts Museum
1369 Cerrillos Rd
Santa Fe, NM 87501
Tel.: 505-988-6281

Maxwell Museum of Anthropology
University of New Mexico
Albuquerque, NM 87131-1201
Tel.: 505-277-4404

Red Rock Museum
Red Rock State Park
PO Box 328
Church Rock, NM 87311
Tel.: 505-722-3839

Museum of Indian Arts and Culture
710 Camino Lejo
Santa Fe, NM 87501
Tel.: 505-827-6344

Museum of New Mexico
113 Lincoln Ave
Santa Fe, NM 87501
Tel.: 505-827-6451

Museum of Northern Arizona
Ft Valley Rd
Rt. 4, Box 720
Flagstaff. AZ 86001
Tel.: 602-774-5211

Wheelwright Museum
704 Camino Lejo
Santa Fe, NM 87501
Tel.: 505-982-4636

NORDOSTEN

American Museum of Natural History
Central Park W. at 79th St
New York, NY 10024
Tel.: 212-769-5000

Brooklyn Museum
200 Eastern Parkway
Brooklyn, NY 11238
Tel.: 718-638-5000

Canadian Museum of Civilization
100 Laurier St
PO Box 3100 Station B
Hull, Quebec J8X 4H2
Tel.: 819-776-7000

Field Museum
1200 S. Lakeshore Dr.
Chicago, IL 60605
Tel.: 312-922-9410

Iroquois Indian Museum
N. Main St
PO Box 158
Schoharie, NY 12157
Tel.: 518-295-8553

McCord Museum
690 Sherbrooke
Montreal, Quebec H4C lB
Tel.: 514-398-7100

McMichael Museum
10365 Islington Ave
Kleinburg, Ontario LOJ lCL
Tel.: 416-893-1121

National Museum of theAmerican Indian
3753 Broadway
New York, NY 10032
Tel.: 212-283-2420
Dieses Museum soll nach 1992 einen anderen
Standort in Washington, DC, erhalten.

New Jersey State Museum
205 W. State St
Trenton, NJ 08625-0530
Tel.: 609-292-6308

Newark Museum
49 Washington St
Newark, NJ 07101
Tel.: 201-596-6550

Peabody Museum of Archaeology
Harvard University
11 Divinity Ave
Cambridge, MA 02138
Tel.: 617-495-2248

Royal Ontario Museum
100 Queens Park
Toronto, Ontario M5S 2C6
Tel.: 416-586-5549

Smithsonian Institution
National Museum of Natural History
10th St and Constitution Ave NW
Washington, DC 20560
Tel.: 202-357-2700

University Museum
University of Pennsylvania
33rd & Spruce St
Philadelphia, PA 19104
Tel.: 215-898-4000

SÜDOSTEN

Museum of Science
3280 S. Miami Ave
Miami, FL 33129
Tel.: 305-854-4247

OKLAHOMA

Bacone College Museum
Bacone College
99 Bacone Rd
Muskogee, OK 74403-1597
Tel.: 918-683-4581

Fort Sill Museum
437 Kwanah Rd
Fort Sill, OK 73503
Tel.: 405-351-5123

Museum of Art
University of Oklahoma 410 W. Boyd St
Norman, OK 73019
Tel.: 405-325-3272

Southern Plains Indian Museum and Crafts Center
PO Box 749
Anadarko, OK 73005
Tel.: 405-247-6221

KALIFORNIEN

Kearn County Museum
3801 Chester Ave
Bakersfield, CA 93301
Tel.: 805-861-2132

Lowie Museum of Anthropology
University of California, Berkeley
103 Kroeber Hall
Berkeley, CA 94720
Tel.: 415-642-3681

Museum of Man
1350 El Prado
Balboa Park
San Diego, CA 90041
Tel.: 619-239-2001

Southwest Museum
234 Museum Dr.
Highland Park
Los Angeles, Ca 90041
Tel.: 213-221-2163

State Indian Museum
2618 K St
Sacramento, CA 95816
Tel.: 916-324-0971

PARKS, MONUMENTE

GREAT PLAINS

Alibates National Monument
Sanford, TX

Badlands National Park
PO Box 6
Interior, SD 57750
Tel.: 605-433-5361

Black Hills National Forest
803 Soo San Rd
Rapid City, SD 57702
Tel.: 605-343-1567

Chief Plenty Coups State Monument
Pryor, MT

Custer Battlefield National Monument
PO Box 39
Crow Agency, MT 59022
Tel.: 406-638-2621

Devil's Tower National Monument
PO Box 8
Devil's Tower, WY 82714
Tel.: 307-467-5370

Glacier National Park
West Glacier, MT 59936
Tel.: 406-888-5441

Great Sand Dunes National Monument
11500 Highway 150
Mosca, CO 81146
Tel.: 719-378-2312

Madison Buffalo Jump State Park
Logan, MT

Rosebud Battlefield State Monument
Kirby, MT

Sitting Bull State Historic Site
Fort Yates, ND

Wind Cave National Park
Rt. Box 190-WCNT
Hot Springs, SD 57747
Tel.: 605-745- 4600

Yellowstone National Park
PO Box 168
Yellowstone National Park, WY 82190
Tel.: 307-344-7381

NORDWESTEN

Mount Rainier National Park
Tahoma Wood Star Rt.
Ashford, WA 98304

National Bison Range
132 Bison Range Rd
Moiese, MT 59824
Tel.: 406-644-2211

Nez Perce National Historic Park
PO Box 93
Spalding, ID 83551
Tel.: 208-843-2261

Olympic National Park
600 E. Park Ave
Port Angeles, WA 98362
Tel.: 206- 452-4501

SÜDWESTEN

Aztec Ruins National Monument
PO Box 640
Aztec, NM 87410
Tel.: 505-334-6174

Bandelier National Monument
HCR1, Box 1
Suite 15
Los Alamos, NM 87544-9701
Tel.: 505-672-3861

Canyon de Chelly National Monument
PO Box 588
Chinle, Az 86503
Tel.: 602-674-5436

Casa Grande National Monument
110 Ruins Dr.
Coolidge, AZ 85228
Tel.: 602-723-3172

Chaco Culture National Historical Park
SR 4, Box 588
Bloomfield, NM
Tel.: 505-786-5384

Chiricahua National Monument
Dos Cabezas Rt. Box 6500
Willcox, AZ 85643
Tel.: 602-824-3460

Coronado State Monument
PO Box 95
Bernalillo, NM 87004
Tel.: 505-867-5351

Danger Cave State Park
Wendover, UT

El Morro National Monument
Highway 53
Rt. 2, Box 43
Ramah, NM 87321
Tel.: 505-783-4226

Gila Cliff Dwelling National Monument
Rt. 11. Box 100
Silver City, NM 88061
Tel.: 505-536-9461

Glen Canyon National Recreation Area
PO Box 1507
Page, AZ 86040
Tel.: 602-645-2511

Grand Canyon National Park
PO Box 129
Grand Canyon, AZ 86023
Tel.: 602-638-7888

Gran Quivira National Monument
Rt. 1, Box 36
Mountainair, NM 87036
Tel.: 505-847-2770

Hovenweep National Monument
McElmo Rt.
Cortez, CO 81321
Tel.: 303-562- 428 oder 529-4465

Hubbel Trading Post National Historic Site
Highway 264
PO Box 150
Ganado, AZ 86505
Tel.: 602-755-3475

Jemez State Monument
PO Box 143
Jemez Springs, NM 87025
Tel.: 505-829-3530

Mesa Verde National Park
PO Box 8
Mesa Verde, CO 81330
Tel.: 303-529-4465

Montezuma Castle National Monument
PO Box 219
Camp Verde, AZ 86322
Tel.: 602-567-3322

Monument Valley Navajo Tribal Park
PO Box 308
Kayenta, AZ 86515

Navajo National Monument
HC 71 Box 3
Tonalea, AZ 86044-9704

Organ Pipe Cactus National Monument
Rt. 1, Box 100
Ajo, AZ 85321
Tel.: 602-387-6849

Pecos National Monument
PO Drawer 418
Pecos, NM 87552-0418
Tel.: 505-757-6414

Petrified Forest National Park
PO Box 2217
Petrified Forest National Park, AZ 86028
Tel.: 602-524-6228

Pueblo Grande Museum
4619 E. Washington St
Phoenix, AZ
Tel.: 602-495-0900

Puye Cliff Dwellings
Santa Clara Pueblo
PO Box 580
Espanola, NM 87532
Tel.: 505-753-7326

Saguaro National Monument
3693 S. Old Spanish Trail
Tucson, AZ 85730
Tel.: 602-670-6680

Salinas National Monument
PO Box 496
Mountainair, NM 87036
Tel.: 505-847-2585

Three Rivers Petroglyph Site
Alamogordo, NM

Tonto National Monument
PO Box 707
Roosevelt, AZ 85545
Tel.: 602-467-2241

Tuzigoot National Monument
PO Box 68
Clarkdale, AZ 86324
Tel.: 602-634-5564

Walnut Canyon National Monument
Walnut Canyon Rd
Flagstaff, AZ 86004
Tel.: 602-526-3367

White Sands National Monument
PO Box 458
Alamogordo, NM 88310
Tel.: 505-437-1058

Wupatki National Monument
HC 33, Box 444A
Flagstaff, AZ 86004
Tel.: 602-527-7040

NORDOST

Aztalan State Park
Aztalan, Wl

Cahokia Mounds State Historic Site
Old Highway 40
PO Box 681
Collinsville, IL 62234
Tel.: 618-346-5160

Copper Culture State Park
Oconto, WI

Effigy Mounds National Monument
Highway 76
Marquette, IA

Grand Portage National Monument
PO Box 426
Grand Portage, MN 55605
Tel.: 218-475-2228

Isle Royale National Park
87 N. Ripley
Houghton, MI 49931
Tel.: 906- 482-0986

Mound City Group National Monument
16062 Rt. 104
Chillicothe, OH 45601
Tel.: 614-774-1125

Pipestone National Monument
PO Box 727
Pipestone, MN 56164
Tel.: 507-825-5463

Port Au Choix National Historic Park
PO Box 70
Griquet, Newfoundland AOK 2XO
Tel.: 709-623-2608

Serpent Mound State Memorial
3850Rt.73 Locust Grove, OH 45660
Tel.: 513-587-2796

SÜDOSTEN

Chucalissa Indian Village
1987 Indian Village Dr. Memphis, TN 38109
Tel.: 901-785-3160

Etowah Indian Mounds Historic Site
813 Indian Mounds Rd SW
Cartersville, GA 30120
Tel.: 404-387-3747

Everglades National Park
PO Box 279
Homestead, FL 33030
Tel.: 305-247-6211

Grand Village of the Nachez Indians
400 Jefferson Davis Blvd
Nachez, MS 39120
Tel.: 601- 446-6502

Kolomoki Indian Mounds State Park
Rt. 1, Box 114
Blakely, GA 31723
Tel.: 912-723-5296

Mound State Monument und Museum
Highway 69
PO Box 66
Moundville, AL 35474
Tel.: 205-371-2572

New Echota Historic Site
1211 Chatsworth Highway
Calhoun, GA 30701
Tel.: 404-629-8151

Ocmulgee National Monument
1207 Emery Highway
Macon, GA 31201
Tel.: 912-752-8257

Toltec Mounds State Park
1 Toltec Mounds Rd
Scott, AK 72142
Tel.: 501-961-9442

Rock Eagle Indian Mound
350 Rock Eagle Rd
Eatonton, GA 31024
Tel.: 404- 485-2831

OKLAHOMA

Battle of the Washita Historic Site
Highway 47A
Cheyenne, OK
Tel.: 405- 497-3929

Spiro Mounds Archaeological State Park
Highway 59
Spiro, OK
Tel.: 918-962-2062

Wichita Mountain National Wildlife Refuge
R. 1, Box 448
Indiahoma, OK 73552
Tel.: 405- 429-3222

KALIFORNIEN

Calico Early Man Archaeological Site
Mineola Rd
Barstow, CA 92311

Chaw Se Indian Grinding Rock State Park
14881 Pine Grove-Volcano Rd
Pine Grove, CA 95665
Tel.: 209-296-7488

Death Valley National Monument
PO Box 579
Death Valley, CA 92328
Tel.: 619-786-2331

Lassen Volcanic National Park
PO Box 100
Mineral, CA 96063
Tel.: 916-595- 4444

Lava Beds National Monument
PO Box 867
Tulelake, CA 96134
Tel.: 916-667-2282

Point Reyes National Seashore
Kule Loklo MIwok Indian Village
Point Reyes, CA 94956
Tel.: 415-663-1092

Wassama Roundhouse State Park
Ahwahnee, CA

Yosemite National Park
PO Box 577
Yosemite, CA 95389
Tel.: 209-372-0283

VERANSTALTUNGSKALENDER

Das Folgende ist eine Liste von *powwows*, Zeremonien, Festtagen, Rodeos, Festivals und anderen besonderen Veranstaltungen. Die Liste ist nicht vollständig, doch deckt sie die wichtigsten Ereignisse ab. Da die genaueren Daten vielfach wechseln, sind nur die Veranstaltungsmonate aufgeführt. Benötigen Sie genauere Informationen, wenden Sie sich bitte an die Veranstalter.

GREAT PLAINS

Juni

Big Wind Powwow
Shoshone Business Council
Northern Arapaho Business Council
Fort Washakie, WY 82514
Tel.: 307-332- 4932

Oglala Lakota College Graduation
Powwow Oglala Lakota College Activities
Committee
PO Box 490
Kyle, SD 57752
Tel.: 605- 455-2321

Plains Indian Museum Powwow
Buffalo Bill Historical Center
PO Box 1000
Cody, WY 82414
Tel.: 307-587-4771

Red Bottom Celebration
Fort Peck Executive Board
PO Box 1027
Poplar, MT 59255
Tel.: 406-768-5155

Shoshone Indian Days Powwow and Rodeo
Shoshone Business Council
Fort Washakie, WY 82514
Tel.: 307-332- 4932

Juli

Black Hills and Northern Plains Indian Exposition
Black Hills Powwow Association
PO Box 1476
Rapid City, SD 57709

Ethete Powwow and Rodeo
Northern Arapaho Business Council
PO Box 396
Fort Washakie, WY 82514
Tel.: 307-332-6120

Flandreau Santee Sioux Traditional Powwow
PO Box 283
Flandreau, SD 57028
Tel.: 605-997-3891

Mandaree Powwow
Three Affiliated Tribes
PO Box 220
New Town, ND 58763
Tel.: 70 -627-4781

Milk River Indian Days
Fort Belknap Tribal Office
Rt. 1, Box 66
Harlem, MT 59526
Tel.: 406-353-2205

North American Indian Days
Blackfeet Tribal Council
PO Box 850
Browning, MT 59417
Tel.: 406-338-7522

Northern Cheyenne Fourth of July Powwow
Northern Cheyenne Tribal Council
PO Box 128
Lame Deer, MT 59043
Tel.: 406- 477-8283

Shoshone-Paiute Fourth of July Powwow
Shoshone-Paiute Tribal Council
PO Box 219
Owyhee, NV 89832
Tel.: 702-757-3161

Sisseton-Wahpeton Powwow
Sisseton-Wahpeton Tribal Council
CPO Box 689
Sisseton, ND 57262
Tel.: 701-698-391

August

Cherry Creek Powwow
Cheyenne River Sioux Tribe
H.V. Johnston Cultural Center
PO Box 590
Eagle Butte, SD 57625
Tel.: 605-964-2542

Crow Creek Powwow
PO Box 50
Fort Thompson, SD 57339
Tel.: 605-245-2221

Crow Fair
Crow Tribal Council
PO Box 159
Crow Agency, MT 59022
Tel.: 406-638-2601

Fort Randall Powwow
Yankton Sioux Tribal Office
PO Box 248
Marty, SD 57361
Tel.: 605-384-3804

Little Shell Powwow
Three Affiliated Tribes
PO Box 220
New Town, ND 58763
Tel.:701-627-4781

Lower Brule Powwow
PO Box 187
Lower Brule, SD 57548
Tel.: 605- 473-5561

Oglala Nation Powwow and Rodeo
Oglala Sioux Tribe
PO Box H
Pine Ridge, SD 57770
Tel.: 605-867-5821

Rocky Boys Powwow
Chippewa Cree Tribe
Rocky Boy Rt. Box 544
Box Elder, MT 59521
Tel.: 406-395- 4282

Rosebud Fair and Rodeo
Rosebud Tribal Office
PO Box 430
Rosebud, SD 57570
Tel.: 605-747-2381

Standing Rock Powwow
Standing Rock Sioux Tribal Council
PO Box D
Fort Yates, ND 58538
Tel.: 701-854-7231

Wazi Paha Oyate Festival
Oglala Lakota Community College
PO Box 490
Kyle, SD 57752
Tel.: 605- 455-2321

September

Cheyenne River Labor Day Powwow
Cheyenne River Sioux Tribal Council
PO Box 590
Eagle Butte, SD 57625
Tel.: 605-964- 4155

Mah-Kato Powwow
Mdewakanton Club
PO Box 3608
Mankato, MN 56001
Tel.: 507-389-6125

Turtle Mountain Labor Day Powwow
Turtle Mountain Tribal Council
PO Box 900
Belcourt, ND 58316
Tel.:701- 477-6451

NORDWESTEN

Februar

Lincoln's Birthday Powwow
Warm Springs Tribal Council
PO Box C
Warm Springs, OR 97761
Tel.: 503-553-1161

März

Epethes Powwow
Nez Perce Tribe
PO Box 305
Lapwai, ID 83540
Tel.: 208-843-2253

Mai

Chehalis Tribal Day Celebration
Chehalis Community Council
Howanud Rd
Oakville, WA 98568
Tel.: 206-273-5911

Satus Longhouse Powwow
Yakima Nation Cultural Center
PO Box 151
Toppenish, WA 98948
Tel.: 509-865-2800

University of Washington Powwow
Seattle, WA
Tel.: 206-543-9082

Juni

Stommish Festival
Lummi Indian Tribe
2616 Kwina Rd
Bellingham, WA 98226
Tel.: 206-734-8180

Tinowit International Powwow, Treaty Days Celebration and Rodeo
Yakima Nation Cultural Center
PO Box 151
Toppenish, WA 98948
Tel.: 509-865-2800

Warm Springs Treaty Days
Warm Springs Tribal Council
PO Box C
Warm Springs, OR 97761
Tel.: 503-553-1161

Warriors Memorial Powwow
(zu Ehren von Häuptling Joseph)
Nez Perce Tribe
PO Box 305
Lapwai, ID 83540
Tel.: 208-843-2253

Juli

Arlee Fourth of July Powwow
Confederated Salish and Kootenai Tribal Council
PO Box 278
Pablo, MT 59855
Tel.: 406-675-2700

Chief Taholah Days
Quinault Tribal Council
PO Box J 89
Taholah, WA 98587
Tel.: 206-276-8211

Colville Fourth of July Powwow
Colville Tribe PO Box 150
Nespelem, WA 99155
Tel.: 509-634-4711

Coeur d'Alene Powwow
Coeur d'Alene Tribal Council
Plummer, ID 83851
Tel.: 208-274-3101

Elmo Powwow
Confederated Salish and Kootenai Tribal Council
PO Box 278
Pablo, MT 59855
Tel.: 406-675-2700

Toppenish Powwow, Rodeo and Pioneer Fair
Yakima Nation Cultural Center
PO Box 151
Toppenwish, WA 98948
Tel.: 509-865-2800

August

Chief Seattle Days
Suquamish Tribe
PO Box 498
Suquamish, WA 98392
Tel.: 206-598-3311

Looking Glass Powwow
Nez Perce Tribe
PO Box 305
Lapwai, ID 83540
Tel.: 208-843-2253

Makah Festival
Makah Tribal Council
PO Box 115
Neah Bay, WA 98357
Tel.: 206-645-2205

Nesika Illahee Powwow
Confederated Tribes of Siletz Indians
Oregon
PO Box 549
Siletz, OR 97380
Tel.: 503- 444-2532

Omak Stampede Days
Colville Tribe
PO Box 150
Nespelem, WA 99155
Tel.: 509-634- 4711

Shoshone-Bannock Indian Festival and Rodeo
Shoshone-Bannock Tribes
PO Box 306
Fort Hall, ID 83203
Tel.: 208-238-3700

September

Puyallup Powwow
Puyallup Tribal Council
2002 E. 28th St
Tacoma, WA 98404
Tel.: 206-597-6200

Spokane Indians Labor Day Powwow
Spokane Tribe
PO Box 100
Wellpinit, WA 99040
Tel.: 509-258-4581

Yakima Powwow
Yakima Nation Cultural Center
POBox 151
Toppenish, WA 98948
Tel.: 509-865-2800

Oktober

Four Nations Powwow
Nez Perce Tribe
PO Box 305
Lapwai, ID 83540
Tel.: 208-843-2253

SÜDWESTEN

Pueblo-Tänze finden das ganze Jahr über statt. Ein Veranstaltungsverzeichnis bekommt man beim

Indian Pueblo Cultural Center
2401 12thStNW
Albuquerque, NM 87102
Tel.: 505-843-7270.

Eight Northern Indian Pueblos Council
PO Box 969
San Juan Pueblo, NM 87566
Tel.: 505-852-4265

Hopi Cultural Center
PO Box 67
Second Mesa, AZ 86043
Tel.: 602-734-7401

Januar

Kachina Dances
Hopi Cultural Center
PO Box 67
Second Mesa, AZ 86043
Tel.: 602-734-2401
Kachina-Tänze finden von der Wintermitte bis zum Ende des Sommers statt.

Sa Ildefonso Feast Day
San Ildefonso Pueblo
PO Box 315-A
Santa Fe, NM 87501
Tel.: 505-455-2273

Februar

O'odham Tash Indian Celebration
Tohono O'odham Nation
PO Box 837
Sells, AZ 85634
Tel.: 602-383-2221

März

Mul-Chu-Tha Community Fair
Gila River Indian Community
PO Box 97
Sacaton, AZ 85247
Tel.: 602-562-3311

San Jose Feast Day
Laguna Pueblo
PO Box 194
Laguna, NM 87026
Tel.: 505-552-6654

April

Bear Dance
Uintah and Ouray Tribal Council
PO Box 190
Fort Duchesne, UT 84026
Tel.: 801-722-5141

Cocopah Festivities Day
Cocopah Tribal Council
PO Bin G
Somerton, AZ 85350
Tel.: 602-627-2102

Holy Week Ceremonies
Pascua Yaqui Tribal Council
7474 S. Camino de Oeste
Tucson, AZ 85746
Tel.: 602-883-2838

Institute of American Indian Arts Powwow
1369 Cerillos Rd
Santa Fe, NM 87501
Tel.: 505-988-6281

Native American Student Association Powwow
Arizona State University
Tempe, AZ 85287
!Tel.: 602-965-901 1

Spring Roundup All-Indian Rodeo
White Mountain Apache Tribal Council
PO Box 700
Whiteriver, AZ 85941
Tel.: 602-338- 4346

Mai

Bear Dance
Southern Ute Tribal Council
PO Box 737
Ignacio, CO 81137
Tel.: 303-563-452

San Carlos Tribal Fair
San Carlos Apache Tribe
PO Box 0
San Carlos, AZ 85550
Tel.: 602- 475-2361

San Felipe Feast Day
San Felipe Pueblo
PO Box A
San Felipe, NM 87001
Tel.: 505-867-3381

San Juan Feast Day
San Juan Pueblo
PO Box 1099
San Juan, NM 87566
Tel.: 505-852- 4400

Santa Cruz Feast Day
Taos Pueblo
PO Box 1846
Taos, NM 87571
Tel.: 505-758-8626

Juni

Bear Dance
Ute Mountain Ute Tribe
General Delivery
Towaoc, CO 81334
Tel.: 303-565-3751

Elderfest
White Mountain Apache Tribal Council
PO Box 700
Whiteriver, AZ 85941
Tel.: 602-338-4346

San Antonio Feast Day
Sandia Pueblo
PO Box 6008
Bernalillo, NM 87004
Tel.: 505-867-3317

San Juan Feast Day
Taos Pueblo
PO Box 1846
Taos, NM 87571
Tel.: 505-758-8626

Juli

Little Beaver Rodeo and Powwow
Jicarilla Apache Tribe
PO Box 507
Dulce, NM 87528
Tel.: 505-759-3242

Mescalero Festival
Mescalero Apache Tribe
PO Box 176
Mescalero, NM 88340
Tel.: 505-671- 4495

Navajo Rodeo
Navajo Nation Tourism Office
PO Box 663
Window Rock, AZ 86515
Tel.: 602-871-6436

Northern Ute Powwow and Rodeo
Uintah and Ouray Tribal Council
PO Box 190
Fort Duchesne, UT 84026
Tel.: 801-722-5141

San Buenaventura Feast Day
Cochiti Pueblo
PO Box 70
Cochiti, NM 87041
Tel.: 505- 465-2244

Santa Ana Feast Day
Santa Ana Pueblo
Star Rt. Box 37
Bernalillo, NM 87004
Tel.: 505-867-3301

Taos Pueblo Powwow
Taos Pueblo
PO Box 1846
Taos, N M 87571
Tel.: 505-758-8626

White Mountain Native American Festival and Indian Market
Pinetop-Lakeside Chamber of Commerce
Pinetop-Lakeside, AZ 85935
Tel.: 602-367-4290

August

Intertribal Indian Ceremonial
PO Box 1
Church Rock, NM 87311
Tel.: 505-863-3896

Our Lady of Assumption Feast Day
Zia Pueblo
General Delivery
San Ysidro, NM 87053
Tel.: 505-867-3304

San Lorenzo Feast Day
Picuris Pueblo
PO Box 127
Penasco, NM 87553
Tel.: 505-587-2519

Santa Clara Feast Day
Santa Clara Pueblo
PO Box 580
Espanola, NM 87532
Tel.: 505-753-7326

Snake Dance
Hopi Cultural Center
PO Box 67
Second Mesa, AZ 86043
Tel.: 602-734-2401

September

Apache Tribal Fair
White Mountain Apache Tribe
PO Box 700
Whiteriver, AZ 85941
Tel.: 602-338-4346

Jicarilla Apache Fair
Jicarilla Apache Tribe
PO Box 507
Dulce, NM 87528
Tel.: 505-759-3242

Navajo Nation Fair
Navajo Nation Tourism Office
PO Box 663
Window Rock. AZ 86515
Tel.: 602-871-6436

Peach Festival
Havasupai Tribal Office
PO Box 10
Supai, AZ 86435
Tel.: 602-871-6436

San Agustin Feast Day
Isleta Pueblo
PO Box 317
Isleta, NM 87022
Tel.: 505-869-3111

San Esteban Feast Day
Acoma Pueblo
PO Box 309
Acomita, NM 87034
Tel.: 505-552-6604

San Geronimo Feast Day
Taos Pueblo
PO Box 1846
Taos, NM 87571
Tel.: 505-758-8626

Southern Ute Fair
Southern Ute Tribal Council
PO Box 737
Ignacio, CO 81137
Tel.: 303-563-4525

Stone Lake Fiesta
Jicarilla Apache Tribe
PO Box 507
Dulce, NM 87528
Tel.: 505-759-3242

White Mountain Tribal Fair and Rodeo
White Mountain Apache Tribal Council
PO Box 700
Whiteriver, AZ 85941
Tel.: 602-338-4346

Oktober

Northern Navajo Fair, Shiprock
Navajo Nation Tourism Office
PO Box 663
Window Rock, AZ 86515
Tel.: 602-871-6436

San Francisco Feast Day
Ak Chin Indian Community
Rt.2, Box 27
Maricopa, AZ 85239
Tel.: 602-568-2227

San Francisco Feast Day
Nambe Pueblo
PO Box 117-BB
Santa Fe, NM 87501
Tel.: 505- 455-2036

November

San Diego Feast Day
Jemez Pueblo
PO Box 100
Jemez, NM 87024
Tel.: 505-834-7359

San Diego Feast Day
Tesuque Pueblo
Rt. ll, Box 1
Santa Fe, NM 87501
Tel.: 505-983-2667

Veteran's Day Rodeo
San Carlos Apache Tribal Council
PO Box 0
San Carlos, AZ 85550
Tel.: 602- 475-2361

Dezember

Our Lady of Guadalupe Feast Day
Jemez Pueblo
PO Box 100
Jemez, NM 87024
Tel.: 505-834-7359

Our Lady of Guadalupe Feast Day
Pojoaque Pueblo
Rt. 11, Box 71
Santa Fe, NM 87501
Tel.: 505- 455-2278

Shalako
Zuni Pueblo
PO Box 339
Zuni, NM 87327
Tel.: 505-782- 4481

NORDOSTEN

Mai

Memorial Day Powwow
Minnesota Chippewa Tribe
PO Box 217
Cass Lake, MN 56633
Tel.: 218-335-2252

The Turtle Powwow
Native American Center for the Living Arts
25 Rainbow Mall
Niagara Falls, NY 14303
Tel.: 716-284-2427

Juni

Nett Lake Powwow
Nett Lake Reservation Business Committee
PO Box 16
Nett Lake, MN 55772
Tel.: 218-757-3261

White Earth Powwow
White Earth Chippewa Tribe
I PO Box 418
White Earth, MN 56591
Tel.: 218-983-3285

Juli

Bear River Powwow
Lac du Flambeau Tribal Council
PO Box 67
Lac du Flambeau, WI 54538
Tel.: 715-588-3303

Fond du Lac Powwow
Fond du Lac Business Committee
105 University Rd
Cloquet, MN 55720
Tel.: 218-879-4593

Honor The Earth Powwow
Lac Courte Oreilles Tribe
Rt. 2, Box 2700
Hayward, WI 54843
Tel.: 715-634-8934

Oneida Powwow
Oneida Museum
PO Box 365
Oneida, WI 54155
Tel.: 414-869-2768

August

Ceremonial Day
Pleasant Point Passamaquoddy
PO Box 343
Perry, ME 04667
Tel.: 207-853-2551

Grand Portage Rendezvous Days
Grand Portage Chippewa Tribe
PO Box 428
Grand Portage, MN 55605
Tel.: 218-476-2279

Land of the Menominee Powwow
Woodland Bowl
Menominee Indian Tribe
PO Box 397
Keshena, WI 54135
Tel.: 715-799-5100

Manomin Celebration
Bad River Chippewa Tribal Office
PO Box 39
Odanah, WI 54861
Tel.: 715-682-7111

Ni-Mi-Win Celebration
Spirit Mountain
Duluth, MN
Tel.: 218-628-2891

September

Iroquois Indian Festival
Schoharie Museum of the Iroquois
PO Box 158
N. Main St
Schoharie, NY 12157
Tel.: 518-234-8319

Labor Day Powwow
Minnesota Chippewa Tribe
PO Box 217
Cass Lake, MN 56633
Tel.: 218-335-2252

Mountain Eagle Indian Festival
Hunter Mountain Festivals
PO Box 295
Hunter, NY 12442
Tel.: 518-263-4223

Shinnecock Powwow
Shinnecock Reservation
Rt. 27A
Southampton, NY 11968
Tel.: 516-283-3776

SÜDOSTEN

Juni

Cherokee Powwow
Eastern Band of Cherokee Indians
PO Box 455
Cherokee, NC 28719
Tel.: 704- 497-2771

Juli

Choctaw Fair
Choctaw Tribe
PO Box 60 1 0
Philadelphia, MS 39350
Tel.: 601-656-5251

November

Poarch Band of Creeks Powwow
Poarch Band of Creeks
Rt. 3. Box 243A
Atmore, AL 36502
Tel.: 205-368-9136

Dezember

Miccosukee Arts and Crafts Fair
Miccosukee Tribal Council
PO Box 440021
Tamiami Station
Miami, FL 33144
Tel.: 305-223-8380

Seminole Fair
Seminole Tribal Council
6073 Sterling Rd
Hollywood, FL 33024
Tel.: 305-584-0400

OKLAHOMA

Mai

Oklahoma Indian Heritage Days Celebration
Miami Tribal Office
PO Box 1326 Miami, OK 74355
Tel.: 918-540-2890

Juni

Cheyenne-Arapaho Powwow
Cheyenne-Arapaho Tribe
PO Box 38
Concho, OK 73022
Tel.: 405-262-0345

Osage Tribal Ceremonial Dances
Osage Tribal Council
c/o Osage Tribal Agency
Pawhuska, OK 74056
Tel.: 918-287- 4622

Potawatomi Powwow
Citizen Band of Potawatomi
1901 S. Gordon Cooper Dr.
Shawnee, OK 74801
Tel.: 405-275-3121

Juli

Comanche Powwow
Comanche Tribal Office
PO Box 908
Lawton, OK 73502
Tel.: 405-247-3444

Kiowa Fourth of July Powwow
Kiowa Tnbe
PO Box 369
Carnegie, OK 73015
Tel.: 405-654-2300

Otoe-Missouria Powwow
Otoe-Missouria Tribe
Rt 1, Box 62
Red Rock, OK 74651
Tel.: 405-723- 4434

Pawnee Powwow
Pawnee Tribe PO Box 470
Pawnee, OK 74058
Tel.: 918-762-3624

Quapaw Powwow
Quapaw Tribe
PO Box 765
Quapaw, OK 74363
Tel.: 918-542-1853

Sac and Fox Powwow
Sac and Fox Tribal Office
Rt. 2, Box 246
Stroud, OK 74079
Tel.: 918-968-3526

August

American Indian Exposition
PO Box 908
Anadarko, OK 73005
Tel.: 405-247-2733 oder 247-6651

Ottawa Powwow
Ottawa Tribe
PO Box 110
Miami, OK 74355
Tel.: 918-540-1536

Ponca Indian Fair and Powwow
Ponca Tribe
Rt.6, Box 2
Ponca City, OK 74601
Tel.: 405-762-8104

Wichita Tribal Powwow
Wichita Tribe
PO Box 729
Anadarko, OK 73005
Tel.: 405-247-2425

September

Choctaw Nation Labor Day Festivities
Choctaw Nation of Oklahoma
PO Drawer 1210
Durant, OK 74702
Tel.: 405-924-8280

Seminole Nation Days
Seminole Nation
PO Box 1498
Wewoka, OK 74884
Tel.: 405-257-6287

Oktober

Cherokee Fall Festival
Cherokee Nation of Oklahoma
PO Box 948
Tahlequah, OK 74465
Tel.: 918-456-0671

Chickasaw Nation Annual Day
Chickasaw Nation of Oklahoma
PO Box 1548
Ada, OK 74820
Tel.: 405-436-2603

Five Civilized Tribes Art Show
Five Civilized Tribes Museum
Agency Hill, Honor Heights Dr.
Muskogee, OK 74401
Tel.: 918-683-1701

Dezember

Christmas Exhibition of Contemporary Indian Arts and Crafts
Southern Plains Indian Museum
PO Box 749
Anadarko, OK 73005
Tel.: 405-247-6221

KALIFORNIEN

Januar

Annual Native American Film Festival
Southwest Museum
234 Museum Dr.
Highland Park
Los Angeles, CA 90041
Tel.: 213-221-2164

März

Agua Caliente Indian Market
Agua Caliente Tribal Council
960 E. Tahquitz Canyon Way #106
Palm Springs, CA 92262
Tel.: 619-325-5673

April

San Francisco Annual Powwow
American Indian Studies Dept.
San Francisco State University
1600 Holloway
San Francisco. CA
Tel.: 415-338-1111

Mai

Cupa Days
Pala Tribal Office
PO Box 43
Pala, CA 92059
Tel.: 619-742-3784

Festival at the Lake
Lake Merritt, Oakland
News of Native California
PO Box 9145
Berkeley, CA 94709
Tel.: 415-549-3564

Malki Museum Fiesta and Powwow
11795 Fields Rd
Banning, CA 92220
Tel.: 714-849-7289

San Juan Bautista American Indian Art Show
San Juan Bautista Mission
Contact Reyna's Gallerias
Tel.: 408-623-2379

Stanford University Powwow
Native American Students Association
PO Box 2990
Stanford, CA 94305
Tel.: 415-723-4078

Juni

Corpus Christi Festival
Pala Tribal Office
PO Box 43
Pala, CA 92059
Tel.: 619-742-3784

Indian Day Big Time
Yosemite National Park
PO Box 577
Yosemite, CA 95389
Tel.: 209-372-0283

Indian Fair Days
Museum of Man
1350 El Prado
Balboa Park
San Diego, CA 92101
Tel.: 619-239-2001

Juli

Gathering Day
Wassama Roundhouse State Historic Park
Ahwahnee, CA
Tel.: 209-822-2332

Hupa Rodeo
Hupa Tribe
PO Box 1245
Hoopa, CA 95546
Tel.: 916-625-4110

Kule Loklo Native American Celebration
Point Reyes National Seashore
Kule Loklo Miwok Indian Village
Point Reyes, CA 94956
Tel.: 415-663-1092

August

Sierra Mono Museum Indian Fair
Sierra Mono Museum
PO Box 275
North Fork, CA 93643
Tel.: 209-877-2115

September

California Indian Days
Stale Indian Museum
2618 K St
Sacramento, CA 95816
Tel.: 916-324-0971

Colorado River Tribes Fair and Indian Days
Colorado River Tribal Council
PO Box 23-B
Parker, AZ 85344
Tel.: 602-669-9211

San Juan Bautista American Indian Art Show
San Juan Bautista Mission
Contact Reyna's Gallerias:
Tel.: 408-623-2379

November

American Indian Film Festival
Palace of Fine Arts
San Fancisco, CA
Tel.: 415-563-6504

JAGEN UND FISCHEN

Große Teile des Indianerlandes sind immer noch unberührte Gebiete mit einem überwältigenden Wildreichtum und ausgezeichneten Jagd- und Angelmöglichkeiten. Allerdings herrschen in den einzelnen Reservaten unterschiedliche Bedingungen. Wenn ein Stamm auf seinem Gebiet Jagen und Fischen erlaubt, braucht man in der Regel zusätzlich zum staatlichen Jagd- oder Angelschein noch eine spezielle Stammeserlaubnis. Gebühren, Jagdmengen und Jagdzeiten wechseln von Stamm zu Stamm. Einige Stämme wie die White-Mountain-Apachen oder die Jicarilla-Apachen bieten Führerdienste an. Andere empfehlen Führer und Träger, die in ihrer Gegend arbeiten. Beachten Sie aber, daß in den Nationalparks und Monumenten das Tragen von Waffen und Jagen verboten sind.

GLÜCKSSPIEL

Wegen ihrer rechtlichen Sonderstellung betreiben viele Stämme Glücksspieleinrichtungen. Nach dem Gesetz von 1988 (Indian Gaming Regulatory Act) müssen diese Etablissements vom Staat und von der Bundesregierung sanktioniert werden. Am beliebtesten bei den Indianern ist Bingo, obwohl auch Roulette und Wetten erlaubt sind. Nähere Information erhält man bei der

Indian Gaming Commission
1850 M St NW, Suite 250
Washington, DC 20036
Tel.: 202-632-7003

oder beim

Bureau of Indian Affairs Tribal Relations
1849 C St NW
Washington, DC 20240
Tel.: 202-208-7445.

Gegenwärtig betreiben über 130 Stämme Bingo-Hallen oder Kasinos. Hier eine ausgewählte Liste von Stämmen mit ihren Glücksspiel-Unternehmen (die genaue Adresse finden Sie unter den Stammes-Adressen).

GREAT PLAINS

Blackfeet-Stamm
Browning, MT.

Chippewa-Cree-Stamm
Rocky Boys Agency, MT.

Flandreau-Santee-Sioux
Flandreau. SD.

Nord-Cheyenne-Stamm
Lame Deer. MT

Oglala-Sioux-Stamm
Pine Ridge. SD.

Sisseton-Wahpeton-Sioux
Wagner. SD.

Turtle-Mountain-Gruppe
Belcourt. ND

NORDWESTEN

Vereinigte Stämme der Siletz -Indianer
Siletz, OR.

Makah-Stamm
Neah Bay, WA

Muckleshoot-Stamm
Auburn, WA

Puyallup-Stamm
Tacoma, WA

Shoshone-Bannock-Stamm
Fort Hall, ID

Swinomish-Stamm
LaConner, WA.

Tulalip-Stamm
Marysille, WA.

Umatilla-Stamm
Pendleton, OR

SÜDWESTEN

Acoma-Pueblo
Acomita. NM

Cocopah-Stamm
Yuma, AZ

Isleta-Pueblo
Isleta, NM

Pascua Yaqui-Stamm
Tucson. AZ

Quechan-Stamm
Yuma. AZ

Sandia-Pueblo
Bernalillo. NM

San Juan-Pueblo
San Juan, NM

Süd-Ute-Stamm
Ignacio, CO

Tesuque-Pueblo
Santa Fe, NM

Tohono-O'odham-Nation
Tucson, AZ

Ute-Mountain-Stamm
Towaoc, CO

Yavapai-Prescott-Stamm
Prescott, AZ

NORDOSTEN

Fond-du-Lac-Chippewa-Stamm
Cloquet,, MN

Lac-Courte-Oreilles-Gruppe
Hayward, WI

Lac-du-Flambeau-Gruppe
Lac du Flambeau. WI.

Mashantucket-Pequot-Stamm
Ledyard, CT

Menominee-Stamm
Keshena, WI.

Mille-Lacs-Gruppe
Onamia, MN

Oneida-Nation
Oneida, NY

Red-Cliff-Gruppe
Bayfield, WI

Red-Lake-Gruppe
Red Lake, MN

Saginaw-Chippewa-Stamm
Mt Pleasant, MI

St-Regis-Gruppe der Mohawk-Indianer
Hogansburg, NY

Seneca-Stamm
Salamanca, NY

Stockbridge-Munsee-Stamm
Bowler, WI.

White-Earth-Chippewa-Stamm
White Earth, MN.

Winnebago-Stamm
Tomah, WI

SÜDOSTEN

Cherokee-Stamm
Cherokee, NC

Seminole-Stamm
Tampa, FL; Big Cypress, FL; Hollywood, FL; Brighton, FL

OKLAHOMA

Iowa-Stamm von Oklahoma
Perkins, OK

Kaw-Stamm
Kaw City, OK

Otoe-Missauria-Stamm
Red Rock, OK

Quapaw-Stamm
Quapaw, OK.

Sac & Fox-Stamm
Stroud. OK

Seminole-Stamm
Wewoka. OK

Seneca-Cayuga-Stamm
Grove, OK

Chickasaw-Stamm
Ada, OK/Sulphur, OK

Creek-Stamm
Tulsa, OK/Bristow, OK/Okmulgee, OK

Choctaw-Stamm
Durant, OK

Absentee-Shawnee-Stamm
Shawnee, OK

Cheyenne-Arapaho-Stamm
Watonga, OK

Bürger-Gruppe der Potawatomi
Shawnee, OK

Kiowa-Stamm
Carnegie, OK

Komantschen-Stamm
Lawton, OK

Apachen-Stamm
Anadarko, OK

KALIFORNIEN

Colusa Rancheria
Colusa, CA

San-Manuel-Gruppe
San Bernardino, CA

Viejas-Gruppe
Alpine, CA

Santa-Ynez-Gruppe
Santa Ynez, CA

Baron-Gruppe
Lakeside, CA

Bishop-Stamm
Bishop, CA

Hupa-Stamm
Hoopa. CA

Morongo-Gruppe
Banning, CA.

NÜTZLICHE ADRESSEN

REGISTRIERTE STÄMME

In den USA gibt es über 300 staatlich anerkannte Indianerstämme. Die hier ausgewählten gehören sicher zu den für Touristen interessantesten Stämmen.

GREAT PLAINS

Arapaho-Stamm
PO Box 396
Fort Washakie, WY 82514
Tel.: 307-332-6120

Blackfeet-Stamm
PO Box 850
Browning, MT 59417
Tel.: 406-338-7522

Cheyenne-River-Sioux-Stamm
PO Box 590 Eagle Butte, SD 57625
Tel.: 605-964-2542

Chippewa-Cree-Indianer
Rural Rt. 544
Box Elder. MT 59521
Tel.: 406-395- 4282

Crow-Creek-Sioux-Stamm
PO Box 50
Fort Thompson, SD 57339
Tel.: 605-245-2221

Crow-Stamm
PO Box 159
Crow Agency, MT 59022
Tel.: 406-638-2601

Devils-Lake-Sioux-Stamm
Sioux Community Center
PO Box 359
Fort Totten, ND 58335
Tel.: 701-766- 4221

Flandreau-Santee-Sioux-Stamm
Flandreau Field Office
PO Box 283
Flandreau, SD 57028
Tel.: 605-997-3891

Fort-Belknap-Indianergemeinschaft
Rt. 1, Box 66
Harlem, MT 59526
Tel.: 406-353-2205

Fort Berthold-Stamm
PO Box 220
New Town, ND 58763
Tel.: 701-627-4781

Fort-Peck-Stamm
PO Box 1027
Poplar, MT 59255
Tel.:406-768-5155

Iowa-Stamm von Kansas und Nebraska
Rt. 1, Box 58A
White Cloud, KS 66094
Tel.: 913-595-3258

Kickapoo-Stamm
PO Box 271
Horton, KS 66349
Tel.: 913- 486-2131

Lower-Brule-Sioux-Stamm
PO Box 187
Lower Brule, SD 57548
Tel.: 605- 473-5561

Northern-Cheyenne-Stamm
PO Box 128
Lame Deer, MT 59043
Tel.: 406- 477-8283

Oglala-Sioux-Gruppe
PO Box H
Pine Ridge, SD 57770
Tel.: 605-867-5821

Omaha-Stamm von Nebraska
PO Box 368
Macy, NE 68039
Tel.: 402-837-5391

Prärie-Gruppe der Potawatomi-Indianer
Rt. 2, Box 50A
Mayetta, KS 66509
Tel.: 913-966-2255

Rosebud-Sioux-Stamm
PO Box 430
Rosebud, SD 57570
Tel.: 605-747-2381

Sac-und-Fox-Stamm von Missouri in Kansas und Nebraska
Rt. 1, Box 60
Reserve, KS 66434
Tel.: 913-742-7471

Sac-und-Fox-Stamm vom Mississippi
Rt.2,Box56C
Tama, IA 52339
Tel.: 515- 484- 4678 oder 484-5358

Santee-Sioux-Stamm
Rt. 2
Niobrara, NE 68760
Tel.: 402-857-3302

Shoshone-Stamm
PO Box 217
Fort Washakie, WY 82514
Tel.: 307-332- 4932

Sisseton-Wahpeton-Sioux-Stamm
CPO Box 689
Sisseton, SD 57262
Tel.: 605-698-3911

Standing-Rock-Sioux-Stamm
PO Box D
Fort Yates, ND 58538
Tel.: 701-854-7231

Turtle-Mountain-Gruppe der Chippewa-Indianer
PO Box 900
Belcourt, ND 58316
Tel.: 701- 477-6451

Winnebago-Stamm
PO Box 68
Winnebago, NE 68071
Tel.: 402-878-2272

Yankton-Sioux-Stamm
PO Box 248
Marty, SD 57361
Tel.: 605-384-3804

NORDWESTEN

Chehalis-Indianergemeinschaft
Oakville, WA 98568
Tel.: 206-273-5911

Coeur-d'Alene-Stamm
Plummer, ID 83851
Tel.: 208-274-3101

Colville-Indianer-Stamm
PO Box 150
Nespelem, WA 99155
Tel.: 509-634- 4711

Vereinigte-Salish- und Kootenai-Stämme
PO Box 278
Pablo, MT 59855
Tel.: 406-675-2700

Vereinigte Stämme der Siletz-Indianer von Oregon
PO Box 549
Siletz, OR 97380
Tel.: 503- 444-2532

Fort-McDermitt-Paiute- und Shoshonen-Stämme
PO Box 457
McDermitt, NV 89421
Tel.: 702-532-8259

Hoh-Stamm
HC 80, Box 917
Forks, WA 98331
Tel.: 206-374-6582

Jamestown-Klallam-Stamm
305 Old Blyn Highway
Sequim, WA 98382
Tel.: 206-683-1109

Kalispel-Stamm
PO Box 39
Usk, WA 99180
Tel.: 509- 445-1147

Klamath-Stamm
PO Box 436
Chiloquin, OR 97624
Tel.: 503-783-2219

Kootenai-Stamm
PO Box 1269
Bonners Ferry, ID 83805
Tel.: 208-267-3519

Lummi-Stamm
2616 Kwina Rd
Bellingham, WA 98226
Tel.: 206-734-8180

Makah-Indianer-Stamm
PO Box 115
Neah Bay, WA 98357
Tel.: 206-645-2205

Muckleshoot-Indianer-Stamm
39015172nd St, SE
Auburn, WA 98002
Tel.: 206-939-3311

Nez-Perce-Stamm
PO Box 305
Lapwai. ID 83540
Tel.: 208-843-2253

Nisqually-Stamm
4820 She-Hah-Num Dr. SE
Olympia, WA 98503
Tel.: 206- 456-5221

Nooksack-Stamm
PO Box 157
Deming, WA 98244
Tel.: 206-592-5176

Puyallup-Stamm
2002 E. 28th St
Tacoma, WA 98404
Tel.: 206-597-6200

Quileute-Stamm
PO Box 279
LaPush, WA 98350
Tel.: 206-374-6163

Quinault-Stamm
PO Box 189
Taholah, WA 98587
Tel.: 206-276-8211

Sauk-Suiattle-Stamm
5318 Chief Brown Lane
Darrington, WA 98241
Tel.: 206- 435-8366

Shoshonen-Bannock-Stämme
PO Box 306
Fort Hall, ID 83203
Tel.: 208-238-3700

Skokomish-Stamm
80 Tribal Center Rd N.
Shelton, WA 98584
Tel.: 206- 426- 4232

Spokane-Stamm
PO Box 100
Wellpinit, WA 99040
Tel.: 509-258- 4581

Squaxin-Island-Stamm
SE 70, Squaxin Lane
Shelton, WA 98584
Tel.: 206- 426-9781

Stillaquamish-Stamm
3439 Stoluckquamish Lane
Arlington, WA 98223
Tel.: 206-652-7362

Suquamish-Stamm
PO Box 498
Suquamish, WA 98392
Tel.: 206-598-3311

Swinomish-Stamm
PO Box 8 17
LaConner, WA 98257
Tel.: 206- 466-3163

Tulalip-Stamm
6700 Totem Beach Rd
Marysville, WA 98270
Tel.: 206-653- 4585

Umatilla-Stamm
PO Box 638
Pendleton, OR 97801
Tel.: 503-276-3165

Upper Skagit-Stamm
2284 Community Plaza
Sedro Wooley, WA 98284
Tel.: 206-856-5501

Warm-Springs-Stamm
PO Box C
Warm Springs, OR 97761
Tel.: 503-553-1161

Yakima-Stamm
PO Box 151
Toppenish, WA 98948
Tel.: 509-865-2800

SÜDWESTEN

Acoma-Pueblo
PO Box 309
Acomita, NM 87034
Tel.: 505-552-6604

Ak-Chin-Indianergemeinschaft
Rt. 2, Box 27
Maricopa, AZ 85239
Tel.: 602-568-2227

Cochiti-Pueblo
PO Box 70
Cochiti, NM 87041
Tel.: 505- 465-2244

Cocopah-Stamm
PO Bin G
Somerton, AZ 85350
Tel.: 602-627-2102

Colorado-River-Indianerstämme
Rt. 1, Box 23B
Parker, AZ 85344
Tel.: 602-669-9211

Duckwater-Shoshonen-Stamm
PO Box 68
Duckwater. NV 89314
Tel.: 702-863-0227

Fort-McDowell-Mohave-Apachen-Indianergemeinschaft
PO Box 17779
Fountain Hills, AZ 85268
Tel.: 602-990-0995

Gila-River-Pima-Maricopa-Indianergemeinschaft
PO Box 97
Sacaton, AZ 85247
Tel.: 602-562-3311

Goshute-Indianer
PO Box 6104
Ibapah, UT 84034
Tel.: 801-234-1138

Havasupai-Stamm
PO Box 10
Supai, AZ 86435
Tel.: 602- 448-2961

Hopi-Stamm
PO Box 123
Kykotsmovi, AZ 86039
Tel.: 602-734-2445

Hualapai-Stamm
PO Box 179
Peach Springs, AZ 86434
Tel.: 602-769-2216

Isleta-Pueblo
PO Box 317
Isleta, NM 87022
Tel.: SOS-869-3111

Jemez-Pueblo
PO Box 100
Jemez, NM 87024
Tel.: SOS-834-7359

Jicarilla-Apachen-Stamm
PO Box 507
Dulce, NM 87528
Tel.: 505-759-3242

Kaibab-Gruppe der Paiute-Indianer
Tribal Affairs Building
HC 65, Box 2
Fredonia, AZ 86022
Tel.: 602-643-7245

Laguna-Pueblo
PO Box 194
Laguna, NM 87026
Tel.: 505-552-6654

Las-Vegas-Paiute-Stamm
Paiute Dr.
Las Vegas, NV 89106
Tel.: 702-386-3926

Lovelock-Paiute-Stamm
Lovelock, NV 89419
Tel.: 702-273-7861

Mescalero-Apachen-Stamm
PO Box 176
Mescalero, NM 88340
Tel.: 505-671- 4495

Nambe-Pueblo
PO Box 117-BB
Santa Fe, NM 87501
Tel.: 505- 455-2036

Navajo-Nation
PO Box 308
Window Rock, AZ 86515
Tel.: 602-871-6352

Paiute-Indianer-Stamm von Utah
600 North, 100 E. Paiute Dr.
Cedar City, UT 84720
Tel.: 801-586-1111

Paiute-Shoshonen-Stamm
8955 Mission Rd
Fallon, NV 89406
Tel.: 702- 423-6075

Pascua-Yaqui-Stamm
7474 S. Camino de Oeste
Tucson, AZ 85746
Tel.: 602-578-0227

Picuris-Pueblo
PO Box 127
Penasco, NM 87553
Tel.: 505-587-2519

Pojoaque-Pueblo
Rt. ll.Box71
Santa Fe, NM 87501
Tel.: 505- 455-2278

Pyramid-Lake-Paiute-Stamm
PO Box 256
Nixon, NV 89424
Tel.: 702-574-0140

Quechan-Stamm
PO Box 11352
Yuma, AZ 85364
Tel.: 619-572-0213

Salt-River-Pima-Maricopa-Indianergemeinschaft
Rt. 1, Box 216
Scottsdale, AZ 85256
Tel.: 602-941-7277

San-Carlos-Apache-Stamm
PO Box 0
San Carlos, AZ 85550
Tel.: 602- 475-2361

Sandia-Pueblo
PO Box 6008
Bernalillo, NM 87004
Tel.: 505-867-3317

San Felipe-Pueblo
PO Box A
San Felipe-Pueblo, NM 87001
Tel.: 505-867-3381

San Ildefonso-Pueblo
PO Box 315-A
Santa Fe, NM 87501
Tel.: 505- 455-2273

San Juan-Pueblo
PO Box 1099
San Juan, NM 87566
Tel.: 505-852- 4400

Santa Ana-Pueblo
Star Rt., Box 37
Bernalillo, NM 87004
Tel.: 505-867-3301

Santa Clara-Pueblo
PO Box 580
Espanola, NM 87532
Tel.: 505-753-7326

Santo Domingo-Pueblo
PO Box 99
Santo Domingo. NM 87052
Tel.: 505-465-2214

Shoshonen-Paiute-Stamm
PO Box 219
Owyhee, NV 89832
Tel.: 702-757-3161

Süd-Ute-Stamm
PO Box 737
Ignacio, CO 81137
Tel.: 303-563- 4525

Summit-Lake-Paiute-Stamm
PO Box 1958
Winnemucca, NV 89445
Tel.: 702-623-5151

Taos-Pueblo
PO Box 1846
Taos, NM 87571
Tel.: 5O5-758-8626

Te-Moak-Stamm der West-Shoshonen-Indianer
525 Sunset St
Elko, NV 89801
Tel.: 702-738-9251

Tesuque-Pueblo
Rt.ll, Box 1
Santa Fe, NM 87501
Tel.: 505-983-2667

Tohono-O'odham-Nation
PO Box 837
Sells, AZ 85634
Tel.: 602-383-2221

Tonto-Apachen-Stamm
Tonto Reservation # 30
Payson, AZ 85541
Tel.: 602- 474-5000

Ute Tribe
PO Box 190
Fort Duchesne, UT 84026
Tel.: 801-722-5141

Ute-Mountain-Stamm
General Delivery
Towaoc, CO 81334
Tel.: 303-565-3751

Walker-River-Paiute-Stamm
PO Box 220
Schurz. NV 89427
Tel.: 702-773-2306

Washoe-Stamm von Nevada
919 Highwav 395 S.
Garnerville, NV 89410
Tel.: 702-265- 4191

White-Mountain-Apachen-Stamm
PO Box 700
Whiteriver, AZ 85941
Tel.: 602-338- 4346

Yavapai-Apachen-Stamm
PO Box 1188
Canp Verde, AZ 86322
Tel.: 602-567-3649

Yavapai-Prescott-Stamm
530 E. Merritt St
Prescott, AZ 86301
Tel.: 602- 445-8790

Ysleta Del Sur-Pueblo
PO Box 17579
El Paso, TX 79907
Tel.: 915-859-7913

Zia-Pueblo
General Delivery
San Ysidro, NM 87053
Tel.: 505-867-3304

Zuni-Pueblo
PO Box 339
Zuni. NM 87327
Tel.: 505-782- 4481

NORDOSTEN

Bad-River-Gruppe der Chippewa-Nation
Rt. 39
Odanah, WI 54861
Tel.: 715-682-7111

Bay-Mills-Indianergemeinschaft
Rt. 1
Brimley, MI 49715
Tel.: 906-248-3241

Cavuga-Nation
PO Box 11
Versailles, NY 14168
Tel.: 716-532- 4847

Fond-du-Lac-Chippewa-Stamm
105 University Rd
Cloquet, MN 55720
Tel.: 218-879- 4593

Grand-Portage-Chippewa-Stamm
PO Box 428
Grand Portage, MN 5560
Tel.:218-476-2279

Grand-Traverse-Gruppe der Ottawa- und Chippewa-Indianer
Rt.1, Box 135
Suttons Bay, MI 49682
Tel.: 616-271-3538

Lac-CourteOreilles-Gruppe der Lake-Superior-Chippewa-Indianer
Rt.2, Box 2700
Hayward, WI 54843
Tel.: 715-634-8934

Lac-du Flambeau-Gruppe der Lake-Superior-Chippewa-Indianer
PO Box 67
Lac du Flambeau, WI 54538
Tel.: 715-588-3303

Lower-Sioux-Indianergemeinschaft
Rt.l, Box 308
Morton, MN 56270
Tel.: 507-697-6185

Menominee-Indianer-Stamm
PO Box 397
Keshena, WI 54135
Tel.: 715-799-5100

Minnesota-Chippewa-Stamm
PO Box 217C
Cass Lake, MN 56633
Tel.: 218-335-2252

Mashantucket-Pequot-Stamm
PO Box 160
Ledyard, CT 06339
Tel.: 203-536-2681

Narraganset-Stamm
PO Box 268
Charleston, RI 02813
Tel.: 401-364-1100

Nett-Lake-Chippewa-Stamm
PO Box 16
Nett Lake, MN 55772
Tel.: 218-757-3261

Oneida-Nation von New York
101 Canal St
Canastota, NY 13032
Tel.: 315-697-8251

Oneida-Stamm
PO Box 365
Oneida, WI 54155
Tel.: 414-869-2768

Onondaga-Nation
PO Box 270
Nedrow, NY 13120
Tel.: 315- 469-8507

Passamaquoddy-Stamm
PO Box 301
Princeton. ME 04668
Tel.: 207-796-2301

Penobscott-Nation
6 River Rd
Old Town, ME 04468
Tel.: 207-827-7776

Pleasant-Point-Passamaquoddy-Stamm
PO Box 343
Perry, ME 04667
Tel.: 207-853-2551

Red-Cliff-Gruppe der Lake-Superior-Chippewa-Indianer
PO Box 529
Bayfield, WI 54814
Tel.: 715-779-5805

Red-Lake-Stamm der Chippewa-Indianer
PO Box 550
Red Lake, MN 56671
Tel.: 218-679-3341

Saginaw-Chippewa-Stamm
7070 E. Broadway Rd
Mt. Pleasant, MI 48858
Tel.: 517-772-5700

St-Croix-Chippewa-Stamm
PO Box 287
Hertel, WI 54845
Tel.: 715-349-2195

St-Regis-Stamm der Mohawk-Indianer
St Regis Reservation
Hogansburg, NY 13655
Tel.: 518-358-2272

Sault-Ste-Marie-Stamm der Chippewa-Indianer
206 Greenough St
Sault Ste Marie, MI 49783
Tel.: 906-635-6050

Seneca-Nation
PO Box 321
Salamanca, NY 14779
Tel.: 716-945-1790

Sokaogon-Chippewa-Stamm
Rt. 1, Box 625
Crandon, VVI 54520
Tel.: 715- 478-2604

Stockbridge-Munsee-Stamm
Rt. 1 Bowler, WI 54416
Tel.: 715-793- 4111

Tonawanda-Gruppe der Senecas
7023 Meadville Rd
Basom, NY 14013
Tel.: 716-542-9942

Tuscarora-Nation
5616 Walmore Rd
Lewiston, NY 14092
Tel.: 716-297- 4990

Obere-Sioux-Indianergemeinschaft
PO Box 147
Granite Falls, MN 56241
Tel.: 612-564-2360

Wampanoag-Stamm von Gay Head
RFD Box 137
Gay Head, MA 02535
Tel.: 508-645-9265

White-Earth-Chippewa-Stamm
PO Box 418
White Earth, MN 56591
Tel.: 218-983-3285

Wisconsin-Winnebago-Stamm
127 Main St
Black River Falls, WI 54615
Tel.: 715-284- 4915

SÜDOSTEN

Alabama-Coushatta-Stamm von Texas
Rt. 3, Box 640 Livingston, TX 77351
Tel.: 409-563-4391

Coushatta-Stamm
PO Box 8 18
Elton, LA 70532
Tel.: 318-584-2261

Ost-Gruppe der Cherokee-Indianer
PO Box 455
Cherokee, NC 28719
Tel.: 704497-2771

Miccosukee-Stamm
PO Box 440021
Tamiarni Station
Miami, FL 33144
Tel.: 305-223-8380

Mississippi-Gruppe der Choctaw-Indianer
PO Box 6010
Philadelphia, MS 39350
Tel.: 601-656-5251

Poarch-Gruppe der Creek-Indianer
Rt. 3, Box 243-A
Atmoree, AL 36502
Tel.: 205-368-9136

Seminole-Stamm
6073 Stirling Rd
Hollywood, FL 33024

OKLAHOMA

Absentee-Shawnee-Stamm
2025 S. Gordon Cooper Dr.
Shawnee, OK 74801
Tel.: 405-275- 4030

Apachen-Stamm von Oklahoma
PO Box 1220
Anadarko, OK 73005
Tel.: 405-247-9493

Caddo-Indianerstamm
PO Box 487
Binger, OK 73009
Tel.: 405-656-2344

Cherokee-Nation von Oklahoma
PO Box 948
Tahlequah, OK 74465
Tel.: 918- 456-0671

Cheyenne-Arapaho-Stamm
PO Box 38
Concho, OK 73022
Tel.: 405-262-0345

Chickasaw-Nation von Oklahoma
PO Box 1548
Ada, OK 74820
Tel.: 405- 436-2603

Choctaw-Nation von Oklahoma
PO Drawer 1210
Durant, OK 74702
Tel.: 405-924-8280

Citizen Gruppe des Potawatomi-Indianerstammes
1901 S. Gordon Cooper Dr.
Shawnee, OK 74801
Tel.: 405-275-3121

Creek-Nation von Oklahoma
PO Box 580
Okmulgee, OK 74447
Tel.: 918-756-8700

Delaware-Indianerstamm
PO Box 825
Anadarko, OK 73005
Tel.: 405-247-2448

Fort-Sill-Apachen-Stamm
Rt.2, Box 121
Apache, OK 73006
Tel.: 405-588-2298

Iowa-Stamm von Oklahoma
Iowa Veterans Hall
PO Box 190
Perkins, OK 74059
Tel.: 405-547-2403

Kaw-Stamm
PO Drawer 50
Kaw City, OK 74641
Tel.: 405-269-2552

Kickapoo-Stamm von Oklahoma
PO Box 70
McLoud, OK 74851
Tel.: 405-964-2075

Kiowa-Stamm
PO Box 369
Carnegie, OK 73015
Tel.: 405-654-2300

Komantschen-Stamm
PO Box 908
Lawton, OK 73502
Tel.: 405-247-3444

Miami-Stamm von Oklahoma
PO Box 1326
Miami, OK 74355
Tel.: 918-540-2890

Modoc-Stamm von Oklahoma
PO Box 939
Miami, OK.74355
Tel.: 918-542-1190

Osage-Stamm
c/o Osage Tribal Agency
Pawhuska, OK 74056
Tel.: 918-287- 4622

Otoe-Missouria-Stamm
Rt. 1, Box 62
Red Rock, OK 74651
Tel.: 405-723- 4434

Ottawa-Stamm
PO Box 110
Miami, OK 74355
Tel.: 918-540-1536

Pawnee-Stamm
PO Box 470
Pawnee, OK 74058
Tel.: 918-762-3624

Peoria-Stamm
PO Box 1527
Miami, OK 74355
Tel.: 918-540-2535

Ponca-Stamm
Rt. 6, Box 2
Ponca City, OK 74601
Tel.: 405-762-8104

Quapaw-Stamm
PO Box 765
Quapaw, OK 74363
Tel.: 918-542-1853

Sac- und Fox-Stamm von Oklahoma
Rt. 2, Box 246
Stroud, OK 74079
Tel.: 918-968-3526

Seminole-Nation von Oklahoma
PO Box 1498
Wewoka, OK 74884
Tel.: 405-257-6287

Seneca-Cavuga-Stamm von Oklahoma
PO Box 1283
Miami, OK 74355
Tel.: 918-542-6609

Tonkawa-Stamm
PO Box70
Tonkawa, OK 74653
Tel.: 405-628-2561

Vereinigte Keetoowah-Gruppe der Cherokee
2450 S. Muskogee Ave
Tahlequah, OK 74464
Tel.: 918- 456-5491

Wichita-Stamm
PO Box 729
Anadarko, OK 73005
Tel.: 405-247-2425

Wyandotte-Stamm von Oklahoma
PO Box 250
Wyandotte, OK 74370
Tel.: 918-678-2297

KALIFORNIEN

Agua-Caliente-Gruppe der Cahuilla-Indianer
960 E. Tahquitz Way #106
Palm Springs, CA 92262
Tel.: 619-325-5673

Barona-Stamm
109S Barona Rd
Lakeside, CA 92040
Tel.: 619- 443-6612 oder 443-6613

Benton-Paiute-Indianer
Stal Rt. 4, Box 56-A
Benton, CA 93512
Tel.: 619-933-2321

Bishop-Stamm
PO Box 548
Bishop,CA 93515
Tel.: 619-873-3584

Cabazon-Gruppe der Cahuilla-Mission-Indianer
84-245 Indio Springs Dr.
Indio, CA 92 01
Tel.: 619-342-2593

Cahuilla-Gruppe der Mission-Indianer
PO Box 860
Anza, CA 92306
Tel.: 714-763-5549

**Campo-Gruppe der
Diegueño-Mission-Indianer**
1779 Campo Truck Trail
Campo, CA 91906
Tel.: 619- 478-9046

Chemehuevi-Stamm
PO Box 1976
Chemehuevi Valley, CA 92363
Tel.: 619-858- 4531

Colusa-Rancheria
PO Box 8
Colusa, CA 95932
Tel.: 916- 458-8231

Cortina-Rancheria
PO Box 7470
Citrus Heights, CA 95621
Tel.: 916-726-7118

**Coyote-Valley-Gruppe
der Pomo-Indianer**
PO Box 39
Redwood Valley, CA 95470
Tel.: 707- 485-8723

Hupa-Stamm
PO Box 1245
Hoopa, CA 95546
Tel.: 916-6254110

Hopland-Gruppe der Pomo-Indianer
PO Box 610
Hopland. CA 95449
Tel.: 707-744-1647

Karuk-Stamm
PO Box 1016
Happy Carnp. CA 96039
Tel.: 916- 493-5305

La-Jolla-Gruppe der Luiseno-Mission-Indianer
Star Rt., Box 158
Valley Center, CA 92082
Tel.: 619-742-3771

Los-Coyotes-Gruppe der Cahuilla-Mission-Indianer
PO Box 249
Warner Springs, CA 92086
Tel.: 619-782-3269

**Manzanita-Gruppe der
Diegueno-Mission-Indianer**
PO Box 1302
Boulevard, CA 92005
Tel.: 619-766- 4930

**Mesa-Grande-Gruppe der
Diegueno-Mission-Indianer**
PO Box 270
Santa Ysabel, CA 92070
Tel.: 619-782-3835

**Morongo-Gruppe der
Cahuilla-Mission-Indianer**
11581 Potrero Rd
Banning, CA 92220
Tel.: 714-849- 4697

Paiute-Shoshonen-Indianer
1101 S. Main St
Lone Pine, CA 93545
Tel.: 619-876-5414

**Pala-Gruppe der
Luiseno-Mission-Indianer**
PO Box 43
Pala, CA 92059
Tel.: 619-742-3784

**Pauma-Gruppe der
Luiseno-Mission-Indianer**
PO Box 86
Pauma Valley, CA 92061
Tel.: 619-742-1289

Pit-River-Indianerstamm
PO Drawer 1570
Burney, CA 96013
Tel.: 916-335-5421

**Rincon-Gruppe der
Luiseno-Mission-Indianer**
PO Box 68
Valley Center, CA 92082
Tel.: 619-749-1051

Round-Valley-Indianer
PO Box 448
Covelo, CA 95428
Tel.: 707-983-6126

San-Manuel-Gruppe der Serrano-Mission-Indianer
5797 N. Victoria Ave
Highland, CA 92346
Tel.: 714-864-5050

San-Pasqual-Gruppe der Diegueno-Mission-Indianer
PO Box 365
Valley Center, CA 92082
Tel.: 619-749-3200

Santa-Ynez-Gruppe der Chumash-Mission-Indianer
PO Box 517
Santa Ynez, CA 93460
Tel.: 805-688-7997

Santa-Ysabel-Gruppe der Diegueno-Mission-Indianer
PO Box 130
Santa Ysabel, CA 92070
Tel.: 619-765-0845

Timbi-Sha-Shoshonen-Indianerstamm
PO Box 206
Death Valley, CA 92328
Tel.: 619-786-2374

Torres-Martinez-Gruppe der Cahuilla-Mission-Indianer
66-725 Martinez Rd
Thermal, CA 92274
Tel.: 619-397-0300

Tule-River-Indianerstamm
PO Box 589
Porterville, CA 93258
Tel.: 209-781-4271

Tuolumne-Rancheria
PO Box 696
Tuolumne, CA 95379
Tel.: 209-928-3475

Viejas-Indianer
PO Box 908
Alpine, CA 91903
Tel.: 619-445-3810

Yurok-Indianerstamm
c/o Klamath Field Office
PO Box 789 Klamath, CA 95548
Tel.: 707-482-6421

NICHTREGISTRIERTE STÄMME

Neben den mehr als 300 anerkannten Indianerstämmen gibt es noch etwa 130 nichtregistrierte Gruppierungen. Diese erhalten keine Unterstützung von der Bundesregierung. Einige jedoch erfreuen sich der Unterstützung ihres Staates und betreiben eine eigene Stammesverwaltung. Mehr Informationen hierzu erhält man beim

Bureau of Indian Affairs
1849 C St NW, Mail Stop 2620
Washington, DC 20240
Tel.: 202-208-3711.

BOTSCHAFTEN

Australien
1601 Massachusetts Ave NW
Washington, DC 20036
Tel.: 202-797-3000

Belgien
3330 Garfield St NW
Washington, DC 20008
Tel.: 202-333-6900

Dänemark
3200 Whitehaven St NW
Washington, DC 20008
Tel.: 202-234-4300

Deutschland
4645 Reservoir Rd NW
Washington, DC 20007
Tel.: 202-298-4000

Frankreich
4101 Reservoir Rd
Washington, DC 20007
Tel.: 202-944-6000

Großbritannien
3100 Massachusetts Ave NW
Washington, DC 20008
Tel.: 202-4621340

Griechenalnd
2221 Massachusetts Ave NW
Washington, DC 20008
Tel.: 202-667-3168.

Indien
2107 Massachusetts Ave NW
Washington, DC 20008
Tel.: 202-939-7000

Israel
3514 International Dr. NW
Washington, DC 20008
Tel.: 202-364-5500

Italien
1601 Fuller St NW
Washington, DC 20009
Tel.: 202-328-5500

Japan
2520 Massachusetts Ave NW
Washington, DC 20008
Tel.: 202-234-2266

Kanada
501 Pennsylvania Ave NW
Washington, DC 20001
Tel.: 202-682-1740

Mexiko
1911 Pennsylvania Ave NW
Washington, DC 20006
Tel.: 202-728-1600

Niederlande
4200 Linnean Ave NW
Washington, DC 20008
Tel.: 202-244-5300

Neuseeland
37 Observatory Circle NW
Washington, DC 20008
Tel.: 202-328- 4800

Norwegen
2720 34th St NW
Washington, DC 20008
Tel.: 202-333-6000

Portugal
2125 Kalorama Rd NW
Washington, DC 20008
Tel.: 202-328-8610

Singapur
1824 R St NW
Washington, DC 20009

Spanien
2700 l5th St NW
Washington, DC 20009
Tel.: 202-265-0190

Südkorea
2600 Virginia Ave NW
Washington, DC 20037
Tel.: 202-939-5600

Taiwan
2300 Kalorama Rd NW
Washington, DC 20008
Tel.: 202-483-7200.

EINREISE, ZOLL

US Customs
1301 Constitution Ave NW
Washington, DC
Tel.: 202-566-8195

US Immigration and Naturalization Service
425 I St
Washington, DC 20536
Tel.: 202-633-1900

US Forest Service
201 14th St SW
Washington, DC 20250
Tel.: 202- 447-3760

US Park Service
1100 Ohio Dr. SW
Washington, DC 20242
Tel.: 202-619-7222

REISEVERANSTALTER

American Indian Tour and Travel Agency
Daybreak Star Center
PO Box 99100
Seattle, WA 98199-0100
Tel.: 206-285- 4425

Arizona Bound Tours
5638 E. Thomas
Phoenix, AZ 85018
Tel.: 602-994-0580

Crawley's Monument Valley Tours
PO Box 187
Kayenta, AZ 86033
Tel.: 602-697-3463

Eight Northern Indian Pueblos Council
PO Box 969
San Juan Pueblo, NM 87565
Tel.: 505-852-4265

Goulding's Monument Valley Tours
PO Box 1
Monument Valley, UT 84536
Tel.: 801-727-3231

Nava-Hopi Tours
PO Box 339
Flagstaff, AZ 86002
Tel.: 800-892-8687

North American Indian Heritage Center
PO Box 275
St Stephens, WY 82524
Tel.: 307-856-6688

Singing Water Pottery and Tours
Rt. 1, Box 472-C
Santa Clara Pueblo
Tel.: 505-753-9663

LITERATURHINWEISE

DEUTSCHSPRACHIG

Bank, Dennis: *Die Wunden der Freiheit. Vom Beginn der Kolonisierung bis 1975.* (Trikont) München 1975

Brown, Dee: *Begrabt mein Herz an der Biegung des Flusses.* (Droemer/Knaur) München 1975

Hetmann, Frederik: *Die Spur der Navajos. Leben und Geschichte der indianischen Stämme im Südwesten der USA.* (O. Maier) Ravensburg 1983

Schmidt, Mathias: *Wenn wir gehen, geht die Welt. Indianer in den USA.* (Kübler) Heidelberg 1980

Schmidt-Brümmer, Horst und Teuschl, Karl: *Südwesten USA.* (Vista-Point-Verlag) Köln 1990

ENGLISCH

Geschichte und Kultur

Andrist, Ralph: *The Long Death.* (Collier Books) New York 1964

Brandon, William: *Indians.* (Houghton Mifflin) Boston 1961

Brown, Dee: *Bury My Heart at Wounded Knee.* (Bantam Books) New York 1971

Debo, Angie: *Historie of the Indians of the United Staates.* (University of Oklahoma) Norman 1970

Deloria, Vine: *Behind the Trail of Broken Treaties.* (Delacorte) New York 1974

Deloria, Vine: *Custer Died For. Your Sins.* (Avon) New York 1969

Deloria, Vine: *God Is Red.* (Grosset & Dunlop) New York 1973

Erdoes, Richard: *Crying For a Dream.* (Bear and Company) Santa Fe 1990

Fagan, Brian: *The Peopling of Ancient America.* (Thames and Hudson) London 1987

Highwater, Jamake: *Arts of the Indian Americas.* (Harper & Row) New York 1983

Highwater, Jamake: *Ritual of the Wind*. (Van der Marck) New York 1984

Josephy, Alvin: *The Indian Heritage of America*. (Knopf) New York 1968

Josephy, Alvin: *Patriot Chiefs*. (Viking) New York 1961

La Farge, Oliver: *A Pictorial History of the American Indian*. (Crown) New York 1990

McLuhan, T. C. (Hrsg.): *Touch the Earth - A Selfportrait of Indian Existence*. (Outerbridge & Dienstfrey) 1971

Nabokov, Peter und Easton, Robert: *Native American Architecture*. (Oxford University Press) New York 1989

National Geograhic Society: *The World of the American Indian*. (National Geograhic Society) Washington, DC, 1974

Stewart, Omer: *Peyote Religion*. (University of Oklahoma) Norman 1987

Sturtevant, William (Hrsg.): *Handbook of North Amercan Indians*. (Smithsonian) Washington, DC, 1978

Tedlock, Dennis und Barbara (Hrsg.): *Teachings from the American Earth*. (Liveright) New York 1975

Underhill, Ruth: *Red Man's Religion*. (University of Chicago Press) Chicago 1965

Walker Art Center: *American Indian Art. Form and Function*. (Dutton) New York 1972

Weatherford, Jack: *Indian Givers*. (Crown) New York 1988

Spezielle Themen

Barrett, S. M.: *Geronimo - His Own Story*. (Dutton) New York 1970

Brown, Joseph Epes: *The Sacred Pipe*. (Penguin) New York 1971

Debo, Angie: *Geronimo - The Man, His Time, His Place*. (University of Oklahoma) Norman 1976

Eargle, Dolan: *The Earth Is Our Mother. A Guide to the Indians of California*. (Tress Company Press) San Francisco 1986

Ferguson, Erna: *Dancing Gods*. (University of Mexico) Albuquerque 1931

Gifford, E. und Block, G. (Hrsg.): *California Indian Nights*. (University of Nebraska Press) Lincoln 1930

Gilbert, Bil: *God Gave Us This Country*. (Atheneum) New York 1989

Locke, Raymond: *Book of the Navajo*. (Mankind Publishing) Los Angeles 1976

Momaday, N. Scott: *The Names. A Memoir*. (University of Arizona) Tucson 1976

Matthiessen, Peter: *Indian Country*. (Viking) New York 1984

Matthiessen, Peter: *In the Spirit of Crazy Horse*. (Viking) New York 1983

Mays, Buddy: *Indian Villages of the Southwest*. (Chronicle) San Francisco 1985

Opler, Morris: *An Apache Life-way*. (University of Chicago Press) Chicago 1941

Sandoz, Marie: *Crazy Horse. The Strange Man of the Oglalas*. (Knopf) New York 1941.

Spivey, Richerad: *Maria.* (Northland) Flagstaff 1978

Vestal, Stanley: *Sitting Bull. Champion of the Sioux*. (University of Oklahoma) Norman 1957

Waters, Frank: *Book of the Hopi*. (Penguin Books) New York 1963

Waters, Frank: *Masked Gods*. (Swallow Press) Athens 1950

Belletristik, Poesie

Allen, Paula Gunn: *Spider Woman's Granddaughters. Contemporary Writings by Native American Women*. (Beacon Press) Boston 1989

Erdrich, Louise: *Love Medicine*. (Holt, Rinehardt and Winston) New York 1984

Harjo, Joy: *She Had Some Horses*. (Thunder's Mouth Press) New York 1983

Highwater, Jamake (Hrsg.): *Words in Blood*. (Meridian) New York 1984

Hillerman, Tony: *Skinwalkers*. (Perennial Library) New York 1986

Momaday, N. Scott: *House Made of Dawn*. (Harper & Row) New York 1966

Ortiz, Simon: *From Sand Creek*. (Thunder's Mouth Press) New York 1981

Silko, Leslie Marmon: *Ceremony*. (Penguin) 1986

Storm, Hyemeyohsts: *Seven Arrows*. (Harper & Row) 1972

Welch, James: *Fool's Crow*. (Penguin) New York 1987

VISUELLE BEITRÄGE

Fotografie

134, 136, 137, 151, 163	Richard Baldes
168, 171	Kenny Blackbird
262, 265, 267, 268/269, 270	Stev Bruno
328, 330, 332	Lee Brumbaugh
77	Joseph Cavaretta
335	Dolan Eargle
101, 104, 284	John Gattuso
260/261, 263	George Hardeen
103, 235, 245, 290	Alan Manley
202, 205, 206, 207	Larry Mayer
296/297, 300, 301, 303, 304	Minnesota Tourism
28/29, 37, 38, 305, 324	National Museum of American Art, Smithsonian Institution
32/33, 127, 331, 333, 334	National Park Service
277, 278	Stewart Nicholas
31, 68, 248, 253, 282	Mark Nohl, New Mexico Economic & Tourism Department
310	North Carolina Division of Trade & Tourism
3, 18/19, 20/21, 27, 30, 52, 54, 55, 59, 60, 61, 63, 66, 67, 70/71, 74, 75, 76, 84, 85, 87, 92, 95, 96/97, 98, 102, 106/107, 108/109, 141L, 144/145, 185, 192/193, 209, 210/211, 215, 222, 225, 226, 230, 232, 234, 236/237, 249, 251, 257, 279	Monty Roessel
100	Tom Root
Titel, 9, 14/15, 16/17, 22, 23, 24, 25, 26, 36, 64, 65, 70/71, 72, 78/79, 80, 81, 82, 83, 86, 88/89, 90, 93, 105, 110/111, 112/113, 132/133, 138, 140, 141R, 142, 146, 147, 152, 155, 156, 157, 158/159, 160, 162, 172/173, 176, 177, 178, 179, 180, 181, 182, 183, 184, 194, 196, 197, 198, 199, 200/201, 212, 213, 214, 216, 217, 218, 219, 223, 227, 228, 229, 231, 239, 240, 241L, 241R, 243, 244, 246/247, 250, 252, 254, 255, 256L, 256R, 258, 264, 272, 274, 275, 280, 286, 291, 298, 302, 306/307, 308, 311, 312, 313, 314, 315, 316/317, 318, 321, 322, 323, 326/327, 336	John Running
34, 35, 39, 40, 41, 42, 43, 44, 45, 46, 47, 48, 49, 50/51, 53, 56/57, 58, 69, 125, 131, 135, 143, 149, 150, 166, 170, 187, 189, 195, 204, 259, 266, 271, 273, 283, 299, 309, 319, 325	Smithsonian Institution, National Anthropological Archives
120, 121, 122, 124, 126, 128, 129, 130,	South Dakota Tourism
94, 203, 208	Spiker Communications
287, 288, 289, 292/293	Sandra Tatum
169	Travel Montana
190	Washington State Tourism Division
276	Vennie White
186, 188	Jan Wigen
Karten	Berndtson & Berndtson
Illustration	Klaus Geisler
Design Consulting	V. Barl

REGISTER

A

Acoma, siehe Sky City
Agate Passage Bridge, 179
    Old Man House, 179
Agua Caliente Reservat, 331
Ahwahnee, 333
Ak-Chin Reservat, 76, 87
Alert Bay, 184
Algonquin (Stamm), 302
Alibates Flint Quarries National Monument, 99
Alkohol, 77
Allotment Act, 73
American Fur Company, 203
American Indian Movement (AIM), 54
Anasazi, 103, 220, 230, 231, 240, 250
Andarko, 320, 323
    American Indian Exposition, 323
    Southern Plains Indian Museum, 323
Antiquities Act, 104
Apachen, 43, 220, 271, 281
    Chiricahua-Apachen, 43
    Cibecue-Apachen, 272
    Elderfest, 274
    Fort Apache, 273
    Fourth of July, 274
    Ga'an, 279
    Head Start Parade and Rodeo, 274
    Kunsthandwerk, 275
    Native American Art Festival, 275
    San Carlos Apache Reservation, 277
    Spring Roundup All-Indian Rodeo, 274
    Sunrise Ceremony, 279
    „Tribal Trophy Elk Hunt", 275
    Veteran's Day Rodeo, 275
    White Mountain Apache Game and Fish Department, 275
    White-Mountain-Apachen, 272
    White Mountain Tribal Fair and Rodeo, 275
Archaeological Preservancy (New Mexico), 104
Archaeological Resources Protection Act, 104
Archaische Periode, 31
Arlee-Indianer, 208
Assiniboines, 143
Athabascan-Indianer, 220, 223
Athabasken, 103
Atlantic City, 139
Aztalan State Park (Wisconsin), 102
Aztec Ruins National Monument, 230

B

Baboquivari, siehe Waw Giwulk
Badlands National Park, 121, 124, 127, 128
Bainbridge Island, 179
Baker, Eugene M. (Colonel), 167
Bandelier National Monument (New Mexico), 101, 255
Bannocks, 213
Bear River, 214
Beaver Falls, 266
Bering-Straße, 23, 31, 99
Big Cypress Seminole Reservat, 314
Big Foot (Häuptling), 125
Big Foot Pass, 125, 128
Big Ice Cave, 151
Big Wind River, 136
Bighorn Canyon, 152
Bighorn Mountains, 153
    Medicine Wheel, 153
Bighorn River, 152
Bighorn-Stausee, 152
Bishop Reservat, 333
Bison, 100
Bisti Badlands, 230
Bitterroot Mountains, 189, 203
Black Hills, 47
    Custer State Park, 123
    Devil's Tower, 123
    Mount Rushmore, 122
    Needles Highway, 123
    Nemo Road, 123
    Rim Rock Drive, 123
    Wind Cave National Park, 123
Black Hills (Nationalpark), 121
Black Kettle (Häuptling), 46, 161
Black Kettle National Grassland, 324
Black Mesa, 231
Black River, 278
Blackfeet Reservat, 167
Blanco Peak (Berg), 225
Boldt Decision, 178
Bonneville, 99
Bosque Redondo, 281
Bozeman Trail, 131, 152, 153
Bridger Wilderness, 135
Browning, 169
    Historic Gallery, 170
    Montana Wildlife Museum, 170
    North American Indian Days, 170
    Northern Plains Crafts Association, 170
    Northern Plains Indian Museum, 169
    Scribner's Hall of Bronze, 170
Büffel, 169
Bureau of Indian Affairs (BIA), 54, 74, 287

C

Cahokia Mounds State Historic Site (Illinois), 303
Cahuilla-Stamm, 331
Calico Early Man Site, 329
Campbell River, 184
Canyon de Chelly (Arizona), 37, 103, 223, 227, 229
    Thunderbird Lodge, 229
    White House Ruin, 229
Carleton, James H. (General), 227, 281

Carlyle, Wilbur, 76
Carmel Mission, 332
Carson, Christopher „Kit", 45, 227, 281
Cascade Mountains, 191, 195
Cascade Range, 174
Catlinit (roter Stein), 303
Cayuse-Krieg, 43
Central Valley, 332
Chaco Canyon, 103
Chaco Culture National Historical Park (New Mexico), 103, 230
Chaw-Se Indian Grinding Rocks and State Park, 334
Chehalis Tribal Day, 183
Chemehuevi Reservat, 330
Cherokees, 40, 309, 320
    Adams Corner Rural Village, 321
    Cherokee Heritage Center, 321
    Museum of the Cherokee, 311
    New Echota State Historic Site, 311
    Ocanaluftee Indian Village, 310
    Qualla Arts and Crafts Store, 311
    Ross, John (Häuptling), 311
    Sequoyah (Krieger), 311
    Tsa-La-Gi Ancient Village, 321
Cheyenne, 161
Cheyenne River Reservat, 130
Chickasaws
    Council House (Museum), 322
Chief Joseph (Häuptling), siehe Joseph
Chief Mountain, 171
Chinle, 229
Chippewas, 121, 300
    Chippewa Grand Portage Reservat, 300
    Grand Portage Inn, 301
    Grand Portage National Monument, 300
    Ni-mi-Win Feier, 301
    Powwow, 300
Chiricahua-Apachen, 282, 283
Chivington, John (Colonel), 46
Choctaws, 75, 314
    Buffalo Bill Historical Center, 154
    Choctaw Annual Fair, 314
    Choctaw Council, 322
    Choctaw Museum of the Southern Indian, 314
    Choctaw Nation Labor Day Festivities, 322
Christentum, 68
Chucalissa Indian Museum and Moundbuilder Site, 312
Chumash
    Santa Barbara Museum of Natural History, 332
Chumash Painted Cave, 332
Chumash-Indianer, 332
Chuska Mountains, 230
Cibecue Creek, 278
Clear Lake, 334
Clear Lake State Park (San Francisco), 102
Cochise, 31, 283
Cochise, Häuptling, 44
Cochiti, 255
Cochiti Lake, 255
Cody, 154
    Buffalo Bill Historical Center, 154
Colelay, Julius, 271
Collier, John, 74
Colorado River, 102, 233, 266
    Colorado River Indian Reservat, 330
    Colorado River Reservation Museum, 330

Colorado-Plateau, 239
Columbia River, 174, 195
Colville Reservat, 187
    Colville Cultural Museum, 188
    Coulee Dam National Recreation Area, 188
    History and Archeology Program, 190
    Huckleberries, 190
    Omak Stampede-Rodeo, 190
    Powwow, 190
    Roosevelt Recreational Enterprises, 188
    Sobriety Camp Out, 190
    Twin Lakes, 191
    Video Quest, 190
Confederated Tribes of the Colville Indian Reservat, 187, 196
Copper Culture State Park, 101
Corn Mountain, 249
Coronado, Francisco Vásquez de, 250
Coronados, 277
Cortés, Hernando, 36
Coulee Dam, 188
Crazy Horse (Häuptling), 47, 122
Cree-Indianer, 76
Creeks, 40
Cristal Quintasket, siehe Humishuma
Crook, George (General), 161, 273
Crooked Creek Canyon, 152
Crows, 147
    Crow Agency, 152
    Crow Fair, 152
    Fringe (Heiler), 154
    Plenty Coups (Häuptling), 149
Crownpoint, 230
Crystal River (Florida), 102
Crystal River State Archaeological Site, 314
Curtis Act, 320
Custer Battlefield National Monument, 163
Custer, George Armstrong (Colonel), 122, 154, 161
Custer-Sitting Bull National Monument, 154

D

Damariscotta River Shell Mounds (Maine), 101
Danger Cave (State Park, Utah), 100
Dania, 314
Death Valley National Monument, 333
DeLaCruz, Joe, 75
Deschutes River, 195
Desert Intaglios (Kalifornien), 330
Devil's Canyon, 151
Dull Knife (Häuptling), 162
Duwamish (Stamm), 23, 178

E

Effigy Mounds National Monument (Iowa), 303
Etowa Mounds (Georgia), 102
Etowah Indian Mounds Historic Site (Cartersville, 311
Eva Archaelogical Site (Knoxville, Tennessee), 312
Eva Site, 101
Everglades, 313

F

fancy dancers, 92
Fetterman-Massaker, 131
First Salmon Celebration, 183
Flathead
    Arlee Fourth of July Powwow, 207
    Elmow Powwow, 208
    Evro, 208
    Fourth of July Mule Celebration, 208
    Kicking Horse, 207
    McDonald Peak, 206
    National Bison Range, 207
    Ninepipe, 207
    Polson, 206
    Primitive Areas, 206
    Salish-Kootenai-College, 208
    St. Ignatius Mission, 207
    Tribal Wilderness Area, 205
    Wild Horse Island State Park, 206
    Wild Land Recration Department, 205
Flathead Lake, 174, 206
Flathead Reservat, 203
Flathead Valley, 205
Fort Hall Reservat, 213, 215
    Buffalo Lodge, 217
    Fort Hall Indian Agency, 216
    Jackpot-Rodeo, 216
    Roping Arena, 216
    Ross Creek Park, 216
    Shoshone-Bannock Indian Festival, 216
    Timbee Hall, 217
Fort McKenzie, 168
Fort Mojave Reservat, 330
Fort Phil Kearney, 153
Fort Sill Reservat, 323
    Fort Sill Museum, 324
Fort Smith, 152
Fort Sumner, 227, 281
Fort Yuma Reservat (Kalifornien), 329
    St. Thomas Catholic Church, 329
Four Corner Area, 220, 250
„Die Fünf Zivilisierten Stämme", 319

G

Gabrielo-Indianer, 332
Gallup, 230
Ganado, 229
Geistertanz, 82
General Allotment Act, 53, 178
Georgia-Guard, 311
Geronimo, 44, 283
Ghost Dance (Geistertanz), 67, 123
ghost shirts, 82
Gila Heritage Village and Museum, 289
Gila River Arts and Crafts Center, 288
Gila River Indian Reservation, 288
girl fancy dancers, 93
Giveaways, 93
Glacier National Park, 167, 170
    Going to the Sun Highway, 171
    Lodges, 171
    SceniCruise Line, 171
Glen Canyon Dam, 232
Gobernador Knob (Berg), 225

Grand Canyon National Park, 234, 263
Granite Pass, 153
Grasshopper Prehistoric Site, 278
Great Basin, 99
Great Plains (Großen Ebenen), 118
Great Sand Dunes National Monument, 99
Great Smoky Mountains National Park, 309, 310
Green, John (Major), 272
Green Mound State Archaeological Site, 314
Grizzly, 206
Gros-Ventre-Indianer, 157

H

Havasu Canyon, 263, 265
Havasu Creek, 263
Havasu Falls, 266
Havasu National Wildlife Preserve, 330
Havasupai-Indianer, 263
    Havasupai Tourist Enterprise, 264, 265
    Peach Festival, 267
Highway 89, 171, 233
Hilltop, 278
Hohokam-Indianer, 102, 289
    Casa Grande Ruins, 289
    Pueblo Grande Museum (Phoenix), 289
Hoopa Reservat, 335
Hopi, 65, 81, 83, 228, 234, 239, 245
    Hopi Arts and Crafts Guild (Zunft), 245
    Hopi Cultural Center, 243
    katsinam, siehe *kachina*
    Keams Canyon Hotel, 244
    Mais, 242
    Piki, 243
    Snake Dance, 242
    wuutsim, 241
Hot Springs State Park, 154
Hualapai, 267
Hualapai Canyon, 264
Hualapai Hilltop, 263
Hudson Bay Company, 203
Humishuma, 188
Hunkpapa Sioux, 130, 187

I

Inchelium, 191
Indian City, 323
Indian Pueblo Cultural Center (Albuquerque), 257
Indian Removal Act, 40
Indian Reorganization Act, 241
Indian-Shaker-Religion, 184
Inter-Tribal Council Building (Miami), 322
Interstate 15, 213
Irokesen, 38, 83, 304
Isle Royale National Park, 101
Isleta Reservation, 254
    Church of St. Augustine, 254

J

Jackson, Andrew (Präsident), 40, 312, 319
Jemez Canyon, 255
Jemez Pueblo, 255

Jemez State Monument, 255
Jicarilla, 285
   Dulce, 285
   Horse Lake Mesa Game Park, 285
   Jicarilla-Reservat (New Mexico), 281
   Little Beaver Roundup, 285
   Stone Lake Fiesta, 285
   Tribal Arts and Crafts Shop and Museum, 285
Jornada del Muerto, 284
Joseph, Häuptling, 23, 48, 187, 189

K

Kabotie, Fred (Hopi-Künstler), 84
kachinas, 65, 242, 245
Kahnawake Indian Reservat, 304
Kayenta, 231
Kills-On-Top, Vernon, 77
Klallam (Stamm), 180
„Kleine Stämme West-Washingtons" (STOWW), 179
Klethla Valley, 232
Knox, Henry, 73
Kojote, 198
Kolomoki Indian Mounds State Park, 312
Kolumbus, Christoph, 23, 35
Komantschen, 325
   Kwahadi-Komantschen, 325
Kootenais, 203
koyemshi (Clowns), 249
Kule Loklo Coastal Indian Village, 334
Kunsthandwerk
   Anasazi-Töpfer, 81
   Chilkat-Decken, 85
   Cowitchen-Pullover, 85
   Hopi Arts and Crafts Center, 85
   kachina-Masken, 83
   Keramik, 86
   Keramikmasken, 84
   Malereien, 84
   Patchwork, 87
   Perlenstickerei, 84
   Schmuck, 84, 86
   Silberschmuck der Navajos, 86
   Skulpturen, 84
   Star Quilts, 130
   Töpferkunst der Navajos, 86
   Weben, 86

L

La Conner, 184
La Jolla Reservat, 331
La Plata Range, 225
Laguna Pueblo, 253
   Church of St. Stephen, 254
Lahontan, 99
Lake Mendocino, 334
Lake of the Woods Ojibwa Center (Kenora, Ontario), 301
Lake Powell, 232
Lakota, siehe Sioux
Lava Beds National Park, 335
Lee's Ferry, 233
Lewis-und-Clark-Expedition, 148, 187
Little Bighorn, 122, 154

Little Bighorn River, 147, 162
Little Bighorn Valley
   Monument Hill, 156
   Museum and Interpretive Center, 156
   Reno-Benteen Battlefield, 156
Little Turtle, Häuptling, 40
Lolo Trail, 102
Long Walk, 227
Los Angeles, 332
   Los Angeles Museum of Natural History, 332
Los Coyotes Reservat, 331
Louie, Pierre, 190
Lummi Reservat, 184
   Stommish Festival, 184

M

MacDonald, Peter, 228
Madira Bickel Mound State Archaeological Site, 314
Madison Buffalo Jump State Park, 100
Makah Reservat, 180
   Cape Flattery, 181
   Makah Cultural and Research Center, 180
   Makah Days, 181
   Neah Bay, 181
   Shi-Shi Strand, 181
Mammut, 99
Mandans, 168
Marias River, 167
Maricopaindianer, 288
Martinez, Maria, 259
McCoy, Tim, 137
Menominees (Stamm), 303
Mesa Grande Reservat, 331
Mesa Verde National Park (Colorado), 103, 104
Mescalero
   Fourth of July, 284
   Inn of the Mountain Gods (Hotel), 284
   Mescalero-Reservat (New Mexico), 281
   Powwow, 285
   Ruidoso Downs, 284
   Ski Apache, 284
   Sunrise Ceremony, 285
Metacom, Häuptling, 37
Miccosukees, 312
   Indian Arts Festival, 314
   Miccosukee Culture Center and Museum, 313
   Miccosukee Indian Reservat, 313
Misión Santa Barbara, 332
Mission Mountains, 205
Mississipian Culture Complex (Illinois), 102
Mississippi, 36, 100, 297, 314
Missouri, 168
Modocs, 48
Moenkopi, 234
Mohave Desert, 100
Mohawk Warrior Society, 304
Mohawks, 304
Monks Mound (Cahokia), 303
Montana, 204
Montezuma Castle, 103
Montezuma Well, 103
Monument Valley, 231, 239
Mooney Falls, 266
Mormonen, 214
Morongo Reservat, 332

Moses, Häuptling, 187
Mound Builder, 101
Mound City Group National Monument (Ohio), 303
Mound State Monument (Moundville, Alabama), 312
Mount Adams, 191
Mount Baldy, 276
Mount Hood National Forest, 198
Mount Mazama, 100
Mount Palomar, 331
Mount Putnam, 213
Mount Rainier, 191
Mount St Helen's, 191
Mount Taylor, 59, 225
Muckleshoot Reservat, 183
Museen
  Arizona State Museum, 291
  Bowers Museum (Santa Ana, Kalifornien), 332
  California Academy of Sciences (San Francisco), 334
  Haffenreffer Museum (Rhode Island), 101
  Heard Museum (Phoenix), 245, 291
  Indian Temple Mound Museum (Fort Walton Beach, Florida), 314
  Lowie Museum of Anthropology (Berkely, Kalifornien), 334
  Museum of Northern Arizona (Flagstaff), 245
  Southwest Museum (Pasadena, Kalifornien), 332
  State Indian Museum (Sacramento, Kalifornien), 334
  Stockbrigde-Munsee Historical Museum, 302
Muskogee, 321
  Five Civilized Tribes Art Show, 321
  Five Civilized Tribes Museum, 321

N

Nambe Falls Recreation Area, 256
National Congress of American Indians, 54
National Horse Range, 151
National Monuments (Navajo), 103
Native American Church, 55, 68, 69, 170, 209, 325
Navajos, 45, 59, 76, 82, 86, 99, 220, 223, 235
  All-Indian Rodeo, 228
  Betatakin, 231
  Dowozhiebito Canyon, 232
  Ganado Red-Muster, 229
  Heard Museum (Phoenix), 234
  hogan, 224
  hozjo, 225
  Hubbell Trading Post, 229
  Keet Seel-Ruine, 232
  kinaalda, 225
  Marble Canyon Gorge, 233
  Moenave, 233
  Mountainway Chant, 235
  Museum of Northern Arizona (Flagstaff), 234
  Narbona (Häuptling), 227
  Navajo Arts and Crafts Enterprise, 228
  Navajo Community College, 230
  Navajo Nation Fair, 228
  Navajo Tribal Museum, 228
  nidaa, 225
  Petrified Forest National Park, 234
  Powwow, 230
  Sandbilder, 235
  Silberschmiedekunst, 226
  Southwest Museum (Los Angeles), 234
  Wheelwright Museum (Santa Fé), 234
  Window Rock, 228
  Yei-be-chei-Zeremonie, 226
Navajo Falls, 266
Navajo National Monument, 231
Navajo-Hopi-Relocation-Act, 228
Neah Bay, 177
Nespelem, 188
Nez Perces, 23, 187, 189
Nisqually, 183
Nixon, Richard (Präsident), 74
North Trail, 171
Northern Arapahos, 135
Northern Cheyenne Reservat, 162
  Ashland, 162
  Busby, 163
  Cheyenne Arts and Crafts Shop, 162
  Lame Deer, 162
  Powwow, 162

O

Oceti Sakowin, 121
Ocmulgee National Monument (Macon, Georgia), 312
Okanogan (Stamm), 188
Oklahoma Indian Heritage Days, 322
Okmulgee, 321
  Creek Capitol Building, 321
  Creek Council House Museum, 321
  Muskogee Creek Festival, 321
Old Oraibi, 239
Olympic Peninsula, 174
Oneida Nation Museum, 302
Oneidas (Stamm), 302
Oregon Trail, 139, 214
Osages (Stamm), 322
  Osage Museum, 322
outfitter, 142
Owens Valley, 333
Ozette (Reservat), 181

P

Pablo, 208
Pacific Crest National Scenic Trail, 198
Page, 232
Paha Sapa, siehe Black Hills
Painted Rocks State Park, 289
Paiute (Stamm), 196
Pala Reservat, 331
  Pala Asistencia (Kapelle), 331
Palm Springs, 331
Palouse (Stamm), 187
  Tespalus (Häuptling), 187
Papago, 287, siehe auch Tohono O'odham
Parker, 330
Pascua Yaqui (Stamm), 291
Pawnee Bill Museum, 322
Pawnees, 322
Pequots, 37
Peridot, 277
Peyote-Kaktus, 55, 67, 68, 209, 325
„Pfad der Tränen", 40, 309

Picuris, 257
Pima-Indianer, 288
   Mul-Cha-Ta, 289
Pine Ridge Reservat, 121, 125
   Grab von Häuptling Red Cloud, 130
   Heritage Center, 130
   Holy Rosary Mission, 130
   Pine Ridge Powwow, 130
   Pine Ridge Village, 129
   Sheep Mountain Table, 129
   Stronghold Table, 129
   Window Notch, 129
Pinetop-Lakeside, 275
Pipestone National Monument, 303
Plains Indian Museum (Cody, Wyoming), 130
Plenty Coups State Park, 151
Pocatello, 213, 216
Pocken, 168
Point Reyes National Seashor, 334
Pomo-Indianer, 335
Poncas, 322
   Indian Museum of the Ponca City Cultural Center, 322
Pontiac, Häuptling, 38
Port Madison Reservat, 179
Potawatomi-Stamm, 322
Poteau, 322
Powhatan-Konföderation, 37
Powwow, 85, 91
Prairie's Edge Gallery (Rapid City), 130
Pryor Creek, 150
Pryor Gap, 151
Pryor Mountains, 151, 163
Pueblo Grande (Arizona), 103
Puebloindianer, 86, 220, 249
Puget Sund, 177
Puyallups, 75
   Labor Day Powwow, 183
   Puyallup Reservat, 183

Q

Qualla-Reservat, 309
Quanah Parker, 325
Quechan-Indianer, 329
Quetico Provincial Park, 301
Quileute (Reservat), 181
Quinault Reservat, 181
   Chief Taholah Days, 181
Quinault-Indianer, 75

R

Rainbow Bridge National Monument, 232
Red Cloud (Häuptling), 47, 131
Red Paint People, 31, 101
Red River War, 325
Red-Cloud-Krieg, 131
Rio Grande, 249, 254
Rosebud Battlefield, 152, 163
Rosebud Reservat, 130
   Rosebud Fair, 130
   Sioux Indian Museum, 130
Round Valley Reservat, 335
Rundhäuser, 333

S

Sacajawea, 137, 138
Sacaton, 289
Sacramento Mountains, 282
Sage Creek, 151
Saint Xavier, 152
Salina-Indianer, 332
Salish (Stamm), 203
Salish-Kootenai Confederacy, 203
Salt River Canyon, 271, 278
Salt River Indian Reservation, 289
San Carlos, 274
San Carlos Livestock Association, 278
San Carlos Reservat, 44
San Diego, 330
   Museum of Man, 330
   San Diego de Alcalá (Mission), 330
San Felipe, 255
San Francisco Peaks, 225, 242
San Ildefonso, 86, 256
San Ildefonso Pueblo
   Popovi Da Studio, 259
San Juan Bautista (San Jose, Kalifornien), 329
San Juan Pueblo, 256
San Manuel Reservat, 332
San Xavier del Bac Mission, 290
San Xavier Reservation, 290
Sand Creek, 161
sand paintings, 82
Sandia Reservation, 254
   Bien Mur, 254
Sangre de Cristo Mountains, 256
Santa Ana, 255
Santa Clara, 86, 256
   Puey Cliffs, 256
Santa Fe Trail, 281
Santa Monica Mountains National Recreation Area, 332
Santo Domingo, 86, 255
Satwiwa, 332
Sauk-Suiattle (Stamm), 184
Schamanismus, 66
Schlacht am Little Bighorn, 154
Schwitzhütte, 157
Sealth, Häuptling, 23, 177
Seattle, 177, 178, 182
   Burke Museum, 179
   Daybreak Star Art Galley, 179
   Discovery Park, Galerie im, 179
   Tillicum Village, 179
   University of Washington, 179
Seminoles (Stamm), 87, 312
   Seminole Arts and Crafts Center, 314
   Seminole Nation Museum, 322
Serpent Mound State Memorial and Museum (Ohio), 101, 303
Shawnees, 39, 322
Shiprock, 231
Shoalwater Bay Reservat, 183
Shoshone-Bannock, 99
   Clothes Horse, 213
   Oregon Trail Restaurant, 213
   Tribal Museum, 213
Shoshones, 135, 213
Sierra Blanca Peak, 284
Sinagua (Stamm), 103

Sioux, 46, 121
   Cheyenne-Sioux, 77
   Hunkpapa-Sioux, 49
   Santee Sioux, 46
   Sioux Indian Museum (Rapid City), 130
Sitting Bull (Häuptling), 48, 125, 154
Six Nations Grand River Indian Reservat, 304
Skokomish, 85
Sky City, 253
   San Esteban Rey Mission, 253
Snake River Canyon, 187
Snake River Tiefland, 213
Snake War, 196
Snakes, siehe Paiutes
Sonnentanz, 142, 143
Sonora, Wüste von, 287
Soto, Hernando de, 309
South Pass City, 139
Spirit Mountain, 301
Spiro Mounds Archaelogical State Park, 322
Spokane
   Museum of Native American Cultures, 191
   Spokane Labor Day Celebration, 191
St.-Lorenz-Strom, 36, 102
Standing Rock Reservat, 130
State Historic Preservation Office, 104
Stillaquamish (Stamm), 184
Stockbridge-Munsee-Reservat, 302
Story, 153
Stroud, 322
Sunrise Ceremony, 67
Sunset Crater (Arizona), 103
Supai, 263
Superior National Forest, 300
Suquamish (Stamm), 179
   Chief Sealth Day, 180
   Grab von Häuptling Sealth, 180
   Native American Art Fair, 180
   Suquamish Museum and Cultural Center, 179
Sweet Medicine (indian. Prophet), 161
Swinomish Reservat, 184

T

Tacoma, 183
Tahlequa, 321
Taos
   Millicent Rogers Museum, 259
Taos Pueblo, 257
Tecumseh, Häuptling, 39, 40
temple mounds, 102, 309
Temple-Mound-Zivilisation, 32, 36
Ten Sleep Canyon, 154
teosinte (Grasart), 101
termination, 53
Thermopolis, 154
Three Sisters Wilderness Area, 198
Timbi-Sha-Shoshonen, 333
Tippacanoe, 39
Tishomingo, 322
Tlingit (Stamm), 85, 182
Tohono O'odham Reservat, 73, 287
   Arts and Crafts Center, 287
   Sells, 287
   Organ Pipe National Monument, 287
   Saguaro National Monument, 287
Totempfähle, 182

Trail of Tears, siehe „Pfad der Tränen"
Trinity River, 335
Tsaile, 230
Tsimshian, 85
Tuba City, 233
Tuekakas, 189
Tulalip Reservat, 183
   Kla-How-Ya-Days, 184
   Snoqualmie, 184
Tule River Reservat, 332
Tuolumne Rancheria, 334
Turtle Mound Site (Daytona Beach, Florida), 314
Turtle: Native American Center for the Living Arts, 304
Tuskahoma, 322
Twin Ditch Site, 101

U, V

Upper Skagit Reservat, 184
Vancouver
   Museum of Anthropology, 184, 182
Vertrag von Fort Laramie, 121, 154
Vertrag von Medicine Creek, 177
Vespucci, Amerigo, 23
Victoria
   Royal British Columbia Museum, 182, 184

W

W.H. Over Museum (Vermillion, South Dakota), 130
Wahunsonacook, Häuptling, 37
Walla-Walla, 191, 195
Wallowa Mountains, 187
Wallowa Valley, 188
Warm Springs Reservat, 195
   Huckleberry Feast, 199
   Kah-Nee-Tah Vacation Resort, 197
   Lincoln's Birthday Powwow, 198
   Pi-Ume-Sha Treaty Day Powwow, 198
   Root Feast, 199
   Shears Bridge, 198
   Warm Springs National Fish Hatchery, 198
Wasco (Stamm), 195
Washakie, Häuptling, 137
Washita Battleground Historic Site, 324
Waw Giwulk (Berg), 287
Wewoka, 322
White Mountain Wilderness Area, 284
White Mountains
   Sunrise Ski Area, 276
White River-Becken, 129
White Sands National Monument, 284
Whiteriver-Reservat (Arizona), 274, 275
Wichita Mountains National Wildlife Refuge, 324
Wind River Reservat, 135
   Big Wind Powwow, 140
   Chief Washakie Friedhof, 139
   Ethete Celebration, 140
   Fort Washakie, 136
   Nature Window Gallery, 141
   North American Indian Heritage Center, 138, 142
   Powwows, 140
   Rendezvous Gift Shop, 141
   Roberts' Mission, 138

Sacajawea Cemetery, 138
Shoshone Episcopal Mission, 138
Shoshone Indian Days, 140
Singing Horse Gallery, 141
Singing Horse Tours, 139
Sonnentanz, 140
South Pass, 139
St. Stephen's, 141
St. Stephen's Indian Mission (Museum), 137
Togwotee Pass, 139
Warm Valley Arts and Crafts Shop, 141
Wind River Fish and Game Department, 142
Wind River Canyon, 154
Wind River Mountains, 136
Window Rock, 76
Woodland Indian Cultural Education Center, 304
Wounded Knee, 126
Wounded Knee Creek, 48
Wovoka (Indianerprophet), 123
Wupatki National Monument (Arizona), 103

Y

Yakima Reservat, 191
　Cultural Heritage Center, 191
　Fort Simcoe State Park, 191
　Kamiakan (Häuptling), 191
　Powwow, 191
　Toppenish Powwow, 191
　Yakima Nation Summer Encampment, 191
　Yakima National Museum, 191
Yaqui, 68
Yellowstone National Park, 154
Yokut-Indianer, 332
Yosemite National Park, 333
Yotanka, Tatanka, siehe Sitting Bull

Z

Zia Pueblo, 255
Zunis (Stamm), 86, 249
　Hawikuh, 252
　needlepoint-Stil (Schmuck), 252
　Shalako, 252
　Village of the Great Kivas, 252
Zuni Pueblo, 104